TEMAS DE
DIREITO PROCESSUAL
(Terceira Série)

Autor

JOSÉ CARLOS BARBOSA MOREIRA

Professor na Faculdade de Direito da Universidade do Estado do Rio de Janeiro

Desembargador (aposentado) do Tribunal de Justiça do Estado do Rio de Janeiro

Coordenadores

ALUISIO GONÇALVES DE CASTRO MENDES

CARLOS ROBERTO BARBOSA MOREIRA

LUIZ PAULO DA SILVA ARAÚJO FILHO

TEMAS DE DIREITO PROCESSUAL
(Terceira Série)

3ª Edição

Atualizadores

PAULO CEZAR PINHEIRO CARNEIRO

PAULO CEZAR PINHEIRO CARNEIRO FILHO

GZ EDITORA

Rio de Janeiro

2024

1ª edição – 1984 - Saraiva
2ª edição – 2023 - Editora GZ
3ª edição – 2024 - Editora GZ

Coordenadores: *Aluisio Gonçalves de Castro Mendes / Carlos Roberto Barbosa Moreira / Luiz Paulo da Silva Araújo Filho*

Atualização: *Paulo Cezar Pinheiro Carneiro / Paulo Cezar Pinheiro Carneiro Filho*

Diagramação: *Olga Martins*

SINDICATO NACIONAL DOS EDITORES DE LIVROS, RJ

M837t
3. ed.

Moreira, José Carlos Barbosa, 1931-2017
Temas de direito processual : terceira série / José Carlos Barbosa Moreir
coordenação Aluisio Gonçalves de Castro Mendes, Carlos Roberto Barbosa Moı
Luiz Paulo da Silva Araújo Filho ; atualizadores Paulo Cezar Pinheiro Carneiro,
Cezar Pinheiro Carneiro Filho. - 3. ed. - Rio de Janeiro : GZ, 2024.
324 p. ; 24 cm. (Temas de direito processual ; 3)

Inclui bibliografia e índice
ISBN 978-65-5813-083-3

1. Direito processual civil - Brasil. I. Mendes, Aluisio Gonçalves de Castr
Moreira, Carlos Roberto Barbosa. III. Araújo Filho, Luiz Paulo da Silva. IV. Caı
Paulo Cezar Pinheiro. V. Carneiro Filho, Paulo Cezar Pinheiro. VI. Título. VII.

23-86151 CDU: 347.91/.95(81)

Meri Gleice Rodrigues de Souza - Bibliotecária - CRB-7/6439

16/09/2023 20/09/2023

GZ EDITORA

e-mail: contato@editoragz.com.br
www.editoragz.com.br
Estrada do Capuava, nº 1325 - Box Q - CEP 06715-410
Bairro Barro Branco - Município de Cotia - SP
Tel.: (0XX21) 99585-0737 / 99755-0737

Impresso no Brasil
Printed in Brazil

Aos meus afilhados

da turma de bacharéis de 1980 da
Faculdade de Direito da Universidade
do Estado do Rio de janeiro,

em sinal de amizade e reconhecimento.

APRESENTAÇÃO

Por iniciativa do Instituto Brasileiro de Direito Processual- IBDP, muito bem acolhida pela família do autor e pela Editora GZ, as nove "séries" dos *Temas de Direito Processual*, que José Carlos Barbosa Moreira escreveu ao longo de três décadas, são agora reeditadas, em versão atualizada por estudiosos do direito processual - em sua maioria, ex-alunos e amigos do saudoso mestre. A atualização manteve intacto o texto original do ciclo: ao final de cada estudo, encontram-se as observações dos atualizadores, que fornecem ao leitor dados sobre a evolução do direito brasileiro, na matéria ali versada, até os dias atuais.

Qual a utilidade que o leitor de hoje pode extrair da obra, escrita na vigência do Código de Processo Civil de 1973 e dedicada, em muitos pontos, ao exame de normas e institutos que não foram reproduzidos no diploma que o substituiu?

Em primeiro lugar, vários dos trabalhos de Barbosa Moreira abordaram temas até então *inéditos* (ou, ao menos, pouco explorados) na doutrina brasileira. Para nos limitarmos, aqui e agora, à indicação de um único, mas significativo exemplo, permitimo-nos chamar a atenção do leitor para os estudos sobre *interesses difusos*, um dos quais publicado já no volume inaugural da coleção ("A ação popular do direito brasileiro como instrumento de tutela jurisdicional dos chamados 'interesses difusos'"). A reedição desses e de outros textos, igualmente marcados pelo ineditismo das questões de que o autor se ocupou, permitirá ao processualista da terceira década do século XXI o contato direto com a fonte inspiradora de extensa e fecunda elaboração doutrinária que se seguiu, desenvolvida igualmente por outros autores, e de relevantes inovações na legislação do país.

Em segundo lugar, como bem observou um dos mais destacados processualistas de atual geração, a obra de Barbosa Moreira "versa sobre praticamente todos os grandes temas de Direito Processual".[1] Isso é certo em relação ao conjunto de seus escritos (que inclui, entre outros, suas teses para concursos e seus substanciosos *Comentários* ao Código de 1973, além de seu maior êxito comercial, *O Novo Processo Civil Brasileiro*, o qual teve nada menos de vinte e nove edições, *todas* cuidadosa e verdadeiramente "revistas e atualizadas"), mas também o é no tocante à coleção que ora se reedita, em cujos nove volumes o autor não se furtou a examinar e reexaminar temas "clássicos": coisa julgada, prova, competência, poderes do juiz, pressupostos processuais, causa de pedir, contraditório, classificação das sentenças ... Em qualquer campo da ciência ju-

---

1 DIDIER JUNIOR, Fredie Souza. *Sobre Academia, Memória e Imaginação*: uma vida em processo. Universidade Federal da Bahia, 2021, p. 84. No juízo desse autor, a coleção de *Temas* "está para o Direito Processual Civil brasileiro como o *Tratado de Direito Privado* [de Pontes de Miranda] está para o Direito Privado" (ob. cit., loc. cit.).

rídica, sempre há espaço para um retorno ao que já foi amplamente estudado; e o estudioso de agora e do futuro poderá enxergar mais longe se se dispuser (a imagem pode soar batida, mas é expressiva) a subir nas costas de gigantes do passado.

Em terceiro lugar, o jurista de hoje poderá apreciar as qualidades *didáticas* de Barbosa Moreira. No concurso, realizado em 1979, com o qual o autor conquistou a titularidade na UERJ, um de seus eminentes examinadores reprovou-lhe o emprego, na tese submetida à banca, do adjetivo "didático", por lhe parecer depreciativo do livro (de outro insigne processualista) a que Barbosa Moreira supostamente se referira. Em verdade, o adjetivo, no excerto criticado, qualificava apenas um *exemplo* extraído do livro que Barbosa Moreira citara; porém, como bem observou, em sua resposta, o então candidato, ainda que se tratasse de qualificativo atribuído à obra, que maior elogio se lhe poderia fazer, senão chamá-la didática? Afinal, "didático" qualifica o que é "destinado a instruir", "que facilita a aprendizagem", "que proporciona instrução e informação, assim como prazer e divertimento" (Houaiss). Em qualquer desses sentidos, é possível afirmar que os *Temas* constituem um conjunto extremamente didático – e o processualista da terceira década do século XXI, ao ler qualquer de seus diferentes textos, certamente poderá se beneficiar da clareza expositiva de Barbosa Moreira e, por óbvio, do fato de ter sido ele "senhor absoluto dos meandros e mistérios da nossa tão maltratada última flor do Lácio".[2]

São razões mais que suficientes para justificar a reedição dos *Temas de Direito Processual* – sem prejuízo de muitas outras, que o leitor atento provavelmente encontrará.

Aluisio Gonçalves de Castro Mendes
Carlos Roberto Barbosa Moreira
Luiz Paulo da Silva Araújo Filho

2 FABRICIO, Adroaldo Furtado. Apresentação. *In* FABRICIO, Adroaldo Furtado (coord.) *Meio de Impugnação ao Julgado Civil:* estudos em homenagem a José Carlos Barbosa Moreira.1ª ed. Rio de Janeiro: Forense, 2007, p. VIII (destacado no original).

NOTA DOS ATUALIZADORES

Foi justamente no ano de 1969, no casarão da Faculdade de Direito da antiga Universidade do Estado da Guanabara, salão nobre, que o professor José Carlos Barbosa Moreira – a quem conheci naquele evento – defendeu em concurso público para a livre docência a sua segunda tese, intitulada "O juízo de admissibilidade no sistema dos recursos civis" (1968, sem publicação), perante banca examinadora composta pelos Professores Pedro Palmeira, Hamilton de Morais e Barros, Alfredo Buzaid, Vicente Chermont de Brito e Cláudio Vianna de Lima.

Foi então, naquele momento, que o jovem mestre que despontava demonstrou todo o seu talento, cultura e uma dose de fina ironia – reveladores de uma maturidade precoce na área que escolhera como especialidade – enfrentando com ampla vantagem aquela "temível" banca que procurava, sem sucesso, questionar o seu trabalho. Foi algo inesquecível, principalmente para aqueles que pela primeira vez assistiram a um concurso do gênero. Mal sabia o Mestre que começara a despertar nos seus futuros alunos, e assim foi ao longo de toda a sua carreira, a vontade de um dia seguir os mesmos passos.

Quis o destino – ainda bem – que o Mestre se fixasse e passasse a exercer, com exclusividade, o magistério na Universidade do Estado da Guanabara, hoje Universidade do Estado do Rio de Janeiro – Uerj. Logo após o seu concurso, passou a reger e a acompanhar pela primeira vez uma turma de bacharelandos durante todo o curso de Processo Civil (1971/1972).

Esta sua primeira turma da Universidade do Estado da Guanabara, que colou grau em 1972, recebeu o nome de José Carlos Barbosa Moreira – minha turma – e para a inveja de muitos é a sua preferida[1], apesar de, quando indagado a respeito, o professor sentenciar: "na casa do pai existem muitas moradas". Não foi à toa que nas turmas que se seguiram, de Teoria Geral do Processo e de Processo Civil[2], tanto no período da manhã como no período da noite, em todas, sem exceção, o Mestre foi escolhido como patrono ou paraninfo e a cada uma ele dedicou um de seus livros.

Foi com um pequeno grupo de alunos desta sua primeira turma de 1972 que, talvez sem se dar conta, o professor resolveu dar continuidade – seu mes-

---

1 Sempre existiu uma certa rivalidade *in bonam partem* entre as diversas turmas do professor José Carlos, cada qual a se proclamar como a preferida e a melhor. A indicação desta turma como a preferida fica por conta exclusiva de quem escreve este trabalho.

2 Naquela época, não existia a disciplina de Teoria Geral do Processo, que só veio a ser criada na década de 80, sendo certo que era costume o professor de Teoria Geral do Processo acompanhar a turma de Direito Processual Civil. Só depois da aposentadoria do Mestre é que foi preenchida a primeira titularidade da disciplina de Teoria Geral do Processo (1999).

tre, Machado Guimarães, falecera no ano de 1971 – à Escola Processual de Copacabana[3].

O Mestre passou a reunir em sua casa, também em Copacabana, semanalmente, durante um período de cerca de 10 de anos, este grupo de alunos. Nessas aulas-reuniões, verdadeiro e único curso de pós-graduação, o Mestre não se limitou ao ensino do Direito Processual, do pensamento dos grandes processualistas do passado; antes, seus ensinamentos alcançaram a Teoria Geral do Direito. Quem quer que tenha tido o privilégio de participar deste grupo de estudo colheu, sem qualquer dúvida, o maior, o mais profícuo e o mais silencioso de todos os títulos que um dia pudesse obter.

O Professor, desde sua primeira turma, sabia o nome de todos os seus alunos. Ele dizia ser "impossível uma relação afetiva entre seres inominados". Daí o esforço que ele fazia para identificar cada aluno, guardando o nome de todos nós e até hoje na memória e no coração.

No coração porque todos nós temos alguma coisa que fazemos de melhor. Se fala muito "no melhor lado de uma pessoa" – aqueles feitos que praticamos de modo mais espontâneo, mais rico, com maior amor. Tenho absoluta certeza, sem medo de errar, que a melhor parte do Professor José Carlos, ele deu para os seus alunos, para as suas turmas na Universidade do Estado do Rio de Janeiro.

É certo que o Professor José Carlos foi advogado brilhante, Procurador do Estado ímpar, magistrado incomparável que aliava a técnica a serviço dos fins sociais e políticos que informam o exercício da função jurisdicional. A Quinta Câmara Cível do Tribunal de Justiça, a qual o Professor José Carlos presidia, era considerada a vitrine do Tribunal. Falo não por ouvir dizer, mas como testemunha, por ter tido o privilégio de trabalhar com o Professor, tanto na Procuradoria Geral do Estado como no Tribunal de Justiça.

Sobre escritos do Professor José Carlos, especialmente sobre os Temas de Direito Processual, as palavras do amigo Sérgio Bermudes, dizem tudo:

"... Nenhum de nós conseguirá alçar-se às alturas onde paira, dominante, esse jurista perfeito, convertido, pelo talento, pela aplicação e pela produção intelectual, em mestre e guia de todos. Barbosa Moreira desfruta, na comunidade jurídica nacional, do raro privilégio do acatamento unânime. É sua palavra definitiva, cuja autoridade não se desafia, nem se discute porque se sabe fundada no mais amplo conhecimento, na investigação minuciosa, demonstrada neste livro, como em todos da sua lavra, pelas notas opulentas, reveladoras do que há de bom e atual na doutrina e na jurisprudência hodiernas de todo o mundo..."

O Professor fez discípulos, alcançou a afeição de todos os seus alunos e cultivou, juntamente com Dª Gilka, a amizade de muitos, tantos quantos era

---

3 O embrião da escola processual de Copacabana, composta nas suas origens por dois únicos personagens, o Professor José Carlos e seu mestre Luiz Machado Guimarães, germinou e deu frutos, fez discípulos.

possível. Estas situações que o Professor considera verdadeiros dons, graças, foram recolhidas por ele – são essas as suas palavras – "com a alma em alvoroço e guardada entre os troféus mais caros da sua vida espiritual, como gema de preço inestimável".

Não foi por acaso que tudo isso aconteceu. O Mestre cumpriu a promessa que fez sucessivamente às suas diversas turmas, desde 1972, "de que a partida, a formatura não representava um fim, mas sim um novo começo". Na formatura da última turma – 1996, voltava ao tema dizendo a seus alunos: "não se livrarão de mim com tamanha facilidade. Hão de consentir – como, para meu imenso júbilo, vêm consentindo tantos e tantos bacharéis de anos anteriores – que eu os acompanhe mais um pouco, o máximo que prouver a Deus, se nem sempre com os olhos, pelo menos sempre no coração".

Mas uma coisa é certa: aqui estamos nós e continuaremos sempre juntos, aqui e acolá, não mais com os olhos, mas sempre no coração.[4]

Paulo Cezar Pinheiro Carneiro
Paulo Cezar Pinheiro Carneiro Filho

4 Em complemento ao texto do meu pai, quero registrar minha satisfação e orgulho de ter participado da elaboração dos comentários, especialmente porque os temas de processo civil do Prof. José Carlos Barbosa Moreira, serviram como inspiração para a minha dedicação ao direito processual.

SOBRE OS ATUALIZADORES

PAULO CEZAR PINHEIRO CARNEIRO

Aluno da Turma José Carlos Barbosa Moreira de 1972, da Faculdade de Direito da Universidade do Estado da Guanabara. Pós-graduado pela Escola Processual de Copacabana. Professor Titular de Teoria Geral do Processo da Universidade do Estado do Rio de Janeiro – UERJ.

PAULO CEZAR PINHEIRO CARNEIRO FILHO

Mestre e Doutor em Processo pela UERJ, Membro do Instituto Brasileiro de Direito Processual-IBDP, Advogado do escritório PCPC

SUMÁRIO

TENDÊNCIAS CONTEMPORÂNEAS DO DIREITO PROCESSUAL CIVIL[1]

1. Introdução. **2.** Do abstrato ao concreto. **3.** Do individual ao social. **4.** Do nacional ao internacional.

1. Introdução

Traçar um quadro, já não diremos completo, mas em todo caso menos lacunoso, das tendências contemporâneas do Direito Processual Civil é tarefa que exigiria a contemplação de panorama extremamente vasto e multifário. Para nos atermos ao mundo "ocidental", seria preciso considerar a notória distribuição dos ordenamentos jurídicos em três grandes sistemas: o romano-germânico, o anglo-saxônio e o dos países socialistas. A admitir-se que cada um deles evolvesse homogeneamente, isto é, a prescindir-se dos inevitáveis descompassos "internos", não haveria como desprezar o fato óbvio de que não são comuns aos três, ou nem sempre o são, as linhas de força prevalecentes.

Por outro lado, mesmo dentro de cada sistema, e até de cada unidade nacional - ou "local", deveria acrescentar-se, em atenção à circunstância de que nalguns países, como a Suíça, ao lado do ordenamento nacional subsiste uma pluralidade de ordenamentos regionais, de características às vezes diversificadas - teria o observador de adotar sucessivamente mais de um ângulo visual. Com efeito: a análise dos textos normativos, o exame das obras doutrinárias, o estudo da jurisprudência e a verificação do modo como se passam as coisas na realidade forense quotidiana ministram "imagens" do processo civil que podem não coincidir, e só a título excepcional coincidem com exatidão. Ninguém ignora as ocasionais divergências e até os abertos conflitos que soem manifestar-se, por exemplo, entre a orientação preconizada pela doutrina e a dominante nos julgados, a respeito deste ou daquele problema ou grupo de problemas.

Mais: ainda que dispuséssemos de dados bastantes em todos esses níveis (e decididamente não é o caso), a elaboração do material por

---

1 Trabalho destinado à coletânea de estudos em homenagem a PEDRO CALMON. Publicado também na *Revista Brasileira de Direito Processual,* v. 42, e, em versão espanhola da Dra. Graciela Barcelona, na *Revista Uruguaya de Derecho Procesal,* nº 3, 1983.

certo reclamaria espaço incompatível com as dimensões próprias de um trabalho deste gênero. Por isso temos de contentar-nos com o registro de impressões colhidas e expostas sem a preocupação de rigor que imporia aqueles escrúpulos metodológicos. Tais impressões parecem-nos suficientemente fundadas em elementos objetivos para escaparem à possível suspeita de arbitrariedade, conquanto estejamos prontos a reconhecer as marcas de subjetivismo que porventura existam na seleção dos tópicos e na identificação dos fenômenos mais representativos. Como o leitor nos concederá com facilidade, seria absurda, aqui, a pretensão de documentar de maneira exaustiva todas as nossas afirmações, que entretanto não dispensarão o abono de algumas referências essenciais. Elas não aspiram, aliás, à validade universal: temos em vista, precipuamente, a situação do processo civil no sistema romano-germânico, no qual nos inserimos – sem esquecer que só à custa de enorme simplificação se torna possível falar em termos genéricos de um complexo que abrange a maioria dos ordenamentos da Europa continental e a quase totalidade[2] dos latino-americanos; e sem excluir, tampouco, a conveniência de aludir, aqui e ali, a dados de outros sistemas.

Com essas ressalvas, e no propósito de imprimir cunho menos assistemático às nossas observações, animamo-nos a agrupá-las em três itens, nos quais se tentará retratar sumariamente cada uma das três mudanças de enfoque do fenômeno processual, que se nos afiguram características dos dias de hoje.

2. Do abstrato ao concreto

O direito processual conta pouco mais de um século como disciplina jurídica de autonomia científica. Custou-lhe muito esforço edificar um sistema próprio de conceitos e princípios. Era natural que, ao longo de semelhante processo de amadurecimento, os maiores cuidados se dirigissem à construção de estruturas dogmáticas firmes. Tal prioridade refletia, aliás, o conceptualismo que reinava, quase absoluto, no ambiente jurídico da época. Manifestações dessa tendência são, por exemplo, as

2 Leve-se a restrição à conta de Cuba, cujo ordenamento jurídico, em princípio, integraria hoje a "família" socialista, embora se afigure duvidoso – tanto quanto é lícito julgar pela simples leitura do texto – que a *Ley de Procedimiento Civil, Administrativo* y *Laboral* de 1977 cabalmente justifique a suposição de haver o processo cubano "emigrado" por inteiro de um para outro campo.

aturadas e por vezes acerbas polêmicas doutrinárias em torno da natureza da ação, da coisa julgada, do objeto do processo.

O trabalho empreendido por espíritos agudíssimos levou a requintes de refinamento a técnica do direito processual e executou sobre fundações sólidas projetos arquitetônicos de impressionante majestade. Nem sempre conjurou, todavia, o risco inerente a todo labor do gênero, o de deixar-se aprisionar na teia das abstrações e perder o contato com a realidade quotidiana. A fascinante sutileza de certas elaborações parecia ter contrapartida menos admirável no ocasional esquecimento de que nem tudo devia resumir-se num exercício intelectual realizado sob o signo da "arte pela arte" – ou, se se preferir, da "ciência pela ciência".

Não há menoscabar os frutos de tão nobre fadiga. Sente-se, porém, a precisão de aplicar com maior eficácia à modelagem do real as ferramentas pacientemente temperadas e polidas pelo engenho dos estudiosos. Noutras palavras: toma-se consciência cada vez mais clara da função instrumental do processo e da necessidade de fazê-lo desempenhar de maneira *efetiva* o papel que lhe toca. Pois a melancólica verdade é que o extraordinário progresso científico de tantas décadas não pôde impedir que se fosse dramaticamente avolumando, a ponto de atingir níveis alarmantes, a insatisfação, por assim dizer universal, com o rendimento do mecanismo da justiça civil.

Se o processo é instrumento de realização do direito material, o resultado do seu funcionamento deve situar-se a uma distância mínima daquele que produziria a atuação espontânea das normas substantivas, e já constitui uma desgraça a impossibilidade de fazer coincidir precisamente um e outro. Ora, a importância do direito de ação consiste em que, de ordinário, a existência mesma do processo depende de que alguém se disponha a exercitá-lo. Em semelhante perspectiva, parece menos relevante indagar se a ação há de ser concebida como direito a uma sentença favorável ou como direito a uma sentença de qualquer teor, que cuidar da possibilidade concreta do respectivo exercício[3] e salientar os desdo-

3 Referimo-nos aqui à conveniência de alargar os limites, às vezes demasiado estreitos, da "acionabilidade", quer pelo ângulo objetivo – abrindo a hipóteses injustificavelmente excluídas a via de acesso à cognição judicial –,quer do ponto de vista subjetivo – rompendo as barreiras erguidas pela acanhada concepção tradicional da legitimação para agir. *Vide,* na recente literatura nacional, MONIZ DE ARAGÃO, O Estado de Direito e o direito de ação, in *Revista de Direito Processual,* v. 16, p. 69

bramentos de conteúdo (direito ao contraditório, à prova, à motivação das decisões judiciais), cujo resguardo se põe como condição necessária – embora não suficiente – de um desfecho, na medida do possível, justo.

A aspiração à maior efetividade da tutela jurisdicional sugere intuitivamente utilização mais intensa dos meios de averiguação dos fatos. Razões de ordem vária exigem, sob certas circunstâncias, que o processo renuncie à pesquisa irrestrita da verdade; nem por isso deixa de ser exato, em linha de princípio, que a justiça da decisão se condiciona ao esclarecimento, tão completo quanto possa ser, da situação fática subjacente ao litígio. Se não bastam, para tanto, os elementos ministrados pelas partes, atue o juiz no sentido de complementá-los: a consagração da iniciativa oficial na atividade de instrução vai-se tornando um lugar-comum nos ordenamentos dos nossos dias[4]. Nem se afigurará talvez excessivo considerar que nesta matéria, não obstante algumas resistências, na verdade passou o tempo das declarações de princípio, e os esforços devem agora concentrar-se na realização de condições que estimulem os juízes a exercitar, *in concreto,* poderes que as leis já lhes atribuem *in abstracto.*

Em só aparente paradoxo, a mesma preocupação básica vem inspirando, sobretudo à jurisprudência, atitudes de facilitação da prova em casos nos quais a exigência da demonstração cabal dos fatos, conjugada à rigorosa observância das regras sobre distribuição do *onus probandi,* cria sério risco de bloquear o caminho para a justa composição da lide. Põe-se a questão, principalmente, em matéria de responsabilidade civil, no que respeita à prova da culpa e da relação de causalidade, em hipóteses como as de grave violação de dever profissional (máxime no campo da medicina), de responsabilidade do produtor por danos causados

e s.; BARBOSA MOREIRA, Notas sobre o problema da "efetividade" do processo, in *Estudos de Direito Processual em homenagem a* JOSÉ FREDERICO MARQUES, São Paulo, 1982, p. 203 e s., espec. 208-13.

4 Exemplar o novo *Code de procédure civile* francês, de 1975, *arts.* 10 *("Le juge a le pouvoir d'ordonner d'office toutes les mesures d'instruction légalement admissibles")* e 143 (" *Les faits dont dépend la solution du litige peuvent, à la demande des parties ou d'office, être l'objet de toute mesure d'instruction légalement admissible").* Cf. o *Código Procesal Civil* y *Comercial de la Nación* (Argentina), de 1967, art 36, 2º *principio* (na redação da Lei nº 22.434, de 1981); o *Código de Procedimiento Civil* colombiano, de 1970, art. 179, 1ª parte; o *Código de Procedimiento Civil* boliviano, de 1975, arts. 4º, nº 4, e 378º. Quanto ao Brasil, *vide* o Código de Processo Civil de 1973, *arts.* 130, 342, 355, 382, 399, 418, 437, 440.

pejo produto ao consumidor, e outras em que, das possíveis versões do fato, uma se recomenda desde logo, por sua verossimilhança consideravelmente maior, à preferência do senso comum. Na solução do problema têm-se empregado desde técnicas relativamente simples, como a da pura inversão ope iudicis do *ônus da prova*[5], ou – o que afinal vem a dar na mesma – a da consagração de "presunções" não previstas em texto legal[6], até expedientes mais refinados, qual o da atribuição de um "dever de esclarecimento" ao adversário da parte onerada[7] ou o da chamada "prova *prima facie*" [8] em que o juiz, tendo em vista o curso normal de "acontecimentos típicos" *(typische Geschehensabläufe,* na terminologia tedesca), admite como certa, ao menos em caráter provisório, a existência de circunstâncias que, segundo a comum experiência, deviam concorrer para que se verificasse o fato conhecido[9].

Pouco valem, no entanto, cuidados com a justiça da decisão, se não se acompanham do empenho em evitar-lhe o retardamento excessivo. Na perspectiva da "efetividade", é questão capital a da duração dos processos. O problema, que se faz sentir, como é notório, por toda parte, com maior ou menor intensidade, vem sendo objeto, em alguns países, de pesquisas levadas a cabo com rigorosa metodologia científica[10]. Não

5 Vasta a bibliografia, principalmente a alemã. *Vide,* por todos, ROSENBERG-SCHWAB, *Zivilprozessrecht,* 13. ed. Munique, 1981, p. 687-8, com extensas indicações de jurisprudência e de doutrina, às quais se podem acrescentar: JAUERNIG, *Zivilprozessrecht,* 19. ed. Munique, 1981, p. 170-1; SCHLOSSER, *Zivilprozessrecht I,* Munique, 1983, p. 286-8.

6 De "presunções jurisprudenciais" fala na Itália VERDE, Le presunzioni giurisprudenziali, *in Studi in memoria di* CARLO FURNO, Milão, 1973, p. 915 e s., e *L'onere della prova nel processo civile,* Camerino, 1974, p. 135 e s., com amplas remissões, em notas, à jurisprudência da *Corte di Cassazione.*

7 STÜRNER, *Die Aufklärungspflicht der Parteien des Zivilprozesses,* Tübingen, 1976. Em sentido *crítico,* porém, *vide* ARENS, Zur Aufklärungspflicht der nicht beweisbelasteten Partei Im Zivilprozess, *in Zeitschrift für Zivilprozess,* v. 96 (1983), p. 1 e s.

8 Abundante a literatura sobre a "prova *prima facie" (ou Anscheinsbelweis).* Ainda aqui, *vide,* inclusive para outras referências, ROSENBERG-SCHWAB, *Zivilprozessrecht,* p. 661 e s.

9 Parece às vezes capilar a diferença entre a "prova *prima facie"* e a indiciária; a doutrina, contudo, insiste na distinção: BAUR, *Zivilprozessrecht,* 4. ed. Frankfurt am Main, 1982, p. 158.

10 Consultem-se, por exemplo, os trabalhos publicados na Alemanha sob o título *Rechtstatsachen zur Dauer des Zivilprozesses,* Colônia-Berlim-Bonn-Munique, 1972, por BAUMGÄRTEL-MES (quanto ao primeiro grau de jurisdição) e BAUMGÄRTEL-HOHMANN (com relação ao segundo).

é, infelizmente, o caso do Brasil, onde, para começar, a carência de estatísticas judiciárias priva de bases objetivas, quase sempre, a discussão do assunto. As lamentações gerais não costumam ultrapassar o nível do impressionismo literário; e algumas iniciativas de reformadores cheios de boas intenções, mas desprovidos de informações precisas sobre as causas reais do mal e seus respectivos pesos, geram às vezes o temor de que se venha a sangrar o doente na veia da saúde.

Aqui, porém, temos de cingir-nos a registrar o movimento, a bem dizer universal, no sentido da aceleração e da simplificação do procedimento. Nenhuma reforma legislativa digna de nota, em nosso tempo, deixa de fazer dessa uma de suas metas prioritárias; saber com que êxito é outra questão, impossível de examinar agora. Destarte, a grande revisão da *Zivilprozessordnung* da República Federal da Alemanha, em 1976, por meio da denominada *Vereinfachungsnovelle,* visou de maneira precípua a efetivar a concentração, numa única audiência oral, da atividade de instrução, debate e decisão da causa; outras inovações, como a limitação do *ius novorum* na instância da apelação, também se ordenam à pré-exclusão de complicações capazes de entravar a marcha do processo. A recente reforma do Código federal argentino revela no legislador preocupação marcante de abolir formalidades inúteis e simplificar a realização de atos processuais (ampliando, *v.g.,* a possibilidade de intimações por telegrama: art. 143), bem como fortalecer o poder do juiz de rejeitar de plano incidentes infundados e protelatórios[11].

Em nosso país, algumas novidades consagradas pelo Código de Processo Civil de 1973 obviamente se inspiram na mesma ordem de ideias: assim, por exemplo, o "julgamento antecipado da lide" (art. 330) elimina o injustificável diferimento da sentença para depois de uma audiência vazia de sentido, ante a desnecessidade de colher prova oral. Outra inovação que se considerava importante, o procedimento sumaríssimo (art. 275), por motivos diversos vem produzindo, na prática, rendimento bem inferior ao esperado. Mantém-se viva a consciência da necessidade de tentar outros passos, conforme atesta o anteprojeto de lei, recentemente divulgado, que, autorizando a criação de juizados es-

11 *Vide* a Exposição de Motivos da Lei nº 22.434, de 1981, no *Boletín de Legislación* do *Colegio de Abogados* de La Plata, nº 40, maio de 1981, p. 3 e s.

peciais de "pequenas causas", fixa, para a respectiva tramitação e julgamento, rito caracterizado pela informalidade[12].

Fenômeno que se relaciona com o anteriormente mencionado é o florescimento das medidas cautelares, por meio das quais se busca mitigar até certo ponto as desastrosas consequências práticas da demora dos processos. Não é por acaso que na paisagem processual contemporânea cresce a olhos vistos o interesse por tais providências, em ritmo análogo ao da sombra que nela projeta a morosidade dos serviços judiciários. As leis modernas vão dando à matéria tratamento mais cuidadoso e, aqui e ali, particular realce: assim, entre nós, o Código de 1973, que lhe consagrou todo o Livro III. Ainda nos países onde subsiste regulamentação mais antiga, aumenta de modo sensível a frequência com que se recorre à tutela cautelar[13]. Ademais, a variedade e complexidade crescente das situações fáticas, que o mais imaginoso legislador não consegue prever, vai desacreditando a técnica do *numerus clausus,* em favor do reconhecimento de um "poder cautelar geral", que faculta ao juiz, com maior ou menor latitude, a decretação da providência mais adequada *in concreto*[14].

3. Do individual ao social

A ciência do direito processual civil nasceu e desenvolveu-se no ambiente cultural do liberalismo individualista. Era natural que o *Zeitgeist* impregnasse a doutrina e a maioria das grandes codificações oitocentistas. Naquela e nestas avultava como traço característico o papel passivo atribuído ao juiz; assim como se queria o Estado tanto quanto possível

12 O texto foi publicado no *Diário Oficial* da União, Seção I, de 16-9-1982. Não é esta a sede própria para submetê-lo a apreciação crítica; apenas se quis assinalar o fato, como índice de uma tendência.

13 Quanto à Alemanha, *vide* BAUR, Funktionswandel des Zivilprozesses?, *in Tradition und Fortschritt* im *Recht (Festschrift zum 500 jührigen Bestehen der Tübingen Juristenfakultät),* Tübingen, 1977, p. 173.

14 Embora não se trate de fenômeno propriamente novo, merece registro a sua generalização nos ordenamentos modernos: Código de Processo Civil português de 1939, art. 405 (hoje, 399); *Codice di procedura civile dello Stato della Città del Vaticano,* de 1946, art. 894; *Código Procesal Civil* y *Mercantil* da Guatemala, de 1963, art. 530; Código federal argentino, de 1967, art. 232; Código grego do mesmo ano, art. 737 (antigo 736); Código de Processo Civil brasileiro de 1973, arts. 798 e 799; *Code de procédure civile* francês, de 1975, art. 849; *Código de Procedimiento Civil* boliviano, de 1975, art. 169.

alheio, na economia, ao livre jogo das forças do mercado *(laisser faire)*, também se propugnava, para o órgão judicial, posição de distanciamento em face da luta entre as partes, reservada a estas, com exclusividade, não só a iniciativa do processo, mas a introdução de elementos probatórios e, em boa medida, a própria condução do feito[15].

Em sentido contrário orientou-se, ainda no fim do século passado, a reforma do processo civil austríaco[16]. Baseando-se numa concepção social do processo, cujo resultado deveria refletir a verdade e realizar a justiça, em vez de simplesmente premiar o litigante mais poderoso ou mais hábil, a *Zivilprozessordnung* de 1895 consagrou o impulso oficial, o dever de veracidade das partes, a participação ativa do juiz na apuração dos fatos; e empenhou-se de modo especial em simplificar e acelerar o procedimento. A alguns desses pontos já se aludiu, por outro prisma, em o nº 2, *supra;* aqui cabe ressaltar-lhes a significação social, certo como é que, de ordinário, para o litigante menos provido de meios fazem sentir-se mais duramente as consequências da demora dos pleitos, e é ele também que, com maior frequência, por vários motivos (carência de recursos e de informações, menor eficiência – ao menos em regra – do respectivo patrocínio em juízo), deixa de desincumbir-se de maneira cabal dos ônus processuais.

A reforma austríaca influenciou, direta ou indiretamente, diversos trabalhos de revisão legislativa, em mais de um país, nas primeiras décadas de nosso século; mas só em tempos mais recentes começa a difundir-se com maior vigor a "ideia social" no mundo do processo. Nesse movimento podem-se identificar duas grandes linhas de força: de um lado, desperta-se para a necessidade de assegurar o benefício da tutela jurisdicional a conflitos de interesses que, por sua dimensão supraindividual, mal se acomodam no quadro dos esquemas processuais clássicos; de outro, busca-se imprimir ao tratamento dos próprios conflitos interindividuais feição mais consentânea com certas exigências básicas do princípio do "Estado social de direito".

15 O "modelo do processo civil liberal" é descrito em termos expressivos por WASSERMANN, *Der soziale Zivilprozess,* Neuwied-Darmstadt, 1978, p. 32 e s.

16 Concebida e realizada, como se sabe, por FRANZ KLEIN, a respeito de cuja obra *vide* ainda WASSERMANN, ob. cit., p. 53 e s.

São múltiplos os desdobramentos. O propósito de facilitar o "acesso à Justiça"[17] suscita, antes de mais nada, a inevitável preocupação com o alto custo dos serviços judiciários e a procura de métodos para eliminar ou atenuar o óbice que ele ergue ao comparecimento a juízo de pessoas economicamente mais fracas. As gigantescas proporções do problema desafiam a imaginação dos estudiosos, e vão-se abrindo várias frentes de atuação, com espectro amplo de experiências, onde acham espaço desde tentativas de aperfeiçoar as técnicas tradicionais de amparo aos desprovidos de meios, até projetos mais "ousados", como o da instituição de um seguro social de tutela jurídica[18]. Algumas recentes reformas legislativas[19] dão testemunho dessa inquietação, embora, numa visão de conjunto, não se possam considerar animadores, por enquanto, os resultados práticos.

As leis processuais soem conter dispositivos que preceituam a igualdade de tratamento das partes: assim o art. 125, nº I, do Código de Processo Civil brasileiro. A interpretação de semelhantes textos já não pode satisfazer-se com um entendimento puramente formal, como o que por tanto tempo prevaleceu. Aos olhos de expressiva corrente doutrinária, o que hoje importa é tornar operativo o princípio no pla-

---

17 *Access to Justice* é o título do grande projeto florentino de pesquisa, promovido pela *Ford Foundation,* cujos resultados ocupam os seis belos volumes de igual denominação, editados por CAPPELLETTI e GARTH, Milão-Alphen aan den Rijn, 1978, aos quais se acrescenta *Access to Justice and the Welfare State,* editado por CAPPELLETTI, Alphen aan den Rijn-Bruxelas-Stuttgart-Florença, 1981.

18 Para extensa informação sobre as diferentes soluções que se vêm concebendo e experimentando nos últimos anos, bem como para a respectiva avaliação crítica, vejam-se, entre outros: BAUMGÄRTEL, *Gleicher Zugang zum Recht für alle.* Colônia-Berlim-Bonn-Munique, 1976, p. 118 e s.; DENTI. *Accessibility of legal procedures for the underprivileged: legal aid and advice* (relatório geral para o Congresso Internacional de Direito Processual Civil de Gand, 1977), *in Towards a justice with a Human Face,* Antuérpia-Deventer, 1978, p. 167 e s.; e o volume *Toward Equal Justice,* editado por CAPPELLETTI, GORDLEY e JOHNSON, Jr., Milão-Dobbs Ferry, 1975.

19 *V.g.,* na França, Lei nº 72-11, de 3-1-1972 (a cujo respeito *vide* LAROCHE DE ROUSSANE, *L'aide judiciaire,* Paris, s.d.); na Alemanha: Lei de 13-6-1980, que modificou os §§ 114 e s. da *ZPO,* inclusive a denominação *Armenrecht,* substituída por *Prozesskostenhilfe.* No Brasil, onde o direito dos necessitados à assistência judiciária é constitucionalmente assegurado (Constituição da República, art. 153, § 32), rege a matéria a antiquada e tecnicamente muito defeituosa Lei nº 1.050, de 5-2-1960, e o panorama real é melancólico. Escasso o interesse da doutrina pelo assunto, sobre o qual conhecemos uma única e já antiga monografia: HANS BUENDGENS, *Da assistência judiciária,* Florianópolis, 1955.

no substancial, de tal modo que se assegure às partes, independentemente de desníveis culturais, sociais, econômicos, verdadeira igualdade de oportunidades no processo. Tal aspiração põe de novo em foco, por outro ângulo, o problema da atribuição de papel mais "ativo" ao órgão judicial, convocado a suprir, em certa medida, as falhas da atuação dos litigantes. A propensão a acentuar com muita ênfase semelhante exigência, sensível em certos setores, pode gerar dificuldades na perspectiva da conciliação, às vezes problemática, entre a função "assistencial", que se quer ver assumida pelo juiz, e a preservação de sua indispensável imparcialidade[20]. Mas o risco de comprometer esse delicado equilíbrio não tem impedido o legislador, em vários países, de consagrar para o órgão judicial um dever, mais amplo ou mais restrito, de assinalar às partes a necessidade de praticar certos atos, e até discutir com elas aspectos fáticos e jurídicos do litígio, para induzi-las ao esclarecimento e à complementação de suas afirmações[21].

Mesmo a contar com a progressiva melhoria da situação, bem se entende que, nalguns casos, a disparidade das forças em conflito e outras circunstâncias adversas desestimulem o uso da via judicial por um interessado solitário, ou até por um grupo de cointeressados. Certos interesses são mais bem defendidos em juízo por pessoas jurídicas, que, dispondo de maiores recursos e gozando dos benefícios da organização, podem enfrentar em melhores condições adversários econômica ou politicamente poderosos. Em mais de um país é perceptível a tendência a conferir a associações e outras entidades qualidade para agir fora do âmbito em que lhes confinava a atuação o modo tradicionalmente predominante, mas na verdade por demais estreito, de equacionar o problema da *legitimatio ad causam* ativa. Para tomar como exemplo, ainda uma vez, a Alemanha Federal, mencione-se a viabilidade de ações propostas por associações com o fim de obstar a práticas de concorrência desleal e

20 Ao propósito, *vide* ainda BAUR, *Funktionswandel des Zivilprozesses?*, cit., p. 170-1.

21 *V.g.*, §§ 139 e 278, nº 3, da *ZPO* da Alemanha Federal. Com menor alcance, vejam-se os arts. 284, *caput*, e 285, 2ª parte, do vigente Código de Processo Civil brasileiro. Outros dados comparatísticos em TARZIA, Le istruzioni del giudice allee parti nel processo civile, in *Riv. di Dir. Proc.*, v. XXXVI (1981), p. 637 e s.; especificamente quanto aos ordenamentos socialistas, que dão maior relevo à função "assistencial" do juiz, uma visão panorâmica em STALEV, *Fundamental Guarantees of Litigants in Civil Proceedings: a Survey of the Laws of the European People's Democracies*, no volume *Fundamental Guarantees of lhe Parties in Civil Litigation*, editado por CAPPELLETTI e TALLON, Milão-Dobbs Ferry, 1973, p. 393 e s.

ao emprego de cláusulas contratuais inadmissíveis segundo a disciplina legal das condições gerais dos negócios[22]. O movimento começa a fazer sentir-se também no Brasil, onde são escassas as disposições ampliativas da legitimidade de pessoas jurídicas[23].

Avanços nessa direção podem abrir (ou alargar) um dos canais utilizáveis para dar vazão às crescentes necessidades de tutela dos "interesses coletivos" ou "difusos"[24], como tais designados, aqui, os interesses que se caracterizam, do ponto de vista subjetivo, por uma pluralidade de titulares em número indeterminado (e, ao menos para fins práticos, indeterminável) e, ao ângulo objetivo, pela indivisibilidade do objeto: interesses relacionados com a defesa do meio ambiente, ligados a valores culturais ou espirituais - *v.g.*, à proteção dos bens de valor histórico ou artístico -, orientados para a «proteção do consumidor», e assim por diante. Defrontamo-nos neste passo com outro fenômeno característico da irrupção do «social» na paisagem do processo: se o tratamento judicial dos interesses «difusos» postula o uso de novos instrumentos, ou pelo menos uma adaptação cuidadosa dos instrumentos conhecidos, é justamente porque os litígios a eles relativos ultrapassam a medida dos indivíduos, e até a dos grupos bem definidos de indivíduos, para envolver coletividades de contornos amplíssimos, e em todo caso im-

---

22 *UWG* (Lei contra a concorrência desleal), de 1965, § 13, I, *a; AGBG* (Lei sobre as condições gerais dos negócios), de 1976, § 13, nº 1, 2 e 3. Sobre os problemas de enquadramento dogmático da *Verbandsklage* e outros com ela relacionados, *vide* WOLF, *Die Klagebefugnis der Verbände*, Tübingen, 1971; URBANCZYK, *Zur Verbandsklage im Zivilprozess*, Colônia-Berlim-Bonn-Munique, 1981.

23 Regras do gênero beneficiam, em certa medida, os sindicatos (Consolidação das Leis do Trabalho, arts. 513, *a*, e 558, *caput*, 2ª parte), as associações de classe que congreguem funcionários ou empregados públicos (Lei nº 1.134, de 14-6-1950, art. 1º), a Ordem dos Advogados do Brasil (Lei nº 4.215, de 27-4-1963, art. 1º, § 1º). O Projeto de Lei nº 5.521, de 1981, apresentado à Câmara dos Deputados, visa a generalizar a ampliação, mediante o acréscimo de um parágrafo ao art. 6º do Código de Processo Civil, assim redigido: "As associações civis constituídas com a finalidade principal de promover o estudo, a defesa e a coordenação dos interesses de seus associados poderão representá-los, individual e coletivamente, em juízo, bem como assisti-los, como intervenientes, nos feitos em que sejam partes e que digam respeito a interesse comum dos associados, segundo o ato constitutivo da associação respectiva".

24 *Vide* sobre o assunto BARBOSA MOREIRA. A proteção jurídica dos interesses coletivos, *in Revista Brasileira de Direito Processual*, v. 24, p. 13 e s. (ou *in Revista de Direito Administrativo*, v. 139, p. 1 e s.), inclusive para outras referências à literatura nacional e estrangeira.

precisos[25]. Bem se compreende que, nesse campo, se hajam de pôr em termos peculiares, e reclamem soluções também peculiares, questões como – entre outras – a da legitimidade ativa e a da extensão subjetiva dos efeitos da sentença e da autoridade da coisa julgada.

No que concerne à primeira, repita-se, a atribuição da *legitimatio* a associações constitui exatamente uma das possibilidades mais promissoras, com alguma vantagem sobre a legitimação concorrente e "disjuntiva" de cada um dos membros da coletividade interessada – alvitre por que se optou, em nosso país, na disciplina do mais típico meio de tutela dos interesses coletivos: a ação popular, intentável por "qualquer cidadão" (Constituição da República, art. 153, § 31; Lei nº 4.717, de 29-6-1965, art. 1º, *caput).* Na verdade não se trata de excluir, *de lege ferenda,* esta solução em favor daquela, mas antes de conjugá-las entre si e com outras que intuitivamente se concebem – como a legitimação de órgãos ou entidades públicas. Já a segunda questão foi resolvida com insuperável habilidade pelo legislador brasileiro, no art. 18 da Lei nº 4.717, que confere à sentença proferida na ação popular "eficácia de coisa julgada oponível *erga omnes,* exceto no caso de haver sido a ação julgada improcedente por deficiência de prova", e acrescenta que, "neste caso, qualquer cidadão poderá intentar outra ação com idêntico fundamento, valendo-se de nova prova". A norma é exemplar e merece ser estendida a hipóteses análogas; pode, com proveito, servir de modelo a ordenamentos estrangeiros[26].

4. Do nacional ao internacional

Constitui fenômeno dos mais óbvios, na vida contemporânea, a progressiva diminuição da importância das fronteiras nacionais diante

---

25 Ao tipo de litígios a que alude o texto correspondem, em substância, no direito norte-americano, as chamadas *public actions* (ou *public interest actions);* figura análoga, porém distinta – e bem mais conhecida –, é a da *class action,* que pressupõe um feixe de interesses individuais homogêneos e paralelos, defendidos em juízo, na sua totalidade, por apenas um ou vários dos cointeressados, em razão da impraticabilidade da participação de todos no processo *(Federal Rules of Civil Procedure,* nº 23). Para um confronto entre os dois institutos, *vide* HOMBURGER, *Private suits in the public interest in the United States of America,* no volume *Klagen Privater* im *öffentlichen Interesse,* Frankfurt am Main, 1975, p. 47-8.

26 O XI Congresso argentino de Direito Processual (La Plata, 1981) aprovou sugestão que incorpora, substancialmente, a solução da Lei nº 4.717: *vide* a conclusão nº 5, *in Rev. dei Colegio de Abogados de La Plata,* nº 41, p. 197.

de fatos sociais, culturais, políticos e sobretudo econômicos. Ao impacto dessa evolução não fica imune o direito processual civil, como aliás setor algum do mundo jurídico. Não é novidade de hoje, evidentemente, a presença de elementos internacionais no processo; mas a frequência e a relevância com que ela se faz sentir alcançam, em nossos dias, níveis inimagináveis num passado não muito longínquo.

Fútil e vã, no presente contexto, qualquer veleidade de "isolamento" jurídico, veem-se intensificados, em mais de um aspecto, os esforços para assegurar a cooperação das justiças dos vários países. Disso dá eloquente testemunho a extraordinária multiplicação, nos últimos decênios, de tratados e convenções que direta ou indiretamente interessam à atividade judicial. Outro ponto de afloramento do mesmo fenômeno é o desenvolvimento impressionante do juízo arbitral no terreno do comércio internacional, que inspira reformas legislativas, empenhadas em modelar um suporte jurídico à altura das necessidades do momento[27], e estimula reflexões doutrinárias de elevado padrão[28].

Tornam-se os ordenamentos, em quase todo o universo, mais permeáveis à produção de efeitos das sentenças estrangeiras. Vão caindo, um a um, os derradeiros baluartes da relutância em assimilá-las: admite-se na Suécia, além dos casos previstos em tratados, o reconhecimento de sentenças alienígenas de estado, assim como o de decisões de justiças estrangeiras designadas em cláusulas de eleição de foro, quando excluída a própria jurisdição sueca[29]; na Holanda, embora a regra continue a ser a da inexequibilidade dos julgados estrangeiros, com ressalva das hipóteses contempladas em tratados ou em disposições legais específicas, subsistindo assim para a parte vencedora o ônus de repropor a ação perante o juiz nacional, a jurisprudência tempera o rigor do sistema, atribuindo à decisão proferida alhures, ao menos *de facto,* certo

27 No Livro IV *(L'arbitrage)*, acrescentado pelo Decreto nº 81.500, de 12-5-1981, ao *Code de procédure civile* francês, o Título V contém certo número de disposições específicas sobre a arbitragem internacional, e o Título VI ocupa-se do reconhecimento, da execução e dos recursos de laudos arbitrais proferidos no estrangeiro ou em matéria de arbitragem internacional.

28 FOUCHARD, *L'arbitrage commercial international,* Paris, 1965; SCHLOSSER. *"Das Recht der internationalen privaten Schiedsgerichtsbarkeit,* Tübingen, 1975; DAVID, *L'arbitrage dans le commerce international,* Paris, 1982.

29 GINSBURG e BRUZELIUS, *Civil Procedure in Sweden,* Haia, 1965, p. 386 e s.; EEK, *The Swedish Conflict of Laws,* Haia, 1965, p. 86 e s.

valor probatório[30]. Perde prestígio a solução consistente em subordinar a eficácia à averiguação prévia da justiça da decisão, mediante a revisão da causa: abandonou-a a França, em favor do mero controle formal, com o famoso *Arrêt Munzer*, de 1964, que assinalou um giro de 1800 na jurisprudência da *Cour de Cassation*[31]. Avigora-se a tendência a dispensar em certa medida, para a produção de efeitos, um ato formal de reconhecimento da sentença estrangeira, exigível apenas quando se trate de *executá-la* (no sentido técnico), mas substituído, nos outros casos, pela simples verificação *incidental* dos pressupostos[32]. Nos países-membros das comunidades europeias, de acordo com a Convenção de 1968 sobre a competência judiciária e a execução de sentenças, em hipótese alguma é necessário qualquer procedimento ou ato formal, nem mesmo para fins executivos, limitando-se o juiz a controlar incidentemente os requisitos previstos no texto convencional[33].

Evolução também digna de registro, conquanto mais lenta, é a do tratamento processual do direito alienígena eventualmente relevante para a decisão do litígio, segundo as normas de direito internacional privado. Uma atitude bastante difundida - e justificada, ou "racionalizada", com a ajuda de premissas teóricas de vária índole - estabelece radical distinção, no plano do processo, entre o direito nacional e o estrangeiro. Este se subtrairia totalmente, por exemplo, à incidência do princípio *iura novit curia,* para situar-se no puro âmbito do *onus probandi* do litigante que o invoque; a alegação de ter sido infringido não bastaria para fazer cabíveis os recursos ordenados à correção de violações da lei, e assim por diante. Ao menos para efeitos práticos, as questões de direito estrangeiro equiparar-se-iam a meras questões de fato.

O problema é ainda muito discutido; mas inegavelmente se percebem sinais claros, quando menos, de uma atenuação do rigor com que

---

30 CONDORELLI, *La funzione dei riconoscimento di sentenze straniere,* Milão, 1967.

31 *Vide* ao propósito TOMASIN, *Essai sur l'autorité de la chose jugée en matière civile,* Paris, 1975, p. 27 e s.; DANIELE ALEXANDRE, *Les pouvoirs du juge de l'exequatur,* Paris, 1970; MOHAND ISSAD, *Le jugement étranger devant le juge de l'exequatur – de la révision au contrôle,* Paris, 1970.

32 Assim, entre os códigos mais recentes, o argentino federal (art. 519) e o grego (art. 323, antigo 339).

33 *Vide* PLOUVIER, *Les décisions de la Cour de Justice des Communautés Européennes et leurs effets juridiques,* Bruxelas, 1975, p. 9-10.

se costumava aplicar a teoria supramencionada[34]. No Brasil, constitui indício dessa mudança a diferença que se nota entre a redação do art. 337 do Código de 1973 e a do art. 212 do estatuto de 1939. Enquanto este atribuía à parte, em princípio, o ônus de provar o teor e a vigência do direito estrangeiro invocado, salvo se o juiz a dispensasse da prova, o texto em vigor, invertendo os termos, faz da antiga regra a exceção e da antiga exceção a regra: a parte, com efeito, só precisará provar o direito estrangeiro "se assim o determinar o juiz"[35]. Na mesma ordem de ideias, parece oportuno registrar o categórico reconhecimento, pelo Supremo Tribunal Federal, de que basta para o cabimento do recurso extraordinário, com base no art. 119, nº III, letra *a,* da Constituição da República, a afirmação de ofensa à lei estrangeira aplicável por força de norma do direito internacional privado brasileiro[36].

Abril de 1983.

---

34 Para uma análise meticulosa da evolução da jurisprudência italiana nesta matéria, até a primeira metade da década de 60, *vide* CAPPELLETTI, Il tratamento del diritto straniero nel processo civile italiano, *in Processo e ideologie,* Bolonha, 1969. A recente reforma processual argentina consagrou a possibilidade, para o juiz, de investigar *ex officio* a existência da lei estrangeira invocada mas não provada pela parte (art. 377, 3ª alínea, acrescentada pela Lei nº 22.434, de 1981).

35 PONTES DE MIRANDA, *Comentários ao Código de Processo Civil,* t. IV, 2. ed. Rio de Janeiro, 1979, p. 365, acentua corretamente a dessemelhança. Mas convém observar que, a rigor, a guinada remonta à Lei de Introdução ao Código Civil, de 1942, cujo art. 14 já rezava: "Não conhecendo a lei estrangeira, poderá o juiz exigir de quem a invoca prova do texto e da vigência".

36 *Vide* o acórdão unânime da 2ª Turma, no RE nº 93.131, relatado pelo Min. MOREIRA ALVES e publicado na *Revista Trimestral de Jurisprudência,* v. 101, p. 1.149. Igual princípio vale, *mutatis mutandis,* para a ação rescisória fundada no art. 485, nº V, do Código de Processo Civil: PONTES DE MIRANDA, *Tratado da ação rescisória,* 5. ed. Rio de Janeiro, 1976, p. 299; BARBOSA MOREIRA, *Comentários ao Código de Processo Civil,* v. V, 4. ed. Rio de Janeiro. 1981, p. 155.

COMENTÁRIOS DOS ATUALIZADORES

TENDÊNCIAS CONTEMPORÂNEAS DO DIREITO PROCESSUAL CIVIL

Paulo Cezar Pinheiro Carneiro / Paulo Cezar Pinheiro Carneiro Filho

Trabalho escrito no mês de abril de 1983, apresentou importantes sugestões para o aprimoramento do acesso à justiça, com foco no Direito Processual Civil, como de costume, em praticamente todos os seus artigos, que vieram a ser adotadas, em grande parte, tanto pela jurisprudência como pela legislação superveniente.

Sobre os temas "do abstrato ao concreto" e "do individual ao social", que buscam maior efetividade ao processo, o Mestre sublinha que, apesar de o processo renunciar a busca irrestrita da verdade, a justiça da decisão se condiciona a esclarecimentos tão completos e exaurientes quanto possam ser apresentados pelas partes.

Nesta linha, o Código de Processo Civil de 2015, no seu artigo 6, estabeleceu nova metodologia de trabalho decorrente do dever de cooperação, uma vez que "todos os sujeitos do processo devem cooperar entre si para que se obtenha, em tempo razoável, decisão de mérito justa e efetiva". Dentre os deveres das partes, o dever de esclarecimento encontra-se abrigado por essa nova metodologia de trabalho dos personagens do processo, como um corolário do dever de cooperação.

O Código de Processo Civil de 2015, em homenagem à efetividade do processo, como defendida por Barbosa Moreira, em seu artigo 356, prevê o julgamento parcial do mérito quando um ou mais dos pedidos formulados ou parcela deles, mostrar-se incontroverso ou estiver em condições de imediato julgamento, nos termos do artigo 355. Além disso, permite ao juiz julgar liminarmente improcedente o pedido que contrariar enunciado de súmula do Supremo Tribunal Federal ou do Superior Tribunal de Justiça, acórdão proferido pelo STF ou pelo STJ em julgamento de recursos repetitivos, entendimento firmado em incidente de resolução de demandas repetitivas ou de assunção de competência e enunciado de súmula de Tribunal de Justiça sobre direito local (artigo 332).

Importante destacar que o legislador do Código de Processo Civil de 2015, em busca da rapidez, da isonomia e da confiança e segurança jurídica procurou alicerçar-se nos precedentes judiciais. Bom exemplo desta afirmação pode ser extraído da previsão do incidente de assunção de competência e do incidente de resolução de demandas repetitivas (IRDR) e da preocupação com os recursos especial e extraordinário repetitivos, estes já previstos no Código de Processo Civil de 1973.

No primeiro exemplo, é admissível a assunção de competência quando o julgamento de recurso, de remessa necessária ou de processo de competência originária envolver relevante questão de direito, com grande repercussão social, sem repetição em múltiplos processos (artigo 947). Já o IRDR é cabível quando houver efetiva repetição de processos que contenham controvérsia sobre a mesma questão unicamente de direito ou houver risco de ofensa à isonomia e à segurança jurídica (artigo 976). Por fim, os recursos extraordinário e especial repetitivos são cabíveis sempre que houver multiplicidade de recursos com fundamento em idêntica questão de direito, podendo ser afetados para julgamento de acordo com as disposições do próprio Código, observado o disposto no Regimento Interno do Supremo Tribunal Federal e do Superior Tribunal de Justiça (artigo 1.036).

Com a finalidade de assegurar a maior efetividade da tutela jurisdicional, o Mestre sugere a utilização mais intensa dos meios de averiguação dos fatos. O Código de Processo Civil de 2015 consagrou tanto a possibilidade da iniciativa oficial na atividade instrutória (artigo 370) como da inversão do ônus da prova (artigo 373, § 1º), além do dever de veracidade imposto pelo artigo 378 do Código de Processo Civil.

No que toca à duração razoável do processo, sem a qual não há que se falar em processo efetivo, além das colocações anteriormente expostas, o Código de Processo Civil de 2015 procurou simplificar procedimento na linha preconizada pelo Mestre prevendo: a) sistema de cooperação entre juízos tanto no plano nacional (artigos 67, 68 e 69) como no internacional (artigos 26 e 27); b) a citação e a intimação por meio eletrônico (artigos 246, 247 e 272); c) o poder geral de cautela (artigo 139, IV); d) a tutela da evidência (artigo 311); e) fortalecimento dos poderes do juiz, especialmente no que toca ao comportamento das partes, ampliando as cominações ao litigante de má-fé (artigo 81); f) diminuição do número de recursos com a irrecorribilidade das decisões interlocutórias por meio de agravo de instrumento, salvo hipóteses excepcionalíssimas (artigos 1.009 e 1.015), assim como o banimento dos recursos de embargos infringentes, substituídos pelo mecanismo de ampliação do julgamento (artigo 942).

Os custos e óbices ao acesso à justiça apontados por Barbosa Moreira foram minimizados pela Lei nº 9.099/95, que criou os Juizados Especiais Cíveis e Criminais, assim como a nova regulamentação da assistência judiciária, justiça gratuita (artigos 98 a 102).

Barbosa Moreira aponta que certos direitos poderiam ser mais bem defendidos em juízo por determinadas pessoas jurídicas, que dispondo de maiores recursos, poderiam ser mais efetivas na tutela do grupo de pessoas.

O Mestre destaca a tendência em certos ordenamentos, como na Alemanha Federal, a conferir legitimidade a associações para a defesa desses direitos. Já no Brasil, segundo Barbosa Moreira, não haveria a preocupação com os então modernos direitos difusos e coletivos e em questões como legitimidade ativa, a extensão dos efeitos da sentença e da autoridade da coisa julgada.

A preocupação e a crítica de Barbosa Moreira foram fundamentais para a edição da Lei da Ação Civil Pública (Lei nº 7.347/85), tendo o legislador se preocupado com os direitos difusos, com os direitos coletivos, com os direitos individuais homogêneos, com a legitimidade ativa (artigo 5º), com a extensão dos efeitos da sentença e da autoridade da coisa julgada (artigo 16), como então já apontado pelo Mestre.

Ainda sobre o tema, o Código de Defesa do Consumidor (Lei nº 8.078/90), no inciso IV do artigo 82, reconhece legitimidade ativa para as associações, ainda que sem personalidade jurídica, nos mesmos moldes da Lei da Ação Civil Pública, para que possam defender os interesses tutelados pelo Código. O parágrafo 1º do art. 82 do CDC possibilita que o juiz dispense o requisito de pré-constituição da associação.

Na terceira parte do trabalho, "do nacional ao internacional", o Professor José Carlos fala da importância da presença de elementos internacionais no processo civil, que vieram a ser incorporados pelo Código de Processo Civil de 2015, como a possibilidade de cooperação entre juízes de países diversos (artigos 26 e 27) e da homologação de decisão estrangeira e da concessão do *exequatur* à carta rogatória (artigos 960 a 965). No terreno do comércio internacional, Barbosa Moreira aponta o desenvolvimento impressionante do juízo arbitral então efetivado de forma satisfatória no Brasil, só após o advento da Lei nº 9.307/96, posteriormente alterada pela Lei nº 13.129/2015, para ampliar o âmbito de aplicação da arbitragem.

Outro importante ponto especificamente sobre a homologação e a produção de efeitos da decisão estrangeira, abordado por Barbosa Moreira, foi a necessidade de tornar os ordenamentos jurídicos mais permeáveis aos efeitos das sentenças estrangeiras sem a necessidade de revisão da decisão para a sua validade e eficácia no país estrangeiro. Caso diferente é a hipótese de execução da sentença, quando então o *exequatur* passa a ser indispensável.

O Código de Processo Civil de 2015, no seu artigo 961, determina que a decisão estrangeira somente terá eficácia no Brasil após a sua homologação ou a concessão do *exequatur* às cartas rogatórias, salvo disposição em sentido contrário de lei ou tratado. O parágrafo 5º do referido artigo prevê que a sentença estrangeira de divórcio consensual produz efeitos no Brasil, independentemente de homologação pelo Superior Tribunal de Justiça. E o parágrafo 2º da norma prevê a possibilidade de homologação parcial da decisão estrangeira.

QUELQUES ASPECTS DE LA PROCÉDURE CIVILE BRÉSILIENNE ET DE SES RAPPORTS AVEC D'AUTRES SYSTEMES JURIDIQUES[1]

1. Le droit brésilien appartient, comme chacun sait, à la famille romano-germanique. Cela est vrai pour la procédure civile aussi bien que pour le droit privé et le droit pénal. Seul le droit constitutionnel fait exception: il relève plutôt du système juridique nord-américain.

On comprendra aisément que la procédure civil e brésilienne plonge ses racines historiques dans la vieille législation portugaise, qui demeura en vigueur même après l'indépendance (1822). La première loi nationale réglant la matière d'une façon intégrale n'est apparue qu'en 1850: ce fut le fameux Règlement 737, qui d'ailleurs ne s'appliquait d'abord qu'aux litiges commerciaux. Il reflétait encore les traits essentiels de ce qu'on appelait en Europe le «procès commun». On l'a pris encore presque partout pour modele quand, à la suite de la proclamation de la République, plusieurs États ont adopté leurs propres codes de procédure civile, étant donnée la compétence législative que leur attribuait dans ce domaine la Constitution de 1891.

À partir de 1934, sous une nouvelle Constitution, l'Union Fédérale devint seule compétente pour légiférer en matière processuelle. Mais il fallut attendre jusqu'à 1939 pour voir paraitre le premier code national de procédure civile. Celui-ci a signalé à bien des égards un progres remarquable par rapport à la législation précédente. Son élaboration a en effet bénéficié de l'essor doctrinal qui se manifestait à cette époque, sous l'influence des idées répandues par la science juridique italienne et surtout par l'oeuvre de CHIOVENDA, dont le retentissement au Brésil fut très grand.

On s'est préoccupé notamment de conformer la procédure aux principes de *l'oralité* et de la *concentration,* quoique l'empreinte de celui-ci n'ait eu au fond qu'une portée limitée. L'élan vers l'oralité fut par contre poussé trop loin: par exemple, même lorsqu'il n'y avait pas de contestation sur les faits, et que partant il n'était pas nécessaire d'entendre des témoins ni d'interroger les parties, la procédure ordinaire aboutissait

1 Publicado na *Revue Internationale de Droit Comparé,* 1982, nº 4.

néanmoins obligatoirement à une audience de plaidoiries, avec le seul effet de prolonger inutilement le proces.

On se plaignait en outre de certaines complexités du systeme des voies de recours et surtout de celui des voies d'exécution. Il faut ajouter que le texte du Code manquait souvent de précísion technique et de clarté, ce qui n'allait pas sans occasioner maintes difficultés dans son application pratique.

2. Le nouveau Code, datant de 1973, est entré en vigueur le 1er janvier 1974. Il ne se dégage certes pas de la tradition d'une façon radicale – *ce* qui d'ailleurs n'était bien entendu pas même en question –, mais il s'éloigne par plusieurs traits de son prédécesseur. Le législateur s'est efforcé de corriger les principales imperfections du systeme antérieur et il a introduit bon nombre d'innovations, en puisant abondamment à des sources étrangeres. Cela fait du texte du Code un terrain très favorable aux recherches comparatives, bien que les données de l'expérience ne soient peut-être pas encore assez riches pour permettre une évaluation exacte de la portée réelle de certaines regles.

L'Exposé des Motifs qui accompagnait le projet soumis au Congres National[2] cite à cet égard les législations allemande, autrichienne, italienne, française et (plus souvent) portugaise. II faudrait y ajouter le Code de procédure civile du Vatican, dont l'influence est facile à découvrir dans la rédaction de plusieurs articles et même dans la conformation de quelques institutions juridiques. Nous reviendrons sur ce point.

3. Sur le plan des principes fondamentaux le nouveau Code reste d'une part fidêle à la tradition et reflete d'autre part les tendances évolutives qui se manifestent dans presque tous les systèmes occidentaux de procédure civile. On est tenté de croire que le critere décisif de classification des systèmes juridiques, au point de vue processuel, repose sur les modalités de «division du travail», dans le procès, entre le juge et les parties. Dans l'Europe continentale de l'Ouest et en Amérique Latine, les législations honorent en général ce qu'on désigne par l'expression quelque peu équivoque de «principe dispositif»; mais les plus modernes

2 Ce projel fut surtout l'oeuvre du Professeur ALFREDO BUZAID, de l'Université de s. Paulo, qui était Ministre de la Justice lors de l'approbation de celui-là par le Congres National et de l'entrée en vigueur du Code.

inclinent à attribuer au juge un rôle «actif» dans la direction et notamment dans l'instruction du procès. On rappellera à cet égard la disposition très nette de l'article 10 du nouveau Code français: «Le juge a le pouvoir d'ordonner d'office toutes les mesures d'instruction légalement admissibles» (cf. art. 143).

Dans cette perspective, le Code brésilien trouve à juste titre une place au sein de la famille romano-germanique. Le «principe dispositif» y est respecté[3] en tant que c'est au justiciable d'entamer un procès *(ne procedat iudex ex officio),* aussi bien que normalement d'y mettre fin, et que le juge ne peut se prononcer que sur ce qui est demandé *(ne eat iudex extra vel ultra petita partium).* Mais on reconnaît au juge des pouvoirs très amples par rapport aux mesures d'instruction. L'article 10 du Code français trouve un pendant dans l'article 130, *principio,* du Code brésilien, selon lequel «il appartient au juge, d'office ou sur demande des parties, de déterminer les preuves nécessaires à l'instruction du proces». D'autres dispositions spécifiques précisent, par exemple, que le juge peut ordonner la comparution personnelle des parties pour les interroger sur les faits du litige (art. 342), l'exhibition des pièces détenues par les parties (art. 355), la réalisation d'une expertise (arts. 331, I, et 437);. il peut également procéder à une vérification personnelle afin d'éclaircir des faits intéressant la solution du litige (art. 440). On regrettera peut-être que certaines de ces dispositions ne soient que très rarement appliquées en pratique...

Quant au principe de l'oralité, le Code en a retenu ce qu'il a vraiment d'essentiel, c'est-à-dire le contact direct entre le juge, d'un côté, et les parties ou les témoins, de l'autre, lorsqu'il faut les entendre pour mieux rechercher la vérité. Dans ces cas l'audience reste obligatoire même dans la procédure ordinaire, qui peut toutefois être abrégée si la discussion porte seulement sur des questions de droit ou *si* le juge estime que *les* documents présentés par les parties suffisent à éclairer les faits; l'affaire est alors jugée sans qu'il soit nécessaire de tenir une audience: c'est ce qu'on appelle le «jugement anticipé du litige» (art. 330) et qui a lieu aussi, en principe, dans l'hypothese de défaut du défendeur (art. 330, II). L'audience est toujours obligatoire, par contre, dans la procédure sommaire, ou l'oralité se manifeste dans tout son éclat: c'est en effet à l'audience même que le défendeur doit exercer tous les moyens

3 L'Exposé des Motifs, nº 18, s'en réclame expressément.

de défense qu'il prétend faire valoir, et c'est là aussi que le juge entend les parties et les témoins (art. 278).

4. Aux yeux d'un juriste de l'Europe *continentale* la lecture du Code *brésilien* offre un *panorama* presque *toujours familier. Il* y *trouvera main*tes *dispositions concernant* des *institutions juridiques bien* connues, telles que les diverses modalités d'intervention, l'abstention et Ia récusation des Juges, *la* demande reconventionnelle, *la* conciliation, *la chose* jugée, *les* voies de recours, *etc.* Le Code *réglemente aussi les* voies d'exécution, dans le Livre II, et les mesures conservatoires, auxquelles il dédie le Livre III tout entter: Ie developpement peu habitueI donné à cette matière est sans doute l'un des traits les plus caractéristiques de la nouvelle législation. Le Livre IV, consacré aux procédures spéciales, se compose de deux parties : la première traite de la juridiction contentieuse, la deuxième de la Jurisdiction gracieuse. On s'étonnera peut-être de trouver parmi les procédures spéciales de juridiction contentieuse, la réglementation de l'arbitrage (arts. 1.072 et s.).

Il faut noter que le langage technique du droit processuel brésilien a beaucoup plus d'affinité avec celui du droit portugais, du droit italien et même du droit allemand qu'avec celui du droit français. Ceci s'explique par des raisons historiques. Presque totalement soustrait à l'influence de la législation napoléonienne, exception faite pour le droit commercial, ce fut vers d'autres modeles que le Brésil se touma lorsqu'il entreprit la tâche de la codification. Le Code civil, qui date du début du siecle, se rattache plutôt, par sa structure, à la tradition germanique. Dans le domaine de la procédure civile, s'il est vrai que les origines portugaises conserveront toujours leur empreinte, c'est pourtant en ltalie, on l'a déjà remarqué, que le législateur cherchera des inspirations réformatrices, à partir du premier Code national – moins pourtant dans le vieux *Codice di procedura civile* de 1865, rédigé encore d'apres l'ancien modele français, que dans la doctrine, déjà pénétrée d'autres conception. À cette influence, dans l'élaboration du nouveau Code, se mêleront celles de la *Zivilprozessordnung* allemande et d'autres législations plus modernes. Aussi n'est-il pas tellement étonnant que l'on puisse parfois se heurtel' à des difficultés lorsque l'on essaie de traduire en français des mots et des expressions courantes dans la terminologie processuelle brésilienne, car il n'y a pas toujours de correspondance exacte. Il faut par exemple avoir recours à une périphrase (pluralité de demandeurs ou de défendeurs) pour désigner ce qu'on appelle en portugais «litisconsórcio» et qu'on traduirait avec plus d'aisance par *litisconsorzio* en italien et par *Streitgenossenschaft* en allemand.

Cela ne nous empêche évidemment pas de reconnaitre l'existence de quelques similitudes frappantes entre le Code brésilien et le nouveau Code français. On en a déjà souligné une, à propos de l'initiative du juge en matière d'instruction. Certaines institutions sont réglementées d'une façon très semblable: c'est le cas des «vérifications personnelles du juge» (art. 179 et s. du Code français) ou - dans notre langage juridique - de l' «inspection judiciaire» (arts. 440 et s. du Code brésilien). Certes, pour entreprendre une comparaison digne de ce nom, on ne saurait se contenter de telles coincidences: il faudrait vérifier comment ces textes sont interprétés et appliqués pratiquement dans les deux pays; mais ici nous devons nous borner à quelques données sommaires. Au point de vue technique, il sera peut-être intéressant de remarquer que l'on trouve dans les deux codes bon nombre de dispositions ayant un caractere doctrinal; ni l'un ni l'autre ne s'est même abstenu de consacrer des *définitions légales* - par exemple, dans le Code français, celles d' «action» (art. 30), d' «assignation» (art. 55), de «fin de non-recevoir» (art. 122); dans le Code brésilien, celles de «connexité» (art. 103), de «litispendance» (art. 301, § 3º), de «chose jugée» (art. 467).

5. Si l'on voulait analyser à fond l'influence du droit portugais sur la procédure civile brésilienne, il faudrait à la rigueur remonter aux origines les plus lointaines de l'évolution historique de celle-ci. Dans cet article, cependant, l'on ne tiendra compte que du rôle joué par la moderne législation du Portugal en tant que source immédiate du Code de 1973. Et encore convient-il de préciser que seules peuvent être apportées ici quelques indications incompletes, car le législateur brésilien a puisé abondamment à cette source; en sont témoins les nombreuses dispositions, disséminées au long du texte, ou il a emprunté des formules portugaises, parfois même lorsqu'il ne s'agissait pas d'innovations substantielles. On ne saurait d'ailleurs lui en donner tort, le modele choisi étant presque toujours supérieur au Code brésilien de 1939 quant à la technique de rédaction.

Mais il n'y a pas que des influences de pure forme. En ce qui concerne, par exemple, le défaut du défendeur, c'est par l'intermédiaire du Code portugais que le législateur brésilien de 1973 a reçu le régime d'inspiration allemande, qui attribue de très graves conséquences au manque de defense[4]. Quelques exceptions mises à part (art. 320), les faits affirmés par le demandeur seront réputés vrais (art. 319); et, quoique le défendeur se conserve en théorie la faculté de participer encore au procès (art. 322, *fine)*, l'abréviation de la procédure ordinaire (art. 330, II) lui enlèvera en pratique toute possibilité d'administrer des preuves et d'influencer ainsi la conviction du juge. Cette réglementation constitue plutôt une déformation du systeme allemand, qui ouvre au défendeur vaincu dans la procédure par défaut la voie de l'opposition *(Einspruch)* et lui permet par ce moyen de soumettre le litige à un nouveau jugement *(ZPO,* §§ 338 et s.). Le Code brésilien a suivi la trace du droit portugais dans le sens d›une rigueur qui semble excessive[5]. En comparant les textes on s'aperçoit tout de suite de la similitude entre la rédaction des arts. 319 et 320 et celle des arts. 484, alínea 1, et 485, respectivement, du Code portugais. Le choix du modele est évident.

Portugaise est aussi la source de la disposition contenue dans l'art. 87 du Code brésilien, aux termes duquel la compétence est fixée en vue de la situation existante au moment ou l'action est intentée. C'est-à-dire que, si la juridiction saisie est compétente, elle le restera en dépit des modifications de fait (par exemple: changement de domicile du défendeur) et de droit qui pourront avoir lieu pendant le proces. Cette regle, qui se fonde sur de manifestes raisons d'ordre pratique, n'est pourtant pas absolue: elle cede à la loi nouvelle qui supprime la juridiction saisie ou qui en modifie la compétence d'attribution[6]. La disposition correspondante dans le *Code ancien avait une* portée bien *plus limitée;* le *nouveau texte* a été *conçu* d'apres *l'art.* 63 du Code portugais, *dont la rédaction, il faut l'avouer, est cependant* plus *claire.*

Le Code de 1973 a *introduit dans* la procédure *civile* brésilienne le recours *incident* (art. 500*).* Cette *modalité n'a* pas l'ampleur que donne à l'appel incident *l'art.* 548 du *nouveau* Code *français. Elle est* réservée

4 V. §§§ 331 et s. de la *ZPO.*

5 CALMON DE PASSOS, *Comentários ao Código de Processo Civil,* III, 3e. éd., Rio de Janeiro, 1979, p. 459/60; BARBOSA MOREIRA, A revelia no direito alemão e a reforma do processo civil brasileiro, in *Estudos sobre o novo Código de Processo Civil,* Rio de Janeiro, 1974, p. 134 et s.

6 C'est la doctrine exposéc dans le début du siecle par CHIOVENDA, Sulla «perpetuatio iurisdictionis», *in Saggi di diritto processuale civile,* I, Rome, 1930, p. 302 et s. Le législateur portugais sans doute s'y est inspiré à son tour.

aux cas ou, demandeur et défendeur *étant tous les deux partiellement vainqueurs et vaincus, l›un serait* prêt à se *conformer* au jugement à condition que *l'autre s'abstienne* lui *aussi* de *l'attaquer;* si toutefois *celui-ci* exerce le *recours,* alors son adversaire peut en *faire autant, pour* demander *la réformation par la* juridiction supérieure du *chef* du jugement qui lui est défavorable. Le recours *incident* se *rattache ainsi* à *l'Anschlussberufung* e à *l'Anschlussrevision* du droit allemand *(ZPO,* §§ 521 et 556 respectivement). *Mais ici* encore *la* source *immédiate* de *la loi* brésilienne *est le* Code *portugais:* pour s'en convaincre *il* suffit de comparer les *dispositions* de *l'art. 500* précité *et* celles de *l'art.* 682 de ce dernier Code. Chose curieuse: en *prenant* pour modele *le* texte *portugais, le législateur* brésilien a néanmoins préferé à *la dénomination qu'il emploie («recurso subordinado») la traduction* de *l'expression allemande («recurso adesivo»),* à *vrai* dire regrettablement équivoque.

D'autres dispositions mériteraient encore d'être citées, par exemple en matière d'intervention forcée, de mesures conservatoires... L'on peut même discerner l'influence portugaise dans la réglementation de certaines procédures spéciales, comme celle de la dénonciation de nouvel oeuvre. L'art. 935 permet à l›intéressé, en cas d'urgence, de sommer verbalement, avant de former la demande, le propriétaire voisin de suspendre les travaux, et cette sommation reste efficace pourvu que l'intéressé en requiêre dans trois jours la ratification par Ie juge. Or cette regle n'est que la reproduction à peu pres exacte de l'art. 412, alinéa 2, du Code portugais.

6. Parmi les innovations d'origine allemande consacrées par Ie Code de 1973, la plus intéressante au point de vue théorique est peut-être la demande incidente de déclaration[7], dont il faut pourtant reconnaitre la faible répercussion dans la pratique judiciaire. Elle se rattache à la position adoptée par le législateur brésilien en ce qui concerne l'autorité de la chose jugée: en effet, seul le dispositif du jugement possede une telle autorité; les motifs en restent dépourvus, même lorsqu'il s'agit de la solutíon d'une questíon préjudícielle (art. 469). Sí le litige, par exemple, a pour objet une obligation accessoire, le jugement ne posse dera l'autorité de la chose jugée que par rapport à celle-ci. Certes, le juge aura peut-être besoin, pour décider, d'examiner l'obligation principale,

7 *Zwischenfeststelllngskloge, dans la tenninologie* allemande: v. par exemple ROSENBERG-SCHWAB, Zivilprozessrecht, 13e. éd., München, 1981, p. 568 et s.

dont il affirmera ou niera l'existence dans la motivation; les parties n'en restent pas moins libres de la remettre en question dans un deuxieme procès ayant un objet différent. Si cependant le demandeur ou le défendeur a un intérêt à faire trancher une fois pour toutes cette question préjudicielle – ce qui en bon nombre de cas lui procurera des avantages pratiques nullement négligeables –, il peut en demander le jugement dans le même proces. Le juge se prononcera alors *principaliter* (non plus *incidenter tantum*) sur la question préjudicielle, à laquelle s'attachera l'autorité de la chose jugée, au même titre qu'à la question posée *ab initio* comme principale (art. 470).

D'apres l'art. 5 du Code brésilien, «si, pendant le proces, une contestation se forme sur un rapport juridique dont l'existence ou l'inexistence est décisive pour la solution du litige, chacune des parties peut demander au juge de statuer sur cette question». Cette regle provient en substance du § 256, alinéa 2, de la *Zivilprozessordnung* de la République Fédérale d'Allemagne, quoique la rédaction se rapproche davantage de celle de l'art. 4 du Code du Vatican, que l'on aura probablement pris pour modele.

Le législateur brésilien a également puisé aux sources germaniques au moment de réglementer la pluralité de parties. Mais là il semble s'être tourné plutôt – au moins partiellement – vers un ancien projet allemand de réforme, de 1931[8]. Si l'on compare par exemple l'art. 47 du Code brésilien au § 65 de ce texte et au § 62 de la *ZPO,* on ne pourra ne pas constater que la rédaction adoptée par notre Code est bien plus semblable à celle du projet de 1931 qu'à celle du Code allemand. Cela est regrettable, car la teneur du projet est plus équivoque et prête davantage à une confusion entre deux situations qu'il faudrait au contraire distinguer avec soin: celle ou la demande doit être obligatoirement formée par ou contre plusieurs cointéressés et celle ou, *si* la demande est formée par ou contre plusieurs coïntéressés, la solution du litige ne peut être que la même pour tous. La doctrine a séverement critiqué la position prise à cet égard par le Code de 1973[9].

---

8 *Entwurf einer Zivilprozessordnung,* publié par le *Reichsjustiz-Ministerium,* Berlin, 1931.

9 CELSO AGRICOLA BARBI, *Comentários ao Código de Processo Civil,* I, 2. éd., Rio de Janeiro, 1981, p. 260, 272 et s.; HÉLIO TORNAGHI, *Comentários ao Código de Processo Civil,* I, S. Paulo, 1974, p. 210, 214/5; SÉRGIO BERMUDES, *Comentários ao Código de Processo Civil,* VII, 2. éd., S. Paulo, 1977, p. 112; BARBOSA MoREIRA, *Comentários ao Código de Processo Civil,* V, 4. éd., Rio de Janeiro, 1981, p. 427 et s.

On pourrait encore citer d'autres dispositions inspirées du droit allemand, par exemple en matière' d'intervention volontaire accessoire. Du reste, il ne faut pas oublier les racines germaniques de telle ou telle innovation dont le traitement *formel* releve plutôt du droit portugais: c'est le cas, on l'a remarqué, du recours incident et du nouveau régime de la procédure par défaut.

7. Quant aux rapports entre le Code de 1973 et le droit italien, il convient de faíre une distinction. Il y a d'un côté l'influence de la doctrine péninsulaire, d'autre côté l'imitation des formules consacrées par le *codice di procedura civile* et aussi par le *codice civile,* étant donnée l›inclusion dans celui-ci de maintes dispositions intéressant le droit processuel.

En ce qui concerne la premiere, il faut noter que, si l'ancien Code de 1939 s'efforça en particulier d'assimiler les idées soutenues par CHIOVENDA, le nouveau Code se laisse pénétrer surtout des conceptions de LIEBMAN. On en découvre l'empreinte, *v.g.,* dans la systématisation de ce qu'on appelle les «conditions de l'action». Le Code présuppose sans aucun doute un concept de l'action qui la distingue nettement du droit subjectif discuté par les parties. Mais la loi subordonne l'exercice de l'action à quelques «conditions», dont la présence est nécessaire pour permettre au juge de statuer sur le fond de l'affaire. L'art. 267, VI, du Code de 1973 fait allusion à la possibilité juridique de la prétention, à la qualité des parties et à l'intérêt processuel; les enseignements de LIEBMAN ont manifestement inspiré ce texte[10]. Plus douteuse, par contre, est la fidélité du législateur brésilien à la doctrine de cet auteur sur la chose jugée: la définition de l'art. 469 semble en effet s'en éloigner un peu en tant qu'elle conçoit la chose jugée (au sens matériel) comme une sorte d'efficacité («On appelle chose jugée au sens matériel l'efficacité qui rend immuable et indiscutable le jugement inattaquable par une voie de recours ordinaire ou extraordinaire»), tandis que LIEBMAN y voit plutôt une «qualité des effets» du jugement[11].

---

10 *V.* LIEBMAN, *Manuale di diritto processuale civile,* I, 2. éd., Milan, 1957, p. 40 et s. Il faut observer cependant que dans les éditions plus récentes de cet ouvrage (3. éd., Milan, 1973, p. 120 et s.; 4. éd., Milan, 1980, p. 153 et s.) l'auteur a supprimé l'allusion à la possibilité juridique parmi les «conditions de l'action».

11 LIEBMAN, *Efficacia ed autorità della sentenza,* Milan, 1962, p. 25 et s.

En ce qui concerne la deuxieme, on discernera l'inspiration italienne dans bon nombre de solutions données par le Code brésilien à des problemes de politique et technique législatives. II utilise souvent la formule même du droit péninsulaire: certaines de ses dispositions ne sont que des traductions plus ou moins fidêles de textes du *codice di procedura civile* et du *codice civile.* On en découvre un peu partout: l'art. 6 du Code brésilien, qui consacre la rêgle de la coincidence entre la titularité du rapport de droit substantiel et la qualité pour agir et pour se défendre, prend pour modele l'art. 81 du *c.p.c.;* l'art. 154, aux termes duquel les actes de procédure peuvent être réalisés sous n'importe quelle forme, pourvu qu'elle assure l'obtention de leur but, à moins que la loi n'exige expressément une forme déterminée, est le pendant de l'art. 121 du *c.p.c.;* l'art. 342, qui permet au juge d'ordonner d'office la comparution personnelle des parties, afin de les interroger sur les faits intéressant le litige, correspond à l'art. 117 du *c.p.c.;* la 2e. partie de l'art. 333, qui frappe de nullité les conventions sur la charge de la preuve, lorsqu'il s'agit d'un droit indisponibile ou que l'inversion de la charge rend excessivement difficile, pour une partie, l'exercice de son droit, trouve sa source dans l'art. 2.698 du *c.c.;* la définition de l'aveu, contenue dans l'art. 348, est très semblable à celle que consacre l'art. 2.730 du *c.c.;* en matière d'exécution de l'obligation de former un contrat, la rédaction des arts. 639 et 640, concernant la possibilité pour le juge, sous certaines conditions, de rendre une décision ayant le même effet du contrat non formé, imite celle de l'art. 2.932 du *c.c.,* etc.

On a rédigé en Italie plusieurs projets dont l'importance reste considérable malgré leur échec. C'est le cas du projet présenté en 1926 par CARNELUTTI à une commission chargée de préparer la réforme des codes[12]. Le législateur brésilien a puisé aussi à cette source, témoin l'art. 468 du Code de 1973, qui est la traduction littérale de l'art. 300, alinéa 1, du projet CARNELUTTI: «Le jugement qui tranche totalement ou partiellement un litige a force de loi dans les limites du litige et des questions décidées».

8. Nous avons déjà fait allusion plus d'une fois à un texte législatif bien moins connu, mais qu'il serait injuste de ne pas rappeler quand on s'efforce d'identifier les origines du nouveau Code brésilien: c'est le *Codice*

12 CARNELUTTI, *Progetto del Codice di Procedura Civile presentato alla Sottocommissione Reale per la riforma dei Codice di Procedura Civile,* Padoue, 1926.

di procedura civile dello Stato della Città del Vaticano, de 1946. On n'a pas grand'peine à découvrir dans quelques parties de ce Code l'influence du projet CARNELUTTI de 1926, ce qui rend parfois malaisé de savoir ou le législateur brésilien a vraiment cherché son inspiration. Peut-être aura-t-il, dans tel ou tel cas, consulté les deux textes.

Il est difficile d'éviter cette impression, par exemple, en ce qui concerce une institution de la procédure d'exécution, à laquelle on a donné la dénomination d' «usufruit d'un immeuble ou d'une entreprise» (arts. 716 - 729). Dans l'exécution, comme chacun sait, la destination normale des biens saisis est d'être aliénés à des tiers qui en deviennent propriétaires, moyennant le paiement d'un prix, destiné à indemniser le créancier. Celui-ci peut également être indemnisé, sous certaines conditions, eu acquérant lui-même les biens saisis. D'une façon ou d'une autre, le débiteur se voit dépouillé de sa propriété. Or il s'avere possible, lorsque le bien saisi produit des fruits, d'éviter cette conséqueuce tout en préservant l'intérêt du créancier: il suffit d'attribuer à celui-ci, s'il le requiert, les fruits que produira Ie bien saisi, jusqu'à I'extinction de la dette. Il nes'agit pas d'une nouveauté absolue, car d'anciennes lois portugaises et orésiliennes, aussi bien que le Code de 1939, envisageaient déjà une telle possibilité; mais le traitement beaucoup plus soigné de la matière dans le Code en vigueur fait croire que le législateur s'est laissé séduire par d'autres modeles. Les arts. 716 et s. du texte brésilien rappelent à plusieurs endroits ceux des arts. 563 et ss. du projet CARNELUTTI et des arts. 564 et ss. du Code du Vaticano. C'est ce qui explique du reste la dénomination choisie, qui n'appartenait pas à notre tradition juridique. On peut d'ailleurs douter de son exactitude au point de vue technique, le mécanisme décrit ressemblant davantage à celui de l'antichrese.

Le législateur brésilien a voulu consacrer le principe selon lequel les faits peuvent être prouvés par d'autres moyens que ceux prévus expressément par la loi. Il l'a fait dans l'art. 332, en exigeant toutefois que les moyens atypiques soient «moralement légitimes». Cette formule élastique a été empruntée à l'art. 87 du Code du Vaticano On peut en dire autant de la disposition qui autorise le juge à utiliser les «maximes d'expérience», c'est-à-dire les regles inférées de l'observation du cours normal des événements: l'art. 355 du Code brésilien n'est que la reproduction in complete de l'art. 78 du Code du Vaticano Les déclarations unilatérales ou bilatérales de volonté des parties, dit l'art. 158, *caput,* du Code brésilien, ont pour effet immédiat la constitution, la modification ou l'extinction de droits processuels: c'est à peu pres la même teneur de l'art. 146, alinéa 1, du Code du Vaticano. Et ce ne sont là que quelques exemples: si l'on voulait indiquer toutes les traces de cette influence, on aurait à dresser une liste assez longue de disposition.

Nous nous bornerons pourtant à ajouter une observation concernant la structure des deux codes: parmi les principales législations modernes, ils sont peut-être les seuls à ne pas avoir une «partie générale» contenant les regles communes à toutes les especes de procès[13]. À notre avis il ne faut pas y voir une pure coincidence, d'autant moins que le Code brésilien, dans le but de combler cette lacune, a eu recours à un expédient imité du Code du Vatican: on a inséré dans le Livre II, consacré aux voies d'exécution, un article qui prévoit l'application subsidiaire à celles-ci des dispositions contenues dans le Livre I. Le hasard ne semble y avoir joué aucun rôle: il suffit, pour s'en persuader, de mettre l'un à côté de l'autre l'art. 598 du Code brésilien et l'art. 458 du Code du Vatican.

9. L'extrême abondance d'affinités entre le texte du Code de 1973 et ceux d'autres codes modernes de procédure civile n'a pas de quoi étonner. On lit dans l'Exposé des Motifs (nº 5): «Dans l'élaboration du projet nous avons pris pour modèles les monuments législatifs les plus remarquables de notre temps. II ne faut voir dans cet aveu ni un pur esprit de mimétisme, qui se complait dans la reproduction plutôt que dans la création, ni le mépris de notre développement culturel. Un code de procédure est une institution éminemment technique. Et la technique n'est pas l'apanage d'un peuple, mais une conquête de valeur universelle».

On aurait d'ailleurs tort de conclure que l'oeuvre du législateur brésilien manque d'originalité. Pour ne donner qu'un seul exemple, la réglementation très minutieuse des mesures conservatoires dans le Code de 1973 n'a probablement pas de parallele dans la législation comparée. Dans cet article, cependant, nous avons voulu souligner surtout les traits par lesquels il se rapproche de quelques autres codes contemporain.

Il ne faut pas du reste, répétons-le, se faire d'illusions sur la signification que l'on doit attacher à de pures similitudes textuelles. Si deux dispositions ont une teneur semblable ou même littéralement identique, il ne s'ensuit pas, comme chacun sait, qu'elles aient toujours le même

13 Même si l'on n'emploie pas toujours cette terminologie: c'est le cas du nouveau Code français. Sur le plan adopté par celui-ci *v.* VINCENT, *Procédure civile,* 19ª ed. Paris, 1978, p. 18 et s.

sens: l'interprétation tiendra compte d'autres facteurs, notamment de l'ensemble ou elles s'inserent, et pourra aboutir à des résultats très diverso Cette remarque, assez banale, ne rend pas moins intéressante, à notre avis, l'identification des modeles qu'a eus en vue le législateur brésilien. Car, si aucun comparatiste ne saurait se contenter de la seul e connaissance des textes, au moins pour la famille romano-germanique il faut toujours commencer par là.

Janeiro de 1982.

COMENTÁRIOS DOS ATUALIZADORES

ALGUNS ASPECTOS DO PROCEDIMENTO CIVIL BRASILEIRO E SUAS RELAÇÕES COM OUTROS SISTEMAS JURÍDICOS

Paulo Cezar Pinheiro Carneiro / Paulo Cezar Pinheiro Carneiro Filho

Resenha elaborada em 1982 pelo Professor José Carlos para apresentação em congresso internacional sobre alguns aspectos do procedimento civil brasileiro e suas relações com outros sistemas jurídicos.

O Mestre aponta minuciosamente as raízes históricas do nosso direito processual, influenciado, em grande parte, pelo direito processual português e italiano e, também, em menor escala, pela legislação de outros países, como a Alemanha, todos com origem na família romano-germânica.

Indica os poderes do juiz, após iniciada a ação por iniciativa das partes, como característica marcante do sistema, consagrado com mais força no Código de Processo Civil de 2015, em especial no artigo 139, que outorga, dentre outros poderes, os de promover a qualquer tempo autocomposição (inciso V); dilatar os prazos processuais e alterar a ordem de produção dos meios de prova, adequando-os às necessidades do conflito (inciso VI); exercer o poder de polícia, requisitando força policial, além da segurança interna dos fóruns e tribunais (inciso VII); determinar, a qualquer tempo, o comparecimento pessoal das partes, para inquiri-las sobre os fatos da causa (inciso VIII).

Quanto à conexão, o artigo 55 do Código de Processo Civil de 2015 normatizou o entendimento da Súmula nº 235 do Superior Tribunal de Justiça, que dispõe que: "a conexão não determina a reunião dos processos, se um deles já foi julgado". Outra importante inovação é observada no parágrafo 3º, ao estabelecer a possibilidade de reunião de processos entre os quais não haja conexão, mas que possam levar a decisões conflitantes.

Especificamente com relação à questão prejudicial, citada pelo Mestre, o Código de Processo Civil operou importante modificação, permitindo o alcance da coisa julgada material sobre tal questão, independente de requerimento das partes, desde que o juízo tenha competência em razão da matéria para julgá-la e a existência de contraditório prévio e efetivo entre as partes (artigos 503 e 504).

Outro aspecto importante constante do Código de Processo Civil de 2015, foi o da definição do litisconsórcio necessário (artigo 114), com a adoção do texto sugerido pelo Professor José Carlos, na sua magnífica obra: *Litisconsórcio Unitário* (Forense, 1972, p. 243).

Com o passar do tempo, a legislação processual brasileira sofreu influência do sistema anglo-saxônico, sem perder o núcleo característico do sistema romano-germânico, que reside basicamente na divisão do trabalho entre o juiz e as partes. A propósito, o Professor volta ao tema em 2002 em outro artigo publicado na oitava série dos seus *Temas* (Saraiva, 2004, páginas 41/67), e aponta influências do direito americano na nossa legislação, como: as técnicas de proteção coletiva dos direitos e interesses supraindividuais; os juizados especiais cíveis, na figura correspondente às denominadas "small claims courts"; a relevância da questão federal, inspirada no mecanismo americano do "certiorari"; os precedentes vinculativos, versão mitigada dos "binding" precedentes norte-americanos.

Não parou por aí a incursão do Mestre no campo do direito comparado. Voltou ao tema, de forma exaustiva, na nona série de seus temas (Saraiva, 2007), nos seguintes artigos; (i) "O processo civil contemporâneo: um enfoque comparativo (páginas 39/54); (ii) "Correntes e contracorrentes no processo civil contemporâneo (páginas 55/68); (iii) A revolução processual inglesa (páginas 69/86).

NOTAS SOBRE O PROBLEMA DA "EFETIVIDADE" DO PROCESSO[1]

1. É fato notório, hoje em dia, a crescente e generalizada preocupação com a efetividade do processo. Se por "efetividade" se entende aptidão de um meio ou instrumento para realizar os fins ou produzir os efeitos a que se ordena, poderia julgar-se necessário, e não sem alguma lógica, que a qualquer discussão séria do assunto houvesse de preceder uma clara tomada de posição acerca do fim que se atribui ao processo. Eis que com isso, porém, ainda uma vez seríamos levados ao vértice das grandes confrontações teóricas, de que se vai difundindo em tantos espíritos certo cansaço justificado, em boa extensão, pelo abuso do conceptualismo e das abstrações dogmáticas.

De qualquer modo, existem tópicos a cujo respeito não parece temerário enxergar, por entre as naturais fricções, um mínimo de consenso. Digladiam-se as doutrinas; mas, para fins práticos, talvez seja possível enunciar algumas proposições em que todos (ou quase todos) se inclinarão a convir, sempre que se queira fixar os requisitos básicos que o processo há de buscar satisfazer, para merecer a qualificação de "efetivo". Elas configuram, por assim dizer, a problemática essencial da "efetividade", que – sem esquecer quanto existe de subjetivo, quiçá de arbitrário, em qualquer escolha – ousaríamos resumir nos seguintes pontos:

a) o processo deve dispor de instrumentos de tutela adequados, na medida do possível, a todos os direitos (e outras posições jurídicas de vantagem) contemplados no ordenamento, quer resultem de expressa previsão normativa, quer se possam inferir do sistema;

b) esses instrumentos devem ser praticamente utilizáveis, ao menos em princípio, sejam quais forem os supostos titulares dos direitos (e das outras posições jurídicas de vantagem) de cuja preservação ou reintegração se cogita, inclusive quando indeterminado ou indeterminável o círculo dos eventuais sujeitos;

c) impende assegurar condições propícias à exata e completa reconstituição dos fatos relevantes, a fim de que o convencimento do julgador corresponda, tanto quanto puder, à realidade;

---

1 Publicado no volume *Estudos de Direito Processual em homenagem a* JOSÉ FREDERICO MARQUES, São Paulo, 1982, e em *Ajuris*, v. 29.

d) em toda a extensão da possibilidade prática, o resultado do processo há de ser tal que assegure à parte vitoriosa o gozo pleno da específica utilidade a que faz jus segundo o ordenamento;

e) cumpre que se possa atingir semelhante resultado com o mínimo dispêndio de tempo e energias.

Supérfluo frisar que nas linhas precedentes se indicam metas ideais, a que o processo deve *tender.* A perfeição, bem se sabe, não é deste mundo. E, além dos limites *de fato* postos por obstáculos de toda sorte, é forçoso contar com os limites *de direito,* decorrentes da necessidade de preservar outros bens ou valores, eventualmente em colisão com os que agora temos em vista.

2. As questões suscitáveis a propósito dos tópicos *a* e *b* concernem precipuamente, ao menos em seu alcance mais imediato, a algo que talvez se possa designar como o "âmbito de atuação" do processo, à sua "capacidade" para lidar com os conflitos de interesses, de cuja solução ele constitui afinal – sem que com isso se pretenda negar a importância de certas alternativas – um dos mais "civilizados" instrumentos que já se inventaram. Boa parte dessas questões forma o núcleo daquilo a que se vai tornando habitual aplicar o rótulo genérico de "problema do *acesso à justiça*"[2].

É fácil ver que elas se distribuem aí em duas vertentes, conforme se encare o problema em seus aspectos *objetivos* ou *subjetivos.* Do primeiro ângulo, a indagação básica diz respeito à matéria suscetível de tratamento processual: quais são os conflitos de interesses havidos como "próprios" para se submeterem à cognição judicial, e quais os que dela se veem, por uma ou por outra razão, excluídos? Do segundo ângulo, caberá perguntar: a quem se abre a possibilidade de reclamar frutiferamente a tutela jurisdicional com relação a tal ou qual conflito de interesses?

As questões pertinentes aos tópicos *c, d* e *e* respeitam, de maneira mais direta, não ao *âmbito,* senão ao *modo* de atuação do processo. Aí

2 *Access to Justice* – ocioso recordar – é precisamente o título do grande projeto florentino de pesquisa, promovido pela Ford Foundation, cujos resultados ocupam os seis belos volumes de igual denominação, editados por CAPPELLETTI e GARTH, Milão-Alphen aan den Rijn, 1978, aos quais se acrescenta, em data mais recente, *Access to Justice and the Welfare State,* editado por CAPPELLETTI, Alphen aan den Rijn-Bruxelas-Stuttgart-Florença, 1981.

também seria lícito cogitar de ulterior diferenciação entre uma ordem de problemas predominantemente *estruturais* e outra ordem de problemas predominantemente *funcionais.* Na prática, todavia, as componentes estruturais e as funcionais acabam por entrelaçar-se de tal sorte que se torna inútil insistir numa distinção de significado já muito relativo mesmo no plano teórico.

A reflexão sobre o tópico c investirá necessariamente as questões medulares da imensa e relevantíssima problemática da atividade de instrução. Também aí ocupam lugar central uma indagação de índole objetiva e outra de feição subjetiva. Primeira: que elementos são utilizáveis como fontes da formação do convencimento do juiz? Segunda: a quem toca a iniciativa de provocar o contato entre o órgão judicial e esses elementos? Desdobramentos óbvios da primeira são as perguntas relativas à admissibilidade ou não das chamadas provas "atípicas" – isto é, não enquadráveis nas categorias previstas e disciplinadas *expressis verbis* no texto legal – e à das provas ilegitimamente adquiridas. A segunda focaliza um dos "pontos sensíveis" de problema assaz delicado – o da "divisão das tarefas", no processo, entre o juiz e as partes –, cuja importância, sobretudo na específica projeção de que se cuida, a ninguém passará despercebida.

Quanto ao tópico *d,* de significação tão bem expressa na clássica fórmula chiovendiana[3], suas ramificações espalham-se em diversos sentidos. Vão tocar, aqui, o conteúdo possível da providência jurisdicional; ali, as técnicas empregáveis para, em caso de necessidade, levá-lo a projetar-se eficazmente sobre a realidade do mundo fático; acolá, os expedientes de que se pode lançar mão com o fito de assegurar essa utilidade prática e concreta da tutela a ser dispensada. São esgalhamentos que, como bem se percebe, terminam por envolver uma problemática extremamente rica e multiforme, que abrange – sem talvez esgotar-se nesses itens – a questão dos meios preventivos de tutela, a da execução forçada (e seus eventuais sucedâneos), a das medidas cautelares.

Enfim, o tópico *e* traz à mente, de imediato, o coro universal das lamentações 'acerca da excessiva complexidade e duração dos processos, com todo o cortejo de suas nefastas consequências.

---

3 *"Il processo deve dare per quanto e possibile praticamente a chi ha uti diritto tutto quello e proprio quello ch'egli ha diritto di conseguire"* (CHIOVENDA, Dell'azione nascente dal contratto preliminare, *in Riv. di Dir. Comm.,* 1911, e *in Saggi di diritto processuale civile,* Roma, 1930, v. I, p. 110).

3. Não é (nem poderia ser) propósito nosso explorar aqui em profundidade todos esses variegados filões. Antes de mais nada, o vulto da empresa de modo nenhum se compadeceria com as dimensões moderadas que naturalmente se impõem ao presente trabalho. Ademais, é óbvio que ultrapassam em boa medida a competência específica do processualista, como tal, não poucos dos problemas que, no terreno acima delimitado em linhas esquemáticas, estão a desafiar solução. O processualista, nessa qualidade, lida essencialmente com normas jurídicas, seja para interpretá-las e tentar sistematizá-las num conjunto harmônico, seja para criticá-las e propor alterações que lhes corrijam os defeitos ou lhes supram as insuficiências. Numa palavra: o processualista, enquanto processualista, lida com a lei – quer em perspectiva *de lege lata,* quer *de lege ferenda.* Supor, entretanto, que a lei (a processual ou qualquer outra) seja onipotente, ou tenha ao menos força bastante para impelir por si só o processo, tal qual existe, na direção daquele ideal que acima se procurou esboçar, é ilusão em que a esta altura já ninguém, com certeza, facilmente *cairá.*

Aqui se tornam indispensáveis duas ressalvas, a fim de prevenir mal-entendidos. A primeira é esta: o processualista não está dispensado de dedicar atenção a um problema pela simples circunstância de que a respectiva solução depende também – ou mesmo principalmente – de fatores estranhos ao universo da sua disciplina, ou, quem sabe, em termos mais genéricos, ao mundo do direito. Por menor que se afigure o provável relevo de sua contribuição, corre ao processualista o dever de prestá-la. Cumpre-lhe apenas, por outro lado, tomar consciência clara das limitações a que está sujeito, para não incidir na ingenuidade de pensar que lhe é possível desatar todos os nós com os meros instrumentos próprios do seu ofício.

Veja-se, por exemplo, o problema da lentidão processual. Sem dúvida algum esforço merece ser feito, para atenuar o mal, em sede de interpretação das normas que regem o andamento das causas em juízo: sendo igualmente admissíveis dois entendimentos diversos, há de preferir-se o mais favorável à rápida solução do litígio. Algo também se pode conseguir – e portanto se deve preconizar – na perspectiva da reforma das leis processuais. Particularizando o discurso para o caso do direito brasileiro, é justo reconhecer, ao propósito, os bons préstimos de algumas inovações introduzidas pelo Código de Processo Civil de 1973: se em certa medida se vêm frustrando as intenções que inspiraram a criação do procedimento sumaríssimo[4], não há negar, *v.g.*, o avanço que representou, quanto ao procedimento ordinário, a instituição do "julgamento antecipado da lide" (art. 330), a evitar a inútil espera, depois de expostas as pretensões das partes, de uma "audiência de instrução e julgamento" desprovida de significação quando não haja necessidade de provas cuja colheita pudesse justificá-la. Em vários pontos ainda comporta aperfeiçoamento, pelo mesmo prisma, a sistemática vigente, desde a disciplina da citação inicial até a da execução de condenações pecuniárias, que sempre foi – e continua a ser – uma das pedras onde tropeçam os melhores propósitos de agilização.

Mas a excessiva demora dos processos tem causas tão numerosas, tão complexas (ousaríamos acrescentar: e tão mal individuadas nos respectivos pesos, pela carência de estatísticas judiciárias), que seria ambição vã querer encontrar no puro receituário processual remédio definitivo para a enfermidade. Entra aí em jogo longa série de questões: falhas da organização judiciária, deficiências na formação profissional de juízes e advogados, precariedade das condições sob as quais se realiza 'a atividade judicial na maior parte do país, uso arraigado de métodos de trabalho obsoletos e irracionais, escasso aproveitamento de recursos tecnológicos. E fácil imaginar o vulto dos investimentos financeiros imprescindíveis 'a qualquer tentativa séria de atacar em larga escala esse conjunto de problemas; e o mesmo se dá com relação a outros, também relevantíssimos do ponto de vista da "efetividade" do processo, qual o da assistência judiciária aos necessitados, cujas dimensões parecem capazes de embaraçar até países de economia altamente desenvolvida[5] – *a*

4 Respondem sobretudo pelo parcial malogro, ao nosso ver: o acúmulo de serviço dos órgãos judiciais, que retarda de modo às vezes insuportável a realização da audiência, ponto de concentração da atividade nesse procedimento essencialmente oral; e certas deficiências da disciplina legislativa, a começar pela escolha nem sempre feliz das hipóteses de incidência, em várias das quais é difícil prescindir da prova pericial, cuja necessidade acaba por desfigurar o esquema previsto. Cf. CALMON DE PASSOS, *Comentários ao Código de Processo Civil*, v. III, 3ª ed. Rio de Janeiro, 1979, p. 20: " (...) o legislador, em verdade, disciplinou um procedimento que, em muitas situações, redundará num péssimo e tumultuado procedimento ordinário".

5 Vejam-se as recentes observações de DENTI, I procedi menti non giudiziali di conciliazione come istituzioni alternative, *in Riv. di Dir. Proc.*, v. XXXV, 1980, p. 424, que se refere à *"impossibilità, ormai acquisita ovunque, di risolvere il problema dell'accesso alla giustizia dei non abbienti attraverso sistemi generalizzati* di *assistenza legale".*

fortiori, nações que nesse campo se debatem, como o Brasil, em dificuldades de toda sorte.

Um olhar de frente à realidade desestimula qualquer ilusão "piedosa" sobre a possibilidade de produzir modificações de substância pela utilização de expedientes hermenêuticos ou pela reformulação de textos legais. Isso não deve servir de pretexto, repita-se, a que nos desinteressemos de semelhantes questões e nos encerremos na famosa "torre de marfim". Não alimentar esperanças irrealísticas é uma coisa; outra, bem diferente, é querer descobrir na existência de limites à eficácia do nosso agir uma justificativa cômoda para a renúncia pura e simples à ação. Até porque – e aqui vem a segunda ressalva anunciada –, o processualista (ou o jurista, *in genere),* antes de o ser, é membro da comunidade social, comprometido, queira ou não queira, com 'as vicissitudes dela, e gravado, perante todos os outros, de responsabilidades a que não tem como fugir.

Seja como for, na problemática da "efetividade", feitas todas as contas, resta ainda um espaço considerável em que, sem sombra de dúvida, a ciência processual tem muito que dizer, e a sua palavra, senão decisiva, é em todo caso insubstituível. O leitor compreenderá com facilidade que, mesmo a respeito desses temas, seja impossível tentar aqui, já não diremos uma análise exaustiva – pretensão manifestamente absurda –, mas até um inventário completo, que só por si nos levaria longe demais. Teremos de cingir-nos a algumas observações assistemáticas sobre itens ao nosso ver especialmente relevantes na situação atual do direito brasileiro – ao qual se referem, de modo precípuo, as presentes considerações.

4. No que tange ao tópico *a,* parece-nos fundamental uma questão que não tem atraído com grande frequência, entre nós, a atenção dos estudiosos: a da identificação das categorias "acionáveis". Lê-se no art. 75 do Código Civil: "A todo direito corresponde uma ação que o assegura". Esse texto, quase setuagenário, refletia decerto ideias hoje abandonadas; mas não seria tão espantoso que uma "releitura" sem preconceitos lograsse extrair da antiga partitura sonoridades modernas.

Mais fraco ponto de apoio oferece à especulação, salvo engano, o dispositivo que, na Constituição da República, assegura o direito de ação: "A lei não poderá excluir da apreciação do Poder Judiciário qualquer lesão de direito individual" (art. 153, § 4º, 1ª parte). A fórmula é manifestamente insatisfatória[6] e, lida *ut verba sonant,* deixaria fora da proteção constitucional - e por conseguinte, ao menos em teoria, à mercê dos caprichos do legislador ordinário - ampla gama de fenômenos, em que não há propriamente "lesão" a ser "apreciada". A propósito da tutela cautelar e da tutela preventiva, ainda se poderia falar de lesão *potencial,* que se receia. Restam, contudo, as ações constitutivas, nas quais se exercitam direitos potestativos, insuscetíveis, por definição, de ser lesados; e as ações declaratórias, que não visam (ao menos diretamente) a evitar violação de direito, nem tampouco, quando exercitadas depois desta - conforme permite o art. 4º, parágrafo único, do Código de Processo Civil -, a repará-la.

Outra imperfeição do texto reside na alusão a "direito individual" e conjuga-se com a da rubrica, demasiado restritiva, do capítulo em que ele se insere ("Dos direitos e garantias individuais"). De um lado, o uso exclusivo da palavra "direito", semanticamente agrilhoada a severa tradição dogmática, gera para certas posições jurídicas de vantagem, desprovidas deste ou daquele atributo inerente ao conceito clássico de "direito subjetivo", o perigo de ver-se relegadas a posição de inferioridade pelo prisma da tutela, no plano constitucional. De outro lado, o adjetivo "individual" sugere tratamento discriminatório, nesse mesmo plano, com relação aos direitos (e outras posições jurídicas de vantagem) que não se refiram de modo específico a um titular - ou a certo número de titulares - nitidamente "individualizado(s)".

Gostaríamos de ver debruçar-se a doutrina sobre esta indagação: porventura não se devem entender, ao menos em linha de princípio, quaisquer normas preceptivas ou proibitivas, constantes do ordenamento, como capazes de engendrar categorias "acionáveis"? E mais: não se aplicará tal máxima, de maneira precípua, às próprias normas constitucionais, permanentemente ameaçadas em seu alcance prático pela propensão conformista de alguns comentadores a rotulá-las, com demasiada facilidade, de "programáticas"? Seja-nos lícito repetir aqui o que escrevemos alhures[7], a título de exemplo: quando se lê no art. 180

---

6 Em ordem de ideias análoga à que inspirou o nosso texto, *vide* ADA PELLEGRINI GRINOVER, As garantias processuais das partes: uma proposta de emenda constitucional, *in O processo em sua unidade,* São Paulo, 1978, p. 35 e s., especialmente 41-3.

7 BARBOSA MOREIRA, A proteção jurídica dos interesses coletivos, *in Revista Brasileira de Direito Processual,* v, 24, p. 15, ou *in Revista de Direito Administrativo,* v. 139, p. 4.

da Constituição brasileira que "o amparo à cultura é dever do Estado", e no respectivo parágrafo único que "ficam sob a proteção especial do Poder Público os documentos, as obras e os locais de valor histórico ou artístico, os monumentos e as paisagens naturais notáveis, bem como as jazidas arqueológicas", acode ao espírito perguntar a que se reduzirá, *in concreto,* o significado de tão belas palavras, se, faltando acaso o Estado, de modo frontal e inequívoco, ao seu dever de amparar a cultura, ou o Poder Público ao de proteger a paisagem e os bens de valor artístico ou histórico, não for possível reclamar do juiz que assegure ou restabeleça o império da norma,

5. Da multiforme problemática relacionada com o tópico *b,* algumas questões importantes sugerem a conveniência de renovada meditação sobre o tema clássico da legitimação para agir, O direito brasileiro mantém-se fiel ao princípio tradicional da obrigatória coincidência entre os sujeitos da relação jurídico-material controvertida e os sujeitos do processo ordenado à respectiva definição. Reza o art. 6º do Código de 1973 que "ninguém poderá pleitear, em nome próprio, direito alheio, salvo quando autorizado por lei"; e são em número reduzido as normas que contemplam exceções a essa regra[8].

Aqui se põe, antes de mais nada, uma indagação acerca dos chamados "interesses coletivos" ou "difusos"[9]. Na medida em que se entenda admissível a vindicação judicial de tais interesses, e inexistindo regra específica sobre a *legitimatio ad causam,* como repercutirá no particular

8 O dispositivo transcrito corresponde à tradução quase literal do art. 81 do *Codice* di *procedura civile* italiano. Há uma diferença: o texto brasileiro não exige que as exceções sejam *expressas,* mas permite, no melhor entendimento, que se infiram do sistema legal (cf. ARRUDA ALVIM, *Código de Processo Civil comentado,* v. I, São Paulo, 1975, p. 426).

9 Só em data recente começou esse tema a despertar no Brasil a atenção da doutrina, cuja produção é ainda escassa: além do nosso estudo cit. na nota 6, *supra,* e do que escrevemos para os *Studi in onore di* ENRICO TULLIO LIEBMAN, Milão, 1979, V. IV, p. 2.673 e s., sob o título *A ação popular do direito brasileiro como instrumento de tutela jurisdicional dos chamados "interesses difusos"* (publicada também *in Temas de Direito Processual,* São Paulo, 1977, p. 110 e s.), *vide* ADA PELLEGRINI GRINOVER, A tutela jurisdicional dos interesses difusos, *in Revista Brasileira de Direito Processual,* v. 16, p. 13 e s.; em âmbito mais restrito de preocupações. OTHON SIDOU. *Proteção ao consumidor,* Rio de Janeiro. 1977; FÁBIO KONDER COMPARATO. A proteção ao consumidor: importante capítulo do direito econômico, *in Ensaios e pareceres de direito empresarial,* Rio de Janeiro, 1978, p. 473 e s.

a limitação estabelecida por aquele dispositivo? Desde que previamente se convenha (mas essa é questão antes pertinente ao tópico *a)* em atribuir à palavra "direito" acepção menos acanhada, quer-nos parecer que não surge aí dificuldade de monta em reconhecer legitimação concorrente aos diversos titulares, isto é, aos cointeressados, quando nada nas hipóteses de indivisibilidade do objeto, a saber, naquelas em que a satisfação do interesse de cada titular implica de modo necessário a satisfação de toda a coletividade. O interesse é, ao mesmo tempo, "próprio" e "alheio"; mas o *ius positum* está familiarizado com o fenômeno, e basta uma operação hermenêutica simples[10] para resolver o problema com aplicação da disciplina peculiar às obrigações indivisíveis, em que ninguém duvida da legitimidade de qualquer dos eventuais credores para, sozinho, reclamar em juízo a prestação (Código Civil, art. 892, 1ª parte; Código de Processo Civil, art. 291).

Já não será tão fácil acomodar as coisas, se se quiser cogitar de estender a legitimação a pessoas jurídicas, ou – como se tem às vezes sugerido – a entes não dotados de personalidade no plano do direito material, para contornar os óbvios inconvenientes da solução acima considerada, capaz de lançar, em certos casos, peso excessivo e desencorajador sobre os ombros de quem pense em aventurar-se à instauração do processo, sem contar com outras forças que não as próprias. O ordenamento brasileiro, como tantos, mostra escassa inclinação a abrir a sociedades ou associações – para não falar de entidades não personalizadas – a possibilidade de atuar em juízo na defesa de direitos ou interesses dos respectivos participantes. Os poucos exemplos que se podem apontar referem-se a categorias profissionais ou grupos bem determinados[11]. Pessoa jurídica não se legitima à propositura da ação popular – instrumento constitucionalmente garantido de tutela jurisdicional com

10 Análoga à sugerida, para o direito italiano, por COSTANTINO, Brevi note sulla tutela giurisdizionale degli interessi collettivi davanti al giudice civile, no volume *Le azioni a tutela di interessi collettivi*, Pádua, 1976, p. 234-5, com o apoio de PROTO PISANI, Appunti preliminari per uno studio sulla tutela giurisdizionale degli interessi collettivi (o più esattamente superindividuali) innanzi al giudice civile ordinario, *ibid.*, p. 278-9.

11 Assim, *v.g.*, nos termos do art. 1º, parágrafo único, da Lei nº 4.215, de 27-4-1963, a Ordem dos Advogados do Brasil tem legitimação para defender, inclusive em juízo, "os interesses gerais da classe dos advogados e os individuais, relacionados com o exercício da profissão".

referência a atos lesivos do patrimônio público[12], nem à impetração de mandado de segurança para defesa de direito de que não seja titular ela própria[13].

A situação é manifestamente insatisfatória[14]. *De lege lata,* será talvez possível contornar o óbice do art. 6º do Código de Processo Civil, desde que se reconheça que, em determinados casos, o que se põe em jogo é algo distinto da mera soma dos interesses individuais: um interesse *geral* da coletividade, qualitativamente diverso e capaz de merecer tutela como tal. Desse interesse pode uma associação fazer-se titular, *ela mesma,* não como simples representante dos respectivos membros, nem como intérprete, em nome próprio, das pretensões paralelas de cada um deles. A associação se legitimaria, pois, em caráter *ordinário,* de acordo com os princípios comuns, quando se mobilizasse para postular em juízo a proteção daquele interesse geral[15].

---

12 De acordo com o art. 1º, § 1º, da Lei nº 4.717, de 29-6-1965, que regula a ação popular, considera-se patrimônio público "os bens e direitos de valor econômico, artístico, histórico, estético e turístico". Esse entendimento amplo da cláusula constitucional torna a ação popular, em medida considerável, instrumento prestadio da tutela jurisdicional dos interesses coletivos: *vide,* ao propósito, nosso trabalho *in Studi in onore di* ENRICO TULLIO LIEBMAN, lug. cit. na nota 8, *supra.* A ilegitimidade de pessoa jurídica para o respectivo exercício é pacífica, *de lege lata,* na doutrina e na jurisprudência, inclusive na do Supremo Tribunal Federal, que a consagrou na proposição nº 365 da *Súmula da Jurisprudência Predominante.*

13 Típico da atitude tradicional, entre tantos outros, o acórdão do Supremo Tribunal Federal, de 7-1-1954, *in Arquivo Judiciário,* v. 113, p. 254. A legitimidade vem sendo negada mesmo aos sindicatos, com relação a atos que se acoimam de lesivos aos direitos dos seus associados, interpretando-se restritivamente, para só lhes admitir a incidência no processo trabalhista, os arts. 513, letra *a,* e 558, *caput,* 2ª parte, da Consolidação das Leis do Trabalho, que habilitam aquelas associações profissionais a representar, perante as autoridades administrativas e judiciárias, os interesses individuais dos associados, relativos à sua atividade ou profissão: nesse sentido, reafirmando sua posição, o Supremo Tribunal Federal, em acórdão ainda recente (18-4-1978), *in Diário da Justiça* de 16-6-1978, p. 4.398.

14 Cf., com referência específica à ação popular. ADA PELLEGRINI GRINOVER, *A tutela jurisdicional dos interesses difusos,* cit., p. 29; BARBOSA MOREIRA, *A proteção jurídica dos interesses coletivos,* cit., p. 17; em termos mais genéricos, MONIZ DE ARAGÃO, O Estado de Direito e o direito de ação, *in Revista Brasileira de Direito Processual,* v. 16, p. 76 e s.

15 A tal respeito valeria a pena refletir sobre a aplicabilidade ao ordenamento jurídico brasileiro, *mutatis mutandis,* das interessantes elaborações de MANFRED WOLF, *Die Klagebefugnis der Verbände,* Tübingen, 1971, p. 21 e s., 48 *et passim.*

Seja como for, parece necessário, ou ao menos conveniente, *de lege ferenda,* que se consagre em termos expressos, dentro de certos limites, semelhante poder de iniciativa[16]. É de desejar, por outro lado, que a lei - de preferência em termos flexíveis, reservada ao juiz margem razoável de liberdade no exame de cada caso - estabeleça critérios de avaliação da idoneidade das associações para que se possam reputar legitimadas. Cumprirá também dar solução a uma série de problemas técnicos e práticos que o referido alvitre suscita - por exemplo: deve exigir-se a deliberação prévia dos participantes quanto à iniciativa, a ser tomada num caso concreto? Na hipótese negativa, será indispensável, ao menos, a cientificação antecipada de todos os participantes? Que possibilidade se abrirá aos que porventura discordarem da iniciativa? O resultado do processo será vinculativo para os membros da associação? No caso afirmativo, deverá considerar-se membro dela, e portanto vinculado, quem, pertencendo-lhe aos quadros na data da propositura da ação, já não os integrasse ao tempo do julgamento, ou vice-versa? *Quid iuris* no tocante aos outros eventuais interessados, estranhos à associação? E às demais associações, acaso igualmente legitimadas?

6. O tópico *c,* concernente à atividade de instrução, forneceria por si só matéria para alentado volume. Pouquíssimas são as causas que se podem decidir mediante a solução de puras questões de direito; e a insu-

16 Visa a fazê-lo o Projeto de lei nº 5.521, de 1981, apresentado à Câmara dos Deputados durante a redação deste trabalho. Nele se propõe o acréscimo de um parágrafo único ao art. 6º do Código de Processo Civil, com a seguinte redação: "As associações civis *constituídas* com a finalidade principal de promover o estudo, a defesa e a coordenação dos interesses de seus associados poderão representá-los, individual e coletivamente, em juízo, bem como assisti-los, como intervenientes, nos feitos em que sejam partes e que digam respeito a interesse comum dos associados, segundo o ato *constitutivo* da associação respectiva". A proposta parece relacionar-se mais com os interesses de categorias profissionais e outros grupos bem definidos - à semelhança dos casos mencionados na *nota 16, supra* - do que com os interesses coletivos ou difusos, na acepção que de início esclarecemos (Introdução, nº 2), sem que, obviamente, fique excluída a possibilidade de *tirar* proveito da modificação sugerida no âmbito específico de que nos estamos ocupando. De louvável inspiração, na substância, o projeto - a par de imperfeições técnicas, facilmente corrigíveis -, peca por excesso de simplismo, na medida em que deixa em *aberto* bom número de questões *(vide* a indicação de algumas nas linhas subsequentes do nosso texto), as quais precisam ser disciplinadas para evitar dificuldades práticas.

ficiência de elementos probatórios é o escolho em que maior risco de naufragar corre boa quantidade de postulações talvez fundadas. A apuração dos fatos, tão exata e completa quanto possível, é pressuposto de um *julgamento* justo. Compreende-se, entretanto, que seja forçoso limitá-la em obséquio a outros *valores* dignos de resguardo: antes de tudo, à conveniência de não *prolongar* excessivamente os *pleitos*. Refletem semelhante cuidado, entre outros expedientes de que se vale o legislador, certas preclusões e presunções. Umas e outras se legitimam na medida precisa da necessidade – linha provavelmente ultrapassada, aqui e ali, pelo vigente Código de Processo Civil brasileiro, sobretudo na disciplina rigorosa dos efeitos da revelia[17].

Em termos gerais, no entanto, seria injusto acusar o legislador de 1973 de insensível ao problema da investigação da verdade. É certo que a sistemática não está isenta de ambiguidades e sofre de rigidez em algumas articulações. Mal se justifica, a nosso ver, a manutenção de determinadas restrições à admissibilidade da prova testemunhal, como a recusa – literalmente absoluta – da aptidão para depor aos menores de dezesseis anos (art. 405, § 1º, nº III)[18]. Para resgatar essa espécie de prova do relativo desprestígio em que jaz seriam oportunas providências diferentes: substituir por outra mais fidedigna, por exemplo, a forma de

---

17 Em regra, a omissão do réu em contestar produz o efeito de reputarem-se verdadeiros os fatos afirmados pelo autor (art. 319) e dá ensejo ao julgamento antecipado da lide (art. 330, nº I). Inspirou-se o legislador brasileiro no sistema da *ZPO* alemã, desprezando todavia, à semelhança do ordenamento português (que provavelmente constituiu, aqui, a fonte imediata), o importante contrapeso lá representado pelo *Einspruch,* mercê do qual pode o réu vencido fazer reverter o processo à situação em que se achava antes da sentença contumacial *(Versäumnisurteil)* (§ 342). Para uma extensa apreciação crítica, *vide* BARBOSA MOREIRA, A revelia no direito alemão e a reforma do processo civil brasileiro, *in Estudos sobre* o *novo Código de Processo Civil,* Rio de Janeiro, 1974, p. 134 e s.; na mesma linha de pensamento, entre os comentadores, CALMON DE PASSOS, *Comentários,* cit., p. 459-60.

18 Dizemos que a recusa é "literalmente absoluta" porque, das três categorias de pessoas excluídas, pelo art. 405, do elenco das testemunhas admissíveis – as "incapazes" (§ 1º*)*, as "impedidas" (§ 2º*)* e as "suspeitas" (§ 3º*)* –, apenas em relação às duas últimas se consente, a título de exceção ("sendo estritamente necessário"), que o juiz lhes tome os depoimentos (§ 4º). Na prática, vê-se às vezes contornada a proibição sob disfarces variados, como o de ouvir-se o menor na qualidade de "informante": é a reação da vida contra os artificialismos legais. Cf., igualmente em sentido crítico, PONTES DE MIRANDA, *Comentários ao Código de Processo Civil,* t. IV, 2ª ed. Rio de Janeiro, 1979, p. 576, 580-1.

registro dos depoimentos, reduzidos em regra a insípidas caricaturas nos resumos datilografados que se juntam aos autos; firmar a noção de que o dever de motivar a sentença importa, para o juiz, a necessidade de analisar seriamente os depoimentos, justificando o valor atribuído a cada qual.

Mas cumpre reconhecer que a lei tomou posição clara em face de questões importantes na moderna problemática da atividade de instrução. Cuidou de estabelecer, no art. 332, que "todos os meios legais, bem como os moralmente legítimos, ainda que não especificados neste Código, são hábeis para provar a verdade dos fatos em que se funda a ação ou a defesa"[19]. Consagrou a possibilidade do interrogatório das partes pelo juiz, "em qualquer estado do processo" (art. 342). Disciplinou expressamente a inspeção judicial de pessoas ou coisas (arts. 440 a 443). Em termos mais genéricos, habilitou o juiz, "de ofício ou a requerimento da parte", a "determinar as provas necessárias à instrução do processo" (art. 130).

O insatisfatório estado de coisas, nesta matéria, resulta menos de defeitos de estrutura que do mal-uso do aparelho. Não há responsabilizar o Código pela escassez das iniciativas instrutórias dos juízes, das quais são raras, na prática, até as de mais cristalina legitimidade. Em numerosos casos isso se explica, por certo, pelas condições altamente desfavoráveis em que é exercida a função judicante. Não influirá também,

---

19 O art. 332, cuja fonte provável é o art. 87 do *Codice di procedura civile dello Stato della Città del Vaticano,* aliás de redação mais precisa (*"Tutti i mezzi alli ad accertare la verità dei fatti dimostrativi del fondamento dell'azione o dell'eccezione, e che siano legalmente e moralmente legittimi, possono essere disposti dall'aulorità giudiziaria, al fine di assicurare una decisione della causa conforme a giustizia"),* suscita interessante problemática, que a doutrina formada à luz do Código de 1973 está ainda longe de esgotar. Dentre os comentadores, é PESTANA DE AGUIAR, *Comentários ao Código de Processo Civil,* v. IV, 2ª ed. São Paulo, 1977, p. 61 e s., 73 e s. quem aflora maior número de questões atuais. Na literatura processual penal, versa com amplitude questões correlatas – sobretudo a da admissibilidade das provas ilegitimamente adquiridas – ADA PELLEGRINI GRINOVER, *Liberdades públicas e processo penal,* São Paulo, 1976, p. 121 e s. Na jurisprudência, merece atenção o acórdão do Supremo Tribunal Federal de 11-11-1977, *in Revista Trimestral de Jurisprudência,* v. 84, p. 609, o qual aplicou (pela primeira vez) o art. 332 do Código de Processo Civil a espécie em que se discutia se era ou não admissível, como prova do alegado adultério da mulher, gravação de conversas telefônicas, feitas pelo marido sem o conhecimento dela (breve comentário da decisão em BARBOSA MOREIRA, Processo civil e direito à preservação da intimidade, *in Temas de Direito Processual,* Segunda Série, São Paulo, 1980, p. 16).

contudo, ao menos em certo grau, uma tendência à timidez e à acomodação, "racionalizada" em termos de homenagem ao "princípio dispositivo" e favorecida pela atitude de ponderável setor da doutrina[20], que nele busca inspiração para desestimular, de modo frontal ou oblíquo, a pesquisa oficial da verdade? Antes que a lei, aqui é sobretudo a mentalidade dominante que gostaríamos de ver modificada.

7. Quanto ao tópico *d* – o último que examinaremos nesta breve resenha, uma vez que sobre a questão essencial sugerida pelo tópico *e,* a da lentidão dos processos, já dissemos no item 3, *supra,* o que cabe dizer em trabalho como o presente –, os pontos capitais da problemática, aos quais antes se fez rápido aceno, poderiam, em termos mais analíticos, ser fixados como se segue. Quando nenhuma atividade material, nenhuma alteração do mundo sensível, é necessária para proporcionar ao litigante que tem razão o pleno gozo da utilidade prática a que faz jus – e é o caso dos processos de conhecimento encerrados por sentença declaratória ou constitutiva –, a mera tutela jurisdicional cognitiva basta como instrumento eficaz da realização do direito; nas outras hipóteses – nomeadamente as de pronunciamento judicial condenatório –, na falta de disposição do vencido para colaborar, a opção tradicional pretende resolver o problema recorrendo à execução forçada. Tal solução revela-se, com frequência, pouco satisfatória[21], por mais de uma razão: o processo

---

20 Exemplo característico é o entendimento fortemente restritivo proposto por ARRUDA ALVIM, *Código de Processo Civil comentado,* v. V. São Paulo, 1979, p. 214 e s., para a cláusula do art. 130 que dá ao juiz competência para determinar, mesmo de ofício, as provas necessárias: o exercício de tal poder só se tornaria lícito quando não fosse possível julgar com base nas regras sobre distribuição do ônus da prova. Justamente o contrário é que nos parece exato: a aplicação dessas regras constitui a *ultima ratio* – ou, nas palavras de STÜRNER, *Die Aufklärungspflicht der Parteien des Zivilprozesses,* Tübingen, 1976, p. 6, a solução necessária para o caso de impossibilidade de esclarecimento dos fatos apesar de todos os esforços *("die Notlösung für den Fall der trotz aller Anstrengungen eintretenden Unafklärbarkeit"),* inclusive – convém explicitar – do órgão judicial. Cf. as breves mas agudas observações de BAUR, Transformações do processo civil em nosso tempo, *in Revista Brasileira de Direito Processual,* v. 7, p. 64.

21 Muito sugestiva, ao propósito, a série de estudos que vem publicando, nos últimos anos, PROTO PISANI: L'effettività dei mezzi di tutela giurisdizionale con particolare riferimento all'attuazione della sentenza di condanna, *in Riv. di Dir. Proc.,* v. XXX. 1975, p. 620 e s.; Appunti sui rapporti tra diritto sostanziale e processo, *in Diritto e giurisprudenza,* v. 93, 1978; Appunti sulla tutela di condanna, *in Studi in onore di*

executivo, em regra, ao menos nalgumas de suas modalidades, é complexo e moroso, presta-se em grau elevado às manipulações da chicana; a atividade dos órgãos da execução esbarra em limites intransponíveis, de ordem natural e de ordem jurídica; a substituição do bem originariamente devido por seu "equivalente" pecuniário, tantas vezes imposta pelas circunstâncias, converte o triunfo judicial em autêntica "vitória de Pirro" em todas as hipóteses em que o interesse do vencedor se inscreve fora da pauta exclusivamente patrimonial, e mesmo noutras em que ele só comporta adequada satisfação mediante a prestação específica *(v.g.,* nos direitos a prestações negativas).

Quando se pensa na necessidade de assegurar eficácia prática à execução, acode logo ao espírito o uso adequado de medidas cautelares. Esse expediente tem sua relevância em certa perspectiva, e merece louvores o legislador brasileiro de 1973 pelo tratamento mais cuidadoso que dispensou à matéria. Ainda há lacunas e ambiguidades na vigente disciplina do processo cautelar; a própria fórmula empregada a propósito do "poder genérico de cautela", pelo menos em seu teor literal, afigura-se indevidamente restritiva, na medida em que dá a impressão de cercear as possibilidades do juiz: o art. 799, com efeito, se o habilita, *in genere,* a "autorizar ou vedar" a prática de atos, abstém-se de estender a franquia, em termos expressos e com igual amplitude, à emissão de *ordens de fazer*[22]. O saldo final, todavia, é favorável ao Código em vigor.

ENRICO TULLIO LIEBMAN, cit., v. III, p. 1.667 e s. (ou *in Riv. Trim. di Dir. e Proc. Civ.,* v. XXX, 1978, p. 1.104 e s.). Na mesma ordem de ideias, nossa conferência sobre Tutela sancionatória e tutela preventiva, in *Temas de Direito Processual,* Segunda Série, cit., p. 21 e s.

22 O art. 799 do Código de 1973 parece haver-se inspirado, ao menos em parte, no art. 324, 2ª alínea, do Projeto CARNELUTTI de 1926, que conferia ao juiz poderes para, a título cautelar, "disporre il sequestro di una cosa mobile o immobile, vietare o autorizzare il compimento di certi atti, assegnare somme provisionali, imporre cauzioni". A influência já era patente na redação do art. 894, § 2, *do Codice di procedura civile dello Stato della Città di Vaticano, verbis* "disporre il sequestro di una cosa mobile o immobile, vietare o autorizzare il compimento di determinati atti, ordinare la sospensione di opere nuove, assegnare somme provisionali, imporre cauzioni"; e também na do art. 399 do Código português, *verbis:* "A autorização para a prática de determinados atos, a intimação para que o réu se abstenha de certa conduta, ou a entrega dos bens móveis ou imóveis, que constituem objeto da ação, a um terceiro, seu fiel depositário". No aspecto que nos interessa, chama a atenção a similitude dos textos, que só empregam fórmulas genéricas quando permitem ao órgão judicial *autorizar* ou *vedar* atos; não, porém, quando se trata de

Acontece que o recurso às medidas cautelares pode mostrar-se útil para garantir praticamente a futura execução, tal como é, nada faz, porém, é óbvio, pela correção das deficiências relacionadas com a própria estrutura desta. Ora, nos pontos em que semelhante estrutura representa justamente o maior problema, não parece provável, no estado atual da técnica legislativa, que se lhe consiga impor modificações substanciais. A estratégia alternativa consistiria em fazer esforços para tornar desnecessária a execução forçada; e aqui se abrem *à* nossa consideração duas perspectivas, que não se excluem reciprocamente, antes se complementam: o eventual reforço das medidas coercitivas, com o fim de dobrar mais facilmente a resistência do vencido e induzi-lo a cumprir a sentença, e a ampliação dos meios de tutela preventiva, destinados a impedir, tanto quanto possível, a lesão iminente do direito. No primeiro desses caminhos, a reforma processual de 1973 deu importante passo à frente, quando introduziu no ordenamento brasileiro, *expressis verbis*, a possibilidade da imposição de prestações pecuniárias ilimitadas, à semelhança das *astreintes* do direito francês, na hipótese de descumprimento das condenações a fazer e a não fazer (art. 644)[23]. Difícil ir além, sobretudo no que concerne a medidas de coerção pessoal – as quais, sem falar em possíveis objeções de princípio, suscitariam desde logo questão de legi-

---

ordená-los. A doutrina brasileira inclina-se a considerar meramente exemplificativa a enumeração do art. 799: *v.g.*, HUMBERTO THEODORO JÚNIOR, *Comentários ao Código de Processo Civil*, v. V, Rio de Janeiro, 1978, p. 90, 94; SYDNEY SANCHES, *Poder cautelar geral do juiz*, São Paulo, 1978, p. 109, 111; com maior extensão, GALENO LACERDA, *Comentários ao Código de Processo Civil*, v. III, t. I, Rio de Janeiro, 1980, p. 173 e s., o qual admite em termos explícitos que, "em determinados casos, cabe ao Juiz *impor* também um fazer, como cautela inominada, sempre que possível a coerção material em espécie" (p. 176-7; grifado no original).

---

23 O texto do art. 644 não esclarece de modo expresso que o valor é ilimitado; mas o ponto é pacífico em sede doutrinária: JOSÉ FREDERICO MARQUES, *Manual de Direito Processual Civil*, v. IV, 2ª ed. 1979, p. 134; AMÍLCAR DE CASTRO, *Comentários ao Código de Processo Civil*, v. VIII, São Paulo, 1974, p. 189; MENDONÇA LIMA, *Comentários ao Código de Processo Civil*, v. VI, t. II, 3ª ed. Rio de Janeiro, 1979, p. 869; HUMBERTO THEODORO JÚNIOR, *Comentários*, cit., v. IV, Rio de Janeiro, 1979, p. 339-40; BARBOSA MOREIRA, O *novo processo civil brasileiro*, v. II, 2ª ed. Rio de Janeiro, 1978, p. 56; e bem assim na jurisprudência: *v.g.*, Tribunal de Justiça do Rio de Janeiro, 25-5-1976, *apud* EDSON PRATA, *Repertório de Jurisprudência do Código de Processo Civil*, 12º v., São Paulo, 1978, p. 3731, nº 3.148; 2º Tribunal de Alçada Civil de São Paulo, 6-5-1976, *apud* JURANDYR NILSSON, *Nova jurisprudência de processo civil*, v. IV, São Paulo, 1978, p. 1.271, nº 1.157.

timidade constitucional: o art. 153, § 17, da Constituição da República só admite a prisão civil por dívida nos casos do "depositário infiel" e do "responsável pelo inadimplemento de obrigação alimentar".

A nosso ver, as melhores possibilidades – assim como as maiores necessidades – situam-se no campo da tutela preventiva. Em tema de proteção jurisdicional de direitos, como alhures, mais vale prevenir que remediar. O processo brasileiro dispõe de prestimoso instrumento desse tipo, em se tratando de relações jurídicas de direito público: o mandado de segurança, constitucionalmente garantido, é utilizável (e utilizado com frequência) em caráter preventivo, por quem tenha "justo receio" de sofrer violação, resultante de ilegalidade ou abuso de poder, "por parte de autoridade, seja de que categoria for e sejam quais forem as funções que exerce" (Lei nº 1.533, de 31-12-1951, art. 1º, *caput).* Contrasta com essa a situação das relações de direito privado, em cujo âmbito é pobre o receituário processual preventivo – e, pior que isso, inadequado às hipóteses para as quais precisamente se revela menos satisfatória a tutela repressiva, pela feição de substancial irremediabilidade que em regra assume a lesão: as de relações jurídicas não patrimoniais *(v.g.,* direitos da personalidade). É um setor que está a reclamar atenção especial, e onde o nosso ordenamento muito lucrará se se dispuser a retomar, aperfeiçoando-as, algumas de suas próprias experiências anteriores, lamentavelmente desprezadas pelo legislador de 1973, que no particular retrocedeu[24].

8. Não é preciso grande esforço para perceber o paradoxo que se aninha nas precedentes reflexões. Estamos preocupados em modelar um processo mais "efetivo", e cogitamos de iniciativas que, na imensa maioria, não se poderão concretizar sem nova e ponderável carga de trabalho para os órgãos do aparelho judicial: ampliação das categorias tidas como "acionáveis", maior largueza no reconhecimento da legitimação para agir, exercício mais intenso de poderes instrutórios pelo juiz, criação (ou restauração) de outras vias processuais preventivas – tudo isso representa, numa palavra, mais serviço a ser feito. Objetará alguém que juízes e tribunais já não dão boa conta do trabalho a eles *atualmente* confiado, e fazê-lo crescer será, *ipso facto,* reduzir a níveis ainda mais baixos o rendimento da máquina. Assim se estaria, na prática, tirando

24 Extensamente, ao propósito, BARBOSA MOREIRA, *Tutela sancionatória e tutela preventiva,* cit. na parte final da nota 20, *supra.*

com a mão esquerda o que porventura se desse com a direita – pois, em termos de "efetividade", basta agravar a lentidão da marcha processual para esvaziar as vantagens acaso concebíveis de outros pontos de vista. Inevitável a impressão de estarmos encerrados num círculo vicioso: não há como tornar *mais* "efetivo" o processo sem aumentar o serviço dos órgãos judiciais; mas é também impossível aumentar tal serviço sem tornar o processo *menos* "efetivo"!

Pode-se crer na conveniência de estimular métodos alternativos de *solução* dos litígios, como o juízo arbitral e outros[25]; pouco verossímil, em todo caso, é a suposição de que por tal meio se logre, pelo menos a curto prazo, aliviar a quota de trabalho dos órgãos judiciais em proporção verdadeiramente com pensadora. Eis-nos de volta, com isso, ao problema do imprescindível aparelhamento do Poder Judiciário – em termos quantitativos e qualitativos – para enfrentar de maneira condigna as suas responsabilidades. Ocioso repetir que, para tanto, será preciso mobilizar vultosos recursos financeiros – o que não implica apenas a existência deles, senão também a disposição de canalizar-lhes parcela considerável para uma aplicação a que em geral se sobrepõem prioridades de outra natureza. A esta altura parece chegado, para o processualista, o momento de reconhecer que esbarra numa daquelas raias extremas da sua competência específica. E decerto não se proclamará novidade alguma se a isso se quiser acrescentar que o estudo do tema em nível mais profundo necessariamente desembocaria em ampla reflexão (incabível nesta sede) sobre o contexto político, econômico e social em que se insere a problemática da "efetividade" do processo. *But that's another story,* como diria o velho Kipling.

Dezembro de 1981.

25 O leitor interessado nesse ângulo do problema consultará com proveito os trabalhos publicados no v. II, 1, p. 38 e s., da coletânea *Access to Justice,* e também a terceira parte de *Access to Justice and the Welfare State,* p. 147 e s. (ambas as obras cit. na nota 1, *supra).*

COMENTÁRIOS DOS ATUALIZADORES

NOTAS SOBRE O PROBLEMA DA EFETIVIDADE DO PROCESSO

Paulo Cezar Pinheiro Carneiro / Paulo Cezar Pinheiro Carneiro Filho

Neste artigo, o Professor José Carlos volta ao tema sobre a efetividade do processo, com novas e importantes sugestões, além daquelas já referidas por ocasião do exame do primeiro tema (*Tendências contemporâneas do direito processual civil*), do qual recomendamos a prévia leitura, pois evitaremos ao máximo repetir, aqui, temas sobre a efetividade já examinados *vis-à-vis* a legislação superveniente, especialmente o Código de Processo Civil de 2015.

A primeira observação do Mestre, lá em 1981, é sobre o uso arraigado de métodos de trabalho obsoletos e irracionais, com escasso aproveitamento de recursos tecnológicos.

Ao longo do tempo, novos recursos tecnológicos foram criados e utilizados no processo com êxito, tanto para a diminuição do tempo de duração e economia, como também para uma maior efetividade. O Código de Processo Civil de 2015, em seu artigo 193, manteve as alterações implementadas pela Lei nº 11.419/2006 no Código de 1973, ao permitir que os atos processuais sejam praticados total ou parcialmente por meio eletrônico, desde que respeitem: (i) a publicidade, o acesso à participação das partes e de seus advogados (artigo 194, primeira parte); (ii) a confidencialidade, nos casos que tramitam em segredo de justiça (artigo 195, parte final).

Todas as unidades do Poder Judiciário deverão manter, gratuitamente, nas suas dependências ou em local especificamente determinado, mesmo por intermédio de convênios, espaços e equipamentos adequados, à disposição de todos os interessados ao acesso ao sistema, à prática e à consulta de atos e documentos processuais (artigo 198), de sorte a garantir o pleno acesso à justiça, preocupação recorrente do Professor José Carlos.

O Conselho Nacional de Justiça já editou importantes resoluções, dentre as quais destacamos:(i) Resolução nº 335, de 29 de setembro de 2020, criando a plataforma digital do Poder Judiciário brasileiro, com a finalidade de unificar todos os sistemas eletrônicos existentes nos diversos tribunais, por meio de padrões e rotinas a serem estabelecidos pelo

CNJ, respeitadas as soluções tecnológicas já adotadas pelos tribunais, desde que possam se adequar às finalidades preconizadas pela mencionada resolução; (ii) Resolução nº 345, de 9 de outubro de 2020, modificada pela Resolução nº 378, de 9 de março de 2021, regulamentando o "Juízo 100% Digital", posteriormente alterada pela Resolução nº 481, de 22 de novembro de 2022; (iii) Resolução nº 354, de 19 de novembro de 2020, que dispõe sobre o cumprimento digital de ato processual e de ordem judicial, também alterada pela Resolução nº 481, de 22 de novembro de 2022; (iv) Resolução nº 358, de 2 de dezembro de 2020, regulamentando a criação de soluções tecnológicas para a resolução de conflitos pelo Poder Judiciário, por meio da conciliação e mediação; (v) Resolução nº 372, de 12 de fevereiro de 2021, alterada pela Resolução nº 403, de 9 de junho de 2021, regulamentando a criação da plataforma de videoconferência denominada "Balcão Virtual", posteriormente alterada pela Resolução nº 473, de 09 de setembro de 2022; (vi) Resoluções nº 385, de 6 de abril de 2021, e nº 398, de 9 de junho de 2021, que dispõem sobre a criação e a atuação dos Núcleos de Justiça 4.0; (vii) Resolução nº 465, de 22 de junho de 2022, que institui diretrizes para a realização de videoconferências no âmbito do Poder Judiciário, alterada pela Resolução nº 481, de 22 de novembro de 2022.

Especificamente quanto à realização de julgamentos, os tribunais em geral, cada um com o seu regramento próprio, têm adotado duas formas para a sua realização, por videoconferência e virtual.

O julgamento por videoconferência é considerado presencial, com a efetiva participação do advogado, enquanto no julgamento virtual, que somente pode ocorrer no juízo colegiado, os advogados, em regra, não têm nenhuma participação, sendo na grande maioria secretos.

Destacamos, dentre os diversos tribunais, o Supremo Tribunal Federal, único que observou por meio de resoluções, as garantias processuais sobre tais temas, a saber: (i) julgamento por videoconferência, Resolução nº 672, de 26 de março de 2020, alterada pela Resolução nº 676, de 22 de abril de 2020; (ii) julgamento virtual, Resolução nº 642, de 14 de junho de 2019, modificada pelas Resoluções nºs 669, 675, 684 e 690, editadas pelo Presidente do STF, todas em 2020.

A segunda observação do Prof. José Carlos trata da necessidade de estimular métodos alternativos de solução de conflitos.

O Código de Processo Civil de 2015 foi pródigo no estímulo à conciliação e à mediação ao prever, como norma fundamental: (i) a obrigação do Estado em promover, sempre que possível, a solução consensual dos conflitos; (§ 2º, artigo 3); (ii) o dever dos juízes, advogados, defensores públicos e membros do Ministério Público de estimular a solução consensual, inclusive no curso do processo judicial (§ 3º, artigo 3).

O Código de Processo Civil, também, determinou, em seção própria (V do Capítulo Terceiro – artigos 165/175), a obrigatoriedade de os tribunais do País criarem centros de solução consensual de conflitos destinados a auxiliar, orientar e estimular a autocomposição (artigo 165, *caput*).

A União, os Estados, os Municípios e o Distrito Federal, também deverão criar câmaras de mediação e conciliação, com atribuições relacionadas à solução consensual de conflitos no âmbito administrativo (artigo 174).

O legislador prestigiou a solução de conflitos por meio da arbitragem, como sugerido pelo Mestre, adotada com ênfase atualmente no Brasil, com a edição da Lei nº 9.307/96, posteriormente alterada pela Lei nº 13.129/2015, para ampliar o âmbito de aplicação da arbitragem, além de ser contemplada no Código de Processo Civil de 2015: artigo 3, § 1º.

Quanto à execução das condenações pecuniárias, o Código de Processo Civil de 2015 resolveu "uma das pedras onde tropeçam os melhores propósitos de agilização" do processo, ao dispensar a citação do devedor para a execução, autorizando (artigo 523) a intimação do advogado para realizar o cumprimento da obrigação constante do título judicial, como já defendia Barbosa Moreira.

Sobre a lentidão dos processos, Barbosa Moreira sublinha problemas estruturais decorrentes da carência de estatísticas judiciárias, da deficiência na formação dos juízes, do escasso aproveitamento de recursos tecnológicos, da falta de assistência jurídica aos necessitados, como mazelas que acabam prejudicando a efetividade do processo.

As preocupações estruturais de Barbosa Moreira, dentro da realidade do País, foram em parte atendidas. Quanto à formação dos juízes, por exemplo, a Escola Nacional de Formação e Aperfeiçoamento de Magistrados (Enfam), passou a elaborar um curso nacional de aperfeiçoamento dos magistrados que serve como requisito para a promoção dos juízes. A assistência judiciária recebeu nova regulamentação no Código de Processo Civil de 2015 (artigos 98 a 102).

Em relação à crítica dispensada ao artigo 153, parágrafo 4º, 1ª parte, da Constituição de 1967, porque o mencionado artigo não abarcaria a lesão potencial ao direito, foi ela esvaziada com a entrada em vigor da Constituição de 1988, uma vez que no artigo 5º, inciso XXXV, o legislador estabeleceu que "a lei não excluirá da apreciação do Poder Judiciário lesão ou ameaça a direito". O artigo 3 do Código de Processo Civil de 2015, no mesmo sentido, determina que "não se excluirá da apreciação jurisdicional ameaça ou lesão a direito".

Barbosa Moreira demonstra preocupação com os chamados "interesses coletivos ou difusos", sugerindo interpretação própria do conceito de direito, uma vez que nestes casos, "o interesse é, ao mesmo tempo, "próprio" e "alheio". Este tema sobre a tutela jurisdicional dos interesses difusos ou coletivos é objeto do exaustivo estudo do Professor José Carlos no último artigo deste livro – Tutela jurisdicional dos interesses coletivos e difusos, ao qual remetemos o leitor, com as nossas observações.

Barbosa Moreira reclama da falta de ousadia do legislador, que não regulou adequadamente a hipótese para a emissão de ordens de fazer. O legislador, novamente dando ouvidos às lições do Mestre – Lei nº 8.952, de 13/12/1994 –, modificou o artigo 461 do Código de Processo Civil de 1973, reproduzido, praticamente, no artigo 497 do Código de 2015, prevendo que "nas ações que tenham por objeto o cumprimento de obrigação de fazer ou não fazer, o juiz concederá a tutela específica ou, se procedente o pedido, determinará providências que assegurem o resultado prático equivalente."

A obtenção da tutela específica, então defendida por Barbosa Moreira, foi uma das grandes preocupações do legislador no Código de Processo Civil de 2015, que tratou exaustivamente da matéria. O inciso IV do artigo 139 permite ao juiz "determinar todas as medidas indutivas, coercitivas, mandamentais ou sub-rogatórias necessárias para assegurar o cumprimento de ordem judicial, inclusive nas ações que tenham por objeto prestação pecuniária".

Cabe sublinhar, por fim, que Barbosa Moreira, no início de seu texto, criticava a Constituição de 1967, já que o legislador fez referência apenas aos direitos individuais, não fazendo menção aos direitos coletivos e não se referindo aos direitos da personalidade. Em suma, tudo foi resolvido pela Constituição de 1988, que acolheu os direitos coletivos e os direitos da personalidade como direitos e garantias fundamentais, a exemplo do que consta no artigo 5, incisos X e XXXII, da Constituição Federal.

A FUNÇÃO SOCIAL DO PROCESSO CIVIL MODERNO E O PAPEL DO JUIZ E DAS PARTES NA DIREÇÃO E NA INSTRUÇÃO DO PROCESSO[1]

I. Introdução. **II.** A igualdade das partes no processo. **III.** A proteção jurisdicional dos interesses coletivos. **IV.** O papel do juiz e o das partes.

I. Introdução

1. Vai-se generalizando, de algum tempo para cá, o empenho em acentuar a função social do processo civil. O conceito de "social", notoriamente polifacetado, abre espaço a enfoques muito diversos no estudo dos problemas que com ele se relacionam. Ao jurista, como tal, interessa particularmente a análise do ordenamento por dois ângulos principais.

De um lado, cuida-se das possibilidades de estimular a marcha em direção a uma igualdade maior, no sentido da eliminação – ou, quando menos, da atenuação – das diferenças de tratamento dos membros da comunidade em razão de diversidades de riqueza, de posição social, de cultura, de pertinência a esta ou aquela classe, raça, credo religioso ou corrente política. De outro lado, reclama atenção a questão da capacidade do sistema jurídico para assegurar, na medida necessária, a primazia dos interesses da coletividade sobre os estritamente individuais.

2. Instrumento que é da realização efetiva do direito material, não pode obviamente o processo chamar a si a responsabilidade primária pela consecução plena de tais objetivos. Nenhuma "revolução" puramente processual é suscetível, por si só, de produzir, na estrutura jurídico-social, modificações definitivas. – Com reconhecê-lo, porém, não se exonera o processualista, comprometido com os valores que acima sucintamente se apontaram, do dever de colaborar, no campo de sua especialidade, para a respectiva promoção. E semelhante tarefa naturalmente se desenvolverá em dupla perspectiva: *de lege lata,* pela análise do ordena-

1 Comunicação ao Simpósio Internacional de Processo Civil e Organização Judiciária, de Coimbra (maio de 1984).

mento vigente, com o propósito de revelar-lhe o perfil, do ponto de vista indicado, fundo em realce, sempre que caiba, potencialidades mal exploradas pela exegese tradicional; *de lege ferenda,* mediante a apreciação crítica das normas em vigor e o oferecimento de sugestões de reforma. No presente trabalho, de proporções obviamente limitadas pela finalidade a que se destina, teremos de cingir-nos ao exame perfunctório de algumas das questões mais relevantes. E nossa atenção se concentrará, como é natural, no ordenamento processual civil brasileiro, embora sem renúncia a observações que nos pareçam oportunas em registro comparatístico.

II. A igualdade das partes no processo

1. O art. 125, nº I, do Código de Processo Civil de 1973 consagra em termos expressos, para o juiz, o dever de "assegurar às partes igualdade de tratamento". Aí se pode ver, aliás, um reflexo, no plano processual, do princípio da isonomia ou igualdade perante a lei, objeto de disposição constitucional (Constituição da República, art. 153, § 1º).

Ao longo do Código observam-se repercussões em pontos específicos. Assim, por exemplo, as regras sobre impedimento e suspeição do juiz (arts. 134 e 135) inspiram-se, à evidência, no propósito de evitar que relações objetivas *(v.g.,* parentesco) ou subjetivas *(v.g.,* amizade íntima ou inimizade capital) permitam a um dos litigantes gozar de favorecimento presumível por parte do órgão judicial. O art. 333, parágrafo único, nº II, averba de nula a convenção sobre distribuição do ônus da prova quando torna "excessivamente difícil a uma parte o exercício do direito": busca a norma obstar ao rompimento do equilíbrio entre os contendores, em tão delicada matéria, conforme ocorreria se o contratante mais forte pudesse livremente impor o pacto, prevalecendo-se da situação de necessidade do outro. Especialmente importantes são os corolários do princípio em tudo que se refere à preservação da garantia do contraditório na atividade de instrução[2]: o art. 398; exemplificativamente, trata de preceituar *expressis verbis* a audiência do adversário, sempre que qualquer das partes requeira a juntada de documento aos autos.

---

2 *Vide,* ao propósito, BARBOSA MOREIRA, A garantia do contraditório na atividade de instrução, *in Revista de Jurisprudência do Tribunal de Justiça do Rio de Janeiro,* v. 48, p. 1 e s.

2. À Fazenda Pública e ao Ministério Público atribui o Código, aqui e ali, vantagens sobre o litigante particular: *v.g.*, prazo maior para contestar e para recorrer (art. 188), dispensa do depósito inicial na ação rescisória (art. 488, parágrafo único). Trata-se de diretriz tradicional no direito brasileiro, criticada por alguns, mas justificada, ao menos em princípio[3], pelas próprias peculiaridades dos referidos entes. Até certo ponto, é razoável considerar que a desigualdade formal, aí, espelha uma desigualdade substancial e, por conseguinte, a rigor não se choca – mas, ao contrário, se harmoniza – com o postulado da igualdade.

No extremo oposto, não parece arbitrário descobrir em disposições formalmente igualitárias aspectos menos afinados, na substância, com esse postulado. Assim, por exemplo, a regra do art. 19, *caput,* onde se defere a cada uma das partes o ônus de adiantar as despesas dos atos que realiza ou requer, é capaz de gerar, em sua aplicação prática, situações concretamente iníquas, caso diversifiquem de modo sensível as possibilidades financeiras dos litigantes. Convida o reparo, ainda uma vez, a meditar sobre as dificuldades que se opõem, *de facto,* à atuação do princípio da igualdade, e sobre a consequente fratura, que a todo instante se manifesta, entre a igualdade *legal* e a igualdade *real.*

3. O fator básico, naturalmente, é o econômico. Desnível grande entre as partes, por esse prisma, além dos desequilíbrios que diretamente provoca, em regra constitui matriz de outros desníveis, que também se refletem no processo. Sabe a lugar-comum a observação de que o litigante de melhores recursos quase sempre tem mais fácil acesso a informações relevantes, está em condições mais favoráveis para armar-se de provas, utiliza os serviços de advogados mais competentes, e assim por diante. Ninguém ignora tampouco que ele pode resistir com menor sacrifício aos inconvenientes da longa duração dos pleitos, e até, eventualmente, daí tirar proveito para constranger o adversário a um acordo que este não aceitaria noutras circunstâncias. Pior do que tudo: o alto custo dos serviços judiciários já *a priori* representa causa de discriminação, na

3 Sobre a extensão e os limites em que se deve reconhecer legitimidade a aludidas prerrogativas, merecem adesão, em máxima parte, as considerações de ADA PELLEGRINI GRINOVER, Os *princípios constitucionais e o Código de Processo Civil,* São Paulo, 1975, p. 30 e s.

medida em que desestimula o recurso à Justiça por parte de pessoas desprovidas de meios[4].

É certo que, no Brasil, a concessão de assistência judiciária aos necessitados constitui garantia constitucional (Constituição da República, art. 153, § 32). Regula a matéria a Lei nº 1.060, de 5-2-1950, a cuja luz se considera necessitado "todo aquele cuja situação econômica não lhe permita pagar as custas do processo e os honorários de advogado sem prejuízo do sustento próprio ou da família" (art. 2º, parágrafo único). A assistência compreende a isenção da taxa judiciária, das despesas processuais em geral e dos honorários dos advogados e peritos (art. 3º). No que tange à representação gratuita por advogado, dela se incumbem os serviços públicos de assistência judiciária, onde houver, cabendo à Ordem dos Advogados do Brasil, ou, em último caso, ao próprio juiz, na falta de tais serviços, nomear profissional que se encarregue da causa (art. 5º, §§ 1º a 3º; cf. Lei nº 4.215, de 27-4-1963, Estatuto da Ordem dos Advogados do Brasil, art. 91). A sistemática é antiquada e funciona de modo precário, sem embargo da boa vontade e do zelo de tantos defensores públicos e advogados de ofício. Por outro lado, é noção hoje corrente[5] a da enormidade dos gastos que seria preciso fazer para melhorar de maneira compensadora, no setor – mesmo limitadamente às linhas tradicionais –, o atendimento das necessidades da população. Em nosso país, não é ousadia rotular de quimérica toda e qualquer expectativa de avanço ponderável, ao menos a curto prazo, no particular.

4. A maior dificuldade do litigante mais pobre em munir-se de provas e carreá-las para os autos comporta, em certa medida, suprimento por

4 Em recente e memorável acórdão, ainda não publicado na data da redação deste trabalho, o Supremo Tribunal Federal declarou inconstitucional a Lei nº 383, de 4-12-1980, do Estado do Rio de Janeiro, que elevara desmedidamente o valor da taxa judiciária. Entendeu a Corte que semelhante majoração, por dificultar na prática, de modo excessivo, o acesso à Justiça, era incompatível, em substância, com a norma do art. 153, § 4º, I.a parte, da Constituição da República, *verbis:* "A lei não poderá excluir da apreciação do Poder Judiciário qualquer lesão de direito individual".

5 E verdadeira até para Estados economicamente desenvolvidos: cf. as ainda recentes observações de DENTI, I procedimenti non giudiziali di conciliazione come istituzioni alternative, *in Riv. di* Dir. *Proc.*, v. XXXV, 1980, p. 424, que se refere à *"impossibilità, ormai acquisita ovunque, di risolvere il problema dell'accesso alla giustizia dei non abbienti attraverso sistemi generalizzati di assistenza legale".*

meio da atuação do Ministério Público, nos feitos de que participe como *custos legis,* qualidade em que lhe compete "juntar documentos e certidões, produzir prova em audiência e requerer medidas ou diligências necessárias ao descobrimento da verdade" (Código de Processo Civil, art. 83, nº II). Também a iniciativa instrutória do próprio órgão judicial pode representar aqui fator importante de correção de desigualdades; ao tópico voltaremos oportunamente *(infra,* nº IV, 2).

No que concerne à excessiva duração dos processos, tema de lamentações a bem dizer universais, trata-se de problema cujo equacionamento preciso esbarra, entre nós, na carência de estatísticas judiciárias que permitissem identificar com exatidão, nos seus pesos respectivos, as causas do fenômeno - algumas das quais certamente óbvias aos olhos de quem tenha experiência da vida forense. Das inovações consagradas na reforma processual de 1973 e mais de perto relacionadas com a questão, a uma deve reconhecer-se bom êxito: a possibilidade de julgar-se o mérito da causa, no procedimento ordinário e nos que o tomam como padrão, logo após o encerramento da fase postulatória, quando não haja necessidade de prova que justifique a realização da audiência, obrigatória no sistema do Código anterior (de 1939), sem qualquer vantagem prática, antes com o grave inconveniente de procrastinar, às vezes de modo notável, a solução do litígio. Outra novidade do Código em vigor, o chamado "procedimento sumaríssimo", está longe de corresponder, até agora, pelo menos nos grandes centros populacionais, às esperanças que suscitou - seja em virtude de notórios defeitos da regulamentação legal[6], seja em razão do excesso de serviço, com frequência devido à má distribuição da competência nas leis de organização judiciária.

Possibilidade muitas vezes lembrada neste contexto é a da instituição de órgãos especiais para o processamento, mediante rito simplificado, de causas de pequeno valor patrimonial, como são, na maioria dos casos, as de pessoas economicamente débeis. A ideia tem seus opositores, que argumentam com o risco de agravar-se a discriminação reservando aos menos dotados de recursos uma "Justiça de segunda classe". Não obstante, ela vai ganhando terreno em nosso país, conforme atestam a recente elaboração de anteprojeto de lei que, autorizando a criação de

6 No dizer de CALMON DE PASSOS, *Comentários ao Código de Processo Civil,* v. III, 4ª ed. Rio de Janeiro, p. 16, "o legislador, em verdade, disciplinou um procedimento que, em muitas situações, redundará num péssimo e tumultuado procedimento ordinário". Infelizmente, a prática tem confirmado o prognóstico.

"juizados de pequenas causas", fixa, para a respectiva tramitação e julgamento, rito caracterizado pela informalidade[7]; e também experiências que desde já se vêm promovendo, em alguns Estados, antes mesmo da esperada consagração oficial, com resultados animadores, embora limitados a hipóteses em que os titulares dos interesses em conflito, voluntariamente, convêm em submeter-se à decisão de "juízes" não investidos de qualquer poder estatal.

III. A proteção jurisdicional dos interesses coletivos

1. Se voltarmos agora os olhos para o segundo aspecto mencionado na *Introdução,* não nos pode deixar de acudir o problema, a que tamanha atenção se vem dedicando nos últimos anos, da tutela jurisdicional dos chamados "interesses coletivos" (ou "difusos")[8], tipificados, ao ângulo subjetivo, pela pertinência a uma série indeterminada – e, quando menos para fins práticos, indeterminável – de titulares, e do ponto de vista objetivo pela indivisibilidade do objeto, com a consequência de tornar impossível a satisfação (ou a lesão) de um dos cointeressados, sem a simultânea satisfação (ou lesão) da coletividade inteira[9]. Assim, por exemplo, os interesses relacionados à defesa do meio ambiente, os ligados a valores culturais e espirituais reconhecidos como básicos pela sociedade, os que se orientam para a "proteção ao consumidor".

O direito brasileiro dispõe, no particular, de instrumento processual específico: a ação popular[10], igualmente arrolada entre as garantias

7 Não cabe aqui o exame crítico do texto, publicado no *Diário Oficial* da União, Seção I, de 16-9-1982; apenas se quis assinalar o fato, como índice de uma tendência.

8 Sobre a terminologia, *vide* BARBOSA MOREIRA, A proteção jurídica dos interesses coletivos, *in Revista Brasileira de Direito Processual,* v. 24, p, 21, nota 2, e *in Revista de Direito Administrativo,* v. 139, p. 2, nota 2; A legitimação para a defesa dos "interesses difusos" no direito brasileiro, *in Revista Forense,* v. 276, p. 1, nota 1.

9 Coloca-se aqui o problema, tal como noutros trabalhos anteriores do autor, dentro dos lindes sugeridos por PROTO PISANI, Appunti preliminari per uno studio della tutela giurisdizionale degli interessi collettivi (o più esattamente: superindividuali) innanzi al giudice civile ordinario, no volume *Le azioni a tutela di interessi collettivi,* Pádua, 1976, p. 264.

10 Ao propósito, BARBOSA MOREIRA, A ação popular do direito brasileiro como instrumento de tutela jurisdicional dos chamados "interesses difusos", *in Temas de Direito Processual,* São Paulo, 1977, p. 110 e s., e *in Studi in onore di* ENRICO TULLIO LIEBMAN, Milão, 1979, v. IV, p. 2.673 e s.

constitucionais, como remédio ao dispor de qualquer cidadão para fazer "anular atos lesivos ao patrimônio de entidades públicas" (Constituição da República, art. 153, § 31), entendida a cláusula no sentido amplo que inteligentemente lhe dá o art. 1º, § 1º, da Lei nº 4.717, de 29-6-1965, *verbis:* "Consideram-se patrimônio público (...) os bens e direitos de valor econômico, artístico, estético, histórico ou turístico".

2. Conforme ninguém ignora, um dos tópicos "clássicos" da problemática atinente à tutela jurisdicional dos interesses difusos é o da legitimação para agir, excluída por intuitivas razões a hipótese de exigir-se a presença em juízo de todos os cointeressados, como litisconsortes ativos necessários. Para a ação popular brasileira, adotou-se o alvitre da legitimação concorrente e "disjuntiva" de todos os cidadãos. Pode ele ser estendido, *mutatis mutandis,* a outros casos do gênero, sem ferir o princípio, dominante em nosso ordenamento, da coincidência - salvo exceção legal - entre a *legitimatio ad causam* e a titularidade da relação jurídica material. Com efeito: em se tratando de interesse caracterizado, segundo já se assinalou, pela indivisibilidade do objeto, a situação é assimilável à das obrigações indivisíveis, para as quais há regra expressa, no art. 892, 1ª parte, do Código Civil, a conferir a cada um dos credores o poder de demandar, de per si, a satisfação de toda a dívida; basta interpretar com largueza as expressões "credores" e "dívida"[11].

A insuficiência de tal solução, acentuada inúmeras vezes pela doutrina, leva a cogitar-se de alternativas que, sem excluí-la, com ela se possam combinar. Uma consiste na legitimação de órgãos estatais, notadamente do Ministério Público, para vindicar em juízo interesses coletivos. A semelhante alvitre costumam fazer-se restrições[12], das quais as mais graves poderiam achar fundamento no temor de que, onde o Ministério Público não goze de autonomia em face do Poder Executivo,

---

11 Em operação hermenêutica análoga à que, na Itália, sugeriu COSTANTINO, Brevi note sulla tutela giurisdizionale degli interessi collettivi davanti al giudice civile, *in Le azioni a tutela di interessi collettivi,* cit., p.. 234-5, com o apoio de PROTO PISANI, trab. cit. na nota 8 *supra,* ibid., p. 278-9.

12 *Vide,* por exemplo, CAPPELLETTI, The Role of the Ministère Public, the Prokuratura and the Attorney General in Civil Litigation, no volume *Public Interest Parties and the Active Role of the Judge* in *Civil Litigation,* Milão-New York, 1975, p. 32 e s.; Formazioni sociali e interessi di gruppo davanti alla giustizia civile, *in Riv. di Dit. Proc.,* V. XXX, 1975, p. 374 e s.

não lhe seja dado atuar com grande eficiência nos casos em que a ameaça ou a ofensa a interesse coletivo provenha da própria Administração Pública. Constitui, porém, manifesto exagero descartar inteiramente, só por isso, a hipótese em foco. No direito brasileiro, se é certo que o Ministério Público não se legitima ao exercício da ação popular – embora, curiosamente, possa substituir, na posição de autor, sob certas circunstâncias, o cidadão que a propôs (Lei nº 4.717, art. 9º, *fine)*, e se são escassos os textos que atribuem ao órgão legitimação para agir no campo do processo civil, a pelo menos um deles se há de reconhecer certo relevo na perspectiva que nos interessa aqui: o art. 14, § 1º, *fine,* da Lei nº 6.938, de 31-8-1981, que "dispõe sobre a Política Nacional do Meio Ambiente, seus fins e mecanismos de formulação e aplicação". De acordo com esse dispositivo, "o Ministério Público da União e dos Estados terá legitimidade para propor ação de responsabilidade *civil* e criminal, por danos causados ao meio ambiente". É de desejar que a norma não se destine a permanecer letra morta. De qualquer sorte, bem mais importante será sempre, ao que tudo faz crer, a atuação do Ministério Público no campo penal, onde a ação, em regra pública, lhe compete quase com exclusividade: nesse setor é que se abrem ao órgão as maiores possibilidades de provocar o exercício da jurisdição – apenas em caráter repressivo, é verdade – para a tutela de bens jurídicos a que se relacionam interesses difusos.

Outra alternativa consiste na outorga de legitimação a pessoas jurídicas, e nomeadamente a associações instituídas com o objetivo precípuo de pugnar pela defesa de interesses do gênero, ou que ofereçam, de algum modo, boa garantia de "representar" adequadamente a coletividade dos interessados. No Brasil, são poucos, e dizem respeito a interesses de grupos "fechados" (notadamente categorias profissionais), os dispositivos legais que autorizam o comparecimento a juízo de pessoas jurídicas em prol dos associados[13]. A doutrina não se tem debruçado sobre a ideia de reconhecer-se às associações, *in genere,* interesse *próprio,* distinto da soma dos interesses dos respectivos sócios, no âmbito de suas

13 Assim os sindicatos (Consolidação das Leis do Trabalho, arts. 513. letra *a,* e 558, *caput,* 2ª parte), a Ordem dos Advogados do Brasil (Lei nº 4.215, de 27-4-1963, art. 1º, parágrafo único), as associações de "funcionários ou empregados de empresas industriais da União, administradas ou não por ela, dos Estados, dos Municípios e de entidades autárquicas" (Lei nº 1.134, de 14-6-1950, art. 1º).

atividades características[14] – e, como tal, deduzível em juízo nos termos da legitimação ordinária. Ora, se a associação se apresenta, ao contrário, como defensora, em seu próprio nome, de direitos ou interesses alheios (dos associados), esbarra no óbice do art. 6º do Código de Processo Civil, que subordina essa possibilidade à existência de autorização legal.

Cogita-se de afastar a dificuldade por via legislativa. O projeto de lei nº 5.521, de 1981, apresentado à Câmara dos Deputados, visa a acrescentar ao citado art. 6º um parágrafo único, com a seguinte redação: "As associações civis constituídas com a finalidade principal de promover o estudo, a defesa e a coordenação dos interesses de seus associados poderão representá-los, individual e coletivamente, em juízo, bem como assisti-los, como intervenientes, nos feitos em que sejam partes e que digam respeito a interesse comum dos associados, segundo o ato constitutivo da associação respectiva". Em data mais recente, elaborou-se anteprojeto de lei destinada a disciplinar "as ações de responsabilidade por danos causados ao meio ambiente, previstas no § 1º do art. 14 da Lei nº 6.938, de 21-8-1981, ou a valores artísticos, estéticos, históricos, turísticos e paisagísticos", sem prejuízo do disposto na Lei nº 4.717, referente à ação popular[15]. Nesse anteprojeto, consagra-se expressamente a legitimidade ativa (em concurso com a do Ministério Público) de "associação que, a critério do juiz, demonstre representatividade adequada, revelada por dados como: I – estar constituída há seis meses, nos termos da lei civil; II – incluir, entre suas finalidades institucionais, a proteção ao meio ambiente ou a valores artísticos, estéticos, históricos, turísticos ou paisagísticos", quer para propor ação civil, tendente à condenação pecuniária do infrator ou ao cumprimento de obrigação de fazer ou não fazer, quer para intervir no processo penal cabível, como assistente do Ministério Público, quer ainda para mover ação penal subsidiária, se a

14 Conforme sugere, na doutrina alemã, M. WOLF, *Die Klagebefugnis der Verbände*, Tübingen, 1971, p. 21 e s., 48 *et passim*. Para a discussão do problema na literatura mais recente, *vide* THIERE, *Die Wahrung überindividueller Interessen im Zivilprozess*, Bielefeld, 1980, p. 81 e s.; URBANCZYK, *Zur Verbandsklage im Zivilprozess*, Colônia-Berlim-Bonn-Munique, 1981, p. 29 e s.

15 A redação do texto deve-se aos Professores ADA PELLEGRINI GRINOVER, CÂNDIDO RANGEL DINAMARCO, KAZUO WATANABE e WALDEMAR MARIZ DE. OLIVEIRA JÚNIOR, com aproveitamento de sugestões de diversas origens. Como relator da matéria no Congresso Nacional de Direito Processual (Porto Alegre, 1983), teve o autor deste trabalho ensejo de colaborar com algumas emendas, acolhidas na versão definitiva do anteprojeto.

ação pública não for proposta no prazo legal (arts. 2º, 3º e 4º). Incorpora o anteprojeto algumas interessantes soluções normativas já adotadas na Lei nº 4.717 quanto à ação popular, inclusive (art. 10) a da extensão subjetiva da coisa julgada, que se produz, em regra, *erga omnes,* salvo quando declarado improcedente o pedido por deficiência de prova, caso em que qualquer legitimado pode "intentar outra ação com idêntico fundamento, valendo-se de nova prova".

IV. O papel do juiz e o das partes

1. A transição do liberalismo individualista para o "Estado social de direito" assinala-se, como é sabido, por substancial incremento da participação dos órgãos públicos na vida da sociedade. Projetado no plano processual, traduz-se o fenômeno pela intensificação da atividade do juiz, cuja imagem já não se pode comportar no arquétipo do observador distante e impassível da luta entre as partes, simples fiscal incumbido de vigiar-lhes o comportamento, para assegurar a observância das "regras do jogo" e, no fim, proclamar o vencedor. Não menos que na economia, a emergência do "social" também no processo derrui o império do *laisser faire.* Recusa-se aos litigantes a possibilidade de marcar soberanamente o compasso da marcha processual; equaciona-se em novos termos o capital problema da "divisão de tarefas" entre as partes e o órgão de jurisdição.

A sistemática do Código brasileiro de 1973 afeiçoa-se, no essencial, aos ditames da moderna concepção do processo civil. Ao juiz continua vedado, como é da tradição, pôr em movimento, *ex officio,* a máquina judiciária; mas, uma vez instaurado, desenvolve-se o feito por impulso oficial (art. 262). Sem embargo de faculdades conferidas às partes *(vide, infra,* nº 6), a direção formal do processo é, sem dúvida, função precípua do órgão judicial, a que a lei impõe, de modo significativo, o dever de "velar pela rápida solução do litígio" (art. 125, nº II). Algumas importantes manifestações do poder de dirigir formalmente o processo, em atuação *ex officio,* são: a possibilidade de ordenar a reunião de ações propostas em separado, quando entre elas haja conexão ou continência (art. 105); a de sobrestar o andamento do processo, até que se pronuncie o juízo penal, se a decisão da lide depender da verificação da existência de fato delituoso (art. 110, *caput);* a de declarar a própria incompetência, quando absoluta, remetendo os autos ao órgão competente (art. 113 e § 2º); a de indeferir diligências inúteis ou meramente protelatórias (art. 130, *fine);* a de prorrogar prazos, no máximo por sessenta dias, nas comarcas onde for difícil o transporte (art. 182, *caput,* 2ª parte); a de extinguir o processo sem exame do mérito, determinando o arquivamento dos autos, se aquele ficar paralisado durante mais de um ano, por negligência das partes, e estas, pessoalmente intimadas, não lhe derem movimento (art. 267, nº II e § 1º); e assim por diante.

Preocupa-se a lei em colocar à disposição do juiz armas para o combate à chicana, em suas variadas formas. O art. 125, nº III, ordena-lhe "prevenir ou reprimir qualquer ato contrário à dignidade da justiça". Neste conceito indeterminado enquadram-se, *v.g.,* no processo executivo, os atos do devedor que frauda a execução, que a ela se opõe maliciosamente, por meio de "ardis e meios artificiosos", que resiste de maneira injustificada às ordens judiciais, que se recusa a indicar onde estão os bens sujeitos à execução (art. 600); em tais hipóteses, se o devedor, advertido, persevera na prática irregular, o juiz o proibirá de falar nos autos até que ele se comprometa a abster-se de reincidir e dê fiador idôneo, "que responda ao credor pela dívida principal, juros, despesas e honorários advocatícios" (art. 601).

2. No propósito de contribuir para a mitigação das desigualdades substanciais entre as partes, tem-se cogitado de conferir ao juiz a faculdade (ou mesmo o dever) de prestar-lhes informações sobre os ônus que lhes incumbem, convidando-as, por exemplo, a esclarecer e a complementar suas declarações acerca dos fatos, ou chamando-lhes a atenção para a necessidade de comprovar alegações. Vem o alvitre encontrando eco em mais de um ordenamento[16]. No direito brasileiro, merece referência, ao propósito, a inclusão obrigatória, no mandado de citação, da advertência, dirigida ao réu, de que, caso não conteste, se presumirão verdadeiros os fatos articulados pelo autor (art. 285, *fine).* Inteligentemente manejada, pode também mostrar-se útil, na perspectiva de que se trata, a norma do art. 284, *caput* (semelhante à do art. 477, nº I, do Código português): se-

---

16 *Vide,* por exemplo, os §§ 139 e 278, nº 3, da *ZPO* da República Federal da Alemanha. Outros dados comparatísticos em TARZIA, Le istruzioni del giudice alle parti nel processo civile, *in Riv. di Dir. Proc.,* v. XXXVI, 1981, p. 637 e s.; especificamente quanto aos ordenamentos socialistas, que dão maior relevo à função "assistencial" do juiz, uma visão panorâmica em STALEV, Fundamental Guarantees of Litigants in Civil Proceedings: a Survey of the Laws of the European People's Democracies, no volume *Fundamental Guarantees of the Parties in Civil Litigation,* editado por CAPPELLETTI e TALLON, Milão-Dobbs Ferry, 1973, p. 393 e s.

gundo esse dispositivo, verificando-se que a petição inicial não preenche os requisitos legais, ou apresenta "defeitos e irregularidades capazes de dificultar o julgamento de mérito", o órgão judicial "determinará que o autor a emende, ou a complete, no prazo de dez (10) dias".

Entretanto, o mais valioso instrumento "corretivo", para o juiz, consiste sem dúvida na possibilidade de adotar *ex officio* iniciativas relacionadas com a instrução do feito. Os poderes instrutórios, a bem dizer, devem reputar-se inerentes à função do órgão judicial, que, ao exercê-los, não se "substitui" às partes, como leva a supor uma visão distorcida do fenômeno. Mas é inquestionável que o uso hábil e diligente de tais poderes, na medida em que logre iluminar aspectos da situação fática, até então deixados na sombra por deficiência da atuação deste ou daquele litigante, contribui, do ponto de vista prático, para suprir inferioridades ligadas à carência de recursos e de informações, ou à dificuldade de obter o patrocínio de advogados mais capazes e experientes. Ressalta, com isso, a importância social do ponto.

O Código de 1973 mune o juiz de amplas possibilidades na matéria. Consoante a regra fundamental do art. 130, de alcance genérico, cabe-lhe determinar, inclusive de ofício, "as provas necessárias à instrução do processo". Especificamente, é lícito ao órgão judicial, sem necessidade de provocação, determinar a realização de perícia (art. 331, nº I); ordenar o comparecimento pessoal de qualquer das partes, "a fim de interrogá-las sobre os fatos da causa" (art. 342); ordenar a exibição de documento ou coisa, em poder do litigante ou de terceiro (arts. 355 e 360); requisitar às repartições públicas "as certidões necessárias à prova das alegações das partes" e "os procedimentos administrativos nas causas em que forem interessados a União, o Estado, o Município, ou as respectivas entidades da administração indireta" (art. 399); proceder à inspeção de pessoas ou coisas (art. 440). Unicamente a prova testemunhal exige, para realizar-se, requerimento da parte, salvo quanto às pessoas referidas em depoimentos como capazes de prestar informações valiosas: essas, pode o juiz, de ofício, ordenar que sejam inquiridas (art. 418, nº I), assim como lhe é dado, em qualquer caso, determinar "a acareação de duas ou mais testemunhas, ou de alguma delas com a parte, quando, sobre fato determinado, que possa influir na decisão da causa, divergirem as suas declarações" (art. 418, nº II).

Cumpre reconhecer que não são muito frequentes, na prática judiciária brasileira, as iniciativas instrutórias oficiais. À luz do que acima ficou dito, seria pouco razoável imputar o fato a eventuais imperfeições da lei. Sem esquecer o comodismo e a "abulia profissional"[17] - defeitos de que os magistrados, seres humanos, não estão necessariamente isentos -, são causas principais: de um lado, a sobrecarga de trabalho e, em termos genéricos, as condições desfavoráveis sob as quais desempenha suas funções a grande maioria dos órgãos judiciais, sobretudo os de primeiro grau; de outro, a mentalidade ainda dominante em certos setores (inclusive da mais autorizada doutrina), que vê com reserva, quando não com aberta desconfiança, a atuação espontânea do juiz na pesquisa da verdade, por suscetível de fazê-lo descambar para posição "parcial" - como se não existissem outros meios, bastante eficazes, de conjurar o risco[18], sem desestímulo ao exercício, pelo órgão judicial, de poderes que o ordenamento decerto não lhe atribui sem a esperança de que sejam *de fato* utilizados!

3. Confiar ao juiz papel mais ativo na direção e na instrução do feito, ao contrário do que parecem recear alguns, não implica forçosamente instaurar no processo civil o domínio do "autoritarismo" ou do "paternalismo". Não se pretende ignorar nem minimizar a importância do que há de essencialmente dialético no processo contencioso, e menos ainda assimilar-lhe a imagem à da chamada "jurisdição voluntária"[19]. A ampliação dos poderes do órgão judicial não tem como contrapartida necessária o amesquinhamento do papel das partes, nem a eliminação, ou sequer a redução, das garantias a que fazem jus, e tampouco da responsabilidade que sobre elas pesa.

Costuma-se designar pelo nome (algo equívoco) de "princípio dispositivo" um conjunto de diretrizes que convergem para entregar a sorte

---

17 A expressão é de ALCALÁ-ZAMORA Y CASTILLO, Autoridad y libertad en el proceso civil, *in Estudios de teoría general e historia dei proceso,* México, 1974, t. II, p. 235.

18 Em primeira linha, ao que pensamos, a rigorosa observância do contraditório na atividade de instrução e o dever do juiz de motivar as decisões, inclusive com a obrigatória justificação do valor atribuído a cada uma das provas. A propósito desse dever, *vide* BARBOSA MOREIRA, A motivação das decisões judiciais como garantia inerente ao Estado de Direito, *in Temas de Direito Processual (Segunda Série),* São Paulo, 1980, p. 83 e s. (cf., nas p. 87 e 88, alusões específicas à função que ele exerce como instrumento de controle da imparcialidade do julgador).

19 Erro já denunciado, em importante momento histórico, pela pena de CALAMANDREI, Abolizione del processo civile?, in *Riv. di Dir. Proc. Civ.,* v. XV, 1938, parte I, p. 336 e s. (e agora in *Opere Giuridiche,* v. I, Nápoles, 1965, p. 386 e s.), em reação contra excessos de BAUMBACH.

do processo, em certos aspectos, à vontade dos litigantes – embora seja duvidoso, ao nosso ver, que todos os fenômenos comumente estudados sob aquela designação se liguem na realidade ao mesmo e único postulado filosófico, político ou técnico. Na versão hipertrofiada que dele tantas vezes se inculca, é fora de dúvida que o "princípio dispositivo" precisa submeter-se a compressões para conviver com um modelo processual "socialmente orientado". Nada se sacrifica, todavia, daquilo que constitui o necessário reflexo, no processo, da normal disponibilidade dos direitos subjetivos privados e da correlata autonomia dos respectivos titulares no resolver se eles devem ser ou não, em dado instante, exercitados, ou defendidos[20].

No direito brasileiro, em cuja evolução é manifesta – conquanto, ao nosso ver, tímida neste ou naquele ponto, e sobretudo insuficientemente refletida na prática – a tendência à "ativação" do juiz, muito continua a depender da iniciativa da parte; e, em boa medida, não há razão para que não continue a depender dela. Assim: com a isolada exceção do inventário, que pode iniciar-se por determinação *ex officio* do órgão judicial (art. 989), nenhum processo civil se instaura sem demanda do interessado (arts. 2º e 262, *principio);* é livre ao autor delimitar como queira o seu pedido, e ao juiz não se permite, em regra, julgar fora dos lindes deste, nem do fundamento invocado (arts. 128, 459, 1ª parte, 460); sendo disponível a relação jurídica material, fica aberta aos litigantes, a qualquer momento, a possibilidade da autocomposição da lide, mediante ato unilateral (renúncia, reconhecimento) ou bilateral (transação), de que o juiz se cinge a apreciar a validade, para dar-lhe chancela oficial, encerrando o feito (art. 269, nº II, III e V).

Conservam as partes, ademais, certo poder de influir na configuração do *iter* processual. Toca-lhes, por exemplo, sob determinadas

---

20 Para usar a conhecida terminologia alemã, as compressões atingirão a *Verhandlungsmaxime,* deixando incólume a *Dispositionsmaxime* (para a diferenciação, *vide, entre muitos outros,* BRÜGGEMANN, *Judex statutor und judex investigator,* Bielefeld, 1968, p. 100 e s.); ou, se se prefere outro modo de dizer, farão recuar a divisa da área franqueada à liberdade das partes no âmbito da "técnica do processo", sem tolher essa liberdade no que respeita à determinação do alcance da tutela jurisdicional, segundo a distinção posta em voga, na doutrina italiana, pelo famoso ensaio de CARNACINI, Tutela giurisdizionale e tecnica del processo, *in Studi in onore* di ENRICO REDENTI, Milão, 1951, v. 11, p. 695 e s. (cf. a elaboração, divergente em parte, de CAPPELLETTI, *La testimonianza della parte nel sistema dell'oralità,* Milão, 1962, v. I, p. 307 e s.).

restrições, prorrogar ou dilatar por acordo prazos dilatórios (art. 181); renunciar a prazos estabelecidos exclusivamente em seu favor (art. 186); suspender convencionalmente o processo, por tempo não superior a seis meses (art. 265, nº II e § 3º); fazer adiar, também por convenção, e uma só vez, a audiência de instrução e julgamento (art. 453, nº I); escolher, sempre mediante avença, o arbitramento como forma de liquidação da sentença (art. 606, nº I, *fine)* etc. Importante é a margem de disponibilidade reconhecida às partes no tocante à competência em razão do valor ou do território: não só lhes concede a lei, em princípio, a possibilidade de fixar foro convencional (art. 111), mas também abre ao réu a de dar causa - salvo quando excepcionalmente absoluta a incompetência (art. 95, 2ª parte, *fine)* - à prorrogação, para o que lhe basta deixar de oferecer no prazo legal a exceção cabível (arts. 112 e 114).

Em matéria de prova, enfim, deveria ser claro que nenhuma intensificação da atividade oficial, por mais "ousada" que se mostre, tornará dispensável, ou mesmo secundária, a iniciativa dos litigantes. De maneira alguma se trata de cerceá-la, como dão a impressão de temer alguns intransigentes críticos do processo "inquisitório" - outra denominação bastante equívoca. O papel do juiz e o das partes são aqui complementares; absurdo concebê-los como reciprocamente excludentes. E não custa reconhecer que, de fato, ao menos no comum dos casos, por óbvias razões, dos próprios litigantes é que se obterá, com toda a probabilidade, aporte mais substancioso.

Nesse ponto, como nos restantes, não há porque vincular a inspiração "social" no processo à extravagante ideia - que, a bem da verdade, ninguém propugna, embora alguns pareçam enxergar nela fantasma a reclamar exorcismo - de uma "entronização" do juiz como suserano imposto à vassalagem das partes. Essa é uma caricatura que não merece defesa, nem aliás a encontra, hoje, em qualquer setor respeitável da doutrina processual; por conseguinte, tampouco merece ataques, e surpreende que às vezes se perca tempo em desferi-los. O lema do processo "social" não é o da *contraposição* entre juiz e partes, e menos ainda o da *opressão* destas por aquele; apenas pode ser o da *colaboração* entre um e outras[21].

Abril de 1984.

---

21 A esse aspecto dá oportuno relevo WASSERMANN, *Der soziale Zivilprozess*, Neuwied-Darmstadt, 1978, p. 86 e s., 97 e s.

COMENTÁRIOS DOS ATUALIZADORES

A FUNÇÃO SOCIAL DO PROCESSO CIVIL MODERNO E O PAPEL DO JUIZ E DAS PARTES NA DIREÇÃO E NA INSTRUÇÃO DO PROCESSO

Paulo Cezar Pinheiro Carneiro / Paulo Cezar Pinheiro Carneiro Filho

A função social do processo civil sempre foi objeto de preocupação do Professor José Carlos, retratada em diversos aspectos nesse seu estudo, agora com as indicações correspondentes adotadas pelo Código de Processo Civil de 2015.

Barbosa Moreira faz menção ao artigo 333, parágrafo único, inciso II, do Código de Processo Civil de 1973, que estipula a nulidade da convenção sobre a distribuição do ônus da prova quando excessivamente onerosa a uma das partes. Neste caso, quebra-se o "equilíbrio entre os contendores".

O Código de Processo Civil de 2015 – artigo 373, parágrafo 3º –, não só manteve o texto como introduziu, em homenagem a isonomia da relação processual, no parágrafo 1º do mesmo artigo, o ônus dinâmico da prova, com a possibilidade de o juiz atribuir o ônus da prova de modo diverso do estabelecido pelo legislador.

Em um processo em que o juiz busca suprir a desigualdade entre o autor e o réu, Barbosa Moreira cita o artigo 398 do Código de Processo Civil de 1973, que determinava a oitiva da parte quando da juntada de documentos pelo "adversário".

Na linha sugerida pelo Mestre, não só o mencionado artigo se encontra contemplado no Código de Processo Civil de 2015 (artigo 436), como, também, passou a ser considerado uma das normas fundamentais da nova legislação (artigo 10), que reza: "O juiz não pode decidir, em grau algum de jurisdição, com base em fundamento a respeito do qual não se tenha dado às partes oportunidade de se manifestar, ainda que se trate de matéria sobre a qual deva decidir de ofício".

Barbosa Moreira advoga privilégios processuais à Fazenda Pública a fim de equilibrar a relação processual. O Mestre faz menção ao artigo 188 do Código de Processo Civil de 1973, que permite à Fazenda contestar utilizando o prazo quadruplo e recorrer podendo se valer do prazo em dobro. Em seguida, menciona o parágrafo único do artigo 488, que dispensa a Fazenda do depósito inicial para a ação rescisória.

Os mencionados artigos então defendidos por Barbosa Moreira foram mantidos pelo Código de Processo Civil de 2015, com pontuais modificações, como, por exemplo, em relação ao prazo para manifestações, que passou a ser em dobro tanto para a Fazenda Pública (artigo 183), como para o Ministério Público (artigo 180) e para a Defensoria Pública (artigo 186). No caso, o Código de Processo Civil de 2015 tratou do prazo da Defensoria Pública, que antes era regulamentado pela Lei Complementar nº 80/94 (artigo 44, I). Já sobre a dispensa de depósito inicial para a ação rescisória, também estão dispensados de efetuar o depósito a Fazenda Pública, o Ministério Público e a Defensoria Pública, dentre outros, conforme determina o artigo 968, II, § 1º.

Barbosa Moreira lembra que um dos maiores desníveis do processo ocorre no plano econômico, quando a parte mais forte pode se munir das melhores provas ou, eventualmente, "resistir com menor sacrífico aos inconvenientes da longa duração do processo", se beneficiando com a realização de um acordo desfavorável à parte contrária. O Mestre também critica a Lei nº 1.060/50, que cuida da concessão de assistência judiciária aos necessitados.

Na linha defendida por Barbosa Moreira, o legislador do Código de Processo Civil de 2015 inseriu os artigos 98 a 102, por meio dos quais modificou "a sistemática antiquada" da assistência judiciária.

A maior dificuldade "do litigante mais pobre" é munir-se de provas e carreá-las aos autos, segundo Barbosa Moreira. Por isso, o Mestre defende não só a atuação supletiva do Ministério Público, quando fiscal da lei, como advoga pela iniciativa instrutória do juiz, medidas que foram adotadas pelo Código de Processo Civil de 2015 nos artigos 179 e 370, respectivamente.

Passando ao segundo aspecto do trabalho, Barbosa Moreira lança novamente preocupação com a tutela jurisdicional dos interesses coletivos. Segundo o Mestre, apesar de haver a possibilidade de manejo da ação popular, então prevista pela Lei nº 4.717/65, com a legitimidade concorrente e disjuntiva de todos os cidadãos, haveria "problemática atinente à tutela jurisdicional dos interesses difusos e o da legitimação para agir".

Como sugestão para se resolver a "problemática", Barbosa Moreira sustenta outorgar legitimação ao Ministério Público e a pessoas jurídicas, como a associações instituídas para a defesa de interesses do "gênero".

Realmente, é impressionante perceber que toda a tese acima defendida por Barbosa Moreira foi abraçada pela Lei da Ação Civil

Pública – Lei nº 7.347/85 – que em seu artigo 5 reconheceu a legitimidade concorrente não só do Ministério Público como das associações que tenham como finalidade a defesa de direitos do gênero como também outorgou legitimidade para propor a ação civil pública em defesa dos direitos do meio ambiente, do consumidor, bens e direitos de valor artístico, estético, histórico e paisagístico e a qualquer outro interesse difuso, individual homogêneo ou coletivo à Defensoria Pública, à União, aos Estados, ao Distrito Federal e aos Municípios e a autarquias, empresas públicas, fundações ou sociedades de economia mista.

O Código de Defesa do Consumidor (Lei nº 8.078/90) também tratou do tema da mesma forma que fez a Lei da Ação Civil Pública em seu artigo 82, reconhecendo a legitimidade concorrente de vários sujeitos para a defesa dos interesses por ele tutelados.

Barbosa Moreira sublinha que as partes, de certo modo, podem "influir na configuração do *iter* processual". O Mestre faz menção ao artigo 181 do Código de Processo Civil de 1973, que permitia ao autor e ao réu dilatar prazos por meio de acordos processuais. Na linha sugerida pelo Mestre, o Código de Processo Civil de 2015 deu maior autonomia às partes, ao permitir, no artigo 190, o negócio jurídico processual.

Em matéria de prova, Barbosa Moreira sustenta a necessidade de um trabalho complementar entre as partes e o juiz, sendo um "absurdo concebê-los como reciprocamente excludentes". Nesse ponto, o Mestre, prevendo a nova metodologia de trabalho decorrente do dever de cooperação escrito no artigo 6º do Código de Processo Civil de 2015, sustenta que "o lema do processo social não é o da contraposição entre o juiz e as partes, e menos ainda o da opressão destas por aquele; apenas pode ser o da colaboração entre um e outras".

PROBLEMAS DE LA INMEDIACLÓN EN EL PROCESO CIVIL[1]

1. La primera gran reforma del proceso civil brasileño en tiempos modernos se cumplió en 1939, con la vigencia del Código que realizó la unidad nacional en una materia anteriormente dividida entre la competencia legislativa de la Unión Federal y la de los distintos Estados-miembros. Una de las inspiraciones fundamentales de la codificación nacional fué sin duda la oralidad. En aquel momento habían adquirido prestigio extraordinario entre los especialistas las ideas propugnadas en Italia, desde la infancia del siglo, por CHIOVENDA, y todos o casi todos manifestaban una confianza ilimitada, a veces quizás un poco ingenua, en las virtudes renovadoras de los principios predicados por el maestro peninsular: oralidad, concentración, inmediación, identidad física del juez. Este conjunto de lemas sería para muchos así como una fórmula milagrosa, capaz de agilitar el reumático mecanismo de nuestro viejo proceso civil, solucionando en definitiva - entre otros - el abrumador problema de la excesiva duración de los pleitos.

Desgraciadamente la práctica no confirmaría tan presuntuosas esperanzas. Durante la vigencia del Código de 1939 se han visto multiplicar las lamentaciones por la lentitud de los procesos. Es una curiosa paradoja el hecho de que, para perpetuar y, en cierta medida, para agravar el defecto, haya contribuido precisamente el culto idolátrico de la oralidad. El legislador había en efecto consagrado la necesidad genérica de una audiencia oral de instrucción y discusión de la causa, la cual debía conducir directamente, en principio, a la emisión de la sentencia. Así se procedía inclusive cuando no existía controversia sobre los hechos, o cuando la prueba documental era suficiente para dirimirla. A menudo sucedía que, en la audiencia, los abogados nada tenían que añadir a las razones ya presentadas por escrito y se limitaban a reportarias. Así se convertía aquélla en una formalidad vacía, sin otro alcance que él de constreñir las partes a una larga e inútil espera, ya que a raiz del cúmulo de trabajo no siempre era posible la designación de fecha próxima.

---

1 Texto de conferência pronunciada durante o XII Congresso Nacional Argentino de Direito Processual (Rosario, 27-5-1983), com o acréscimo das notas. Publicado na *Revista dei Colegio de Abogados de La Plata*, nº 44.

2. El mal no consistía, por supuesto, en la oralidad, sino en la aplicación desvirtuada del principio, la cual probablemente reflejaba una comprensión inexacta de su verdadero sentido. Como ha puesto de relieve la mejor doctrina, la oralidad en los actos procesales no es un fin en sí misma: es el medio de proporcionar a las partes y al órgano judicial la posibilidad de una colaboración más sencilla, más segura – y por ende más fructuosa – en la tarea de clarificar los hechos que han de integrar la motivación de la sentencia. Ahora bien: la importancia de ese medio sobresale en cuanto se trata de recoger de los litigantes mismos o de personas ajenas al litigio informaciones sobre puntos no aclarados por documentos, mientras palidece en lo concerniente a estos puntos, y, *a fortiori,* respecto a las cuestiones de derecho.

Hasta se puede tener la conveniencia de la oralidad – y la observación no es nueva – por un corolario de la conveniencia de la inmediación: en rigor se debería invertir la correlación que suele establecerse entre los dos principios. Con buenas razones deda SENTÍS MELENDO: "Soy inmediacionista antes o más que oralista"[2]. Se prefiere la oralidade ante todo porque, cuando dos o más personas se encuentran cara a cara, la forma de comunicación más natural entre ellas no es el cambio de escritos, sino el habla. Desde ese punto de vista, el primer plano hay que reservarlo a la inmediación. Eso fué lo que no pareció haber entendido bien el legislador brasileño de 1939.

EI Código de 1973 ha adoptado una posicion menos rígida. A excepción del procedimiento sumarísimo, la causa es fallada sin celebración de audiencia siempre que la controversia se refiera solamente a cuestiones de derecho, o las cuestiones de hecho puedan ser resolvidas sin necesidad de prueba pericial ni de deposiciones de partes o de testigos (art. 330, nº I). Normalmente tampoco se realiza audiencia en el caso de rebeldía (art. 330, nº II), ya que ésta, por regla general, acarrea ta admisión de la veracidad de los hechos afirmados por el actor (art. 319). Tales innovaciones no importan renuncia a la oralidad, sino limitación de su dominio al ámbito que le es verdaderamente esencial, es decir aquél donde ella se hace imprescindible para asegurar la inmediación.

Viene a propósito consignar que, en el derecho brasileño, las pruebas orales deben siempre producirse ante el juez. Nadie puede reempla-

2 50 anos de proceso civil argentino, Donde estamos?, in *La prueba – Los grandes temas del derecho probatorio,* Buenos Aires, 1958, p. 476.

zarlo, ni se le otorga la facultad de delegar su competencia. La exigencia de inmediación excluye esa posibilidad.

3. Pero no es nuestro intento discurrir sobre la significación y la importaneia, harto conocidas, de dicho principio. Aquí nos interesa más bien el exámen, aunque sumario, de los requisitos indispensables para su eficaz actuación y de las dificultades que suelen estorbarla.

La inmediación sirve a la comunicación; mas sólo bajo condiciones favorables le servirá bien. Sería deseable, en las personas que se encuentran en la audiencia, una sólida aptitud para expresar sus pensamientos y para comprender la expresión de los ajenos. El encuentro debería realizarse en un ambiente tranquilo y agradable, propicio al nacimiento y al desarrollo de una relación de confianza recíproca.

Por lo menos en Brasil, la realidad cotidiana no tiene mucho en común con esa imagen de fábula. El juez frecuentemente llega a la audiencia sin haber podido leer con atención el expediente; no sabe con precisión de qué se trata y que preguntas conviene formular al litigante o al testigo; no tiene, ni puede tener, criterio seguro para decidir sobre la pertinencia y la relevancia de las preguntas que por su intermedio solicita la parte que sean formuladas. Al juez le falta además, en general, la preparación psicológica que necesitaría para sacar de la oportunidad todo el provecho posible. La parte y el testigo, a su vez, no siempre saben expresarse bien o, aún cuando lo saben, se dejan perturbar por las formalidades judiciales, que les parecen extranas; los perturba asimismo la presencia de personas que no conocen, o que más les gustaría no tener que encarar... No sorprende que los resultados sean muchas veces inferiores a los esperados.

4. Todas ésas, sin embargo, son observaciones muy obvias y de índole demasiado genérica como para merecer que en ellas se insista. Antes quisiéramos concentrar nuestra atención en determinadas situaciones particulares, en las cuales aumenta de modo sensible la posibilidad de perturbaciones – o de " ruidos", según la terminología de la moderna teoría de la comunicación. Algunos de estos problemas – pero no todos – han sido previstos por el legislador y son objeto de disposiciones expresas.

Un ejemplo muy sencillo se depara en la hipótesis de diversidad de idiomas. La parte o el testigo puede ignorar la lengua del juez. Este, conforme a lo dispuesto en el art. 151, nº II, del Código brasileño, "nombrará intérprete, siempre que lo considere necesario, para traducir al portugués las declaraciones de las partes y de los testigos que no conozcan el idioma nacional". La cláusula "siempre que lo considere necesario" autoriza el entendimiento de que el órgano judicial puede prescindir del intérprete – o del "traductor", como prefiere decir el Código argentino (art. 115) –, lógicamente cuando suponga tener suficiente conocimiento del idioma extranjero usado por la parte o por el testigo. Siendo inadmisible que el juez y la persona interrogada se ciñan a dialogar en idioma extranjero, no necesariamente familiar a los otros interesados, e imponiendo el art. 156, por lo demás, el uso de la lengua portuguesa en todos los actos del proceso, debe concluirse que el juez, si decide no designar intérprete, queda obligado a formular dos veces cada pregunta, una en el idioma nacional y otra en el extranjero, así como a traducir las respuestas, de manera tal que todos puedan comprenderlas. El actúa simultaneamente como juez y como intérprete.

En cualquier caso es inevitable el perjuicio para la comunicación. Si se recurre a un intérprete, la inmediación estará, por definición, sacrificada; y aún la más fiel de todas las traducciones no logrará suministrar al juez la percepción clara del tono, del acento, de las inflexiones, de los innumerables matices que es preciso tener en cuenta para valorar bien una deposición. Por otra parte, será grande el riesgo de equivocaciones si el juez se aventura al diálogo en un idioma extranjero del cual no tenga perfecto conocimiento.

Consideraciones hasta cierto punto análogas pueden hacerse tocante a la deposición de un sordomudo, que se exprese eu lenguaje mímico – supuesto en que el art. 151, nº III, del Código brasileño igualmente ordena el nombramiento de un intérprete. Una alternativa practicable, si la parte o el testigo sabe leer y escribir, consistiría en la formulación por escrito de las preguntas y respuestas; tal solución la ha adoptado en nuestro país el Código de Procedimiento Penal (art. 192, nº III), que regula también la forma de interrogar una persona solamente sorda (preguntas escritas, respuestas orales: art. 192, nº I) o solamente muda (preguntas orales, respuestas escritas: art. 192, nº II). Esas disposiciones, claro está, son aplicables por analogía al proceso civil. No obstante, aqui también es superfluo subrayar el dano a la espontaneidad, y por consiguiente al valor de la deposición, sobre todo en el caso de respuestas escritas.

Otra circunstancia imaginable es la enfermidad del que debe prestar declaraciones. De ser imposible la deposición, *tollitur quaestio.* En caso contrario, si la parte o el testigo no puede comparecer al juzgado, el juez designa día, hora y local para la deposición (CPC, art. 336, párrafo único, y art. 410, nº III). Lo mismo ocurre en otros casos de imposibilidad de locomoción, por ejemplo en razón de edad avanzada o deficiencia física. También declaran en su residencia o lugar de trabajo algunas personas que ejercen funciones públicas de gran relieve, como el Presidente y el Vicepresidente de la República, los Senadores y Diputados, los miembros de los tribunales superiores, etc.; a tales autoridades compete la fijación de día, hora y local para que el juez las interrogue. Facilmente se conciben, en todas esas hipótesis, las variadísimas desventajas que amenazan la comunicación. Pero es interesante notar que el Código brasileño, a pesar de todo – y a diferencia de lo que dispone el nacional argentino (art. 455) y en Brasil disponían leyes antiguas, respecto a ciertas autoridades – en ningún caso permite que la deposición oral sea substituída por una declaración escrita; es decir, no renuncia aquí a la inmediación.

5. Hemos mencionado anteriormente la presencia de otras personas como factor susceptible de ejercer influencia nociva a la espontaneidad de la deposición. Este problema reviste algunas veces excepcional gravedad, sobre todo cuando se trata de litigios de familia. Si por ejemplo se interroga un menor bajo la mirada paterna o materna, normalmente no hay mucha esperanza de que él se disponga con gran facilidad a prestar declaraciones sinceras y exactas sobre hechos desagradables relacionados con el padre o la madre. Aquí, en rigor, la inmediación ya no existe sino en apariencia: la verdad es que entre el juez y el menor se interpone un velo sutil pero casi impermeable.

Puede el órgano judicial, en tales o análogas circunstancias, examinar a solas a la parte o al testigo, para asegurar la eficiencia de la comunicación? La cuestión es delicada. Dicha posibilidad no la excluye por lo común la regla de la publicidad de los actos procesales, que admite excepciones. El Código argentino, art. 125, 1º, ha adoptado una fórmula elástica que autoriza los jueces y tribunales, mediante resolución fundada, a ordenar que la audiencia no sea pública, "atendiendo a las circunstancias del caso". Es distinta, en esta materia, la técnica del Código brasileño: trás una cláusula genérica, que alude al "interés público" (art. 155, nº I), el texto indica específicamente ciertas causas que se substraen a la imposición de publicidad, como las relativas al matrimonio, a la filiación, al divorcio y otras (art. 155, nº II). Pera en esa lista no hay que ver más que una ejemplificación, de suerte que la publicidad puede ser excluída en otros supuestos, con fundamento en la analogía. Las previsiones expresas ya bastarían, por lo demás, para abarcar la mayoría de los casos que estamos analizando.

Más seria es la duda que cabe suscitar acerca de la compatibilidad entre la deposición sigilosa y la garantía de la contradicción. Una cosa, en efecto, es resguardar la diligencia de la curiosidad del público en general; otra es excluir la participación de los interesados directos. Los jueces brasileños no suelen dejarse intimidar por tal consideración. Viene a propósito recordar que los principios informativos del proceso no son absolutos, salvo en cu anta al núcleo categóricamente protegido por norma constitucional o legal. Incidiríamos en grave error metodológico si intentáramos construir por vía deductiva, a partir de cualquiera de ellos, un sistema procesal completo y cerrado, que se desplegase en rígido encadenamiento lógico hasta las últimas consecuencias. El principio de la contradicción expresa valores dignos de la más profunda reverencia: muchas veces sucede, sin embargo, en el derecho procesal – y en el derecho *tout court* –, que primero el legislador y luego el intérprete y aplicador de la ley deben enfrentar situaciones en las cuales a un valor se contrapone otro igualmente merecedor de tutela, y son inútiles los esfuerzos para conciliarlos de tal manera que ninguno de ellos sufra el mínimo detrimento. En tales casos se impone una opción, que se orientará por la regla del "mal menor".

La contradicción puede constituir, y generalmente constituye, instrumento muy valioso de investigación de la verdad. Empero, si bajo circunstancias especiales se invierten los términos de la ecuación, y aquello que concurría para la realización de los fines superiores de la Justicia se transmuta en obstáculo a su persecución, despreciar ese dato de la realidad seria a nuestro juicio una forma sofisticada de apriorismo.

Claro está que la eventual compresión de la garantía no debe ultrapasar los límites estrictos de la necesidad. Por ejemplo: si no es posible, bajo pena de inutilizarla, recibir la deposición en presencia de la parte, pera no tiene el mismo inconveniente la de su apoderado, éste será admitido a tomar parte en el acto; si dicha imposibilidad concierne sólo a una fracción de la audiencia, los litigantes tendrán libre acceso a todas las demás etapas; se dejará constancia en el acta de los elementos acaso obtenidos y se dará conocimiento de ellos a la parte excluída de la audiencia; y así en adelante.

6. Cuando busca asegurar el contacto personal entre el juez y quienes deban prestar declaraciones, la ley piensa ante todo en los beneficios que aquél podrá extraer de la observación directa para la valoración de las pruebas orales. Al hacerlo, supone lógicamente que la causa será fallada por el mismo juez que ha visto y oído a las partes y a los testigos; supone asimismo que mediará poco tiempo entre la producción de la prueba y la sentencia, de tal manera que el magistrado, en oportunidad de fallar, todavía conserve bien vivas sus impresiones. La segunda suposidón probablemente ya no reflejará con perfección la realidad, ni siquiera allí donde el exceso de trabajo no les impida a los órganos judiciales observar los plazos; la primera es aún más problemática.

Aparte la hipótesis, demasiado obvia, de fallecimiento, puede el juez, después de recibir la prueba oral, dejar el ejercicio de sus funciones, ser trasladado a otra circunscripción a designado en un cargo superior. En tales supuestos, la sentencia ya no será dictada por él, sino por el juez que le suceda. Queda asegurada a éste, según el dispuesto en la parte final del art. 132 del Código brasileño, la posibilidad de hacer repetir las deposiciones; sin embargo, en vista del carácter facultativo de la regla, con mucha frecuencia se acabará por sacrificar la inmediación. El sacrificio será inevitable, además, cuando la prueba oral deba producirse fuera de la circunscripción, no importa si en territorio nacional o extranjero.

En el mismo orden de ideas cabe mencionar el caso de los tribunales superiores, todos colegiados, que generalmente fallan en segundo grado, pero a veces también en grado único de jurisdicción. Tanto en los recursos que les devuelven el conocimiento de los hechos como en las causas de su competencia originaria, a estos tribunales pueden presentarse cuestiones cuya solución dependa de pruebas orales. Sucede que las leyes procesales, respecto a los recursos, no preveen en términos expresos una nueva oportunidad de producción de tales pruebas ante el superior; e incluso en las hipótesis de competencia originaria le permiten comisionar al inferior la recepción de declaraciones. Mas claro está que, si el tribunal se restringe a examinar las constancias del expediente, estarán totalmente perdidas las ventajas de la inmediación. Es cierto que ningún texto legal prohibe la producción de pruebas orales directamente ante los tribunales superiores. Pero no es menos cierto que eso ocurre con poca frecuencia en la práctica; y aún en esas raras ocasiones, las declaraciones no son prestadas en presencia de todos los jueces; sólo el ponente las recibe, de suerte que la inmediación no actúa en cuanto a los demás.

7. Todas esas circunstancias tornan muy grave el problema del registro de las declaraciones. Se comprende con facilidad que los inconvenientes de la falta de inmediación pueden atenuarse, en buena medida, si se logra reproducir con exactitud, en su contenido y en su forma, lo que ha dicho la parte o el testigo.

Lamentablemente la realidad es muy distinta. Ya en el siglo pasado advertía BENTHAM que la taquigrafía "debía ser considerada como una parte indispensable de los talentos de un escribiente judicial"; y al recordar esas palabras, en uno de sus admirables estudios, agregaba COUTURE: "Las tendencias más recientes hasta tratan de suprimir la versión taquigráfica, acudiendo a los medios mecánicos de registro, tales como la cinematografía, el gramófono, el dictáfono, etc". Y luego: "Es bien probable que el perfeccionamiento constante de estos medios de reproducción mecánica de la voz y de la figura humana, así como su realización cada vez más económica, contribuyan a que dentro de un plazo de pocos anos, la adopción se imponga por sus propios méritos"[3].

Me gustaría poder testificar que se ha cumplido el vaticinio del maestro; pero en Brasil la verdad es todo lo contrario. Pocos órganos judiciales hacen uso de la taquigrafía o de la estenografía; y las actas dactilografiadas por supuesto no suelen reproducir exactamente, ni mucho menos, las palabras de la parte o del testigo. Claro está que nada se conserva del tono, del acento, de las inflexiones, de las pausas más breves o más largas, de las pequenas hesitaciones, del súbito tartamudear, del sonroseo o de la palidez, es decir, de cuanto les da (o les quita) a las declaraciones un significado peculiar.

En plena era de la tecnología no puede, evidentemente, perpetuarse tal situación. Hay que incorporar a la rutina judicial el empleo de los instrumentos creados por el fenomenal progreso tecnológico de nuestro tiempo. Solam ente así se podrán resolver de modo satisfactorio algunos de los más serios problemas directa o indirectamente relacionados con la inmediación en el proceso. Son obvias, por ejemplo, las inmensas ventajas que puede proporcionar el registro sonoro de las deposiciones en cintas magnéticas. Y aún eso ya es demasiado poco. Debemos volver la mirada hacia un futuro en que el juez podrá interrogar personalmente, con el auxilio de la televisión, a la parte o al testigo que esté fuera del

3 El "cross examination" en la prueba de testigos, *in Estudios de Derecho Procesal Civil,* t. II, 2ª ed., Buenos Aires, 1978.

lugar del juicio, sin necesidad de oficio o exhorto; y el tribunal superior tendrá a su disposición el registro de *videocassette* de las deposiciones recebidas por el inferior.

Bajo las condiciones actuales, y teniendo en cuenta el importe de los costos, todo eso puede parecer un sueno. Pera quienes nos interesamos por el perfeccionamiento de los mecanismos de la justicia necesitamos sonar de vez en cuando. Y en determinadas situaciones es lo único que podemos hacer: soñar y esperar que en días menos sombríos los sueños se conviertan en realidad.

Abril de 1983.

COMENTÁRIOS DOS ATUALIZADORES

PROBLEMAS DE LA INMEDIACIÓN EN EL PROCESO CIVIL

Paulo Cezar Pinheiro Carneiro / Paulo Cezar Pinheiro Carneiro Filho

Barbosa Moreira lembra que o Código de Processo Civil de 1939, sob influência de Chiovenda, valorizou, como uma "fórmula milagrosa", os princípios da oralidade, da concentração, da imediação e da identidade física do juiz encartados na obrigatória audiência de instrução e julgamento. Poder-se-ia falar no "culto idolátrico de la oralidade", com a possibilidade de uma colaboração maior das partes, com um melhor resultado da prestação jurisdicional, encartada na motivação da sentença, segundo o Mestre.

O Código de Processo Civil de 1973 adotou uma posição menos rígida, como retratada pelo Mestre, seguido, com mais vigor, pelo Código de Processo Civil de 2015, que baniu o princípio da identidade física do juiz e incentivou a substituição dos debates orais em audiência pela apresentação de memoriais escritos (§ 2°, artigo 364).

Barbosa Moreira já sublinhava que a prática judiciária não era simpática ao princípio da identidade física do juiz. Cita, como exemplo, o que ocorre usualmente nos tribunais superiores, que mesmo diante de eventual ação de competência originária, os ministros delegam a colheita da prova a juízes de outras instâncias.

De igual modo, o Código de Processo Civil de 2015 suprimiu o procedimento sumaríssimo e adotou um procedimento ordinário único, relativizando o princípio da oralidade.

Ponto fundamental deste trabalho do Professor José Carlos, escrito no ano de 1983, trata da utilização de mecanismos para atenuar a falta da imediação. Sugere, para o futuro a possibilidade de o juiz ouvir partes e testemunhas com o auxílio da televisão, seja durante a audiência, seja à distância, de sorte a permitir que o tribunal ou mesmo outro juiz, em caso de substituição, tenha à sua disposição o registro de tais depoimentos. O Mestre finaliza esse trabalho considerando suas sugestões como um sonho, *verbis:* "Pera quienes nos interessamos por el perfeccionamiento de los mecanismos de la justicia necesitamos sonar de vez em cuando. Y em determinadas situaciones es lo único que podemos hacer: soñar y esperar que em días menos sombrios los sueños se conviertan em realidade".

O desenvolvimento da tecnologia com novos e inimagináveis mecanismos eletrônicos, à época, permitiu um gigantesco avanço na área do processo. O artigo 453, parágrafo 1°, do Código de Processo Civil de 2015, tornando realidade o sonho do Mestre, permite que a oitiva da testemunha seja feita por videoconferência ou outro recurso tecnológico de transmissão e recepção de sons e imagens em tempo real, o que poderá ocorrer, inclusive, durante a audiência de instrução e julgamento. E o parágrafo 2° do referido artigo lembra que os juízos deverão manter equipamentos para a transmissão e recepção de sons e imagens a que se refere o parágrafo 1°.

O artigo 461, parágrafo 2°, do Código de Processo Civil de 2015, permite que a acareação de testemunhas seja realizada por videoconferência ou outro meio de recurso tecnológico de transmissão de sons e imagens em tempo real.

Os julgamentos em ambiente eletrônico, por videoconferência ou virtual, estão retratados nas nossas observações ao trabalho 3 – Notas sobre o problema da efetividade do processo.

A GARANTIA DO CONTRADITÓRIO NA ATIVIDADE DE INSTRUÇÃO[1]

1. Ainda na falta de dados estatísticos, pode-se afirmar sem temor de erro que o destino da maioria das causas depende essencialmente da convicção do órgão judicial acerca dos fatos de que se originou o litígio. São raros, com efeito, os casos em que o julgamento da lide repousa de modo exclusivo na solução de puras questões de direito. Ressalta, assim, a importância da atividade de instrução como momento processual em regra decisivo para a sorte do pleito.

Tanto maior, conforme bem se compreende, a necessidade de assegurar às partes, nesse momento capital, o pleno gozo das garantias que o ordenamento lhes deve proporcionar, com o fito de permitir-lhes influir no desfecho do processo, tornando-lhes possível, ao mesmo tempo que uma atuação eficiente na defesa de seus interesses, também – e sobretudo – uma colaboração prestadia no trabalho de esclarecimento dos fatos e na formação do material probatório a cuja luz tratará o juiz de reconstruí-los. Avulta aqui, como postulado de boa administração da justiça, o respeito escrupuloso do chamado "princípio do contraditório"; *audiatur et altera pars.* Em linha de princípio, seria pouco dizer que nenhum litigante pode ver-se repelido em razão de prova a cujo conhecimento não tivesse possibilidade de acesso; cumpre acrescentar que ao órgão judicial, na motivação *in facto* da sentença, não é dado levar em conta senão elementos probatórios colhidos segundo procedimento em que as partes hajam tido oportunidade real (e não apenas nominal!) de participar.

2. Semelhante exigência, vale a pena frisar, reveste-se de significação em dupla perspectiva. De um lado, ela atende à precisão, por assim dizer universalmente reconhecida em nosso tempo, de preservar a dignidade da disputa processual, que deve situar-se em plano compatível com o respeito à personalidade dos litigantes, eliminando-se as surpresas desleais, o emprego insidioso de armas secretas, os golpes desfechados

1 Trabalho destinado ao volume de estudos em homenagem ao Professor PEDRO PINEDA LEÓN, da Universidade de Mérida (Venezuela). Publicado na *Revista de* Jurisprudência *do Tribunal de Justiça do Estado do Rio de Janeiro,* v. 48, e na *Revista de Processo,* v. 33.

no escuro. Tal a relevância da questão numa perspectiva "garantística", como é a que em geral se adota no tratamento da matéria.

Convém no entanto apontar, ainda que de passagem, para outra dimensão do problema, decerto não mais acanhada ao prisma do interesse público na efetividade da tutela jurisdicional. É missão do processo conduzir o litígio a uma solução que corresponda, com a maior fidelidade possível, à realização do direito material no caso concreto; por conseguinte, a atividade judicial cognitiva, consciente embora das suas inevitáveis limitações, deve *tender* à reconstituição verdadeira dos fatos, pressuposto da correta aplicação das normas jurídicas[2]. Ora, o conhecimento humano da realidade, unilateral e fragmentário por natureza, só pode tornar-se menos imperfeito na medida em que as coisas sejam contempladas por mais de um ângulo e se ponham em confronto as diversas imagens parciais assim colhidas.

Seria ingênuo desconhecer que, em regra, cada uma das partes tem maior interesse numa reconstrução *favorável* do que numa reconstrução *exata* dos acontecimentos de que nasceu o litígio, e que os seus esforços talvez visem menos a ajudar o órgão judicial na busca da verdade do que a desviá-lo dela, ou quando nada a atrair-lhe a atenção exclusivamente para *um lado* da verdade. O juiz perspicaz e atento normalmente conseguirá separar do joio os grãos de trigo e dar a estes utilização adequada, quando não possa ir além e extrair das próprias evasivas e tergiversações da parte, ou da resistência que ela acaso oponha ao trabalho de apuração dos fatos, elementos valiosos de convicção[3]. Mas é claro que a

---

2 *"Ein gerechtes Urteil kann nur auf der Wahzrheit beruhenº Ein vollständiges und der Wirklichkeit entsprechendes Bild des Sachverhalts ist Vorbedingung eines richtigen Spruchs"* (BERNHARDT, Die Aufklärung des Sachverhalts im Zivilprozess, *in Festgabe für* LEO ROSENBERG, Munique-Berlim, 1949, p. 11). Para a oportuna acentuação, na mais moderna literatura, da necessária *tendência* do processo (de conhecimento) a fazer coincidir, na medida do possível, o juízo histórico do órgão julgador com a realidade objetiva, *vide* por exemplo TARUFFO, *Il processo civile "adversary" nell'esperienza americana,* Pádua, 1979, p. 47 (e nota 115), e 52 (e nota 1).

3 Sobre a relevância do comportamento das partes como fator do convencimento judicial, *vide* GORLA, Comportamento processuale delle parti e convincimento del giudice, in *Riv. di Dir. Proc. Civ.,* v. XII (1935), parte 11, p. 24 e s.; CAPPELLETTI, *La testimonianza della parte nel sistema dell'oralità,* Milão, 1962, p. 91 e s. (com outras abundantes referências doutrinárias e jurisprudenciais em notas, às quais se acrescentará, na literatura mais recente, GRASSO, Dei poteri dei giudice, in *Commentario dei codice di procedura civile* dirigido por ALLORIO. Turim, 1973, Livro I, t. II, p. 1.318 e s., a propósito do art. 116, 2ª alínea do Código italiano, que expressamente permite

sua tarefa será tanto mais fácil quanto mais rigorosa a sujeição de alegações e provas ao crivo do contraditório.

3. A contraditoriedade da instrução vê-se elevada ao nível de garantia constitucional, no Brasil, unicamente no que diz respeito ao processo penal. Reza, com efeito, o art. 153, § 16, 1ª parte, da Constituição da República de 1967 (com a redação da Emenda Constitucional nº 1, de 1969), que "a instrução criminal será contraditória". Não cuidou o legislador constituinte de estender o princípio, em termos expressos, ao processo civil. A disciplina da matéria ficou relegada à lei ordinária, embora não falte quem faça decorrer a garantia do contraditório da própria garantia constitucional do direito de ação, insculpida no § 4º, 1ª parte, do mesmo art. 153, *verbis:* "A lei não poderá excluir da apreciação do Poder Judiciário qualquer lesão de direito individual"[4].

Seja como for, de modo geral bastante atenção dá ao assunto o atual Código de Processo Civil, em vigor desde 1º de janeiro de 1974. A posição da lei fica de início definida, em termos genéricos, pelo disposto no art. 125, nº I, que impõe ao juiz "assegurar às partes igualdade de tratamento". Nesse princípio, em doutrina, costuma subsumir-se o do contraditório[5], e não será fora de propósito cogitar, também por tal aspecto, de uma genealogia constitucional, na medida em que se queira filiar a igualdade das partes no processo ao princípio maior da isonomia (ou igualdade perante a lei), consagrado no art. 153, § 1º, da Constituição.

Aplicada ao problema de que estamos tratando, a norma acima transcrita permite desde logo estabelecer algumas proposições fundamentais, de alcance genérico. Sem prejuízo do reconhecimento do papel "ativo" que o juiz modernamente se vê chamado a desempenhar nesse campo, é pacífico que a iniciativa da instrução cabe, em primeira linha, às

ao juiz *"desumere argomenti di prova dalle risposte che le parti* gli *danno a norma dell'articolo seguente, dal loro rifiuto ingiustificato a consentire le ispezioni che egli ha ordinato e, in generale, dai contegno delle parti stesse nel processo").*

4 Assim JOSÉ FREDERICO MARQUES, *Manual de Direito Processual Civil,* v. I, 6ª ed., São Paulo, 1978, p. 371, o qual invoca também a regra do art. 153, § 36: "A especificação dos direitos e garantias expressos nesta Constituição não exclui outros direitos e garantias decorrentes do regime e dos princípios que ela adota".

5 Cf. JOSÉ FREDERICO MARQUES, ob. e v. cit., p. 370. Em sentido parcialmente crítico, na doutrina italiana, TROCKER, *Processo civile e Costituzione,* Milão, 1974, p. 385-6.

partes, pela simples e óbvia razão de que melhor conhecem os fatos e se acham em condições superiores às do órgão judicial para identificar as fontes de onde se poderão extrair dados úteis à respectiva reconstituição. A garantia do contraditório significa, antes de mais nada, que a ambas as partes se hão de conceder iguais oportunidades de *pleitear* a produção de provas: seria manifestamente inadmissível a estruturação do procedimento por forma tal que qualquer dos litigantes ficasse impossibilitado de submeter ao juiz a indicação dos meios de prova de que pretende valer-se. Significa, a seguir, que não deve haver disparidade de critérios no deferimento ou indeferimento dessas provas pelo órgão judicial. Também significa que as partes terão as mesmas possibilidades de participar dos atos probatórios e de pronunciar-se sobre os seus resultados.

Não é incompatível com a garantia do contraditório a iniciativa do próprio juiz – ou a do Ministério Público, nos processos em que atue como *custos legis* – na busca de elementos esclarecedores. Nos termos do art. 130 do Código de Processo Civil, compete ao órgão judicial, "de ofício ou a requerimento da parte, determinar as provas necessárias à instrução do processo". E o art. 83 reza que, "intervindo como fiscal da lei, o Ministério Público (...) poderá juntar documentos e certidões, produzir prova em audiência e requerer medidas ou diligências necessárias ao descobrimento da verdade" (inciso II). Todavia, as partes hão de ser cientificadas da realização de quaisquer atos instrutórios, e deles poderão igualmente participar. Peças insertas nos autos em consequência da iniciativa oficial terão de submeter-se à crítica dos litigantes[6].

Todas essas proposições devem ser praticamente atuadas de tal modo que a garantia opere não apenas *formal,* mas *substancialmente.* Quer isso dizer que se deve levar em conta as possibilidades que cada parte terá, *in concreto,* de exercer os direitos inerentes ao contraditório, e que ao juiz se impõe assegurar, na realização dos atos instrutórios, as condições mais favoráveis, em princípio, à participação eficaz dos litigantes. Se, porém, a despeito disso, as partes deixam de aproveitar as oportunidades a elas abertas, é claro que a sua omissão, por si só, não justificará qualquer alegação de haver sido postergada a garantia do contraditório.

---

6 No plano comparatístico, *vide* ao propósito TROCKER, ob, cit., p, 535-6, com interessantes dados sobre a jurisprudência da Corte Constitucional Federal alemã na nota 40.

4. Importa ver como o Código de Processo Civil procura assegurar a observância dos princípios expostos, em relação a cada um dos meios de prova especificamente regulados[7]. Comecemos pela prova documental, que continua a ser a mais importante na generalidade dos casos. Os documentos oferecidos pelas partes devem acompanhar, em regra, a petição inicial ou a defesa (art. 396), conforme os apresente o autor ou o réu, respectivamente. É óbvio que sobre os documentos anexos à inicial tem o réu oportunidade de manifestar-se ao oferecer a resposta; se, por sua vez, juntar a esta outros, a respeito deles há de abrir-se ao autor a possibilidade de falar. No procedimento ordinário, isso não suscita maiores dificuldades; quanto ao sumaríssimo, contudo, em que a defesa é apresentada pelo réu já na própria audiência de instrução e julgamento (art. 278, *caput),* põe-se a questão de saber se o autor terá de pronunciar-se *ato contínuo* sobre os documentos porventura oferecidos pelo réu, ou se o juiz deverá conceder-lhe prazo para esse fim, com a consequência - inoportuna mas inevitável - de suspender-se a audiência. Claro está que, se o autor se diz em condições de falar incontinenti sobre os documentos, *tollitur quaestio;* se, no entanto, afirma necessitar de tempo para o respectivo exame, e a alegação se afigura razoável, constrangê-lo a pronunciamento imediato seria reduzir-lhe a manifestação a simples formalidade inócua, e portanto ofender na substância a garantia do contraditório[8]. Há de reconhecer-se ao juiz, em todo caso, a margem de discrição indispensável para evitar abusos, que se traduzam em desnecessário detrimento da celeridade.

---

7 Deixaremos de lado a confissão, que não suscita problemas particulares ao ângulo em que se situa este trabalho. Quanto aos meios de prova sem regulamentação específica, autorizados pelo art. 332 ("Todos os meios legais, bem como os moralmente legítimos, ainda que não especificados neste Código. são hábeis para provar a verdade dos fatos, em que se funda a ação ou a defesa"), bastará, no presente contexto, o que ficou dito, em termos genéricos, nos itens anteriores.

8 Com razão, a nosso ver, ADROALDO FURTADO FABRÍCIO, *Doutrina e prática do procedimento sumaríssimo,* Porto Alegre, 1977, p. 62. Contra, WELLINGTON MOREIRA PIMENTEL, *Comentários ao Código de Processo Civil,* v. III. 2ª ed., São Paulo, 1979, p. 132-3, para quem só na audiência mesma, oralmente, é dado ao autor falar sobre os documentos trazidos pelo réu - assim como a este sobre os que o autor por acaso lhes contraponha; tal seria "a forma de conciliar a concentração da instrução exacerbada no procedimento sumaríssimo com o direito das partes de dizerem sobre os documentos oferecidos e de apresentarem novos". Pondere-se que, não poucas vezes, a suposta conciliação importaria, na prática, o puro e simples sacrifício do aludido direito.

Consoante o disposto no art. 397, "é lícito às partes, em qualquer tempo, juntar aos autos documentos novos, quando destinados a fazer prova dos fatos ocorridos depois dos articulados, ou para contrapô-los aos que foram produzidos nos autos". Outras regras esparsas, como as dos arts. 326 e 327, 1ª parte, autorizam a juntada de documentos em determinadas ocasiões. Sempre, porém, que uma das partes a requerer, o juiz ouvirá a tal respeito a outra, no prazo de cinco dias (art. 398). O órgão judicial não pode proferir decisão sem antes tomar essa providência; a infração da regra é causa de nulidade[9]. Caso o documento venha aos autos por iniciativa do próprio juiz, ou do Ministério Público em função de *custos legis,* ambas as partes devem ter oportunidade de falar sobre ele.

Se o órgão judicial, nos termos do art. 399, requisita a alguma repartição pública certidões ou autos de procedimento administrativo, também se ouvirão as partes acerca das certidões ou dos autos requisitados. Qualquer delas, em se tratando de procedimento administrativo, poderá indicar peças para extração de certidões ou reprodução fotográfica. Sobre as certidões ou reproduções feitas a requerimento de uma delas ouvir-se-á naturalmente a outra.

5. O documento, ou outra coisa, que se ache em poder de uma das partes (ou de terceiro) pode ter sua exibição ordenada pelo juiz (art. 355), de ofício[10] ou a requerimento do litigante adverso. Na segunda hipótese,

---

9 Na doutrina e na jurisprudência registra-se inclinação a excluir tal consequência quando a omissão não acarrete prejuízo para a parte que deixou de ser ouvida: assim PONTES DE MIRANDA, *Comentários ao Código de Processo Civil,* t. IV, 2ª ed., Rio de Janeiro, 1979. p. 546; ao que parece, também AMARAL SANTOS, *Comentários ao Código de Processo Civil,* v. IV, 2ª ed., Rio de Janeiro, 1977, p. 254; Tribunal de Justiça do Rio Grande do Sul, Apelação Cível n. 24.475, *22-7-1975, in* ATHOS GUSMÃO CARNEIRO, O *novo Código de Processo Civil nos Tribunais do Rio Grande do Sul e de Santa Catarina,* t. 11, Porto Alegre, 1976, p. 354-5, n. 0436.

10 De acordo, HUMBERTO THEODORO JÚNIOR, *Processo de conhecimento,* Rio de Janeiro, 1978, v. 11, p. 548; quanto à exibição de documento ou coisa em poder de uma parte, PESTANA DE AGUIAR, *Comentários ao Código de Processo Civil.* v. IV, 2ª ed., São Paulo. 1977, p. 167. Contra, AMARAL SANTOS, ob. e v. cit., p. 141, para quem "a exibição não pode ser ordenada de ofício", nem à parte, nem ao terceiro. Todavia, além da regra genérica do art. 130, antes recordada (item n. 3, *supra),* e do disposto no art. 341, n. II, que impõe ao terceiro o dever de "exibir coisa ou documento, que esteja em seu poder", sem restringi-lo aos casos de solicitação de parte, cumpre ter em vista a circunstância de que ao juiz é dado, em princípio, proceder

se o incidente corre entre as próprias partes, a estrutura contraditória é inerente ao procedimento. A lei formula, entre outras, a exigência de que o requerente individue, de modo tão completo quanto possível, o documento ou a coisa cuja exibição pleiteia (at. 356, nº I); ordena ao juiz que não admita a recusa do requerido se este houver aludido ao documento ou à coisa, "no processo, com o intuito de constituir prova" (art. 358, nº II), ou "se o documento, por seu conteúdo, for comum às partes" (art. 358, nº III). São preceitos que denotam a preocupação de evitar que um dos litigantes fique em posição de superioridade, com prejuízo para o outro. Igual razão sugere que o órgão judicial, mesmo no caso de determinação *ex officio,* abra oportunidade à parte contrária de falar sobre a resposta do requerido e, se este afirmou que não possui o documento ou a coisa, permita àquela provar, "por qualquer meio, que a declaração não corresponde à verdade", tal como é de rigor na hipótese de exibição requerida (art. 357, 2ª parte).

Quanto a documento ou coisa que se suponha estar em poder de terceiro, se este negar a obrigação de exibir, ou a posse do documento ou da coisa, "o juiz designará audiência especial, tomando-lhe o depoimento, bem como o das partes e, se necessário, de testemunhas" (art. 361). Essa disposição aplica-se, em nosso entendimento, assim ao caso de exibição requerida como ao de exibição determinada de ofício. Acrescenta o texto que o órgão judicial "em seguida proferirá a sentença"; mas não se deve inferir que fique excluído o cabimento do debate oral, na forma do art. 454, *caput,* para que os litigantes tenham oportunidade de manifestar-se sobre a questão.

Em qualquer hipótese, se a parte requerida ou o terceiro aquiescer na exibição do documento ou da coisa, ordenará o juiz, conforme o caso, a respectiva juntada aos autos, ou a realização de exame pericial, ou ainda procederá a inspeção pessoal. Evidentemente, se o objeto da exibição for junto aos autos, será de rigor a concessão de prazo às partes, a fim de que sobre ele se pronunciem. Idêntica a disciplina aplicável quando, descumprida pelo terceiro a ordem de exibição, mande o juiz apreender o documento ou a coisa (art. 362, *fine).*

à inspeção pessoal de coisa, *independentemente* de iniciativa da parte (art. 440), de modo que não seria lógico negar-lhe a possibilidade de determinar, também *ex officio*, a exibição.

6. A prova testemunhal é colhida, em regra, na audiência de instrução e julgamento (arts. 336 e 410), de cuja designação é imprescindível que hajam tido ciência as partes. O art. 411 abre exceções para: as testemunhas que depõem antecipadamente, nos casos em que o justifique algum dos motivos previstos no art. 847 (necessidade de ausentar-se; justo receio, em razão da idade ou de moléstia grave, de que já não existam, ou estejam impossibilitadas de depor, ao tempo da realização daquela audiência); as que são inquiridas mediante carta precatória, rogatória ou de ordem; as que, por doença, ou outro motivo relevante, estão impedidas de comparecera juízo, mas não de depor; e algumas pessoas que ocupam altos cargos administrativos ou políticos (Presidente e Vice-presidente da República, Ministros de Estado etc.). É claro, porém, que em nenhum desses casos se exclui a cientificação das partes, nem a sua possibilidade de participar do ato instrutório, seja qual for o lugar da inquirição.

No procedimento ordinário, incumbe à parte que pretenda fazer ouvir testemunhas, até cinco dias antes da audiência, depositar em cartório o respectivo rol, com indicação do nome, profissão e residência de cada testemunha (art. 407); no procedimento sumaríssimo, as testemunhas do autor devem ser arroladas com a própria petição inicial (art. 276), e as do réu até 48 horas antes da audiência (art. 278, § 2º). Entre outras razões, justifica-o a necessidade de que cada litigante possa saber que pessoas quer o adversário fazer ouvir como testemunhas, com antecedência que lhe permita investigar de quem se trata e, eventualmente, oferecer contradita, arguindo a incapacidade, o impedimento ou a suspeição de qualquer das arroladas (art. 414, § 1º, *principio).* O incidente da contradita, que pode resultar na dispensa da testemunha (art. 414, § *1º, fine),* é muito relevante, por isso mesmo, ao ângulo da formação da prova. Não há de furtar-se, por conseguinte, à garantia do contraditório: deve o juiz ouvir não apenas a testemunha contraditada e as que porventura sejam apresentadas para depor sobre a contradita (art. 414, § 1º, 2ª parte), mas também, apesar do silêncio da lei, o litigante que arrolou a testemunha.

Pode acontecer que a própria testemunha arrolada requeira ao juiz que a escuse de depor, alegando qualquer dos motivos previstos no art. 406 (perigo de grave dano para si, seu cônjuge ou parentes e afins, em linha reta, ou no segundo grau da colateral; dever de sigilo em razão de estado ou profissão). Aqui também, antes de decidir, o órgão judicial ouvirá obrigatoriamente as partes (art. 414, § 2º).

7. O depoimento pessoal da parte também é em regra prestado, a requerimento do adversário, na audiência de instrução e julgamento (art. 343, *caput),* de cuja designação, segundo já se disse, hão de ter tido ciência todos os litigantes. Aplica-se aqui a observação feita a propósito da prova testemunhal, quanto aos casos excepcionais em que se preste depoimento noutro lugar, por exemplo se o depoente, por enfermidade, estiver impossibilitado de comparecer a juízo (art. 335, parágrafo único): subsiste a obrigatoriedade da prévia cientificação e do livre acesso da parte contrária.

Nos termos do art. 342, "o juiz pode, de ofício, em qualquer estado do processo, determinar o comparecimento pessoal das partes, a fim de interrogá-las sobre os fatos da causa". Esse dispositivo, inspirado no art. 117 do *Codice di procedura civile* italiano[11], consagra a possibilidade - lamentavelmente pouco utilizada na prática do chamado "interrogatório livre" ou "informal" de um litigante, ou de ambos, fora da audiência de instrução e julgamento. Também nesta hipótese deve respeitar-se a garantia do contraditório; se uma só das partes vai ser interrogada, a outra há de ter ciência prévia da designação do dia e hora do interrogatório e poderá estar presente, sendo-lhe facultado, por meio de seu procurador, requerer ao juiz que formule pergunta" ao interrogado[12]. É claro que se, regularmente intimada, a outra parte não comparecer, não fica o juiz impedido de proceder ao interrogatório na sua ausência; mas deve abrir-lhe, em todo caso, a oportunidade de manifestar-se sobre o que se houver registrado no termo.

8. Ampla é a participação dos litigantes na prova pericial. O Código de Processo Civil de 1973 adotou, nominalmente, o sistema do perito único, nomeado pelo órgão judicial (art. 421, *caput);* ainda quando determinada *ex officio* a realização da perícia[13], contudo, têm as partes o direito

11 É controvertida, na Itália, a natureza do ato, a que um setor da doutrina recusa finalidade precipuamente instrutória: *vide,* a tal respeito, CAPPELLETTI, ob. cit., p. 79-80 (com extensas indicações bibliográficas na nota 5). No Código brasileiro afigura-se inequívoca a função de meio de prova atribuída ao interrogatório informal, conforme ressalta, desde logo, da colocação do art. 342, no Capítulo VI do Título VIII do Livro I.

12 *Aliter,* JOSÉ FREDERICO MARQUES, ob. cit., v. II, p. 195.

13 O que é sempre possível (cf. AMARAL SANTOS, ob. e v. cit., p. 338; CELSO AGRÍCOLA BARBI, *Comentários ao Código de Processo Civil,* v. I, t, II, Rio de Janeiro, 1977,

de nomear seus "assistentes técnicos" e de apresentar quesitos a serem respondidos por estes e pelo perito (art. 421, § 1º, nº I e II), bem como o de recusar o perito ou o assistente técnico do adversário, por impedimento ou suspeição (arts. 138, nº III, e 423). Posto que não o diga a lei *expressis verbis,* pode igualmente cada uma das partes impugnar quesitos impertinentes acaso formulados pela outra[14], cabendo ao juiz decidir (art. 426, nº I). Por isso mesmo, embora seja possível o oferecimento de quesitos suplementares durante a diligência, da respectiva juntada aos autos obrigatoriamente se dará ciência ao litigante adverso (art. 425).

Realizada a perícia e junto aos autos o laudo, é lícito à parte requerer ao órgão judicial a intimação do perito (ou de assistente técnico), a fim de prestar esclarecimentos na audiência de instrução e julgamento; para tanto, o requerente desde logo apresentará, sob a forma de quesitos, as perguntas que deseja se façam (art. 435, *caput).* Pressupõe-se, naturalmente, a possibilidade, para os litigantes, de conhecer o laudo com razoável antecedência; daí ter este de ser oferecido em cartório, pelo perito e pelos assistentes técnicos, ao menos dez dias antes da audiência (art. 433, *caput).* Pode também qualquer das partes requerer ao juiz (sem prejuízo da iniciativa deste) a determinação de segunda perícia, quando a matéria não haja ficado suficientemente esclarecida pela primeira (art. 437). Na segunda perícia, ainda que ordenada de ofício, observar-se-á a mesma disciplina da primeira (art. 439, *caput),* assegurado pois, em termos idênticos, o contraditório.

9. Regula o Código expressamente, como meio de prova, a inspeção judicial de pessoas ou coisas, aliás já admitida na prática judiciária, mesmo antes de suo vigência, não obstante o silêncio da lei precedente. A inspeção pode realizar-se de ofício ou a requerimento de parte (art. 440); em qualquer hipótese, porém, cabe sempre aos litigantes o direito de assistir a ela, "prestando esclarecimentos e fazendo observações que re-

p. 532; CALMON DE PASSOS, *Comentários ao Código de Processo Civil,* v. III, 3ª ed., Rio de Janeiro, 1979, p. 606). conquanto não explícito o texto legal, se abstrairmos da regra genérica do art. 130. Recorde-se. em todo caso, a alteração introduzida, ainda antes da entrada em vigor do Código, na redação do art. 331, nº I, pela Lei nº 5.925, de 1º-10-1973, que substituiu a expressão *"deferirá* a realização de exame pericial" por *"decidirá sobre* a realização de exame pericial".

14 AMARAL SANTOS, ob. e v. cit., p. 355; PESTANA DE AGUIAR, ob. e v. cit., p. 370.

putem de interesse para a causa" (art. 442, parágrafo único). Também aqui, portanto, é indispensável a prévia cientificação dos litigantes, embora a eventual ausência de um, ou até de todos, desde que regularmente intimados, não obste à diligência, nem a torne imprestável. Do mesmo modo que o juiz pode fazer-se assistir por um ou mais peritos (art. 441), é lícito às partes, se bem que não o diga o texto, trazer em sua companhia técnicos[15], caso o justifique a natureza do objeto da inspeção, ou a especial finalidade desta.

Segundo o art. 443, *caput,* "concluída a diligência, o juiz mandará lavrar auto circunstanciado, mencionando nele tudo quanto for útil ao julgamento da causa". Acrescenta o parágrafo único que "o auto poderá ser instruído com desenho, gráfico ou fotografia", devendo entender-se que a enumeração é meramente exemplificativa. A elaboração e a juntada de quaisquer peças esclarecedoras podem resultar da iniciativa do órgão judicial ou de solicitação de algum dos litigantes[16]. O auto será assinado pelo juiz e pelas outras pessoas que hajam intervindo na diligência (art. 169, 1ª parte, *fine)* e, naturalmente, junto aos autos do processo, com os anexos que houver. As partes devem ter oportunidade de falar a respeito.

10. Concluída esta rápida resenha das principais questões específicas, parece oportuno, antes de encerrar a nossa exposição, voltar ao plano genérico, para examinar sucintamente uma indagação que não se pode deixar de pôr. Trata-se de saber se cabe cogitar de limitações ou derrogações da garantia do contraditório, em circunstâncias nas quais ela entre em choque com outros interesses e necessidades também dignos de consideração.

O mais importante problema surge a propósito da colheita de certas provas, em que sentimentos e emoções pessoais assumem natural relevância, máxime quando se cuida de assuntos delicados, como os concernentes a relações de família. Nem sempre se mostra fácil, aí, fazer vir à tona a verdade no ambiente comum das audiências judiciais. Bem se compreende, por exemplo, que em determinadas hipóteses o interroga-

---

15 PESTANA DE AGUIAR, ob. e v. cit., p. 432; HUMBERTO THEODORO JÚNIOR. ob. e v. cit., p. 613. Para AMARAL SANTOS, ob. e v. cit., p. 390, são mesmo aplicáveis as disposições sobre nomeação de assistentes técnicos, relativas à prova pericial.

16 PESTANA DE AGUIAR, ob. e v. cit., p. 433; HUMBERTO THEODORO JÚNIOR, ob. e v. cit., p. 614.

tório da parte, ou de terceiros, a sós com o juiz seja mais capaz de produzir resultados compensadores, a esse ângulo, do que na presença da parte contrária, que não raro tem o efeito de inibir o depoente, ou de prejudicar-lhe, de um modo ou de outro, a espontaneidade de expressão. Fenômeno análogo é concebível na inspeção judicial de pessoa. São situações em que o órgão judicial se vê no dilema de sacrificar, ao menos em certa medida, a garantia do contraditório, ou renunciar à utilização plenamente profícua de uma fonte de informação valiosa e talvez insubstituível.

A nosso ver, a questão não deve ser posta em termos de uma distinção *ratione materiae,* que separasse da massa dos processos os atinentes a relações jurídicas indisponíveis, ou de relevante interesse público – para empregarmos fórmulas habituais –, admitindo nesses uma atenuação das exigências do contraditório, correlata ao suposto aumento dos poderes instrutórios do juiz. Antes de mais nada, o ordenamento brasileiro, ao contrário de outros[17], não estabelece diferenças, dentro do âmbito da "jurisdição contenciosa"[18], na extensão de tais poderes, deste para aquele processo, em função da matéria discutida[19]. Falta base, no texto do Código, à suposição de que varie para o órgão judicial a amplitude da iniciativa probatória, conforme se trate, *v.g.,* de feito em que apenas se defrontem interesses disponíveis, ou de ação de nulidade de

---

17 Na República Federal da Alemanha, por exemplo, certos processos – *v.g.* em matéria matrimonial *(vide* o § 616 da *ZPO.* na redação dada pela 1ª Lei de Reforma do Direito do Casamento e da Família, de 1976) –, veem-se expressamente submetidos, em virtude de normas específicas, a um regime de instrução governado pelo "princípio inquisitório" *(Untersuchungsgrundsatz),* diversamente do que se dá nos restantes, dominados pelo *Verhandlungsgrundsatz* ou *Verhandlungsmaxime,* a cuja luz incumbe às partes a iniciativa da atividade probatória. Na doutrina. *vide* por todos ROSENBERG-SCHWAB, *Zivilprozessrecht,* 12ª ed., Munique, 1977, p. 405 e s. (espec. 410-1).

18 Escapa às nossas cogitações do momento o exame da chamada jurisdição voluntária, em relação à qual não é possível versar o tema escolhido sem uma cuidadosa *mise au point,* que desequilibraria o esquema do presente trabalho. Controverte-se, na doutrina alemã, se em procedimento de jurisdição voluntária *(freiwillige Gerichtsbarkeit)* as provas têm obrigatoriamente de ser colhidas na presença dos participantes; predomina a resposta negativa: consulte-se por todos BAUER, *Freiwillige Gerichtsbarkeit,* Tübingen, 1955, p. 166; 195; em sentido contrário, LENT-HABSCHEID, *Freiwillige Gerichtsbarkeit,* 4ª ed., Munique-Berlim, 1962, p. 111-2 *(vide,* porém, a nota nº 20, *infra).*

19 *Aliter,* AMARAL SANTOS, *Primeiras linhas de Direito Processual Civil,* 2º v., 3ª ed., São Paulo, 1977, p. 64.

casamento: a regra geral aplicável é sempre a do art. 130, acima transcrito (nº 3), seja qual for a *res in iudicium deducta.* Não autorizam conclusão oposta normas como a do art. 351 ("Não vale como confissão a admissão, em juízo, de fatos relativos a direitos indisponíveis"), que diz respeito unicamente à *valoração* da prova; ou como as dos arts. 347, parágrafo único, e 405, § 2º, nº I, *fine,* que visam sem dúvida, com referência a algumas causas (notadamente em matéria de estado), a remover obstáculos à apuração da verdade - subtraindo à parte o direito de invocar as escusas que normalmente a dispensam de depor, ou afastando o impedimento de determinadas pessoas para testemunhar -, mas de modo nenhum cogitam de diferenciação *quanto à iniciativa,* particular ou oficial.

Em segundo lugar, consoante já se assinalou, não há correlação necessária entre respeito do contraditório e inatividade do juiz em matéria de instrução. Reconhecer ao órgão judicial a possibilidade de colher provas *ex officio* de modo algum importa excluir a intervenção das partes no procedimento probatório. As duas questões são autônomas[20]. Ainda, pois, que houvesse de ser maior, em tal ou qual matéria, a largueza de iniciativa concedida ao juiz, isso a rigor não modificaria os dados do problema.

Acrescente-se, enfim, que a dificuldade de conciliar a eficiência de certas medidas de instrução com a escrupulosa observância da contraditoriedade, embora nelas possa ocorrer com mais frequência, não é *exclusiva* das causas referentes a direitos indisponíveis. A emergência pode configurar-se no curso de um processo onde se discuta matéria patrimonial privada, inscrita no círculo em que atua o poder de disposição das partes.

11. À prática judiciária brasileira não é estranha a ouvida de pessoas pelo juiz "em segredo de justiça", como se costuma dizer, sobretudo em matéria de direito de família. Em relação a menores, pode-se até afirmar

---

20 Com razão DENTI, Questioni rilevabili d'ufficio e contraddittorio, in *Riv. di Dir. Proc.,* v. XXIII (1968), p. 221-2: "(...) *iniziativa dei giudice e regala dei contraddittorio non sono tra di loro in necessaria antitesi, poichè ove pure i materiali per la decisione possano essere acquisiti nello esercizio* di *autonomi poteri giudiziali (e quindi anche: nei processi c. d. inquisitori), la loro acquisizione non si sottrae alia regala dei contraddittorio".* Cf. TROCKER, ob. cit., p. 388 e s.; em todo caso, para esse autor, os perigos de violação do contraditório seriam maiores num processo de caráter inquisitório, *"a causa delle deviazioni autoritarie cui questo si presta"* (p. 391) - observação que convida a uma análise impraticável em simples nota.

que o fato não é raro. E intuitivamente se percebe que, as mais das vezes, o menor cuja guarda é disputada pelos pais, ou cujos interesses se acham em eventual conflito com os destes, não "se abriria" com tanta facilidade na presença deles, ou mesmo na de seus advogados: basta pensar na hipótese de ação tendente à decretação da perda do pátrio poder, com fundamento em haver o pai praticado "atos contrários à moral e aos bons costumes" (Código Civil, art. 395, nº III)[21]. Desconhecemos decisões de tribunais superiores que tenham negado legitimidade à referida praxe, ou recusado valor probante às impressões assim colhidas pelo órgão judicial no contato com o depoente. Quanto à doutrina, praticamente não se tem ocupado da questão[22].

O que cabe assinalar – e a observação tem o sabor do óbvio – é que os princípios informativos do processo não são, como tais, absolutos. Incidiria em grave erro metodológico quem pretendesse construir por via dedutiva, a partir de qualquer deles, um sistema processual completo e fechado, que se desdobrasse em rígido encadeamento lógico até as últimas consequências. O princípio do contraditório expressa valores dignos da maior reverência; mas não é pouco frequente, no direito processual – e no direito *tout court* –, que primeiro o legislador, e depois o intérprete e o aplicador da lei se defrontem com situações em que a um valor se contrapõe outro também merecedor de tutela, e se vejam na impossibilidade de conciliá-los de tal modo que nenhum deles sofra o mínimo detrimento. Impõe-se, nesses casos, uma opção, que há de ser guiada pela regra do "mal menor".

Acentuamos oportunamente que o contraditório pode constituir, e em geral constitui, precioso instrumento de melhor acesso à verda-

21 Exemplo análogo em LENT-HABSCHEID, ob. cit., p. 112, a justificar a admissão de *exceções* à regra da presença obrigatória dos participantes aos atos de instrução. Ressalve-se que, no direito alemão ocidental, o caso seria de «jurisdição voluntária».

22 Veja-se, em todo caso, PONTES DE MIRANDA, ob. e t. cits., p. 665, onde, a propósito da inspeção judicial, se alude à possibilidade de surgirem "circunstâncias que imponham ou sugiram não estar presente alguma parte, ou não estarem presentes algumas partes, ou todas", alvitrando-se, como solução, que ao ato assistam somente os advogados das pessoas excluídas. Pouco abaixo escrevia o comen*ta*dor: "Se o juiz, *sem qualquer razão,* impediu a *assistência* pela parte, ou a sua atuação, tal prova não pode ser acolhida contra ela"; a cláusula por nós grifada permite concluir, *a contrario sensu,* que a prova será eficaz quando exista razão para o impedimento. Na literatura italiana, em sentido radicalmente contrário à admissibilidade da colheita de qualquer prova na ausência das partes, ou de uma delas, TROCKER, ob. cit., p. 552 e s.

de dos fatos. Se, todavia, em circunstâncias particulares, se invertem os termos da equação, e aquilo que concorria para a realização dos fins superiores da Justiça passa a representar, além de toda medida razoável, obstáculo à respectiva persecução, desprezar esse dado da experiência seria, ao nosso ver, uma forma requintada de apriorismo.

É claro que o eventual sacrifício da garantia não deve ultrapassar os estritos limites da necessidade. Aqui como alhures, cumpre guardar a justa proporção entre os meios e o fim. Assim, por exemplo, se não for possível, sob pena de inutilizá-la, colher a prova na presença das partes, não tendo o mesmo inconveniente a dos respectivos advogados, serão estes admitidos a participar do 'ato; se apenas quanto a uma fração da diligência probatória se configurar a impossibilidade, a todas as outras etapas terão acesso os litigantes; o juiz fará registrar nos autos e dará a conhecer às partes que não puderem assistir à colheita da prova os elementos porventura obtidos; e assim por diante. A observância cuidadosa do "princípio da proporcionalidade" pode evitar a consequência, altamente indesejável, de uma compressão excessiva da garantia que, além do mais – e não obstante a inexistência, oportunamente assinalada, de texto explícito (*supra*, nº 3) –, suscitaria talvez problemas delicados ao próprio ângulo constitucional.

Agosto de 1980.

COMENTÁRIOS DOS ATUALIZADORES

A GARANTIA DO CONTRADITÓRIO NA ATIVIDADE DE INSTRUÇÃO

Paulo Cezar Pinheiro Carneiro / Paulo Cezar Pinheiro Carneiro Filho

Logo no segundo parágrafo de seu artigo, o Mestre, ao apontar a importância do princípio do contraditório para a relação jurídica processual, utiliza expressões como "colaboração", "esclarecimento de fatos" e "oportunidade real" tão em voga nos anos de hoje, quando passamos a falar de contraditório participativo e dever de colaboração, previstos nos artigos 10 e 6 do Código de Processo Civil de 2015, respectivamente.

Quando o juiz passa a utilizar uma metodologia de trabalho encartada na cooperação, ele busca o esclarecimento de fatos junto às partes, cuja atividade permitirá a oportunidade real de influir na formação do seu convencimento.

Barbosa Moreira aponta que o princípio do contraditório é uma garantia constitucional no Brasil apenas no processo penal. O artigo 153, parágrafo 16, 1ª parte, da Constituição da República de 1967, com a redação da Emenda Constitucional nº 1, de 1969, diz que "a instrução criminal será contraditória".

Já para o Processo Civil, segundo o Mestre, o direito ao contraditório emerge não só da garantia constitucional do direito de ação então abraçada pelo parágrafo 4º, 1ª parte, do artigo 153 da Constituição de 1967, como também do "princípio maior da isonomia", com assento no artigo 125, I, do Código de Processo Civil de 1973 e no parágrafo 1º do artigo 153 da Constituição de 1967.

Hoje, o princípio da isonomia está contido no *caput* do artigo 5 da Constituição Federal de 1988, como garantia fundamental, verdadeira cláusula pétrea. Já o artigo 139, I, do Código de Processo Civil de 2015 normatizou o princípio da isonomia como constava do artigo 125, I, do Código de Processo Civil de 1973.

Barbosa Moreira tratava com obviedade o que hoje parece ser o que temos de mais atual quando se fala em princípio do contraditório: "A garantia do contraditório significa, antes de mais nada, que a ambas as partes se hão de conceder iguais oportunidades de pleitear a produção da prova".

A fim de garantir a dignidade da disputa, com igualdade de armas tanto para o autor como para o réu, Barbosa Moreira advoga, com base nos artigos 130 e 83 do Código de Processo Civil de 1973, a possibilidade de produção de prova de ofício pelo juiz ou pelo Ministério Público como fiscal da lei.

Barbosa Moreira passa a examinar a aplicação do princípio em cada meio de prova. O trabalho do Mestre foi exaustivo. É importante observar que a então metodologia do legislador de 1973 foi observada pelo Código de Processo Civil de 2015. Todos os artigos citados no trabalho foram mantidos pelo Código, ora integralmente, ora com singelas modificações na redação, ora unificados. Em suma, a metodologia foi integralmente mantida pelo legislador.

A propósito, seguem os artigos citados por Barbosa Moreira com a respectiva correspondência no Código de 2015, relativo às seguintes matérias:

a) a aplicação do princípio do contraditório na prova documental: (i) o artigo 396 – artigo 434 CPC de 2015; (ii) o artigo 397 – 435 CPC de 2015; (iii) os artigos 326 e 327 – 350 e 351 CPC de 2015; (iv) o artigo 398 – 436 CPC de 2015; (v) o artigo 399 – 438 do CPC de 2015; (vi) o artigo 355 – 396 CPC de 2015; (vii) o artigo 356 – 397 do CPC de 2015; (viii) o artigo 358 – 399 do CPC de 2015; (ix) o artigo 357 - 398 do CPC de 2015; (x) o artigo 361 – 402 do CPC de 2015; (xi) o artigo 454 – 364 do CPC de 2015; (xii) o artigo 362 – 403 do CPC de 2015.

b) a prova testemunhal e a aplicação do contraditório: (i) o artigo 336 – 449 do CPC de 2015; (ii) o artigo 410 – 453 do CPC de 2015; (iii) o artigo 411 – 454 do CPC de 2015; (iv) o artigo 847 – 381 do CPC de 2015; (v) o artigo 407 – 450 do CPC de 2015; (vi) o artigo 414 – 457 do CPC de 2015; (vii) o artigo 406 – 448 do CPC de 2015; (viii) o artigo 343 – 385 do CPC de 2015; (ix) o artigo 342 – 385 do CPC de 2015.

c)a participação dos litigantes na prova pericial: (i) o artigo 421 – 465 do CPC de 2015; (ii) o artigo 138 – 148 do CPC de 2015; (iii) o artigo 426 – 470 do CPC de 2015; (iv) o artigo 425 – 469 do CPC de 2015; (v) o artigo 435 – 469 do CPC de 2015; (vi) o artigo 433 – 477 do CPC de 2015; (vii) o artigo 437 – 480 do CPC de 2015; (viii) o artigo 439 – 480 do CPC de 2015.

d) a inspeção judicial e a aplicação do princípio do contraditório: (i) o artigo 440 – 481 do CPC de 2015; (ii) o artigo 442 – 483 do CPC de 2015; (iii) o artigo 441 – 482 do CPC de 2015; (iv) o artigo 443- 484 do CPC de 2015; (v) o artigo 169 – 209 do CPC de 2015.

Depois de examinar a aplicação do contraditório nos meios de prova tipificados pelo Código de Processo Civil de 1973, Barbosa Moreira passa ao exame do choque do contraditório "com outros interesses e necessidades também dignos de consideração".

Como já examinado na resenha anterior, o Mestre cita o depoimento do menor na presença dos pais e passa a advogar pela relativização do contraditório, buscando "remover obstáculos à apuração da verdade". Para o Mestre, em ações em que se discute a perda do pátrio poder por exemplo, seria melhor sacrificar o contraditório apenas em uma parte da audiência e, assim, se poderia obter o depoimento do menor, eventualmente, sem a interferência dos pais.

Advogando pela produção da prova de ofício, mesmo diante de interesses disponíveis, Barbosa Moreira aponta que a instrução probatória de ofício de modo algum exclui a intervenção das partes no procedimento probatório até porque "as duas questões são autônomas".

Por fim, na linha das observações feitas por Barbosa Moreira, cabe destacar que o princípio do contraditório passou a ser cláusula pétrea, garantia fundamental do processo penal e civil, conforme artigo 5, inciso LV, da Constituição de 1988: "aos litigantes, em processo judicial ou administrativo, e aos acusados em geral são assegurados o contraditório e a ampla defesa, com os meios e recursos a ela inerentes".

O Código de Processo Civil de 2015, em seu artigo 10, é expresso no sentido de que "o juiz não pode decidir, em qualquer grau de jurisdição, com base em fundamento a respeito do qual não teria dado às partes oportunidade de se manifestar, ainda que se trate de matéria sobre a qual deva decidir de ofício". Já o artigo 9º do Código contém dispositivo similar: "Não se proferirá decisão contra uma das partes sem que ela seja previamente ouvida".

O Superior Tribunal de Justiça já analisou a questão algumas vezes, e, por ocasião de julgamento do REsp 1.755.266, o Ministro Luis Felipe Salomão, ao proferir seu voto, assinalou que a intenção do Código de Processo Civil de 2015 foi "permitir que as partes, para além da ciência do processo, tenham a possibilidade de participar efetivamente dele, com real influência no resultado da causa".

Ainda sobre o tema, levando em consideração a sua aplicabilidade antes da vigência do Código de Processo Civil de 2015, no julgamento do REsp 1.725.225, o Ministro Paulo de Tarso Sanseverino votou pela possibilidade de sua aplicação em processos regidos pelo Código de Processo Civil de 1973, pois embora o princípio da não surpresa tenha aparecido expressamente no ordenamento jurídico brasileiro com o Código de Processo Civil de 2015, há quem sustente a possibilidade de sua aplicação em processos regidos pelo Código de Processo Civil de 1973.

BREVES REFLEXIONES SOBRE LA INICIATIVA OFICIAL EN MATERIA DE PRUEBA[1]

1. En muchas legislaciones procesales civiles de nuestro tiempo es nítida la tendencia a acentuar la posibilidad de iniciativas probatórias oficiales. Dispone el art. 36, 2º, del Código nacional argentino de 1967, reproducido en la reciente reforma de la Ley 22.434, de 1981, que, "aún sin requerimiento de parte, los jueces y tribunales podrán ordenar las diligencias necesarias para esclarecer la verdad de los hechos controvertidos, respetando el derecho de defensa de las partes". Según el art. 179, *initio,* del Código de Procedimiento Civil colombiano, de 1970, "las pruebas pueden ser decretadas a petición de parte, o de oficio cuando el magistrado o juez las considere útiles para la verificación de los hechos relacionados con las alegaciones de las partes"; y el art. 37, nº 4, induye entre los deberes del juez "emplear los poderes que este código le concede en materia de pruebas, siempre que lo considere conveniente para verificar los hechos alegados por las partes". *"Caberá ao juiz, de ofício ou a requerimento das partes"* - dice el art. 130 del Código brasileño de 1973 - *"determinar as provas necessárias à instrução do processo, indeferindo as diligências inúteis ou meramente protelatórias".* En Francia, reza el art. 10 del nuevo *Code de procédure civile,* de 1975: *"Le juge a le pouvoir d'ordonner d'office toutes les mesures d'instruction légalement admissibles".* Son ejemplos que se podrían multiplicar[2] y que señalan el rumbo de una importante evolución legislativa.

El cambio de actitud del legislador en esa materia refleja el floreci-

---

1 Trabalho destinado à coletânea de estudos em homenagem a JAIME GUASP.

2 Nos limitamos aqui a los ordenamientos de la família romano-germánica. Sería ocioso, por motivos obvios, citar las legislaciones de los países socialistas. Pera la propensión para atribuir al juez un papel más activo, inclusive en materia de prueba, ya es sensible hasta en el universo del *common law:* véanse DENTI. Diritto comparato e scienza del processo, in *Un progetto per la giustizia civile,* Bologna, 1982, p. 36; TARUFFO, *Il processo civile "adversary" nell'esperienza americana",* Padova, 1979, p. 21 y s. En Inglaterra se han otorgado, en los últimos años, poderes más o menos amplias de investigación *ex officio* a determinados órganos judiciales: *v.g.,* las *Small Claims Courts* instituidas en 1972 (DEVLIN, *The Judge,* Oxford, 1981, p. 66), el *Employment Appeal Tribunal* (WALKER & WALKER, *The English Legal System,* 5ª ed., London, 1980, p. 195).

miento de una concepción más exacta de la función del órgano judicial en el proceso. Al juez le corresponde esencialmente juzgar, y toda la actividad procesal está ordenada a proporcionarle los medios necesario" para juzgar bien. Pera juzgar quiere decir aplicar las normas jurídicas pertinentes a los hechos que han originado el litigio. De ahí que al órgano judicial le es tan indispensable el conocimiento de los hechos cuanto el conocimiento de las normas: y constituyendo las pruebas, como nadie ignora, la vía normal de acceso al conocimiento de los hechos, resulta lógico estimar inherente a la tarea del juez la iniciativa probatoria. Invocar el "principio dispositivo" Fara objetar a ello es ensanchar demasiado la significación de dicho principio, cuando no sea rendir homenaje a un falso ídolo.

2. Contrariamente a lo que piensan algunos[3], la posición "activa" del órgano judicial respecto a las pruebas no es incompatible con la preservación de su imparcialidad. Suponerlo sería admitir que el juez no necesita ser imparcial en todas las clases de procesos, ya que en algunas se reconoce pacíficamente la legitimidad de las iniciativas probatorias oficiales[4]. Además, llevada la suposición hasta las últimas consecuencias lógicas, las leyes deberían prohibir de modo absoluto *cualesquiera* iniciativas oficiales en materia de prueba, lo cual probablemente jamás ocurrió y no es propugnado siquiera por los más radicales representantes del "dispositivismo" en la ciencia procesal civil.

3 LIEBMAN, Fondamento del principio dispositivo, *in Problemi del processo civile,* Napoli, p. 12 y s.; MONTESANO, Le prove disponibili d'ufficio e l'imparzialità dei giudice civile, *in Riv. Trim. di Dir. e Proc. Civ.,* 1978, p. 189 y s.; *id.,* Considerazioni su storia moderna e proposte riforme della giustizia civile in Italia, *in Riv. di Dir. Proc.,* 1981, p. 606-7.

4 Así en el proceso penal, por lo menos en varios ordenamientos: *v.g.,* según el § 244, II, de la *Strafprozessordnung* de la República Federal de Alemania, *"Das Gericht hat zur Erforschung der Wahrheit die Beweisaufnahme von Amts wegen auf alle Tatsachen und Beweismittel zuerstrecken, die für die Entscheidung von Bedeutung sind".* Menciónese también el art. 421, 2ª parte, del *Codice di procedura civile* italiano, relativo a las *"controversie individuali di lavara",* el cual otorga al juez el poder de *"disporre d'ufficio in qualsiasi momento l'ammissione di ogni mezzo di prova, anche fuori dei limiti stabiliti dal codice civile".* La imparcialidad del órgano judicial será menos importante en lo penal o en lo laboral que en lo civil? Que pensar, además, de los procesos *civiles* que, a raiz del "interés público», se rigen incontrovertiblemente por el principio de la investigación oficial (por ejemplo, en Alemania: § 616 I ZPO)? La existencia dei "interés público» exime el juez de la imparcialidad?

Podemos reconocer aquí el *riesgo* de una actuación parcial del juez, que se concretaría si él ejercitase sus poderes en el interés exclusivo de una de las partes. Mas el riesgo de la parcialidad ronda al juez, que es y no puede dejar de ser humano, a lo largo de toda su actividad; y la única manera de eliminarlo completamente seria confiar a una máquina la dirección del proceso. Atar las manos al juez en la investigación de la verdad es pagar un precio demasiado alto por la prevención de un peligro que, aún sin tal exorcismo, normalmente permanecerá en "estado de peligro" y sólo en casos excepcionales se convertirá en daño actual.

En efecto: por regla general, cuando el juez determina la realización de una prueba, difícilmente puede prever con seguridad a cual de los litigantes será favorable el éxito de la diligencia. Es cierto que, si intenta beneficiar uno de ellos, quizás busque influir en el resultado, por los medias a su alcance; mas esa lamentable posibilidad no se cine a las hipóteses de pruebas ordenadas *ex officio,* sino que existe igualmente en cuanto a las requeridas por las partes. También es cierto que, al fin y al cabo, la iniciativa oficial beneficiará a una de éstas: pero el beneficio lo recogerá probablemente la más veraz, y ése no es un suceso indeseable desde el punto de vista de la justicia: el proceso se hace para darle razón a quien la tenga. Al más imparcial de los jueces no le es ni le puede ser indiferente, en cierto sentido, el desenlace del pleito: su "neutralidad" no le impide querer que su sentencia sea justa, es decir, que la victoria sonría al litigante que la merezca.

El remedio más eficaz contra el riesgo de la parcialidad no consiste en erguir obstáculos a la investigación de la verdad. Consiste, sí, en imponer al juez el respecto escrupuloso de la contradicción en la actividad instrutoria y la estricta observancia del deber de motivar sus decisiones, mediante el análisis cuidadoso de la prueba producida y la indicación de las razones de su convencimiento acerca de los hechos.

3. A nuestro juicio, pues, constituye un dato positivo la previsión expresa, en las leyes procesales, de poderes instrutorios ejercitables *ex officio* por el órgano de jurisdicción. Sin embargo, una cosa es la existencia de tales disposiciones en los textos legales, otra muy diferente es la utilización que de ellas se hace en la práctica judicial. La observación de lo que pasa en la realidad cotidiana de los juzgados justifica la impresión de que los jueces no suelen valerse con mucha frecuencia, en esta materia, de las posibilidades abiertas por las leyes, aún cuando manifiesta la insuficiencia de los elementos probatorios aportados por obra de las partes; y semejante impresión ha sido confirmada por algunas pesquisas[5]. Claro está que es poco menos que inútil conferir *de iure* poderes a quien no se disponga a ejercitarlos *de facto:* los resultados no serán sensiblemente distintos de los que se podrían obtener sin el otorgamiento de dichos poderes. Si ello no nos parece satisfactorio, tenemos que investigar las causas del fenómeno y, cuanto nos sea pusible, tentar removerlas.

Esas causas son, por supuesto, diversas, y sería vana la pretensión de identificarlas todas sin el empleo de instrumentos y métodos adecuados. Empero, hay algunas que el sentido común y cierta dosis de experiencia permiten desde luego enumerar. Entre ellas, sin lugar a dudas, se incluyen varias que son ajenas a la voluntad de los jueces y se relacionan con la sobrecarga de trabajo, con las condiciones sumamente desfavorables bajo las cuales se ejerce en muchos lugares la función jurisdiccional, con la escasez de recursos materiales y con otras dificultades análogas. Los defectos - a veces verdaderamente extravagantes - de la organización judicial representan ahí un papel de muy ponderable importancia. En el extremo opuesto, viene a propósito reconocer que la magistratura desgraciadamente no está exenta de ciertas miserias humanas, como la desidia y la pereza, por lo cual algunos magistrados se quedarán siempre inertes, aún cuando el actuar no les costara más que el esfuerzo necesario para frotarse las manos.

El problema, sin embargo, tiene otros aspectos. Hay jueces concienzudos y diligentes, a quienes no faltan los medios necesarios para tomar, en su caso, iniciativas instructorias, pera en verdad prefieren abstenerse de tomarlas. Se puede imaginar que los paralisa el temor de sentirse culpables: quizás no tengan en su intimidad, a pesar de lo que dice la ley, una convicción muy segura de que, al determinar *ex officio* la realización de una prueba, obrarían legítimamente y no usurparían funciones ajenas. Se les ha dicho con insistencia que cabe a las partes la carga de la prueba; y ahora posiblemente los inquieta la idea de que investigar por sí mismos la verdad de los hechos significa reducir dicha carga a la nada y tal vez infringir un principio jurídico fundamental.

---

5 Respecto a Italia, véanse en el volúmen *Le prove nel processo civile,* Milano, 1973, p. 13 y s., los resultados de una pesquisa realizada bajo la dirección de DENTI.

4. Mucho se ha escrito, y no solamente en nuestros días, sobre el problema de la "división del trabajo" entre el órgano judicial y las partes respecto a la averiguación de los hechos relevantes para la solución del litigio. No parece difícil resolverio correctamente, tan pronto se libere uno de perjuicios y se deje guiar por el sentido común. El juez tiene el deber de fallar *secundum ius.* Ahora bien: para que el derecho se realice en el caso concreto, es indispensable el conocimiento de los hechos que constituyen el presupuesto de la incidencia de las normas. Por consiguiente, y con las multiformes limitaciones que nadie ignora, el descubrimiento de la verdad está esencialmente incluído en el ámbito de la incumbencia del órgano judicial.

Empero sucede que el juez, normalmente desprovisto del conocimiento directo de los hechos[6], no sabe ni puede saber por sí sólo cuales son y donde están las personas y las cosas cuyo exámen es capaz de suministrarle informaciones útiles acerca de ellos. Son las partes las que disponen de tales elementos: en su poder (o en poder de terceros que ellas conocen) se encuentran, por regla general, los documentos relativos a la causa; ellas saben, o más fácilmente pueden Ilegar a saber, los nombres de las personas que han presenciado los acontecimientos; y así en adelante. Es comprensible, pues, que en la inmensa mayoría de los casos, para tener acceso a los datos necesarios a la formación de su convencimiento, el órgano judicial dependa de la iniciativa de las partes, que además no se ven obligadas a repartir su atención, simultáneamente, por una gran cantidad de procesos y pueden concentrar sus esfuerzos en un ámbito determinado. Si se afiade a eso la circunstancia de que los litigantes, en principio, tienen un interés personal y directo en el resultado del pleito, y por lo tanto se sienten psicológicamente estimulados a hacer todo lo posible para convencer el juez de la veracidad de sus alegaciones, no sorprende que se deba esperar de ellos una actuación preponderante en la aportación del material probatorio.

En este sentido - únicamente en este sentido - es correcta la afirmación, frecuente en la doctrina, de que la iniciativa instrutoria del juez es secundaria y suplemental. Tal proposición refleja un juicio de hecho antes que un juicio de valor. En ella se contiene una autêntica máxima

6 Y además prohibido, por bien conocidas razones de política legislativa de utilizar en el proceso sus conocimientos "privados". Sobre las atenuaciones de tal principio (hechos notorios, máximas de experiencia), véase SILVA MELERO, *La prueba procesal,* Madrid, 1963, I, p. 56 y 55.

de experiencia, según la cual las pruebas se producen, en primer lugar, por obra de las partes. Pero es impropio entenderla - y aún más impropio formularla - como si expresara un precepto dirigido al órgano judicial. Ella no significa, ni puede significar, que el juez deba necesariamente, en cualquier caso, esperar que se agoten todas las oportunidades concedidas a los litigantes, ni mucho menos - con salvedad de alguna prohibición legal específica - que él esté *ipso facto* impedido de actuar si, contrariamente a la expectativa normal, las partes se omiten. Debería ser obvio que, de no haber omisión, se torna innecesario el ejercicio de los poderes instrutorios oficiales, aún en carácter secundario y suplemental; y es absurdo suponer que la ley otorgue dichos poderes sólo para las hipótesis en que su utilización sea... superflua!

"Secundaria y suplemental" no quiere decir "substitutiva". Obraría mal el juez que, considerando necesaria la realización de una prueba, sin embargo se dejase detener por el temor de, al determinarla *ex oflicio,* "hacer las veces" de los litigantes, o de alguno de ellos. Cuando el órgano judicial toma la iniciativa de averiguar un hecho, no está "substituyendo" a nadie, sino muy sencillamente cumpliendo su propia tarea - o, mejor dicho, su parte en una tarea común. Varios autores modernos ponen de relieve que el proceso - y la observación parece particularmente adecuada a la investigación de la verdad - es una obra de colaboración[7]. Pero quien colabora no substituye: en rigor, ni siquiera en cuanto tenga que trabajar más de lo que sería menester si ningún de los otros colaboradores se mostrara débil o negligente.

5. No sirve para fundamentar la conclusión opuesta la existencia de una carga de la prueba, dividida entre las partes. Las reglas de distribución del *onus probandi* desempenan dos funciones, una subjetiva y otra objetiva[8]. Consiste la primera en un incentivo a los litigantes para que suministren las pruebas de sus alegaciones; la segunda en una indicación al juez para el caso de que, en ocasión de fallar, no encuentre probado un hecho relevante y tenga que hacer recaer sobre alguna de las partes las consecuencias desfavorables de esa laguna en el material probatorio.

7 WASSERMANN, *Der soziale Zivilprozess,* Neuwied-Darmstadt, 1978, p. 97 y s.; CRASSO, La collaborazione nel processo, *in Riv. di Dir. Proc.,* 1966, p. 580 y s.

8 Véanse, entre muchos otros, ROSENBERG-SCHWAB, *Zivilprozessrecht,* 13ª ed., München, 1981, p. 681-2; JAUERNIG, *Zivilprozessrecht,* 19ª ed., München, 1981, p. 166-7; SCHLOSSER, *Zivilprozessrecht I,* München, 1983, p. 282-3.

Ahora bien: de la carga subjetiva no se puede extraer la ilación de que todo está perdido para el litigante que no logra demostrar la veracidad del hecho alegado. Si la prueba de tal hecho la suministra el adversario, el órgano judicial no debe dejar, por ese motivo, de tenerla en cuenta, exactamente del mismo modo que si ella proviniera de la parte interesada en la demostración. Los frutos de la actividad instrutoria valen por sí mismos, independientemente de su orígen. EI incentivo reflejado en la carga subjetiva no significa que el ordenamiento mire con extraneza o desfavor a la prueba suministrada por quien no sea el destinatario del incentivo. Si éste no tuvo el éxito esperado, pero de toda manera se alcanzó, aunque por medias distintos, la finalidad que se perseguía, la situación resultante es tan "natural" como la que se formaría en la hipótesis de cabal cumplimiento de la carga por la parte gravada. Y no importa que la verdad se haya descubierto por obra del adversario o por obra del juez: sería totalmente arbitrario encarar el segundo caso con menor "naturalidad" que el primero. La idea de "substitución" no contribuye para el correcto planteamiento del problema.

Tocante a la carga objetiva, lo mínimo que cabe decir es que nada tiene que ver con la cuestión de la iniciativa oficial. Es deseable, en principio, que en el proceso se establezca la verdad acerca de todos los hechos susceptibles de influir en el resultado del pleito; empero, por más profunda que sea la investigación, hay que tener en cuenta la posibilidad de un "resíduo" de *non liquet,* y el órgano judicial necesita saber que corolarios debe sacar de su existencia para la solución del litigio. La regla de distribución de la carga actúa como "regla de decisión"[9] y no se aplica sino cuando el juez verifica la existencia del "residuo", que constituye el presupuesto de su incidencia. No ejerce ninguna influencia sobre lo que pueda haber sucedido *antes* de tal verificación, es decir, durante la actividad instrutoria. Que ésta se haya realizado exclusivamente por iniciativa de los litigantes, o también por obra del órgano judicial, quizás sea relevante para determinar la *extensión* del "residuo"; de ningún modo

9 La doctrina alemana emplea la expresión *"Entscheidungsnormen"* para designar las normas que distribuyen la carga de la prueba; véase por ejemplo LEIPOLD, *Bewislastregeln und gesetzliche Vermutungen,* Berlin, 1966, p. 64. También en Italia se suele hablar de *"regola di giudizio": V.g.,* MICHELI, *L'onere della prova,* Padova, 1966 (reimpresión). p. 177 y s.; ANDRIOLI, *Lezioni di diritto processuale civile.* 2ª ed., Napoli, 1961, p. 180-1; CAPPELLETTI. *La testimonianza della parte nel sistema dell'oralità.* Milano, 1962, I, p. 392; MANDRIOLI, *Corso di diritto processuale civile,* Torino, II, p. 103-4. Cfr., en la literatura española, SILVA MELERO, ob. cit., p. 84-5.

lo es, en cambio, para definir el *fratamiento* que se le debe dar. En tal perspectiva, la carga objetiva de la prueba es perfectamente compatible con la iniciativa oficial en la averiguación de los hechos, y además indiferente a la manera de concebirla. Por ahí tampoco se llega a demostrar que ella tenga carácter meramente "substitutivo",

6. Cuando la ley otorga a los jueces poderes instrutorios oficiales, espera obviamente que aquéllos los utilicen siempre que necesario para fallar con justicia. Ya son demasiados los factores que, en la práctica de muchos países, se oponen al ejercicio pleno de dichos poderes y con frecuencia lo frustran. Es poco razonable acrescentar a las causas de abstención una timidez alimentada por dudas teóricas, que nada justifica, sobre la legitimidad de tales iniciativas.

No hay mucha necesidad, en esa materia, de exhortaciones a la cautela y a la mocieración[10]. Los jueces no suelen pecar aquí por exceso, sino por defecto. El verdadero peligro no es el de la exageración: es el de la inercia judicial[11]. Contra ese peligro, no contra el opuesto, que es casi siempre puramente imaginario, deben dirigirse las advertencias de la doctrina. Sólo así, a nuestro juicio, ella estará contribuyendo para la realización menos imperfecta de los designios de la ley.

Outubro de 1983

---

10 Actitud que, sin embargo, predomina todavía en un sector de la doctrina brasileña: JOSÉ FREDERICO MARQUES, *Manual de Direito Processual Civil,* v. II, 6ª ed., S. Paulo, 1981, p. 251-2; HUMBERTO THEODORO JÚNIOR, *Processo de conhecimento,* 2ª ed., Rio de Janeiro, t. II, p. 528-9.

11 Con razón señalaba SENTÍS MELENDO, *La prueba,* Buenos Aires, 1978, p. 208, refiriéndose a los poderes instrutorios del juez, que "el más natural, y por ello el más frecuente, de los peligros" consiste en "el no ejercicio de estos poderes". De "abulia profesional" habla ALCALÁ-ZAMORA y CASTILLO, Autoridad y libertad en el proceso civil *in Estudios de teoría general e historia del proceso,* México, 1974, t. II, p. 235. Cfr. PRIETO-CASTRO, *Tratado de Derecho Procesal Civil,* Pamplona, 1982, I, p. 533: "La tradición centenaria del riguroso principio de controversia ha crendo en la administración de justicia (jueces y justiciables) una mentalidad opuesta, incluso, al uso por los tribunales de las varias facultades que el derecho vigente les otorga, importando mucho influir para que tal mentalidad no se sobreponga a los fines superiores de la Justicia".

COMENTÁRIOS DOS ATUALIZADORES

BREVES REFLEXIONES SOBRE LA INICIATIVA OFICIAL EM MATERIA DE PRUEBA

Paulo Cezar Pinheiro Carneiro / Paulo Cezar Pinheiro Carneiro Filho

Barbosa Moreira, alicerçado no direito comparado – fato usual em seus trabalhos –, aponta que não só o Código de Processo Civil de 1973, em seu artigo 130, permite a produção da prova de ofício, como o Código de Procedimento Civil colombiano, o Código Nacional Argentino, e também, o novo *Code de Procédure Civile* francês apresentam disposições no mesmo sentido.

Quando o juiz determina a realização de uma prova, como sublinhado pelo Mestre, ele não terá como prever com segurança o resultado a ser obtido. Nesta linha, sustenta que a imparcialidade não pode ser confundida com neutralidade do julgador.

Para resguardar a imparcialidade do julgador na produção da prova, torna-se necessário impor, nas palavras do Mestre: "El respecto escrupuloso de la contradicción em la actividad instrutória y la estricta observância del deber de motivar sus decisiones". O contraditório e a motivação das decisões passam a funcionar como um limitador em um eventual excesso do julgador na sua atividade.

Segundo Barbosa Moreira, muito se fala da divisão de trabalho entre as partes e o juiz no tocante à produção da prova. De qualquer forma, a discussão fica ilidida porque "el descubrimiento de la verdade está esencialmente incluído en el ámbito de la incumbencia del órgano judicial".

Assim, a atividade das partes na produção das provas é preponderante, pois elas têm interesse pessoal e direto no resultado do processo, enquanto a atividade do julgador é secundária e supletiva à atividade das partes. Barbosa Moreira nos alerta, como regra de experiência, que as provas são produzidas, em primeiro lugar, pela atividade das partes.

Como alertado pelo Mestre, atividade secundária e supletiva não se confunde com atividade substitutiva do julgador. Até porque a investigação da verdade é uma obra de colaboração entre os personagens do processo, como ele já defendia antes da entrada em vigor do

Código de Processo Civil de 2015, que, no seu artigo 6, estabeleceu como norma fundamental do processo, o dever de colaboração dos personagens do processo.

Ao examinar a produção da prova de ofício, Barbosa Moreira traz a lume o ônus da prova e pergunta se essa regra de julgamento poderia desabonar a produção da prova de ofício pelo juiz.

Barbosa Moreira lembra que o ônus da prova se divide em subjetivo e objetivo. O ônus da prova subjetivo seria "un incentivo a los litigantes para que suministren las pruebas de sus alegaciones". Já o ônus da prova objetivo funcionaria como regra de julgamento para o magistrado ao proferir sua sentença.

De qualquer forma, o ônus da prova pelo seu aspecto subjetivo, não seria influenciado pela produção da prova de ofício pelo juiz, uma vez que, segundo Barbosa Moreira, os frutos da atividade instrutória valem por si mesmo, independente da sua origem. O artigo 371 do Código de Processo Civil de 2015, que substitui o artigo 131 do Código de Processo Civil de 1973, é claro ao dispor que o juiz apreciará a prova constante dos autos, independente do sujeito que a tiver promovido, e indicará na decisão as razões da formação de seu convencimento.

Já o ônus da prova objetivo, como regra de julgamento, considerando que o juiz não poderá declarar o *non liquet*, acaba justificando a própria produção da prova de ofício, ao contrário de ilidi-la. Na verdade, a carga objetiva do ônus da prova é perfeitamente compatível com a produção da prova de ofício, como apontado pelo Mestre.

O parágrafo único do artigo 370 do Código de Processo Civil de 2015, passou a exigir que o juiz fundamente a sua decisão que inadmitir diligências inúteis ou meramente protelatórias formuladas pelas partes.

Hoje, o Código de Processo Civil de 2015 estabelece a obrigação de motivação de todas as decisões judiciais em estrita observância ao parágrafo 1° do artigo 489. No caso, não se considera fundamentada qualquer decisão judicial, seja ela interlocutória, sentença ou acórdão que: (Inciso I) se limitar à indicação, à reprodução ou a parágrafo de ato normativo, sem explicar sua relação com a causa ou questão decidida; (inciso II) venha a empregar conceitos jurídicos indeterminados, sem explicar o motivo concreto de sua incidência no caso; (inciso III) invoque motivos que se prestariam a justificar qualquer outra decisão; (inciso IV) não enfrente todos os argumentos deduzidos no processo capazes de, em tese, infirmar a conclusão adotada pelo julgador; (inciso V) se limite a invocar precedente ou enunciado de súmula, sem identificar seus fundamentos determinantes nem demostrar que o caso sob julgamento se ajusta àqueles fundamentos; (inciso VI) deixar de seguir enunciado de súmula ou precedente invocado pela parte, sem demonstrar a existência de distinção no caso em julgamento ou a superação do entendimento.

Outra inovação importante no tocante à produção da prova no Código de Processo Civil de 2015 está no parágrafo 1º do artigo 373, o chamado ônus dinâmico da prova. Nos casos previstos em lei ou diante de peculiaridades da causa, relacionadas à impossibilidade ou à excessiva dificuldade de cumprir com o ônus da prova ou à maior facilidade da produção da prova pela outra parte, poderá o juiz atribuir o ônus da prova de modo diverso, desde que o faça por decisão fundamentada, caso em que deverá dar à parte a oportunidade de se desincumbir do ônus que lhe foi atribuído.

CONVENÇÕES DAS PARTES SOBRE MATÉRIA PROCESSUAL[1]

1. Apresentação do tema. **2.** A questão terminológica. **3.** Distinção entre convenções processuais e declarações concordantes das partes. **4.** O problema da admissibilidade de convenções fora dos casos previstos em lei. **5.** Regime jurídico das convenções processuais. **6.** Requisitos de validade. Condição e termo. **7.** Nulidade e anulabilidade. **8.** Efeitos das convenções processuais.

1. Entre os assuntos que no Brasil aguardam o interesse dos estudiosos figura sem dúvida o das convenções celebradas pelas partes sobre matéria processual. Ao contrário do que ocorre noutros países – sobretudo na Alemanha[2] –, não só inexistem aqui trabalhos monográficos a tal respeito, mas também se mostra escassa a atenção que lhe dedicam os expositores do nosso ordenamento e os comentadores do Código de Processo Civil.

Não são tão raras, entretanto, as disposições legais que aludem a atos dessa natureza; e pelo menos a algumas delas é impossível deixar de reconhecer importância prática. Vejam-se, por exemplo, o art. 111, que trata da eleição convencional de foro; os arts. 265, nº II, e 792, referentes a convenções de suspensão do processo; o art. 333, parágrafo único, relativo à convenção sobre distribuição do ônus da prova; o art. 453, nº I, que prevê o adiamento da audiência por convenção das partes; o art. 606, nº I, *fine,* atinente à escolha convencional do arbitramento como forma de liquidação da sentença. Mas há outros casos: sem pretensão de exaustividade, lembraremos os dos arts. 181 (convenção para

---

1 Trabalho publicado no volume de *Estudos jurídicos em homenagem a* CAIO MÁRIO DA SILVA PEREIRA, e também na *Revista Brasileira de Direito Processual,* v. 40.

2 Bem conhecidas, entre outras, as monografias de SCHIEDERMAIR, *Vereinbarungen im Zivilprozess,* Bonn, 1935, e de HANS-JÜRGEN HELLWIG, *Zur Systematik des zivilprozessrechtlichen Vertrages,* Bonn, 1968. Substanciosa contribuição ao estudo do tema encontra-se também em BAUMGÄRTEL, *Wesen und Begriff der Prozesshandlung einer Partei im Zivilprozess,* Berlim-Frankfurt am Main, 1957, p. 184 e s. As exposições sistemáticas do direito processual civil costumam versar a matéria com certa extensão: assim, por exemplo, ROSENBERG-SCHWAB, *Zivilprozessrecht,* 13: ed., Munique, 1981, p. 379 e s. Na literatura italiana, *vide,* entre outros, CHIOVENDA, *Instituições de Direito Processual Civil,* trad. de J. Guimarães Menegale, 2ª ed., São Paulo, 1965, v. I, p. 75 e s.; CARNELUTTI, *Sistema di diritto processuale civile,* Pádua, 1938. v. II, p. 113 e s.; DE STEFANO, *Studi sugli accordi processuali,* Milão, 1959.

reduzir ou prorrogar prazo dilatório), 454, § 1º, *fine* (convenção sobre divisão do prazo entre litisconsortes para falar na audiência), 677, § 2º (convenção sobre a administração de estabelecimento comercial, industrial ou agrícola, semoventes, plantações ou edifício em construção penhorados), 824, nº I (convenção sobre indicação de depositário de bens sequestrados), 1.031 (adoção convencional da forma do arrolamento para realizar partilha amigável), 1.113, § 3º (convenção sobre alienação de bens em depósito judicial). À lista deve acrescentar-se o compromisso, pelo qual as partes acordam submeter o litígio a juízo arbitral (arts. 1.072 e s.).

A lei geralmente não se preocupa em fixar para semelhantes atos disciplina completa. Contenta-se em regular – quando o faz! – pontos específicos: assim, *v.g.,* o art. 111 e seu § 1º estabelecem certos requisitos para a convenção de eleição de foro, e o § 2º esclarece um aspecto de sua eficácia (extensão aos herdeiros e outros sucessores das partes); o art. 333, parágrafo único, restringe a validade da convenção sobre distribuição do ônus da prova, excluindo-a quando "recair sobre direito indisponível" (nº I) ou "tornar excessivamente difícil a uma parte o exercício do direito" (nº II). Em regra, todavia, nem sequer essas breves e lacunosas indicações se encontram no texto. Faz-se necessário suprir a omissão legal com referência a diversas questões relevantes.

Como bem se compreende, o tratamento exaustivo da problemática demandaria estudo de proporções incompatíveis com a natureza do presente trabalho. Aqui só nos é possível alinhar sintéticos apontamentos sobre os principais tópicos. Antes, porém, seja-nos permitido registrar algumas observações de caráter terminológico.

2. Na moderna doutrina alemã generalizou-se, para os atos de que estamos tratando, a denominação *Prozessverträge*[3], que se traduz literalmente por "contratos processuais". Se se deve ou não considerar apropriado o *nomen iuris* é questão que depende da maior ou menor extensão conceptual atribuída à palavra «contrato» - ponto em que notoriamente variam as atitudes doutrinárias.

Não sofre dúvida que se está diante de atos constituídos por duas declarações de vontade. Têm elas aqui, todavia, conteúdo *igual;* não

3 No século passado falava KOHLER de *prozessrechtliche* (ou *prozessualische) Verträge: vide* o ensaio *Ober prozessrechtliche Verträge und Kreationen,* datado de 1887, agora in *Gesammelte Beiträge zum Zivilprozess,* Aalen, 1969, reimpressão, p. 127 e s.

caberá, pois, falar em contrato, caso se parta da premissa de que é essencial a esta figura serem *diversas* (embora correspondentes) as declarações de vontade[4].

Outros escrúpulos terminológicos podem buscar fundamento na ideia de que se deve reservar o termo "contrato" para atos de conteúdo patrimonial. A semelhante entendimento aderiu o *Codice civile* italiano de 1942, cujo art. 1.321 contém esta definição: *"Il contralto è l'accordo di due o più parti per costituire, regulare o estinguere tra loro un rapporto giuridico patrimoniale".* Mas também no Brasil há quem se incline para essa posição[5].

A expressão "contrato processual" não é encontradiça na literatura pátria[6]. Tem-se antes falado de "avenças" ou "acordos processuais"[7]. A essas maneiras de dizer parece-nos preferível a locução "convenções processuais", de cunho mais técnico e, sobretudo, mais aderente à linguagem do Código, que usa "convenção" nos arts. 111, 181,265, nº II, 333, parágrafo único, e 453, nº I, bem como palavras cognatas dessa noutros dispositivos (arts. 454, § 1º, 606, nº I, 656, 792, 1.028, 1.031, nº I, 1.113, § 3º).

3. Constituída embora por duas declarações de vontade, a convenção processual é ato *uno:* emitidas que sejam, as declarações fundem-se para formar entidade nova, capaz de produzir efeitos específicos. Desse fenômeno importa distinguir aquele que se verifica quando a lei subordina à concordância de um dos litigantes a possibilidade de deferir o juiz requerimento formulado pelo outro[8]. Exemplos típicos são o da modifi-

---

4 Assim, *v.g.,* LEHMANN, *Allgemeiner Teil des Bürgerlichen Gesetzbuches,* 7ª ed., Berlim, 1952, p. 137, 212.

5 Por exemplo, ORLANDO GOMES, *Contratos,* 8ª ed., Rio de Janeiro, 1981, p. 10, 11.

6 AMARAL SANTOS, *Primeiras linhas de Direito Processual Civil,* 1º v., 9ª ed., São Paulo, 1981, p. 288, refere-se em todo caso a atos "contratuais", para designar as "declarações bilaterais expressas de vontade", exemplificando com a eleição de foro, a conciliação e a transação – figuras, aliás, heterogêneas, na medida em que a primeira concerne *ao processo,* e as outras duas *à lide.*

7 JOSÉ FREDERICO MARQUES, *Manual de Direito Processual Civil,* v. I, 8ª ed., São Paulo. 1981, p. 318 (onde também se emprega o termo "convênios"); HUMBERTO THEODORO JÚNIOR, *Processo de conhecimento,* 2ª ed. Rio de Janeiro, 1981, t. I, p. 281.

8 A distinção é corriqueira na literatura alemã: para não multiplicarmos sem necessidade as citações, *vide* SCHIEDERMAIR, *Vereinbarungen im Zivilprozess,* p. 27-8, e ROSENBERG-SCHWAB, *Zivilprozessrecht,* p. 381. Mas também na Itália, *e* de longa data, vem ela sendo registrada: já a expunha com toda a clareza CHIOVEN*DA, Prin-*

cação do pedido ou da causa de pedir, que, após a citação, depende do consentimento do réu (art. 264, *caput),* e o da desistência da ação, subordinado a esse mesmo consentimento desde o término do prazo para a resposta (art. 267, § 4º). Mas o Código de Processo Civil contempla uma série de situações análogas, *v.g.* nos arts. 42, § 1º, 392, parágrafo único, 719, parágrafo único, 722, 783 etc.

A diferença essencial entre os dois grupos de figuras consiste em que, nas do segundo, as declarações sucessivas não são dirigidas por uma parte à outra, nem se fundem num ato uno: há sempre dois atos distintos e unilaterais dirigidos ao órgão judicial. Impossível, assim, identificar aí num acordo de vontades a fonte dos efeitos a cuja produção se visa: deferido o requerimento pelo juiz, é *à decisão* deste que se liga a eficácia. Nem apaga a distinção a circunstância de que, em certos casas. pode a convenção das partes necessitar também de um ato do juiz que atue praticamente o avençado: assim, por exemplo, na hipótese do art. 453, nº I, em que compete ao órgão judicial, como é óbvio, designar novo dia e hora para a realização da audiência. E pouco importa que a lei use o mesmo verbo (homologar) a propósito de verdadeiras convenções, como a do art. 677, § 2º, e da desistência da ação (art. 158, parágrafo único), quiçá dependente da concordância do réu. Descabe aqui perquirir se "homologar" é palavra de sentido unívoco ao longo do texto legal: as dessemelhanças que possam existir entre um e outro ato *homologatório* interessam-nos menos, agora do que as que existem entre um e outro ato *homologado.* Ainda que "homologação" tenha sempre igual significado, será sempre verdade que uma coisa é homologação de convenção, outra é homologação de ato unilateral.

O cuidado de distinguir as duas classes de fenômenos não se inspira em preocupação de índole puramente conceptual. A diferenciação pode ter consequências práticas. Basta pensar no problema da revogação dos atos de parte, para o qual tão raramente se tem voltado entre nós o olhar dos estudiosos. Reconhecida a um ato a natureza de convenção, exclui-se *ipso facto,* desde a formação do consenso, a possibilidade de qualquer das partes revogá-lo por declaração unilateral, salvo autorização contida em lei ou na própria convenção. Se se trata, porém,

---

cipii di diritto processuale civile, Nápoles, 1965. reimpressão, p. 105. 739: cf., mais recentemente, DE STEFANO. *Studi sugli accordi processuali,* p. 126-7; SEGNI, Procedimento civile, verbete *in Nuovo Digesto Italiano,* v. X, agora *in Scritti giuridici,* Turim, s.d., v. I, p. 84 e nota 2.

da mera sucessão de dois atos unilaterais, não existirá óbice idêntico a reputar-se admissível, em linha de princípio, a revogação, enquanto não sobrevenha o pronunciamento judicial, que faz ingressar o processo numa "situação irreversível"[9]. Nessa linha de ideias, já se sustentou com grande autoridade que o acordo de vontades, quando não configura verdadeira convenção, mas funciona como simples pressuposto da decisão do juiz, só assume relevância no momento em que este decide[10] – o que implica admitir a revogação até aí. Não parece absolutamente certo, ressalve-se, que à indagação sobre a revogabilidade se possa responder, de maneira categórica e para qualquer caso, à luz exclusiva de semelhante critério; mas, ainda que outros se tenham de levar em conta, a diferença acima exposta será sempre um dado merecedor de consideração.

4. Fez-se menção, de início, ao fato de que vários dispositivos legais contemplam de modo expresso a possibilidade de convenções entre as partes. Desde logo se põe a questão de saber se é facultado a estas celebrá-las fora dos casos previstos.

Acerca do ponto muito se debateu em doutrina, sobretudo na Alemanha, onde prestigiosa corrente se opôs à franquia, com maior ou menor rigor[11]. Não se poderia reconhecer à autonomia da vontade, no campo processual, atuação tão ampla como a que se lhe abre no terreno privatístico; no processo, ramo do direito público, deveria considerar-se proibido tudo quanto não fosse permitido. Com algum exagero, receava-se a entronização do "processo convencional". Em nossos dias predomina a tese da admissibilidade de convenções não autorizadas *expressis*

---

9 O conceito de "situação irreversível *(unverrückbare Situation)*" foi utilizado por SIEGERT, em sua clássica monografia *Die Prozesshandlungen – ihr Widerruf und ihre Nachholung,* Berlim, 1929, na elaboração dogmática do problema a que se refere o texto.

10 *"Perciò questo concorso di consensi ha importanza* solo nel momento in cui deve emanarsi il provvedimento. *Esso può formarsi in quel momento, anche sotto forma di semplice adesione d'una parte all'istanza dell'allra. Se poi l'accordo si e formato prima del provvedimento, essa deve esser mantenuto fino ai momento in cui deve prendersi il provvedimento, altrimenti questo non può esser preso"* (CHIOVENDA, *Principii,* p. 739-40; destaques do original). Cf. SEGNI, ob. e lug. cit. na nota 7, *supra.*

11 *V.g.,* K. HELLWIG, *System des deutschen Zivilprozessrechts,* Aalen, 1968, reimpressão. v. I, p. 450. Outras referências em BAUMGÄRTEL, *Wesen und Begriff der Prozesshandlung einer Partei im Zivilprozess,* p. 187, nota 21.

verbis na lei[12], conquanto se esforcem os escritores em estabelecer limites, sem que se haja até agora logrado unanimidade na fixação dos critérios restritivos.

O mais difundido desses critérios é o que se baseia na distinção entre normas processuais cogentes e normas processuais dispositivas[13]. Admitir-se-ia no âmbito destas e repelir-se-ia no daquelas a liberdade de convenção entre as partes. Não é certo, porém, que esse caminho leve a solução satisfatória em qualquer hipótese, antes de mais nada pela dificuldade que às vezes se encontra em traçar linha divisória nítida entre as duas espécies de normas.

Um setor da doutrina alemã[14] preocupa-se com a conveniência de evitar que as partes se vejam convencionalmente privadas, *por antecipação,* de direitos e faculdades que a lei lhes confere, num momento em que ainda não lhes é possível saber de maneira exata a extensão, *in concreto,* das consequências desfavoráveis do ato – como aconteceria, por exemplo, na renúncia ao direito de recorrer consumada, mediante convenção, *antes do pronunciamento judicial*[15]. Em casos tais, deveria preservar-se a "liberdade de decisão *(Entschlussfreiheit)*" da parte, até o instante em que os efeitos da disposição sejam claramente previsíveis. E isso em atenção não apenas ao interesse do próprio litigante, mas ao do Estado, cujo aparelho judicial tem por missão proporcionar tutela justa[16].

Restrições desse tipo não eliminam, como é óbvio, a possibilidade, limitada embora, de convenções processuais fora das hipóteses previstas *expressis verbis* em lei. Nada impede, *v.g.,* em nossa opinião, que autor

---

12 *Vide,* por exemplo, ROSENBERG-SCHWAB, *Zivilprozessrecht,* p. 380; ARENS, *Zivilprozessrecht,* Munique, 1978, p. 135; BAUR. *Zivilprozessrecht,* 3ª ed., Frankfurt am Main, 1979, p. 86; extensamente, H.-J. HELLWIG, *Zur Systematik eles zivilprozessrechtlichen Vertrages,* p. 81 e s.

13 Parecia adotá-lo, entre nós, PONTES DE MIRANDA, *Comentários ao Código de Processo Civil* (de 1973), t. II, 2ª ed., Rio de Janeiro, 1979, p. 5.

14 *V.g.,* NIKISCH, *Zivilprozessrecht,* 2ª ed. Tübingen, p. 219-20; BAUMGÄRTEL, *Wesen und Begriff der Prozesshandlung einer Partei im Zivilprozess,* p. 189-90.

15 NIKISCH, *Zivilprozessrecht,* p. 219. Para o exame específico da questão, permitimo-nos remeter o leitor aos nossos *Comentários ao Código de Processo Civil,* v. V, 4ª ed., Rio de Janeiro, 1981, p. 386-8, com amplas referências bibliográficas em notas.

16 Assim, por exemplo, BAUMGÄRTEL, *Wesen und Begriff der Prozesshandlung einer Partei im Zivilprozess,* p. 189-91.

e réu se comprometam validamente a não indicar assistentes técnicos, deixando ao exclusivo encargo do perito a realização da diligência.

5. Oportunamente se assinalou que a lei não contém a regulamentação exaustiva sequer das convenções sobre matéria processual expressamente contempladas. Essa não é, aliás, uma peculiaridade do Código brasileiro: igual observação poderia fazer-se a propósito de qualquer outro ordenamento. Surge então a necessidade de suprir as lacunas legais para fixar o regime a que se subordinam tais atos.

Conforme se sabe, a disciplina estabelecida pelo direito processual civil para os atos das partes nem sempre coincide com a prevista no direito civil para os atos jurídicos privados. Diferença importante é a que concerne ao requisito subjetivo de validade; ela resulta da circunstância de admitir-se que litiguem em juízo entes desprovidos de personalidade – e, portanto, de capacidade – no plano civil. Assim, por exemplo, a massa falida, a herança jacente ou vacante, o espólio, o condomínio, para o direito civil não são pessoas, nem podem, por isso mesmo, praticar validamente atos jurídicos privados[17]; permite-se-lhes, entretanto, figurar como partes de um processo[18] e, pois, realizar atos processuais de cuja validade, por esse ângulo, não há duvidar.

Cabe indagar a que regulamentação se submetem as convenções de que estamos tratando, nos pontos que a lei deixou de disciplinar. Em certa perspectiva parecerá que, para responder a tal pergunta, é indispensável um prévio enquadramento conceptual: antes de tudo cumprirá assentar se as referidas convenções constituem ou não atos processuais, para depois deduzir de semelhante premissa a determinação do respectivo regime jurídico. Aqui, porém, surge uma dificuldade: poucas

---

17 A afirmação tem de ser temperada no que respeita ao condomínio especial regido pela Lei nº 4.591, de 16-12-1964, cujo art. 63, § 3º, lhe permite *expressis verbis* adjudicar (com preferência sobre terceiros, em igualdade de condições) unidade levada a leilão público em virtude de inadimplemento do adquirente quanto ao preço da construção; *vide*, a esse respeito, CAIO MÁRIO DA SILVA PEREIRA, Condomínio especial em edifício coletivo, *in Revista Forense*, v. 245, p. 46 e s.

18 Em doutrina às vezes se lhes chama "pessoas formais"; assim AMARAL SANTOS, *Primeiras linhas*, 1º V., p. 357. O Código de Processo Civil português, arts. 5º e s., fala de "personalidade judiciária", reconhecida tanto às pessoas, assim comumente designadas, quanto a outros entes "destituídos de personalidade jurídica", como "a herança cujo titular ainda não esteja determinado e os patrimônios autônomos semelhantes" (art. 6º).

questões são mais controvertidas em doutrina que a da identificação da diferença específica pela qual os atos processuais se destacam da massa dos atos jurídicos em geral. Não podendo, por óbvias razões, enfrentá-la aqui, vamos limitar-nos a observar que, se para a caracterização se exigir a inserção do ato na cadeia procedimental, a circunstância de realizar-se *no processo* – conforme têm sustentado vozes de prestígio[19] –, inevitavelmente se terão de excluir da espécie muitas das convenções de que cuida este trabalho.

A leitura do Título V do Livro I do vigente Código dá a impressão de que o legislador propendia para o entendimento exposto: vários dos dispositivos aí localizados pressupõem claramente um conceito de "ato processual" a que não é estranha a nota da pertinência ao procedimento[20]. Há, contudo, quem proponha distinguir "atos processuais em sentido lato" – assim entendidos todos os que exercem influência no processo – e "atos processuais em sentido estrito" – como tais designados aqueles "que compõem o processo", ou "cujo encadeamento forma o processo"; só da segunda espécie, acrescenta-se, trata o Título V do Livro I, e só eles são exclusivamente regidos pela lei processual[21]. Aceito o alvitre, pode-se concluir que as convenções processuais, como atos processuais apenas *lato sensu,* ao menos em grande maioria, se submetem a um regime jurídico *misto,* em que se entrelaçam normas de direito processual e normas de direito material[22]. Restaria verificar quando incidem estas e quando incidem aquelas – feita abstração, naturalmente, dos pontos regulados *expressis verbis* no Código de Processo Civil, em relação aos quais nenhuma dúvida é cabível.

Bem ponderadas as coisas, o problema não se afigura tão complexo quanto à primeira vista poderia parecer. É que não são muito numerosas, no direito brasileiro, as diferenças entre a disciplina processual dos atos de parte *(aliter,* para os atos *do órgão judicial!)*

19 Nesse sentido, sob o diploma processual de 1939, CALMON DE PASSOS, *A nulidade no processo civil,* Salvador, 1959, p. 24 e s. Contra, JOSÉ FREDERICO MARQUES. *Instituições de Direito Processual Civil,* v. 11, 2ª ed., Rio de Janeiro, 1962, p. 301-2.

20 Vejam-se, entre outros, os arts. 155, *caput,* 1ª parte, 172, 173, 176, 177.

21 HÉLIO TORNAGHI, *Comentários ao Código de Processo Civil,* v. II, 2ª ed., São Paulo, 1978, p. 2-4.

22 Também no direito alemão se tem reconhecido que, para a disciplina dos *Prozesverträge,* é ponderável a relevância das regras de direito civil: *vide* ROSENBERG-SCHWAB, *Zivilprozessrecht,* p. 381.

e a disciplina dos atos jurídicos civis. Passemos ao exame de alguns tópicos salientes.

6. Quanto aos requisitos de validade, avulta a questão, a que já se aludiu, da capacidade do agente. Para a celebração válida de convenção sobre matéria processual será necessária a capacidade civil ou bastará a capacidade para ser parte? Ao nosso ver, em princípio deve optar-se pelo segundo termo da alternativa, salvo restrição que decorra de alguma regra jurídica especial. Não parece haver razão, por exemplo, para que se negue ao espólio, ou ao condomínio, que seja parte num processo, a possibilidade de convencionar com o litigante adverso a suspensão do feito, ou o adiamento da audiência de instrução e julgamento. Doutrina autorizada sugere uma ressalva para as convenções que se celebram em contemplação de processo futuro, geralmente embutidas em negócio jurídico de direito material: essas se subordinariam aos mesmos requisitos atinentes ao negócio a que aderem[23]. É indubitável que, para as convenções celebradas extrajudicialmente, não se exige a capacidade postulacional, de modo que as partes podem agir por si mesmas, sem mediação de advogado.

No que respeita à forma, o princípio geral é o mesmo, quer à luz do direito processual, quer do direito civil: a forma é livre, a menos que a lei a predetermine (Código de Processo Civil, art. 154; Código Civil, art. 129). Dúvidas unicamente podem surgir acerca das consequências da postergação de requisitos formais, já que o direito processual é, no particular, menos rigoroso que o civil: no segundo, "não vale o ato que deixar de revestir a forma especial determinada em lei (...), salvo quando esta comine sanção diferente contra a preterição da forma exigida" (Código Civil, art. 130; cf. art. 145, nº III); no primeiro, há as atenuações previstas no Código de Processo Civil, Capítulo V do Título V do Livro I. O problema, entretanto, só rarissimamente se porá na prática: são excepcionais as regras cogentes de forma relativas a convenções entre os litigantes.

A exigência da licitude e da possibilidade do objeto, expressa no Código Civil (arts. 82 e 145, nº II), deve reputar-se implícita no ordenamento processual. Absurdo supor que este prescindisse de semelhante requisito nos atos das partes, unilaterais ou bilaterais que sejam. Aqui, por conseguinte, afigura-se desnecessário recorrer à distinção acima

23 NIKISCH. *Zivilprozessrecht*, p. 221.

lembrada: seja como for, ninguém hesitará em repelir a admissibilidade de uma convenção pela qual as partes, exemplificativamente, ajustassem dispensar o juiz da observância do direito positivo e autorizá-lo a decidir por equidade, em caso não previsto em lei (cf. Código de Processo Civil, art. 127), ou acordassem em usar nos atos do processo língua estrangeira (cf. Código de Processo Civil, art. 156), ou ainda combinassem fazer recair a penhora em coisa situada em lugar inacessível.

Não podem os atos processuais, em regra, ser praticados sob condição ou a termo: isso atentaria contra a exigência de certeza e segurança no desenvolvimento do processo[24]. Afirma a doutrina que as convenções das partes escapam a semelhante restrição[25]. Ao nosso ver, a lição tem de ser recebida com o clássico grão de sal: ao menos com referência a certas convenções que influem diretamente na marcha do feito, os inconvenientes poderiam ser tão graves quanto se reconhece que são nos outros atos das partes.

7. Os conceitos de nulidade e de anulabilidade, pertencentes à teoria geral do direito, não podem deixar de ser unívocos nos vários ramos da ciência jurídica, por mais que diversifique, de um para outro, o tratamento específico das hipóteses, mediante a atribuição de consectários diferentes a vícios substancialmente iguais, para reputar-se aqui causa de nulidade o que ali se reputa causa de mera anulabilidade, e vice-versa[26]. A distinção entre as duas figuras, como ninguém ignora, reside na

24 Convém precisar que as condições verdadeiramente incompatíveis com os atos processuais são as referentes a acontecimentos *externos* ao próprio processo: essas é que não se harmonizam com a necessidade indicada no texto. Nesse sentido, na literatura alemã, entre outros, BAUMGÄRTEL, *Wesen und Begriff der Prozesshandlung einer Partei im Zivilprozess*, p. 128; KION, *Eventualverhältnisse im Zivilprozess*. Berlim, 1971, p. 45. Para a discussão de um problema específico – o da admissibilidade do "recurso adesivo condicionado" –, *vide* BARBOSA MOREIRA, *Comentários ao Código de Processo Civil*, v. V, p. 370 e s.

25 NIKISCH, *Zivilprozessrecht*, p. 221; ROSENBERG-SCHWAB, *Zivilprozessrecht*, p. 381; SCHIEDERMAIR, *Vereinbarungen* im *Zivilprozess*, p. 153-4; H.-J. HELLWIG, *Zur Systematik des zivilprozessrechtlichen Vertrages*, p. 94.

26 Escusado advertir que não se resumem nisso as peculiaridades da disciplina adotada pelas leis processuais, no Brasil e alhures, quanto aos defeitos dos atos e respectivos corolários. Uma coisa, porém, é a disciplina, outra são os conceitos. Não deixou de assinalá-lo GALENO LACERDA, ao empreender, à luz do Código de 1939, a sua interessante tentativa de sistematização da matéria: aludindo à "diversidade de soluções do direito processual civil, em relação ao direito privado, no que con-

circunstância de que o ato anulável vale e subsiste até que, por provocação do interessado, decisão judicial o desconstitua, enquanto o ato nulo é simplesmente declarável tal: o pronunciamento da nulidade limita-se a reconhecer e certificar algo que lhe preexiste[27].

O que ficou dito aplica-se, naturalmente, às convenções processuais eivadas de vícios suscetíveis de produzir uma ou outra consequência. Se, por exemplo, o juiz se defronta com determinada convenção acerca da distribuição do ônus da prova e verifica que é indisponível o direito controvertido no processo, deve declará-la nula (Código de Processo Civil, art. 333, parágrafo único, nº I) e julgar a lide, sendo o caso, à luz das regras legais sobre a matéria. Não há necessidade de prévia decisão que invalide o ato. A nulidade é declarável *ex officio*.

As convenções meramente anuláveis obedecem a outro regime. Enquanto não impugnadas, prevalecem para todos os efeitos. A parte interessada abre-se, entretanto, a possibilidade de promover-lhes a invalidação, fazendo cessar, na hipótese de êxito, os respectivos efeitos, com ressalva de impossibilidade prática relacionada com o desenvolvimento do processo[28]. A disciplina básica da matéria há de ser a mesma aplicá-

cerne aos vícios do ato jurídico", acrescentava incontinenti: "embora permaneçam as mesmas as categorias fundamentais da teoria geral" *(Despacho saneador,* Porto Alegre, 1953, p. 73). Seria, aliás, manifestamente anticientífica a suposição de que "nulidade" e "anulabilidade" pudessem ter, no processo, significações essencialmente aberrantes daquelas que possuem no resto do universo jurídico. Importa evitar a todo custo a confusão, em que não raro se incorre, entre esta questão: *"que* é ato nulo (ou anulável)?» e estoutra: *"quando* é nulo (ou anulável) o ato?»; para a segunda, não para a primeira, é que a resposta pode (e costuma) variar de modo sensível, conforme o ramo do direito de que se trate – e, às vezes, até dentro do mesmo ramo.

27 Com absoluta precisão, na doutrina processual brasileira, HÉLIO TORNAGHI, *Comentários ao Código de Processo Civil,* v. II, p. 224: "Ao passo que o ato nulo é objeto de mera declaração, o anulável é alvo de decretação, de decisão constitutiva". Igual concepção prevalece entre os civilistas, a despeito das falhas terminológicas do Código Civil *(v.g.,* "nulidades" no art. 152, *caput,* 1ª parte): *vide* por todos CAIO MÁRIO DA SILVA PEREIRA, *Instituições de Direito Civil,* v. I, 5ª ed., 2. tiragem, Rio de Janeiro, 1978, p. 555-6.

28 *"Die Anfechtung ist aber gegenstandlos, wenn eine unverrückbare prozessuale Lage eingetreten ist* (A impugnação fica porém sem objeto, se sobreveio uma situação processual irreversível)", lê-se em ROSENBERG-SCHWAB, *Zivilprozessrecht,* p. 382. Seria em princípio inútil, *v.g.,* anular convenção das partes que suspendeu o processo, depois de vencido o prazo da suspensão.

vel à anulação de atos "judiciais" nos termos do art. 486 do estatuto processual civil: conquanto esse dispositivo se refira precipuamente aos atos das partes praticados *em juízo*[29], e com frequência se realizem fora dele as convenções de que estamos cuidando, a identidade da *ratio* impõe uniformidade de tratamento. A ação anulatória, que pode fundar-se em vício da vontade, sujeita-se (salvo regra especial) ao prazo de decadência do art. 178, § 9º, nº V, do Código Civil; se já pendente o feito a que diz respeito a convenção, competente será, em princípio, o mesmo juízo; observar-se-á o procedimento comum (ordinário ou sumaríssimo, consoante o valor da causa: Código de Processo Civil, art. 275, nº I). O julgamento e, às vezes, a propositura mesma da ação anulatória podem influir na marcha e no desfecho do outro processo, tornando-se eventualmente cabível a suspensão deste segundo o art. 265, nº IV, letra *a,* 1ª parte[30].

8. A duas espécies de efeitos, conforme expõe a doutrina[31], é concebível que visem as convenções processuais. A vontade das partes pode ordenar-se a influir no modo de ser do processo, no conteúdo da relação processual, como acontece na eleição de foro e nas convenções sobre distribuição do ônus da prova, sobre suspensão do feito, sobre prorrogação de prazo, sobre adiamento da audiência: fala-se então, segundo a terminologia tedesca, em *Verfügungswirkungen,* expressão que traduziremos por *efeitos dispositivos.* Mas também se concebe que as partes queiram apenas criar, para uma delas ou para ambas, a obrigação de assumir determinado comportamento, de praticar ou deixar de praticar certo ato processual (não recorrer, desistir de recurso interposto, não

29 E não a quaisquer atos *do órgão judicial,* ao contrário do que parece a alguns: *vide* BARBOSA MOREIRA, *Comentários ao Código de Processo Civil,* v. V, p. 184-5, com referências bibliográficas em notas; cf., para o direito anterior, a propósito do art. 800, parágrafo único, do diploma de 1939, reproduzido quase *ipsis litteris* no atual art. 486, LIEBMAN, nota 21 às *Instituições* de CHIOVENDA, v. III, p. 21; MACHADO GUIMARÃES, Ato processual, *in Estudos de Direito Processual Civil,* Rio de Janeiro-São Paulo, 1969, p. 90-1, ambos com entendimento igual ao que agora adotamos.

30 Permitimo-nos ainda aqui remeter aos nossos *Comentários ao Código de Processo Civil,* v. V, p. 186 e s., o leitor interessado em mais amplo exame de todas essas questões.

31 Sobre o ponto, *vide* principalmente H.-J. HELLWIG, *Zur Zystematik des zivilprozessrechtlichen Vertrages,* p. 59 e s.

executar a sentença, desistir da ação ou da execução etc.): os autores de língua alemã usam aqui a denominação *Verpflichtungswirkungen,* traduzível por *efeitos obrigatórios*[32].

Os efeitos obrigatórios são, basicamente, extraprocessuais e subordinam-se, em linha de princípio, à disciplina civilística. Não se equiparam aos efeitos do próprio ato processual que qualquer das partes se haja comprometido a realizar[33]. Assim, por exemplo, enquanto a desistência total do recurso, validamente manifestada, produz a extinção do procedimento recursal e, inexistindo outro obstáculo, faz transitar em julgado a decisão recorrida, semelhante efeito não é capaz de surti-lo, por si só, a convenção pela qual o recorrente se obrigue a desistir. Em todo caso, na Alemanha, doutrina e jurisprudência[34], com fundamentação variável, têm admitido aí que o órgão *ad quem,* mediante provocação da outra parte, deva declarar inadmissível o recurso e negar-lhe conhecimento; a solução seria extensiva a casos análogos. Controvertida é a viabilidade de ação destinada a obter a condenação da parte a cumprir a obrigação convencionada de praticar ato processual[35]. A consequência normal do descumprimento – não raro muito

---

32 A distinção não é peculiar às convenções de que trata o presente estudo: pertence à teoria geral dos negócios jurídicos, que conhece a classificação destes em *Verfügungsgeschäfte* e *Verpflichtungsgeschäfte.* Consultem-se ao propósito, entre outros, VON TUHR, *Der Allgemeine Teil des Deutschen Bürgerlichen Rechts,* Berlim, 1957, v. II, t. I, p. 250; LARENZ, *Allgemeiner Teil des Deutschen Bürgerlichen Rechts,* Munique, 1967, p. 324 e s.; LANGE, *BGB – Allgemeiner Teil, 10ª ed.*, Munique, 1968, p. 255-6; GUHL-MERZ-KUMMER, *Das Schweizerische Obligationenrecht,* 6ª ed., Zurique, 1972, p. 104-5. Também a doutrina italiana distingue os *negozi dispositivi* e os *negozi obbligatori: vide,* por exemplo, CARIOTA FERRARA, *Il negozio giuridico nei diritto privato italiano,* Nápoles, s.d., p. 275.

33 SCHIEDERMAIR, *Vereinbarungen im Zivilprozess,* p. 74 e s.; BAUMGÄRTEL, *Wesen und Begriff der Prozesshandlung einer Partei im Zivilprozess,* p. 189, 272; H.-J. HELLWIG, *Zur Systematik des zivilprozessrechtlichen Vertrages,* p. 84-5.

34 *Vide* BLOMEYER, *Zivilprozessrecht,* Berlim-Göttingen-Heidelberg, 1963, p. 147-8; ROSENBERG-SCHWAB, *Zivilprozessrecht,* p. 375; BAUMGÄRTEL, *Wesen und Begriff der Prozesshandlung einer Partei im Zivilprozess,* p. 271; ZEISS, *El dolo procesal,* trad. esp., Buenos Aires, 1979, p. 1.034.

35 Em BAUMBACH-LAUTERBACH. *Zivilprozessordnung,* 30ª ed., Munique, 1970, p. 1.608. menciona-se a desistência da ação como exemplo de hipótese sujeita à incidência do § 894 ZPO (a que corresponde o art. 641 do nosso Código de Processo Civil). A maioria reputa não "acionável" a obrigação, assumida em convenção entre as partes, de realizar ato processual: assim WIECZOREK, *Zivilprozessordnung und Nebengesetze,* Berlim, 1958, v. IV, t. II, p. 1.007; BRUNS, *Zwangsvollstreckungsrecht,*

insatisfatória do ponto de vista prático – é o dever de ressarcir o dano causado à parte contrária.

Bem mais importantes são os efeitos dispositivos, que se produzem sempre diretamente no processo. A eficácia é, em regra, *imediata,* independente de homologação da convenção pelo juiz. Ainda a considerar-se limitado aos" atos processuais em sentido estrito" o âmbito da incidência *direta* do art. 158 do Código de Processo Civil ("Os atos das partes, consistentes em declarações unilaterais ou bilaterais de vontade, produzem imediatamente a constituição, a modificação ou a extinção de direitos processuais"), o qual destarte não abrangeria as convenções celebradas em sede extrajudicial, inexiste razão para que estas se submetam, no particular, a regime diverso. Assim, diante de convenção que distribua o *onus probandi* de modo diferente do previsto no art. 333, o que cabe ao órgão judicial é, pura e simplesmente, se for o caso, e desde que o ato não seja nulo, aplicar as regras convencionais, em vez das legais, para decidir a lide. Não há necessidade de pronunciamento homologatório, salvo disposição legal em contrário: *V.g.,* art. 677, § 2º, *fine,* do estatuto processual. O juiz conhece *ex officio* da convenção, desde que constante dos autos, independentemente de arguição da parte interessada em fazê-la valer, exceto quando a lei subordine o conhecimento à alegação, conforme se dá no que respeita ao compromisso (arts. 267, § 3º, *a contrario sensu,* e 301, § 4º).

Agosto de 1982.

Berlim-Frankfurt, 1963, p. 213; BAUMGÄRTEL, Die Klage auf Vornahme, Widerruf oder Unterlassung einer Prozesshandlung in einem bereits anhängigen Prozess, *in Festschrift für Hans Schima,* Viena, 1969, p. 41 e s. (com outras referências bibliográficas).

COMENTÁRIOS DOS ATUALIZADORES

CONVENÇÕES DAS PARTES SOBRE MATÉRIA PROCESSUAL

Paulo Cezar Pinheiro Carneiro / Paulo Cezar Pinheiro Carneiro Filho

O trabalho do Professor José Carlos Barbosa Moreira, escrito em 1982, foi o primeiro que abordou detidamente a matéria sobre convenções celebradas pelas partes em matéria processual.

Inicialmente, Barbosa Moreira examina o *nomen iuris* do instituto, destacando a sua preferência pela expressão *convenções processuais* a contratos processuais, avenças processuais ou acordos processuais. Para o Mestre, o Código de Processo Civil de 1973 já utilizava a expressão "convenções processuais" nos artigos 111; 181; 265, II; 333, parágrafo único; e 453, I, "de cunho mais técnico e, sobretudo, mais aderente à linguagem do Código".

O Código de Processo Civil de 2015, em seu artigo 190, permite às partes convencionarem sobre os seus ônus, poderes, faculdades e deveres processuais, antes ou durante o processo, desde que tenham por objeto direitos que admitam a autocomposição. Suprindo omissão legal, através de uma cláusula geral, o legislador fez inserir as chamadas convenções processuais ou negócios jurídicos processuais no Código de 2015.

O juiz, de ofício ou a requerimento de qualquer das partes, controlará a validade das convenções e somente poderá recusar-lhes aplicação nos casos de nulidade ou de inserção abusiva em contrato de adesão (parágrafo único, artigo 190).

Barbosa Moreira destaca que as declarações unilaterais não se confundem com atos, e que a lei subordina à concordância de um dos litigantes a possibilidade de o juiz deferir o requerimento formulado pela outra parte. Como exemplo, dentre alguns então mencionados, o Mestre cita a modificação do pedido ou da causa de pedir e a desistência da ação que, após a citação, dependem da concordância do réu.

O Mestre aponta também a previsão de convenção processual que depende de um ato do juiz, "que atue praticamente o avençado". Como exemplo, cita o artigo 453, I, do Código de Processo Civil de 1973, o qual outorga ao juiz o poder de designar nova data para a realização da audiência de instrução e julgamento adiada por convenção das partes. O Código de Processo Civil de 2015 regulou tal tipo de convenção – partes e juiz – no artigo 191, estabelecendo que eles poderão fixar calendário para a prática dos atos processuais.

Outra observação genial do Mestre foi ter antevisto a possibilidade de as partes celebrarem convenções processuais fora dos casos previstos pelo legislador. Segundo o entendimento de Barbosa Moreira, o Código de Processo de 1973 já admitia convenções das partes sobre matérias não previstas na lei, apesar dos receios da doutrina acerca da "entronização do processo convencional".

O Mestre se utiliza da expressão "liberdade de decisão" (*Entschlussfreiheit*) para fundamentar sua conclusão no sentido da possibilidade, embora limitada, de convenções processuais fora das hipóteses previstas em lei, como o caso da convenção para a dispensa de assistente técnico pelas partes.

Como mencionado anteriormente, o Código de 2015 contém cláusula geral – artigo 190, *caput* – que permite convenções atípicas entre as partes, com as restrições constantes do parágrafo único do mesmo artigo.

Outro ponto abordado pelo Mestre foi a capacidade do agente para celebrar a convenção processual. Sustenta que não seria necessário cumular os requisitos da capacidade civil e o de ser parte no processo. Assim, o espólio e o condomínio teriam capacidade para celebrar eventual convenção processual.

O legislador do Código de Processo Civil de 2015 caminhou no sentido sugerido pelo Mestre. Segundo a expressa dicção do artigo 190, "as partes plenamente capazes" têm legitimidade para celebrar a convenção processual.

Conforme já apontado pelo Mestre, a forma para se celebrar a convenção é livre, como previsto no artigo 190 do Código de Processo Civil de 2015, salvo determinação legal. Sobre a matéria, o Superior Tribunal de Justiça já decidiu que o negócio jurídico processual não pode dispor sobre ato regido por norma de ordem pública. Ao julgar o REsp nº 1.810.444/SP, a Quarta Turma do STJ entendeu que, no negócio jurídico processual, é vedado às partes convencionar sobre ato processual regido por norma de ordem pública, cuja aplicação é obrigatória.

A exigência da licitude e da possibilidade do objeto "deve reputar-se implícita no ordenamento processual". Neste caso, Barbosa Moreira lembra que as regras do Código Civil regulam pontos importantes, como a capacidade do agente, até porque "o direito processual é, no particular, menos rigoroso que o civil".

Barbosa Moreira passa a examinar os efeitos jurídicos das convenções processuais nulas e anuláveis. O ato nulo é declarado de ofício. Já as convenções anuláveis, segundo o Mestre, deveriam observar a ação anulatória que pode fundar-se em vício de vontade, e sujeita-se ao prazo previsto no artigo 178, parágrafo 9º, V, do Código Civil de 1916, para ser promovida.

O Código Civil de 1916 tratava o referido prazo como prescricional. Na linha sugerida pelo Mestre, o Código Civil de 2002 retificou o erro, passando a tratar o prazo como decadencial (art. 178, *caput*, Código Civil).

Barbosa Moreira, ao examinar os efeitos dispositivos e obrigatórios das convenções processuais, aponta uma fragilidade do sistema no sentido de que a parte não poderia ser obrigada a cumprir a obrigação convencionada, resolvendo-se em perdas e danos.

A Lei nº 8.952/94, que alterou o artigo 461 do Código de 1973, supriu a falha do sistema apontada por Barbosa Moreira, com a possibilidade da execução específica da obrigação contida na convenção processual. Hoje, a matéria encontra-se regulada no artigo 497 do Código de Processo Civil de 2015.

EFICÁCIA DA SENTENÇA E AUTORIDADE DA COISA JULGADA[1]

1. Recentes e substanciosas publicações doutrinárias repõem na ordem do dia problemas atinentes à eficácia da sentença e à autoridade da coisa julgada, e particularmente às relações entre esses dois fenômenos[2]. A circunstância estimula-nos a retomar o fio de precedentes reflexões sobre tais temas, cujos resultados expusemos em escritos que datam de vários anos[3]. Se no que se segue nenhuma contribuição significativa pudermos dar ao estudo de tão importantes questões, ao menos se justificarão as presentes linhas como tentativa de esclarecer e fundamentar melhor o nosso próprio entendimento, a que têm feito menção – sempre honrosa, ainda no caso de divergência – alguns dos trabalhos referidos de início.

Partiremos de considerações talvez demasiado óbvias, mas necessárias, ao que nos parece, para assentar as premissas do nosso raciocínio. Como todo ato jurídico, a sentença destina-se a produzir efeitos no mundo do direito; nesse sentido, pode-se dizer que toda sentença,

---

1 Trabalho publicado nos *Studi in onore di* TITO CARNACINI, e também na *Revista Brasileira de Direito Processual,* v. 32.

2 De LIEBMAN, a quem tanto deve o progresso da ciência no tratamento desses temas, apareceram importantes escritos: Urteilswirkungen und Rechtskraft, *in Zeitschrift für Zivilprozess,* v. 91, 1978, p. 449 e s., publicado em italiano *in Rivista di Diritto Processuale,* v. XXXIV, 1979, p. 1 e s., sob o título Effetti della sentenza e cosa giudicata; depois, Sentenza e cosa giudicata, recenti polemiche, in *Riv. di Dir. Proc.,* v. XXXV, 1980, p. 1 e s. Ambos podem ser lidos em português, no volume da 2. edição da tradução de *Efficacia ed autorità della sentenza (Eficácia e autoridade da sentença,* Rio de Janeiro, 1981), com notas de ADA PELLEGRINI GRINOVER, que também traduziu os textos posteriores à 1. edição. De ATTARDI, veja-se Il giudicato e un recente progetto di riforma, *in Rivista di Diritto Civile,* v. XXXV, 1979, p. 257 e s. (ao qual, em parte, constitui resposta o segundo artigo de LIEBMAN, cit. *supra).* No Brasil, ao interesse despertado pela reedição, em português, da clássica monografia liebmaniana, acrescente-se o suscitado por outros trabalhos relativos ao assunto: ADA PELLEGRINI GRINOVER, *Eficácia e autoridade da sentença penal,* São Paulo, 1978 (publicado também em italiano, com algumas alterações, *in Studi in onore di* ENRICO TULLIO LIEBMAN. Milão, 1979, v. 111. p. 1635 e s.); OVÍDIO A. BAPTISTA DA SILVA, *Sentença e coisa julgada,* Porto Alegre. 1979 (sobretudo o ensaio intitulado *Eficácias da sentença e coisa julgada,* p. 95 e s. do volume).

3 Ainda e sempre a coisa julgada, *in Direito Processual Civil* (Ensaios e pareceres), Rio de Janeiro, 1971, p. 133 e s.; Coisa julgada e declaração, *in Temas de Direito Processual,* São Paulo, 1977, p. 81 e s.

enquanto tal, é dotada de certa "eficácia", designando-se aqui por esse termo a aptidão, *in abstracto,* para surtir os efeitos próprios. A questão muda de aspecto quando passamos de uma perspectiva *potencial* para uma perspectiva *atual,* isto é: quando nos interessamos pelos efeitos que esta ou aquela sentença é capaz de produzir *in concreto.* Também à semelhança dos outros atos jurídicos, pode acontecer que a sentença, apesar de destinada à produção de tais ou quais efeitos, na verdade não os produza, ou só os produza em parte, ou apenas para determinadas pessoas, e assim por diante. Nesta segunda perspectiva é que nos situaremos sempre que aludirmos, neste estudo, à "eficácia" da sentença. E em semelhante contexto é que surge e reclama exame a questão do *momento* a partir do qual se irradiam os seus efeitos.

A eficácia dos atos jurídicos, em linha de princípio, pode manifestar-se desde o próprio momento em que são praticados, ficar diferida para momento posterior, ou até reportar-se a momento anterior. Tudo isso depende do ordenamento positivo: diretamente, quando ele mesmo regula o ponto; indiretamente, quando concede a alguém a possibilidade de regulá-lo. O fenômeno é observável em todos os setores da vida jurídica, e tanto no que concerne a atos de particulares, quanto a atos de órgãos públicos, respeitadas as restrições porventura constantes do próprio *ius positum.* Dentro desses limites, a decisão sobre o começo da eficácia atenderá a critérios de conveniência, inspirados nas necessidades práticas em jogo.

Não há supor que a sentença constitua exceção à regra. Muito ao contrário: a experiência universal, no particular, revela extensa gama de soluções, variáveis não apenas de um para outro ordenamento, mas também de caso para caso, no interior de um mesmo sistema jurídico. Toca à lei determinar se a sentença há de surtir efeitos tão logo seja proferida, ou somente a partir de outro instante, podendo até ocorrer que, uma vez eficaz, ela projete os seus efeitos, ou alguns deles, para o passado, em ordem a atingir atos praticados anteriormente: assim, por exemplo, no direito brasileiro, a sentença que decreta a falência torna ineficazes certos atos pretéritos, realizados no termo legal (Decreto-lei nº 7.661, de 21-6-1945, art. 52, nº I, II, III). Nos sistemas jurídicos que admitem a impugnação da sentença por meio de recursos – conforme se dá na generalidade dos ordenamentos atuais –, a lei pode dispor que os efeitos sentenciais se produzam, no todo ou em parte, desde logo, independentemente da circunstância de ainda caber recurso, ou só quando já nenhum caiba, ou quando já não caiba o recurso *x,* conquanto ainda caiba o recurso *y*, ou o recurso z. Pode também fazer variar a disciplina segundo a espécie de sentença, ou o seu objeto, ou o seu teor, de modo que a sentença *a* será imediatamente eficaz, enquanto a sentença *b* só o será depois de esgotadas as vias recursais, ou alguma(s) delas. Não fica excluída *a priori*, é claro, a hipótese de estabelecer-se que a sentença produza efeitos desde logo, mas deixe de produzi-los caso sobrevenha a interposição de recurso. Tampouco a eventualidade de conferir-se ao órgão judicial – àquele de que emanou a decisão ou a outro – o poder de decidir se a sentença, sujeita embora a recurso, terá ou não eficácia imediata.

Todas essas soluções são concebíveis, e para todas ministra ampla ilustração o direito comparado. A pergunta: "quando começa a sentença a produzir efeitos?" Não é possível responder senão à luz do *ius positum*. A única resposta genérica é esta: a sentença começa a produzir efeitos no momento fixado pela lei, ou por quem a lei autorize a fixá-lo[4].

2. Também compete ao direito positivo dizer se um ato jurídico pode e, no caso afirmativo, em que termos e sob que condições – ser eliminado ou substituído, por qualquer das formas imagináveis. E aqui, igualmente, vale para a sentença o que se afirma para os atos jurídicos em geral. Concebe-se a existência de ordenamento em que as sentenças, ou algumas delas, sejam indefinidamente passíveis de ver-se anuladas, modificadas no todo ou em parte, ou simplesmente substituídas por outras de conteúdo igual, quer se permita esse resultado pela multiplicação ilimitada do número de recursos, quer pela outorga de liberdade ao juiz para,

4 Eis porque não se nos afigura próprio falar de uma "eficácia *natural* da sentença", no sentido de eficácia que a sentença, por natureza, houvesse de manifestar, em princípio, desde que proferida, independentemente de qualquer outro pressuposto, *"come formulazione della concreta volontà dello Stato per il caso deciso"*: assim LIEBMAN, *Efficacia ed autorità della sentenza,* Milão, 1962, reimpressão, p. 112; substancialmente no mesmo sentido, *Effetti della sentenza e cosa giudicata,* cit., p. 2, onde se alude à eficácia da declaração *"alio stato naturale"*. A rigor, inexiste uma eficácia "natural" da sentença, distinta da sua eficácia "legal". A "natureza" da sentença, e com ela a sua eficácia, não podem ser outras senão aquelas previstas na lei: trata-se, convém repetir, de simples questão de direito positivo – conforme, aliás, reconhece o próprio LIEBMAN, em termos expressos e explícitos, desde *Ancora sulla sentenza e sulfa cosa giudicata,* no v. cit. de início nesta nota, p. 137. A sentença surtirá efeitos antes do trânsito em julgado *se* (e *na medida em que)* a lei assim determinar; e depende do *ius positum,* só dele, que tais efeitos, a existirem, se produzam *"in via normale"* – para usar a expressão de CARPI, *L'efficacia "ultra partes" della sentenza civile,* Milão, 1974, p. 23 – ou com caráter de exceção.

noutro processo, voltar a decidir, de maneira idêntica ou não, aquilo que já se decidira no anterior. Parece que se podem apontar exemplos históricos de sistemas jurídicos com essa característica[5]; e, mesmo em nosso tempo, deparam-se manifestações ao menos parciais do fenômeno: assim, no direito canônico sujeitam-se a uma série em princípio indefinida de reexames as causas relativas ao estado das pessoas *(Codex Iuris Canonici,* cân. 1.903)[6].

De outro lado, a imensa maioria dos ordenamentos prefere restringir as possibilidades de revisão, limitando o elenco dos recursos e proibindo – ao menos em relação a certas sentenças – que, extinto o processo, e com ressalva de hipóteses excepcionais, se torne a apreciar em juízo a matéria decidida. Quer dizer: apõe-se à sentença, a partir de determinado momento, o selo da imutabilidade, com extensão menor ou maior, conforme se exclua apenas nova cognição sobre o mesmo objeto no processo em que for proferida a sentença, ou em qualquer outro eventual processo. Como é notório, no primeiro caso fala-se da coisa julgada *formal;* no segundo, de coisa julgada *material.* Acrescente-se que ainda ao direito positivo cabe discriminar os casos em que a imutabilidade é restrita e os casos em que é irrestrita; tudo que se pode observar, em termos muito genéricos, é a *tendência* dos legisladores a reservar para as sentenças de mérito a proteção, bem mais intensa, da coisa julgada material.

A preocupação do rigor impõe notar, neste ponto, que alguns sistemas jurídicos reputam passada em julgado a sentença desde que não mais sujeita a *certos* recursos, enquanto outros só a consideram tal quando totalmente preclusas as vias recursais[7]. Mesmo os do segundo

---

5 CHIOVENDA, *Principii di diritto processuale civile,* reimpressão, Nápoles, 1965, p. 906-7.

6 Parece irrelevante, do ponto de vista em que nos situamos no texto, que os sucessivos reexames possam ocorrer em processos distintos ou somente *no mesmo,* por meio da interposição de novos recursos, consoante prefere entender ATTARDI, *Il giudicato e* un *recente progetto di riforma,* cit., p. 280-1, em objeção a argumento tirado por LIEBMAN, com a nossa adesão, do cân. 1.903 (cf. acerca do ponto, a nota 12, *infra).*

7 No primeiro caso estão, por exemplo, o direito italiano *(Codice di procedura civile,* art. 324) e o português (Código de Processo Civil, art. 677); 110 segundo, o brasileiro (Código de Processo Civil, art. 467) e o alemão ocidental *(ZPO,* § 705). Peculiar é a sistemática do ordenamento francês, no qual se atribui à sentença a *"autorité de la chose jugée"* desde a prolação *(Code de procédure civile,* art. 480), ao passo que a preclusão dos recursos suspensivos lhe confere a *"force de chose jugée",* e a de todos os recursos a torna "irrévocable": *vide* VINCENT, *Procédure civile,* 19: ed., Paris, 1978, p. 99.

grupo, todavia, admitem às vezes a impugnação da sentença irrecorrível, mediante uma ação autônoma[8]. A referência à imutabilidade, portanto, deve entender-se com o clássico grão de sal: mais exato será dizer que, formada a *res iudicata,* a sentença se torna *normalmente* imutável, e apenas por exceção poderá ainda cair, em casos de suma gravidade, taxativamente arrolados. Observe-se também que uns poucos ordenamentos submetem a causa, em determinadas hipóteses, à revisão *obrigatória* por órgão judicial superior[9], de sorte que, embora não interposto (e não mais interponível) qualquer recurso, nem por isso se forma desde logo a coisa julgada. Essas circunstâncias, porém, não modificam substancialmente os dados do problema, e delas, em certa medida, é lícito abstrair, por amor à comodidade da exposição.

3. A eficácia da sentença e a sua imutabilidade suscitam duas ordens de questões inconfundíveis e, em linha de princípio, autônomas[10]. Do ponto de vista conceptual, nada nos força a admitir correlação necessária entre os dois fenômenos. O mais superficial exame do que se passa no mundo do direito mostra que é perfeitamente normal a produção de efeitos por ato jurídico suscetível de modificação ou desfazimento. Mostra também que podem deixar de manifestar-se, ou ver-se tolhidos ou alterados, os efeitos de um ato jurídico, não obstante permaneça este, em si, intacto, assim como podem subsistir, no todo ou em parte, os efeitos de um ato jurídico que se modifica ou se desfaz; em outras palavras: mostra que a subsistência *do ato* e a subsistência *dos efeitos* são coisas distintas, sem obrigatória implicação recíproca. A parêmia *sublata causa, tollitur effectus,* no campo do direito, significará quando muito que, desfeito o ato, *daí em diante* cessa de surtir efeitos; não significa necessariamente mais

8 Ação rescisória do direito brasileiro (Código de Processo Civil, arts. 483 e s.); *Wiederaufnahme des Verfahrens* do alemão ocidental *(ZPO,* §§ 578 e s.).

9 Código de Processo Civil brasileiro, art. 475 (além de vários dispositivos de leis extravagantes); *Código de Procedimiento Civil* colombiano, art. 386; *Código de Procedimiento Civil* boliviano, art. 197.

10 Nisto estamos de pleno acordo com a posição sempre sustentada por LIEBMAN, desde *Efficacia ed autorità della* sentenza, cit., *passim* (cf. *Manuale di diritto processuale civile,* v. III, 3ª ed., Milão, 1976, p. 142; *Sentenza e cosa giudicata: recenti polemiche,* cit., p. 3). Claro, porém, que a distinção não autoriza, por si só, a inferência de que a sentença se torna eficaz antes de tornar-se imutável – o que poderá acontecer ou não, de acordo com o direito positivo *(vide, infra,* em nosso texto, o item nº 4).

do que isso. Quanto à relação entre eficácia e imutabilidade, nada existe que vincule *a priori* aquela a esta, ou esta àquela.

Fácil compreender, pois, que, embora n sentença se destine a produzir efeitos jurídicos, nem por isso se destina necessariamente a tornar-se imutável. A imutabilidade não é conatural à sentença – e isso continuaria a ser verdade mesmo que porventura não existissem, nem jamais tivessem existido, sentenças indefinidamente passíveis de modificação. Se as leis em regra excluem tal possibilidade e fazem imutável a sentença a partir de certo momento, o fato explica-se por uma opção de política legislativa, baseada em óbvias razões de conveniência prática[11].

A objeção básica que se costuma fazer a semelhante asserto diz respeito ao elemento declaratório, presente – segundo a *communis opinio* – em todas as sentenças, e com exclusividade naquelas que, por essa razão, recebem a denominação de meramente declaratórias. Uma declaração – argumenta-se – desprovida da aptidão para impor-se em caráter definitivo e irreversível de nada vale como certificação oficial da existência ou da inexistência de uma relação jurídica. Mas o argumento, afinal de contas, reduz-se à observação, bastante trivial, de que um pronunciamento de vida precária, sujeito a ver-se contraditado por outro, tem praticamente escassa utilidade. Nisso se pode convir sem grandes reservas[12], cabendo apenas notar que não se trata, a rigor, de uma peculiaridade *da declaração,* ou *do elemento declaratório:* igual inconveniente haverá sem dúvida, *v.g.,* na eventual controvertibilidade da *modificação jurídica* operada por sentença constitutiva.

---

11 Já o frisava CHIOVENDA, *Principii,* cit., p. 907.

12 Em todo caso – e o ponto não escapou à atenção de LIEBMAN: *vide Efficacia ed autorità della sentenza,* cit., p. 13 –, existem atos declaratórios *não jurisdicionais* (administrativos" por exemplo), e portanto inidôneos para revestir-se da autoridade da coisa julgada, sem que o fato constitua motivo de perplexidade, nem se rotulem de patológicas semelhantes hipóteses. Recorde-se, ainda com LIEBMAN, *Effetti della sentenza e cosa giudicata,* cit., p. 3-4, que o próprio trânsito em julgado não assegura em termos *absolutos* a imutabilidade da sentença (ou, se se preferir, da declaração nela contida), à vista da existência dos remédios excepcionais a que se aludiu no último parágrafo do item nº 2, *supra;* ora, é pacífico que a possibilidade da desconstituição por tal via não obsta à produção (embora talvez temporária) de *todos* os efeitos da sentença porventura sujeita a esse tipo de impugnação. *Vide,* para o direito brasileiro, BARBOSA MOREIRA, *Comentários ao Código de Processo* Civil, v. V, 4ª ed., Rio de Janeiro, 1981, p. 131, com outras referências bibliográficas.

Daí a dizer que não se concebe declaração sem imutabilidade, entretanto, a distância é grande. Enquanto não sobrevenha outro pronunciamento que a nulifique, ela valerá como norma de conduta para as partes; e a possibilidade de que venha a cair nem sequer diminui a força com que atua durante o tempo de sua existência, do mesmo modo que a lei não vale *menos* como lei, enquanto vigora, pelo mero fato de ser revogável. Acaso *nada* valem, no direito canônico, as sentenças declaratórias de estado, em razão do disposto no cân. 1.903?[13]

4. Assente a distinção entre o fenômeno da eficácia da sentença e o da coisa julgada, bem como a independência conceptual de qualquer deles em face do outro, importa verificar se o direito positivo estabelece entre ambos alguma relação; e, na hipótese afirmativa, qual. Conforme bem se compreende, essa é uma verificação que há de ser empreendida à luz de cada ordenamento jurídico, e pode naturalmente levar a resultados muito diversos, de caso para caso.

No processo civil brasileiro, em regra, a sentença só começa a produzir efeitos a partir do trânsito em julgado, isto é, do momento em que deixa de estar sujeita a impugnação por meio de recurso, ou a reexame necessário em segundo grau de jurisdição. Pode-se, é óbvio, simpatizar ou não com o princípio, augurar *de lege ferenda* o respectivo abandono, ou pelo menos a ampliação dos poucos temperamentos que ele com-

---

13 Segunda ATTARDI, *Il giudicato e un recente progetto di riforma*, cit., p. 281, nesse caso *"la possibilità, più o meno limitata, di rinnovati riesami della controversia in sede di gravame rappresenta solo esclusione o attenuazione della immutabilità della sentenza, e dunque della cosa giudicata formale, ma non incide direttamente sulla forza vincolante dell'accertamento giudiziale al di fuori del processo"* (cf., *supra*, a nota 5). Sem que se torne necessário discutir o ponto, basta-nos o fato de produzirem efeitos, no direito canônico, as sentenças declaratórias de estado, apesar da "exclusão ou atenuação" da respectiva imutabilidade, para evidenciar que, *mesmo sem esta* é concebível, uma vez que ocorre, a eficácia da declaração: *ab esse ad posse valet argumentum*. Tal eficácia, a nosso ver, não se identifica no plano conceptual com a *"forza vincolante"* a que se refere ATTARDI, no trecho transcrito e noutros subsequentes; de resto – como, a esta altura, já deve ser óbvio –, não podemos acolher, ao menos para o direito brasileiro, a tese liebmaniana da vinculação de outros juízes à sentença (e, pois, à declaração nela contida) *ainda antes* do trânsito em julgado. Nossa concordância com LIEBMAN cinge-se aqui à negação de que seja intrinsecamente contraditória, ou praticamente irrealizável, a ideia de uma declaração judicial desprovida do atributo da imutabilidade. Por isso, e só por isso, é que invocamos o cân. 1.903 do *Codex Juris Canonici* (de 1917).

porta. O que não se pode é duvidar, *de lege lata,* de que o princípio seja esse, e não o oposto. Ele se infere do exame sistemático de várias normas. Os efeitos dos recursos, determinados na lei, variam de um para outro; e, na apelação, conforme a sentença impugnada. Ora, quanto a este último recurso, o Código de Processo Civil enuncia a regra da suspensividade (art. 520, *caput,* 1ª parte) e indica em termos expressos as hipóteses excepcionais de não suspensividade (art. 520, 2ª parte). No tocante aos outros, apenas quando se *nega* efeito suspensivo ao recurso é que o ponto vem expressamente disciplinado: assim para o recurso extraordinário (arts. 497, 1ª parte, e 543, § 4º) e (em regra) para o agravo de instrumento (art. 497, 2ª parte)[14]. É pacífico na doutrina e na jurisprudência que produz efeito suspensivo o recurso de embargos infringentes, a despeito do silêncio da lei[15]; e o mesmo se pode dizer das restantes figuras recursais, em relação às quais tampouco existe disposição expressa sobre os efeitos[16].

A conclusão vê-se corroborada pelos dizeres do art. 475, referente aos casos de submissão obrigatória do litígio ao reexame em segunda instância: "Está sujeita ao duplo grau de jurisdição, *não produzindo efeito* senão depois de confirmada pelo tribunal, a sentença: I - que anular o casamento; II - proferida contra a União, o Estado e o Município; III - que julgar improcedente a execução de dívida ativa da Fazenda Pública (art. 585, nº VI)". Consoante evidencia o texto, a mes-

---

14 A vista dessas normas e dos dados que se alinham, a seguir, em nosso texto. não podemos concordar com ADA PELLEGRINI GRINOVER, nota 1 ao § 3º da 2ª ed. da tradução de *Efficacia ed autorità della sentenza,* cit., p. 64, quando escreve: "é a lei, caso por caso, que atribui suspensividade aos recursos". Ela só o faz, a título absolutamente *excepcional,* para o agravo de instrumento, nas hipóteses do art. 558 do Código de Processo Civil.

15 *Vide,* por exemplo: PONTES DE MIRANDA, *Comentários ao Código de Processo Civil,* t. VII, Rio de Janeiro, 1975, p. 367; SÉRGIO BERMUDES, *Comentários ao Código de Processo Civil,* v. VII, 2ª ed., São Paulo, 1977, p. 206; JOSÉ FREDERICO MARQUES, *Manual de Direito Processual Civil,* v. III, 3ª ed., São Paulo, 1978, p. 149; AMARAL SANTOS, *Primeiras linhas de Direito Processual Civil,* 3º v., 3ª ed., São Paulo. 1979, p. 139; MONIZ DE ARAGÃO, *Embargos infringentes.* 2ª ed., São Paulo, 1974, p. 123; BARBOSA MOREIRA, *Comentários,* cit., p. 602; Tribunal de Justiça do *Rio* de Janeiro, 14-9-1976, in EDSON PRATA, *Repertório de Jurisprudência do Código de Processo Civil,* 10º v., São Paulo, 1977, p. 3069, nº 2.588.

16 Assim, *v.g.,* os "embargos de divergência" no Supremo Tribunal Federal (Código de Processo Civil, art. 546, parágrafo único), quanto ao acórdão embargado: BARBOSA MOREIRA, *Comentários,* cit., p. 708.

ma causa que impede o trânsito em julgado igualmente obsta à eficácia da sentença[17].

A título de *exceção,* pode a sentença produzir efeitos, no todo ou em parte, antes do trânsito em julgado:

a) quando só impugnável mediante recurso desprovido de efeito suspensivo;

b) mesmo quando sujeita a recurso de efeito suspensivo, em hipóteses raríssimas, taxativamente previstas na lei: assim, a sentença condenatória pode, nessa circunstância, servir de pressuposto da concessão do arresto (art. 814, parágrafo único) ou do sequestro (art. 822, nº II) e constituir título para a hipoteca judiciária (art. 466, *caput* e parágrafo único, nº III)[18].

Convém assinalar que o normal impedimento à eficácia da sentença, nos casos de impugnabilidade por meio de recurso de efeito suspensivo, não resulta da *interposição* deste, mas a *precede.* Seria errôneo pensar que, enquanto não interposto o recurso, a sentença produz efeitos, e só com a interposição deixa de produzi-los. Veja-se que o art. 521, 2.3 parte, claramente faz depender do *recebimento* da apelação, sem efeito suspensivo, a possibilidade de executar-se provisoriamente a sentença: contravém de modo frontal a essa prescrição entender que o efeito executivo, no outro caso, se manifesta desde logo, ficando apenas sujeito a cessar se e quando vier a apelação a ser interposta. A rigor, portanto, sem embargo da expressão tradicional, não é ao *recurso,* e nem sequer à pendência do prazo de interposição, mas à simples *recorribilidade,* que corresponde o efeito de tolher eficácia à sentença; antes se deveria falar, destarte, de efeito *impeditivo* que de efeito *suspensivo,* pois na verdade não há o que *suspender:* a eficácia da sentença nem sequer começou a manifestar-se[19].

---

17 É indiscutível que, nas hipóteses do art. 475, não se forma a *coisa* julgada sobre a sentença sujeita à revisão (em termos explícitos: AMARAL SANTOS, *Comentários ao Código de Processo Civil,* v. IV, 2ª ed., São Paulo, 1977, p. 499; BARBOSA MOREIRA, O *novo processo civil brasileiro,* v. I, 4ª ed., Rio de Janeiro, 1980. p. 140). A redação do dispositivo torna claro que – à semelhança do que se passa, em regra, nos casos de recorribilidade – aqui tampouco se manifestam efeitos sentenciais anteriormente ao trânsito em julgado.

18 Ao propósito, BARBOSA MOREIRA, *Comentários,* cit., p. 537-9, com outras referências bibliográficas.

19 Também a este respeito, remetemos o leitor ao nosso volume de *Comentários,* cit., p. 292-3. Exato ou inexato que seja *para* o *direito italiano,* o entendimento de LIEB-

5. Toda sentença, meramente declaratória ou não, contém a norma jurídica concreta que deve disciplinar a situação submetida à cognição judicial[20]. À vista do que acima se expôs, é lícito afirmar que – ao menos no direito brasileiro – essa norma jurídica concreta, em regra, só começa a atuar, e por conseguinte só se torna vinculativa (inclusive para os juízes de outros eventuais processos, em se tratando de coisa julgada *material)*, a partir do momento em que a sentença se reveste da característica da imutabilidade.

Em determinado instante, pois, a sentença experimenta notável modificação em sua condição jurídica: de mutável que era, faz-se imutável – e, porque imutável, faz-se indiscutível, já que não teria sentido permitir-se nova discussão daquilo que não se pode mudar. O art. 467 do Código de Processo Civil faz questão de explicitar ambos os aspectos: o da imutabilidade e o da indiscutibilidade, que para nós é consequência necessária do primeiro[21]. Afrontando os notórios perigos das definições legais, assim dispõe: "denomina-se coisa julgada material a eficácia, que torna imutável e indiscutível a sentença, não mais sujeita a recurso ordinário ou extraordinário".

MAN, segundo o qual a sentença, mesmo apelável, *nasce eficaz*, e só depois (desde a pendência do prazo de interposição) tem suspensa a sua eficácia (assim, ainda na última formulação do pensamento liebmaniano: *Sentenza e cosa giudicata: recenti polemiche*, cit., p. 5-6), de maneira alguma seria possível acolhê-lo quanto ao ordenamento brasileiro – até porque o art. 520 do Código de Processo Civil, invocado pelo mestre em abono de sua tese (trab. cit., p. 6, nota 8, *fine)*, há de ser interpretado em conjugação com o art. 521, 2ª parte, que exclui categoricamente a suposição de uma eficácia executiva *imediata* da sentença condenatória, *mesmo* nos casos do art. 520, 2ª parte! Mas na própria doutrina peninsular está longe de ser tranquila a posição adotada por LIEBMAN: *vide*, por exemplo, a longa e penetrante elaboração de CERINO-CANOVA, *Le impugnazioni civili*. Pádua, 1973, p. 57 e s. (especialmente, na p. 59, a crítica à denominação *"mezzi sospensivi": "Invero, poiché l'efficacia non preesiste all'impugnazione, questa non può correlativamente sospenderla")*.

---

20 *Não* limitamos ao elemento *declaratório* a norma jurídica concreta, ao contrário do que parece entender OVÍDIO A. BAPTISTA DA SILVA, *Sentença e coisa julgada*, cit., p. 105: razão pela qual, decerto, supôs que incorrêssemos em contradição quando sustentamos *(Coisa julgada e declaração*, cit., p. 82 e s.) – aí em consonância com LIEBMAN, *Efficacia ed autorità della sentenza*, cit., p. 15 – a extensão da *auctoritas rei iudicatae* da sentença constitutiva à modificação jurídica que ela decreta. Cf., *infra*, a nota nº 22.

21 Já o acentuáramos em *Coisa julgada e declaração*, cit., p. 88, nota 17.

Sugere o texto algumas observações. A primeira é a de que ele não parece refletir com total fidelidade o fenômeno descrito: não é a coisa julgada material, em nosso modo de ver, que *torna* imutável e indiscutível a sentença, como se entre "coisa julgada material", de um lado, e "imutabilidade e indiscutibilidade", de outro, houvesse relação de causa e efeito – o que a rigor só seria possível se a coisa julgada material *preexistisse* à imutabilidade e à indiscutibilidade. Se algo *torna* imutável e indiscutível a sentença, no sentido de que a faz passar a semelhante condição, será antes o *trânsito em julgado* (assim entendida a preclusão das vias recursais e, nos casos do art. 475, também o exaurimento do duplo grau de jurisdição) do que propriamente a coisa julgada material. Quanto a esta, só começa a existir no mesmo instante em que a sentença deixa de ser mutável e discutível, de modo que logicamente – repita-se – não há como atribuir-lhe a virtude de *torná-la* tal.

Fica, por outro lado, um tanto equívoca, no art. 467, a alusão à "eficácia", atributo que o legislador se dispensou de esclarecer a que entidade pertence. Que é que tem, para o Código, a eficácia de tornar imutável e indiscutível a sentença? De duas respostas pode-se aqui cogitar: *a)* a eficácia é da própria sentença; *b)* a eficácia é do fato de já não estar a sentença "sujeita a recurso ordinário ou extraordinário", ao qual se refere a parte final do dispositivo.

A ser verdadeira a resposta *a*, ter-se-ia o Código atrelado – surpreendentemente – à concepção doutrinária[22] que vê na coisa julgada material um efeito da sentença, ou mais precisamente um efeito da declaração contida na sentença *(Feststellungswirkung,* na terminologia alemã). Que tal concepção se nos afigura inaceitável, parece ocioso acrescentar, à vista de quanto ficou dito nas páginas anteriores: para nós, a eficácia da sentença e a coisa julgada material são fenômenos conceptualmente distintos e, em linha de princípio, independentes, sem prejuízo da vinculação puramente *contingente,* que a lei pode (e costuma) estabelecer entre eles no plano *cronológico,* escolhendo o mesmo e único instante para marcar o surgimento da coisa julgada material e o começo (normal) da produção dos efeitos sentenciais.

22 Dominante, como é notório, na Alemanha, desde HELLWIG, *Wesen und subjektive Begrenzung der Rechtskraft,* Aalen, 1967, reimpressão, p. 1 e s.; cf., na mais recente literatura, ROSENBERG-SCHWAB, *Zivilprozessrecht,* 13ª ed., Munique, 1981, p. 919. No Brasil aderem basicamente a semelhante modo de pensar: PONTES DE MIRANDA, *Comentários,* cit., t. V, Rio de Janeiro, 1974, p. 123, 203, 205, 206 e s. etc.; CELSO NEVES, *Contribuição ao estudo da coisa julgada civil,* São Paulo, 1970, p. 443 e s. (cf. a conclusão nº 7, na p. 505); OVÍDIO A. BAPTISTA DA SILVA, *Sentença e coisa julgada,* cit., p. 98 e s.

Deve preferir-se a interpretação que se liga à resposta *b*. De qualquer modo, a fórmula é incompleta: nos casos do art. 475 (e noutros análogos), não basta que a sentença já não se sujeite a recurso para fazer surgir a coisa julgada material, que não se forma sem o reexame em segundo grau de jurisdição, pouco importando, por exemplo, que ninguém haja interposto apelação no prazo legal, ou que o vencido tenha renunciado ao direito de recorrer, e assim por diante. Com essa ressalva, porém, a parte do texto que agora se focaliza, compreendida como aqui sugerimos, fica no essencial aderente à realidade.

6. Consideração especial merece outro ponto, para o qual é justo abrir este novo item. No Anteprojeto elaborado por ALFREDO BUZAID (art. 507) e no Projeto submetido ao Congresso Nacional (art. 471), definia-se a coisa julgada material como "a eficácia, que torna imutável e indiscutível o *efeito* da sentença, não mais sujeita a recurso ordinário ou extraordinário". Por força de emenda apresentada no Senado Federal, passou a redação a ser a que hoje se vê no art. 467 do Código, onde os atributos "imutável" e "indiscutível" se ligam à própria sentença, e não ao seu efeito.

Julgamos acertada a modificação. Sem embargo da imensa autoridade com que foi proposta, e da acolhida favorável que teve em respeitabilíssimos setores da doutrina, jamais nos pareceu convincente a ideia de projetar sobre os *efeitos* da sentença as características de imutabilidade e incontrovertibilidade, relacionadas com a coisa julgada material. Na sentença, reitere-se, formula o juiz a norma jurídica concreta que deve disciplinar a situação levada ao seu conhecimento. Essa norma jurídica concreta, enquanto referida *àquela* situação, sem dúvida se destina, desde que a sentença passe em julgado, a perdurar indefinidamente, excluídas a possibilidade de vir a emitir-se outra norma concreta e a relevância jurídica de qualquer eventual contestação ou dúvida.

Não se destinam a perdurar indefinidamente, contudo, os efeitos da sentença passada em julgado. O efeito executivo da sentença condenatória, *v.g.*, destina-se, em princípio, à exaustão: acaso restará dele algum vestígio, por exemplo, depois da execução forçada? O efeito da sentença constitutiva, que se identifica com a nova situação jurídica gerada[23], é

23 A raiz do mal-entendido a que se aludiu na nota 19, *supra*, talvez consista em que – diversamente do que parece pensar OVÍDIO A. BAPTISTA DA SILVA, *Sentença e coisa julgada*, cit., p. 105, *verbis:* "a modificação (efeito constitutivo) é uma coisa

obviamente passível de futuras modificações, e até de completo desaparecimento, caso as partes, sendo possível, se disponham a restaurar, por acordo de vontades, a situação anterior. A sentença meramente declaratória "certifica" em caráter oficial a existência ou a inexistência de uma relação jurídica; mas é claro que, após o trânsito em julgado, pode extinguir-se a relação jurídica declarada existente, ou nascer a relação jurídica declarada inexistente - e com isso, à evidência, cessa o efeito "certificativo" da sentença.

Não invalida essa argumentação o esclarecimento de que, "com referência à situação existente ao tempo em que a sentença foi prolatada, os efeitos que ela produziu são e permanecem tais como nela estabelecidos, sem que se possam repor em discussão, em juízo ou fora dele, até que intervenham fatos novos, a criar situação diversa, que substitua aquela que constituiu objeto da sentença"[24]. Aliás, com dizê-lo, seja-nos permitido assinalar, a rigor se reconhece, em última análise, que os efeitos na verdade *se sujeitam a mudar* - ou, o que dá no mesmo, a ser repostos em discussão - desde que sobrevenham fatos novos capazes de alterar a situação contemplada na sentença; e tanto basta para que já não se afigure exato falar, *sic et simpliciter*, de "imutabilidade dos efeitos".

A nosso ver, porém, o que se coloca sob o pálio da incontrastabilidade, "com referência à situação existente ao tempo em que a sentença foi prolatada", não são os efeitos, mas a própria sentença, ou, mais precisamente, a norma jurídica concreta nela contida[25]. Assim, posto que o

---

mutável por natureza" -, a nosso ver *a modificação* não constitui *efeito*, mas integra o *conteúdo* da sentença constitutiva (e, portanto, a norma jurídica concreta). Efeito será, isso sim, *a situação nova conseqüente à modificação;* tal situação é que sem dúvida se pode considerar "mutável por natureza". Para raciocinar com a desejável nitidez sobre esses pontos, cumpre ter sempre em mente que uma coisa é *a modificação* (o ato de modificar), outra é *o seu efeito* (a situação criada por força do ato). Ora, se o ato de modificar está na própria sentença constitutiva - conforme aliás reconhece o próprio autor supracitado, em obra mais recente: "(...) a sentença constitutiva tem, *inclusa* em si mesma, o *ato* modificativo do mundo jurídico" *(A ação de imissão de posse,* São Paulo, 1981. p. 71; grifos do original) -, então nenhuma incoerência existe em reputá-lo coberto pela coisa julgada (logo, imutável) e simultaneamente excluir do alcance dessa imutabilidade a situação que representa o efeito da sentença.

---

24 LIEBMAN, *Effetti della sentenza e cosa giudicata,* cit., p. 7.

25 *"Il vero"* - conforme escreveu ALLORIO em trabalho já não muito recente - *"e che immutabili non sono gli effetti della sentenza: immutabile e la sentenza stessa"* (Na-

devedor venha a pagar a dívida, e com esse ato faça desaparecer o efeito "certificativo" da sentença que a declarara existente, jamais se poderá voltar a pôr em dúvida, de maneira juridicamente relevante, que, para a situação considerada na sentença, devia ser aquela, e não outra, a norma jurídica concreta. Suponhamos que o vencido, tendo pago a dívida, proponha ação para reaver o que pagou, alegando que o pagamento fora indevido, porque inexistente a obrigação. É inquestionável que a tanto obstará a coisa julgada. Não, todavia, por causa do *efeito* da sentença anterior, que a essa altura já cessou, em virtude do próprio pagamento. A subsistência do obstáculo, apesar disso, mostra que ele não consiste na imutabilidade (ou na indiscutibilidade) *do efeito,* mas na imutabilidade (e na incontrovertibilidade) *da sentença mesma,* ou da norma jurídica concreta nela enunciada.

7. Poderá objetar-se que, mudada a situação, se porventura sobrevém novo litígio, a qualquer das partes é lícito pleitear em juízo a emissão de outra sentença, em que se formule a norma jurídica concreta destinada a disciplinar a situação *atual.* O autor, vencido em ação reivindicatória, porque não era dono da coisa, adquire-a depois e torna a reclamá-la do possuidor, invocando o título superveniente de propriedade: é manifesto que a coisa julgada não obsta ao julgamento da nova causa, nem a que o autor, eventualmente, saia agora vitorioso. Dever-se-á concluir que, afinal de contas, a própria norma jurídica concreta, contida na sentença trânsita em julgado, não fica assim tão imune, se os fatos se modificam, a ver-se contradita da por outra norma?

A resposta é que não há contradição alguma, porque cada sentença incide sobre uma situação diferente. De modo nenhum se chocam as duas normas jurídicas concretas: ao contrário, coexistem pacificamente, cada qual no seu âmbito de incidência. Não se suponha que, com o advento da segunda norma, perca a primeira o seu valor: conserva-o *in totum,* com referência à situação anterior; e por isso mesmo é que no segundo processo, ou noutro qualquer, não poderia o autor pleitear de maneira eficaz que o juiz se pronunciasse de novo sobre a propriedade

---

tura della cosa giudicata, *in Sulla dottrina della giurisdizione e dei giudicato, Problemi di diritto,* v. II. Milão, 1957, p. 202). A conclusão substancialmente conforme, por diverso caminho, parece chegar VELLANI, *Appunti sullla natura della cosa giudicata,* Milão, 1958, p. 76, quando sugere que se fale de *"immutabilità giudiziale dei contenuto della sentenza".*

do bem reivindicado *ao tempo da primeira sentença*. Nesses termos, cabe afirmar que esta se mantém *perenemente* imutável e indiscutível; vale dizer, que não passa de pseudoproblema o dos chamados "limites temporais da coisa julgada"[26].

Não altera na essência os dados da questão a circunstância de tratar-se de relação jurídica continuativa – hipótese que o Código pátrio houve por bem versar em termos explícitos no art. 471, nº I. O exemplo típico é o do dever de alimentar, de cujos pressupostos dois são naturalmente variáveis ao longo do tempo: a necessidade do alimentando e a possibilidade do alimentante. À luz de quanto ficou dito, não reveste caráter de excepcionalidade, mas reflete, ao contrário, aplicação normal dos princípios, o fato de abrir-se a qualquer das partes, modificados os pressupostos, oportunidade para pedir a formulação de outra norma jurídica concreta, ajustável à nova situação[27]. Assim é que o devedor pode pleitear (e talvez obter) a redução da pensão alimentar, ou até a sua exoneração, assim como ao credor é dado postular (e eventualmente conseguir) a majoração do *quantum* devido. Não é sequer inconcebível a hipótese de inverterem-se as posições, passando a credor o primitivo devedor, e vice-versa.

O legislador brasileiro, ao disciplinar o processo da ação de alimentos, supôs que semelhante possibilidade implicasse a abertura de uma brecha na estrutura dogmática da coisa julgada. Por isso inseriu na lei especial um dispositivo com a seguinte redação: "A decisão judicial sobre alimentos não transita em julgado e pode a qualquer tempo ser revista em face da modificação da situação financeira dos interessados" (Lei nº 5.478, de 25-7-1968, art. 15). Mas é patente que se tomou a nuvem por Juno. A segunda parte do dispositivo espelha uma realidade que não precisava, para sustentar-se, da "explicação" manifestamente excessiva que se entendeu de dar na parte inicial. Que a sentença de alimentos, como qualquer outra, a certa altura transita em julgado, é coisa que salta aos olhos, nada obstante os dizeres do texto legal: mais dia, menos dia, ficam preclusas as vias recursais, extingue-se o processo e, nele, já não se pode exercer qualquer atividade cognitiva. O que se poderia pôr em dúvida,

26 Ao qual costuma referir-se a doutrina alemã, e entre nós se referia PONTES DE MIRANDA, *Comentários*, cit., t. V, p. 157-8.

27 No mesmo sentido, em substância, LIEBMAN, *Efficacia ed autorità della sentenza*, cit., p. 18.

mas ainda aqui sem razão[28], é a aptidão da sentença para revestir-se da autoridade da coisa julgada material. Para dissipar o equívoco, basta ver que seria impraticável a emissão de nova sentença relativamente à *mesma* situação contemplada na outra – como, por exemplo, se o condenado à prestação alimentar viesse a pleitear a declaração judicial de que, já ao tempo da primeira sentença, ele nada devia a esse título.

Nem se nos afigura preciso recorrer aí ao expediente de supor ínsita na sentença a cláusula *"rebus sic stantibus"*[29]. Semelhante modo de explicar o fenômeno parece ainda admitir que nele se depare algo de excepcional, a exigir justificação particular. Não há tal necessidade: os princípios comuns atuam normalmente, e qualquer esforço suplementar de explicação é de todo em todo supérfluo.

8. A imutabilidade consequente ao trânsito em julgado reveste, em suma, *o conteúdo* da sentença, não os seus efeitos. Reveste, convém frisar, *todo* o conteúdo decisório. Deixa de fora a motivação, com a solução dada pelo juiz a cada uma das questões de fato e de direito, e mesmo a das questões prejudiciais (Código de Processo Civil, art. 469, nº II e III). Não deixa de fora, entretanto, os elementos do *decisum* de natureza não puramente declaratória. Se a sentença é, por exemplo, constitutiva, fica coberta pela autoridade da coisa julgada material não apenas a declaração do direito à modificação jurídica, senão também essa modificação, em si mesma[30]: não se poderá jamais, desde o trânsito em julgado,

---

28 Corretamente, PONTES DE MIRANDA, *Comentários,* cit., t. V, p. 193-4.

29 Assim, na doutrina brasileira, JOSÉ FREDERICO MARQUES, *Manual,* cit., v. III, p. 235; AMARAL SANTOS, *Comentários,* cit., v. IV, p. 484. Querendo ressaltar a circunstância de que o caso agora considerado no texto não oferece peculiaridade substancial em confronto com os demais, afirmou LIEBMAN, *Efficacia ed autorità della sentenza,* cit., p. 18-9, que *"in un certo senso tutte le sentenze contengono implicitamente la clausola* rebus sic stantibus, *in quanto la cosa giudicata non impedisce affatto che si tenga conto dei fatti intervenuti successivamente all'emanazione della sentenza".* A segunda parte do asserto não comporta qualquer objeção; a primeira representa, ao nosso ver, concessão inexata e desnecessária a uma falsa colocação do problema.

30 Cf. o nosso trabalho cit. na nota 19, *supra.* Na literatura italiana, com argumentação bastante aproximada, em mais de um ponto, *vide* FERRI, *Pro/di de l'accertamento costitutivo,* Pádua, 1970, p. 215 e s., onde porém se fala da extensão da coisa julgada aos "efeitos constitutivos" da sentença (por exemplo, p. 221) – maneira de dizer que nos permitimos considerar menos própria, pelas razões sucintamente expostas na nota 22, *supra.*

contestar de maneira juridicamente relevante que a modificação se operou, muito embora possam cessar ou alterar-se os respectivos efeitos (a nova situação constituída). É toda a norma jurídica concreta que se torna imutável e, por isso, indiscutível; e a isso é que se refere o art. 468, quando atribui "força de lei" à sentença que julga total ou parcialmente a lide, nos limites desta e das questões decididas: para harmonizá-lo com o sistema, cumpre interpretar o dispositivo como atinente à sentença *passada em julgado*[31].

Na vida da sentença há, pois, uma linha divisória, que ela atravessa no momento em que transita em julgado. A relevância dessa travessia é acidental e contingente no que respeita à eficácia da sentença: será maior ou menor, por tal ângulo, conforme a opção do direito positivo quanto ao instante em que hão de começar a produzir-se os efeitos sentenciais. É grande, por exemplo, no ordenamento processual brasileiro, onde *normalmente* eles só se produzem a partir do trânsito em julgado; poderá até ser *nenhuma*, em sistema jurídico que permita à sentença, sem qualquer restrição, surtir efeitos desde logo, independentemente da possibilidade de impugnação mediante recurso. Por outro prisma, contudo, aquela passagem tem sempre relevância capital; com ela se vira, por assim dizer, página decisiva na história da sentença: encerra-se um capítulo em que esta engatinhava sob o signo da precariedade e a constante ameaça de aniquilamento, e abre-se outro em que o seu ser já ostenta a consistência das coisas sólidas e duradouras.

Não se expressa de modo feliz a natureza da coisa julgada, ao nosso ver, afirmando que ela é um efeito da sentença, ou um efeito da declaração nesta contida. Mas tampouco se amolda bem à realidade, tal como a enxergamos, a concepção da coisa julgada como uma qualidade dos efeitos sentenciais, ou mesmo da própria sentença. Mais exato parece dizer que a coisa julgada é uma situação jurídica[32]: precisamente a situação que se forma no momento em que a sentença se converte de instável em

31 Salvo engano, é assim que o interpreta JOSÉ FREDERICO MARQUES, *Manual*, cit., v. III, p. 221, onde a alusão ao art. 468 se insere em contexto especificamente relativo à coisa julgada.

32 Devemos a MACHADO GUIMARÃES. Preclusão, coisa julgada, efeito preclusivo, *in Estudos de Direito Processual Civil*, p. 14 e 32. a sugestão de conceber a *res iudicata* como situação jurídica conseqüente ao trânsito em julgado. Nessa perspectiva já nos situáramos no ensaio *Ainda e sempre a coisa julgada*, cit., p. 145-6.

estável. É a essa estabilidade, característica da nova situação jurídica, que a linguagem jurídica se refere, segundo pensamos, quando fala da "autoridade da coisa julgada".

Outubro de 1981.

COMENTÁRIOS DOS ATUALIZADORES

EFICÁCIA DA SENTENÇA E A AUTORIDADE DA COISA JULGADA

Paulo Cezar Pinheiro Carneiro / Paulo Cezar Pinheiro Carneiro Filho

Barbosa Moreira inicia o texto destacando que, como todo ato jurídico, a sentença destina-se a produzir efeitos no mundo do direito, portanto, é dotada de certa eficácia. Dentro desse contexto, o Mestre examina a questão do momento a partir do qual se irradiam os seus efeitos.

O atual Código de Processo Civil contém regra expressa no sentido de que os recursos não impedem a eficácia da decisão, salvo disposição legal ou decisão judicial em sentido diverso (artigo 995, *caput*). Assim, tal como antes, é a lei que determina quando a sentença há de produzir efeitos e em que intensidade.

No sistema atual, somente o recurso de apelação é dotado de efeito suspensivo, com algumas exceções (artigo 1.012, § 1°, incisos I a VI, assim como no caso de previsão expressa constante de lei extravagante) e os recursos especial e extraordinário quando decorrerem de procedimento de resolução de demandas repetitivas (artigo 987, § 1°).

Dentre as novidades do Código de Processo Civil de 2015, que abrangem o tema, temos: (i) a sentença parcial de mérito, que desafia recurso de agravo de instrumento (artigo 356, § 5°) e, portanto, a parte pode liquidar ou executar, desde logo, a obrigação reconhecida na sentença, independente de prestação de caução (artigo 356 e parágrafos); (ii) sentença liminar de improcedência nas hipóteses previstas no artigo 332, incisos I a IV e no § 1°, sujeita a recurso de apelação (§ 2° do mesmo artigo); (iii) o juiz poderá decidir questão prejudicial com força de coisa julgada material, independente de requerimento de qualquer das partes, desde que a seu respeito tenha havido contraditório prévio e efetivo, além de o juízo ser competente em razão da matéria e da pessoa para resolvê-la (artigo 503, § 1º); (iv) possibilidade de estabilização da tutela provisória de natureza antecipada (artigo 304), assim como da tutela da evidência (artigo 311).

As críticas do Professor José Carlos quanto ao conceito de coisa julgada no Código de 1973 (artigo 467) continuam valendo, pois o Código de 2015, manteve, basicamente, a mesma redação (artigo 502).

LA REVISIÓN DE LAS DECISIONES JUDICIALES EN EL PROCESO CIVIL BRASILEÑO[1]

I

1. En la generalidad de los ordenamientos procesales modernos, las decisiones judiciales son, en medida más amplia o más estrecha, susceptibles de revisión *(lato sensu).* Esa es también la regla en el derecho brasileño. El mecanismo de la revisión funciona principalmente por medio de los recursos; pera existen otras posibilidades que vale la pena mencionar.

Una de ellas la constituye la revisión obligatoria de ciertas sentencias que, por el interés público de la materia decidida, quedan sujetas al doble grado de jurisdicción aunque ningún recurso sea interpuesto. Los casos más importantes están mencionados en el art. 475 del *Código de Processo Civil:* anulación de un matrimonio, fallos desfavorables a la Unión Federal, al Estado o al Municipio, sentencias que rechazan la ejecución forzosa de créditos fiscales. Algunas leyes especiales contemplan otras hipótesis análogas. En todas ellas la iniciativa de someter la sentencia a la apreciación del tribunal superior le corresponde al propio juez que falló el pleito en primer grado. Se trata de una figura jurídica semejante a la prevista, bajo la denominación de "consulta", en el art. 386 del Código de Procedimiento Civil colombiano; y éste es, entre los ordenamientos jurídicos de nuestros dos países, un punto de contacto que viene a propósito poner en relieve, ya que el fenómeno parece restricto al universo procesal latinoamericano: lo encontramos también en Bolivia, art. 197 del Código de Procedimiento Civil de 1975).

La otra posibilidad de revisión, exterior al sistema de recursos, representa casi una singularidad del derecho procesal brasileño. Es harto

1 Texto unificado de duas palestras proferidas em Bogotá, nos dias 23 e 24 de agosto de 1982, em curso internacional da Universidade Colegio Mayor de N. S. del Rosario, subordinado ao título geral *Los recursos en los procesos civil, laboral* y *contencioso administrativo.* Suprimiram-se as palavras iniciais, de agradecimento – que o autor, entretanto, reitera neste ensejo – à Universidade, pela distinção do convite, e as finais, de despedida.

conocida – y todos le debemos mucho en este asunto a CALAMANDREI, por el admirable estudio que nos ha legado en su obra sobre la Casación Civil – la clasificación de los medios de ataque a las sentencias en *recursos,* que se interponen en el mismo proceso, y *acciones autónomas de impugnación,* cuyo ejercicio origina un proceso distinto, aunque dirigido a modificar el resultado del anterior. Estas acciones autónomas, que ahondan sus raíces históricas sobre todo en la *querela nullitatis* del derecho medioeval, pero recogen también, al menos en parte, la herencia romana de la *restitutio in integrum,* desaparecieron, a lo largo de los siglos, en la mayoría de los sistemas procesales de linaje europeo. Subsiste el fenómeno todavía en el ordenamiento procesal brasileno. El prototipo de las acciones autónomas de impugnación lo constituye nuestra "acción rescisoria", que puede ser intentada contra sentencias firmes de mérito, dentro de los dos anos siguientes a la formación de la cosa juzgada (Código de Processo Civil, art. 495). Las causales son semejantes a las enumeradas en los artículos 368 y 380 del Código colombiano para el recurso de casación y para el recurso extraordinario de revisión, respectivamente.

Hay también en Brasil la posibilídad de impugnar una decisión judicial a través del *"mandado de segurança",* un instrumento de tutela jurisdiccional previsto en la Constitución de la República (art. 153, § 21) para la protección de "derecho líquido y cierto", lesionado o amenazado de lesión por "ilegalidad o abuso de poder". Sin lugar a dudas, el *"mandado de segurança"* se utiliza con mayor frecuencia contra actos de autoridades administrativas, pero se admite su impetración contra decisiones judiciales que no sean recurribles o que sólo se puedan impugnar mediante recursos desprovistos de efecto suspensivo, si la ejecución inmediata de la resolución es susceptible de causar un dano irreparable al derecho de la parte.

No obstante la existencia de esas otras posibilidades, los recursos son, por supuesto, los medios de impugnación más importantes en el sistema procesal brasileño. Si bien se interpongan ante el órgano judicial que profirió la decisión, se destinan normalmente a ser fallados por un tribunal superior. Constituyen, de ese modo, el instrumento de actuación práctica del principio del doble grado de jurisdieción, que sin embargo no es absoluto: algunas decisiones pueden impugnarse solamente por media de recursos dirigidos al mismo juez que las dictó. Ese es un fenómeno que existía en el sistema del viejo Código de 1939 y – aunque la doctrina no lo haya jamás mirado con buenos ojos – recién se restableció para las decisiones proferidas en las ejecuciones fiscales y en los pleitos de la competencia de la Justicia Federal, cuando el valor no ultrapase el límite fijado en la ley (Ley nº 6.825, de 22-9-1980, art. 4º; Ley nº 6.830. de 22-9-1980, art. 34). Hay todavía un recurso que se dirige siempre al mismo órgano: se denomina *"embargos de declaração"* y se destina a aclarar o a complementar la resolución; la peculiaridad del derecho brasilenc consiste aquí en incluir entre los recursos una figura que tiene naturaleza distinta en otros ordenamientos.

2. El primero aspecto que se debe considerar en un recurso es su admisibilidad. Únicamente los recursos admisibles pueden ser examinados en cuanto a su fundabilidad. El juicio de admisibilidad suele atribuirse sucesivamente a dos órganos: al *iudex a quo,* ante el cual se interpone el recurso, y al *iudex ad quem,* que no queda vinculado por el pronunciamiento del inferior y puede declarar inadmisible el recurso concedido. En el juicio de admisibilidad hay que investigar la presencia, en el recurso, de cierto número de requisitos, intrínsecos y extrínsecos. Los requisitos intrínsecos son: la procedencia, la legitimación y el interés para recurrir, la inexistencia de hechos impeditivos o extintivos del derecho de recurrir. El recurso es procedente cuando se da en general para las resoluciones con las características de la decisión impugnada. Para cada clase de decisiones la ley dispone un recurso determinado, y el recurrente no es libre de escoger otro. En algunas hipótesis, sin embargo, los textos legales no son perfectamente claros y pueden dar lugar a dudas. Conviene evitar un perjuicio irremediable para el recurrente que hizo su opción en materia controvertida. Por ende, en tales casos, dentro de ciertos límites, la jurisprudencia admite que produzca efectos el recurso erroneamente interpuesto, como si fuera el procedente.

Están legitimados para recurrir las partes del proceso, los terceros jurídicamente perjudicados y el Ministerio Público, no sólo cuando sea parte, sino también cuando actúe en calidad de *custos legis* (Código de Processo Civil, art. 499). Hay interés para recurrir si el recurrente puede esperar de la decisión del *iudex ad quem* una situación prácticamentc más favorable y necesita utilizar el recurso para conseguir esa ventaja.

A veces la resolución judicial es parcialmente desfavorable a ambas partes. En este caso cada una de ellas puede recurrir autónomamente, en el término común; pero tiene también la posibilidad de aguardar la interposición del recurso por el adversario para adherir a él (art. 500). El recurso adhesivo no estaba previsto en el Código anterior; su introducción es una de las más elogiables innovaciones del Código de 1973: conviene, en efecto, evitar la impugnación presurosa de la sentencia por quien, en principio, tienda a conformarse con el fallo, bajo la condición implícita de que su contendor no recurra tampoco. Como doctrina magistralmente LORETO, "todo estado de ánimo de los litigantes que sea favorable a la validez y eficacia inmediata de la sentencia, que promueva y excite la brevedad y fenecimiento de los pleitos, debe ser acogido por el legislador".

Son hechos impeditivos del derecho de recurrir, para quien los haya practicado, los actos de que resulte directamente la resolución desfavorable: por ejemplo, el demandado que se allana válidamente a la demanda no puede después impugnar la sentencia de condena. Otros hechos, posteriores a la decisión, extinguen el derecho de recurrir: son la renuncia al recurso (art. 502) y la aeeptación expresa o tácita de la decisión (art. 503). Se trata de actos unilaterales, que no exigen, para producir efectos, el consentimiento de la otra parte. La renuncia es necesariamente anterior a la interposición del recurso; la aceptación puede manifestar se antes o después de ella.

Son requisitos extrínsecos de admisibilidad: la interposición tempestiva, es decir, dentro del término legal, que por regla general es de quince días (art. 508), com pocas excepciones; la regularidad formal, o sea la observancia de los preceptos de forma contenidos en la ley, los cuales naturalmente pueden variar según el recurso, sin embargo de haber algunos comunes a todos ellos, como la interposición por escrito y con expresión de las razones en que se funda la impugnación; por fin, el pago antecipado de las costas del recurso *("preparo",* en la terminología procesal brasileña), sin el cual aquél quedará "desierto".

3. La interposición del recurso produce efectos muy importantes. Si el recurso es admisible, la sentencia ya no llegará a hacerse firme, sino que la reemplazará el fallo del órgano judicial superior (art. 512).

Suele hablarse del efecto suspensivo y del efecto devolutivo de los recursos. La primera expresión se utiliza para decir que queda paralisada, durante la pendencia del recurso, la eficacia de la decisión impugnada: *toda* su eficacia, y no solamente la aptitud (peculiar a las sentencias de condena) para fundar la ejecución forzosa. En realidad, la denominación no es rigurosamente correcta, porque induce a suponer que los efectos de la resolución ya habían empezado a producirse y cesan en virtud de la interposición: *suspender* no es otra cosa que hacer cesar provisionalmente algo que preexiste. Por lo menos en el derecho brasileño, salvo excepción legal, la decisión recurrible no produce efectos precisamente en cuanto recurrible, y la interposición del recurso *prolonga* esa situación, no la *crea*. Cuando el recurso no tiene efecto suspensivo, tratándose de una sentencia de condena, puede el vencedor iniciar la ejecución forzosa, en carácter provisional (art. 587).

Por el efecto devolutivo se transfiere al *iudex ad quem* la competencia para conocer de la materia que constituye objeto de la impugnación. Si ésta es parcial, la devolución naturalmente no abarca más que la parte impugnada. En los casos de vencimiento recíproco, el recurso interpuesto por uno solo de los litigantes no le permite al tribunal un nuevo exámen de lo que en el grado inferior de jurisdicción se había decidido en favor del recurrente: rige la prohibición de la *reformatio in peius,* sin la cual, cabe observar, no tendría sentido la posibilidad de la adhesión del adversario. La extensión y la profundidad del efecto devolutivo no son idénticas en todos los recursos. Carecen de tal efecto, además, los recursos que se dirigen, excepcionalmente, al mismo órgano del cual proviene la decisión.

Una cuestión muy discutida es la que respecta a la extensión de los efectos del recurso interpuesto por un litigante a sus litisconsortes. El Código de 1973, poco feliz en el tratamiento del litisconsorcio, ha recogido en este punto la fórmula defectuosa de su predecesor. Dice el art. 509, *caput,* que "el recurso interpuesto por un litisconsorte aprovecha a todos, salvo que sean distintos u opuestos sus intereses". En más de un trabajo doctrinario hemos sugerido una interpretación de ese texto fundada sobre todo en la *ratio legis.* Lo que se quiere, en verdad, es asegurar la solución uniforme del litígio para todos los demandantes o para todos los demandados; por ende la extensión de los efectos debe limitarse a las hipótesis en que la uniformidad sea indispensable, so pena de que el proeeso llegue a un resultado prácticamente imposible. Esas hipótesis no siempre coinciden con las de litisconsorcio necesario; las agrupamos bajo la denominación de "litisconsorcio unitario".

Los efectos del recurso naturalmente cesan cuando el procedimiento respectivo termina de modo anormal, sin que el órgano superior llegue a examinar la impugnación. Eso puede ocurrir, por ejemplo, cuando el recurrente desista del recurso. El desistimiento es un acto unilateral y no exige la anuencia del adversario ni de los litisconsortes para producir efectos (art. 501). Pero, si se trata de un caso de uniformidad necesaria en la decisión – es decir, si el litisconsorcio es unitario –, el desistimiento sólo será eficaz cuando manifestado por la totalidad de los recurrentes. En consecuencia del desistimiento válido queda en firme la sentencia impugnada.

4. El desenlace normal del recurso es la decisión del *iudex ad quem* sobre la impugnación. Cuando le falta al recurso algun requisito de admisibilidad, suele decirse, en la terminología del derecho brasileño, que el tribunal "no conoce" del recurso; si están presentes todos los requisitos, el tribunal "conoce" del recurso. En este caso se pasa al exámen de su fundabilidad. Si el recurrente tiene razón, el recurso es estimado; si no la tiene, el recurso es desestimado.

Cuando el fundamento del recurso estimado es la existencia de un *errar in procedendo,* el tribunal anula la decisión, para que otra sea proferida por el *iudex a quo.* Cuando la impugnación se funda en la alegación de un *error in iudicando,* el tribunal, "conociendo" del recurso, dieta un nuevo fallo, que substituye la resolución impugnada. Es cierto que, si el recurso es desestimado, las dos decisiones tendrán contenido idéntico; pero eso no significa que prevalezca la resolución del *iudex a quo.* Aunque sea corriente hablar en esa hipótesis de "decisión confirmada", la expresión no es técnicamente correcta. La substitución ocurre siempre, así que, de no existir otro recurso admisible contra el fallo del órgano superior, es su resolución la que queda en firme y, por supuesto, en la hipótesis de condena, constituye el título para la ejecución forzosa.

5. Tales son los resultados más importantes que la doctrina y la jurisprudencia han podido extraer del texto del Código de 1973. Como es natural, algunos constituyen todavía objeto de controversias, pero se puede afirmar que reflejan la opinión predominante.

La tarea de los intérpretes es simplificada en esta materia por la circunstancia de que el Código dedica un capítulo a las disposiciones generales relativas a los recursos. Es algo que no existe en otras leyes procesales, como la *Zivilprozessordnung* alemana y *el* Código de Procedimiento Civil colombiano. Se trata naturalmente de un problema de técnica legislativa, que admite variedad de soluciones. No obstante ciertas lagunas y otras pequenas imperfecciones, la opción del legislador brasilefto me parece básicamente correcta, porque permite fijar con mayor facilidad criterios homogéneos para el exámen de cuestiones análogas que se plantean respecto a los diferentes recursos.

II

1. A semejanza de lo que sucede en otros ordenamientos jurídicos latinoamericanos, es muy frondoso el árbol de los recursos en el proceso civil brasileño, aunque no pocas peculiaridades lo alejen en este punto de los sistemas vigentes en los países de habla espanola. Una visión panorámica debe partir de la distincción entre los dos grados ordinarios de jurisdicción: en efecto, hay recursos que solo pueden proceder contra las resoluciones del juez de primer grado, mientras otros se utilizan exclusivamente contra fallos de grado superior. Un caso singular lo constituye el recurso de *"embargos de declaração"*, que se destina, cabe repetirla, a la aclaración o complementación de decisiones de cualquier grado.

Los actos recurribles del juez inferior son las sentencias y las decisiones interlocutorias. El *Código de Processo Civil* brasileño reserva al término *sentencia* únicamente para la resolución que pone fin al procedimiento en primer grado, con exámen del mérito o sin él; y denomina *interlocutorias* las decisiones proferidas por el juez durante el proceso, para solucionar cuestiones incidentes (art. 162, §§ 1º y 2º). Los actos desprovistos de carácter decisorio, meras providencias de trámite, llámanse *"despachos"* y no son recurribles (arts. 162, § 3º, y 504).

Contra la sentencia procede normalmente el recurso de apelación, salvo las hipótesis excepcionales en que sólo se puede recurrir para el mismo juez. Como nadie ignora, en la historia del proceso occidental, la apelación ha sido el paradigma de los recursos, y aún en su fisionomía actual se mantienen muchos rasgos característicos de la vetusta *appellatio* romana. En el derecho brasileño este recurso se interpone siempre por escrito, con expresión de las razones que lo sustenten, ante el juez que dictó la providencia, el cual puede conceder el recurso o, si le falta algún requisito deadmisibilidad, denegarlo. Produce la apelación, por vía de regla, efecto suspensivo, a menos que la ley disponga lo contrario; al juez no se le confiere discreción alguna a ese respecto, y la voluntad de las partes es también irrelevante. El efecto devolutivo de la apelación puede ser limitado en su extensión, si el recurrente no impugna sino uma parte de la sentencia *(tantum devolutum quantum appellatum)*; pero es siempre integral en su profundidad: el tribunal examina de nuevo todas las cuestiones discutidas en primer grado de jurisdicción y está autorizado a aceger o a rechazar la demanda por fundamentos distintos de los indicados en la sentencia (art. 515, §§ 1º y 2º), aunque no le sea posible tener en cuenta una *causa petendi* no invocada por el demandante. Si la sentencia puso término al proceso sin decidir sobre la pretensión de la demanda, y la apelación es estimada, el tribunal ordena la devolución del expediente al *iudex a quo,* para que éste dicte sentencia de mérito, contra la cual procederá una segunda apelación.

En principio no se les permite a las partes plantear en la apelación nuevas cuestiones de hecho. Además, si bien que la ley no lo prohiba, es poco frecuente en la práctica la realización de actos de instrucción en essa fase del proceso. Normalmente el tribunal falla de conformidad con el mismo material que el *iudex a quo* tuvo a su disposición. Sin embargo, las partes pueden plantear nuevas cuestiones de hecho si demuestran que un motivo de fuerza mayor las había impedido de hacerlo en primer grado (art. 517). En este caso naturalmente se realizarán los actos probatorios necesarios.

Um arduo problema de política legislativa es él de la impugnación de las interlocutorias, por la perturbación que suele ocasionar a la marcha del proceso. El código brasileño admite que sean impugnadas separadamente, pera tiene en cuenta la circunstancia de que pueden variar muchísimo la importancia y las consecuencias de las cuestiones incidentes, y a veces no es muy urgente el nuevo exámen por el órgano judicial superior. Por ello el recurso procedente contra las interlocutorias, denominado *"agravo",* tiene dos modalidades (art. 522): en la primera se forma un expediente separado *("instrumento"),* mediante expedición de copias de la interlocutoria y de las demás piezas necesarias; si el juez mantiene la decisión, remite en seguida el expediente al tribunal, para que resuelva en definitiva la cuestión; en la segunda modalidad el recurso permanece "retenido" en el expediente del proceso, a fin de ser examinado por el tribunal antes de la apelación que se interponga contra la sentencia. El mecanismo de la "retención" evita que se entorpezca el movimiento del proceso en primer grado, aunque en contrapartida puede ocurrir la inutilización de la actividad procesal realizada allí, si el órgano superior reconoce que el *agravo* es fundado. Con salvedad de pocas excepciones legalmente previstas, este recurso, en cualquiera de sus dos modalidades, no suspende el cumplimiento de la providencia impugnada (art. 497, *fine).*

2. Por regra general, el fallo en la apelación remata el procedimiento en segundo grado. Empero aquí se manifiesta una sorprendente singularidad del ordenamiento brasileño: de no haber sido unánime la votación, procede todavía otro recurso, que, si bien dirigido al mismo tribunal, será decidido por un colegiado más numeroso. Ese recurso, que probablemente no tiene paralelo en el derecho comparado, denomínase *"embargos infringentes"* y procede asimismo contra los fallos no unánimes en acciones rescisorias (art. 530).

Pero, entre los recursos que se pueden utilizar contra resoluciones de grado superior, hay otro mucho más importante: el *"recurso extraordinário"*, previsto en la Constitución de la República. Su nombre no debe inducir a equivocaciones. En la terminología tradicional de la doctrina suele usarse la calificación de "extraordinarios" para designar los medios de impugnación de sentencias firmes, de ataque a la cosa juzgada. En ese sentido, por ejemplo, se dice en Italia que la *opposizione di terzo* y la *revocazione ex* art. 395, 1, 2, 3 y 6 del *codice di procedura civile* sor *"impugnazioni straordinarie"*, como se dice en Colombia que la revisión es un "recurso extraordinario" (Código de Procedimiento Civil, art. 379; DEVIS ECHANDÍA, *Compendio de Derecho Procesal,* t. I, 5ª ed., p. 473, 520; t. III, 3ª ed., p. 291). Por supuesto existe en nuestro ordenamiento un remedio análogo, al cual ya se hizo referencia; mas la ley no lo contempla como un recurso, sino como una acción autónoma: es la acción rescisoria. El recurso extraordinario brasileño no es un medio de impugnación de sentencias firmes; la cosa juzgada no se forma mientras sea admisible su interposición, tampoco durante su pendencia. Por faltarle el efecto suspensivo, el recurso extraordinario no impide la ejecución forzosa, en carácter provisional, tratándose de condena; pero tal característica es común a la apelación, en los casos en que se le atribuye solamente el efecto devolutivo.

Para bien esclarecer la significación del recurso extraordinario, es menester recordar algunos de los trazos fundamentales de la estructura político-jurídica del Brasil. Nuestro país es una república federativa, en la cual se sobreponen tres niveles de producción del derecho: además de las leyes de la Unión existen las de cada Estado, y aún los Municipios legislan en los asuntos de su peculiar interés; si no existen tribunales ni jueces municipales, la Unión y los Estados tienen órganos judiciales distintos, y el único punto común de tales sistemas es la cúpula del Poder Judicial, el Supremo Tribunal Federal. Pero las leyes federales, que son las más importantes (la Unión tiene competencia exclusiva para legislar sobre derecho civil, comercial, penal, procesal...), no las aplican solamente los jueces y tribunales federales, sino también los jueces y tribunales de los Estados. Es inegable el riesgo de que esas normas sean violadas o interpretadas de manera desigual por los varios órganos que deben aplirarlas; y lo mismo se puede decir de la Constitución de la República. Además, en el ordenamiento brasileño todos los órganos judiciales están autorizados a controlar la constitucionalidad de las leyes y a negarles aplicación cuando las consideren inconstitucionales.

Para todas las situaciones mencionadas se reputa necesario el control definitivo de la Corte Suprema, y a tal necesidad atiende el recurso extraordinario, inspirado en el derecho norteamericano, a semejanza de la "apelación extraordinaria" del ordenamiento argentino. Como decía en síntesis expresiva nuestro gran constitucionalista PONTES DE MIRANDA, el recurso extraordinario tiene la finalidad de asegurár la integridad positiva, la validez, la autoridad y la uniformidad de interpretación de la Constitución de la República y de las leyes federales.

Desde luego es imposible, mediante este recurso, obtener un nuevo exámen de la causa, semejante al que se realiza en la apelación. La solución de las cuestiones de hecho queda inmune al exámen del Supremo Tribunal, que se ocupa exclusivamente de las cuestiones de derecho (federal), resueltas en segundo grado. Cabe observar que no siempre es fácil trazar con línea nítida la frontera entre las dos clases de cuestiones; de ahí algunas oscilaciones en la jurisprudencia del Supremo Tribunal respecto a los lindes de su propia actividad cognitiva. La calificación jurídica de los hechos es por vía de regla considerada una cuestión de derecho; aunque no pueda discordar de la reconstrucción de los hechos emprendida por el órgano de segundo grado, el Supremo Tribuml es libre de calificarlos de otro modo y, por consiguiente, atribuirles consecuencias jurídicas distintas. De todas maneras, sin lugar a dudas, es limitado el efecto devolutivo del recurso extraordinario, que, además, no tiene efecto suspensivo *(Código de Proceso Civil,* art. 543, § 4º*)*.

Es importante advertir que, cuando el Supremo Tribunal reconoce el fundamento del recurso extraordinario, no se ciñe, salvo en las hipótesis de *error in procedendo,* a la invalidación del falla de segundo grado, sino que lo substituye por su propia decisión, aplicando a los hechos la norma que corresponda. Por tal aspecto el recurso extraordinario se aparta nítidamente del recurso de casación francês de tipo clásico y se acerca más bien a la casación colombiana (Código de Procedimiento Civil, art. 375).

El número siempre creciente de recursos extraordinarios ha producido en tiempos recientes una inmensa sobrecarga de trabajo para el

Supremo Tribunal, que se compone solamente de once jueces. La gravedad del problema pudo justificar preocupaciones generalizadas con la que se denominó "la crisis del Supremo Tribunal", y para la cual se han sugerido diferentes soluciones. Autorizado por una reforma constitucional, el Supremo Tribunal estableció restricciones a la procedencia del recurso extraordinario en las hipótesis más frecuentes. Hoy día queda excluída en varios casos la posibilidad de recurrir, en consideración ya de la materia, ya del valor. Tales restricciones no prevalecen cuando se trate de violación de la Constitución o de manifiesta divergencia en la interpretación de una norma jurídica federal, entre el fallo impugnado y la jurisprudencia predominante del Supremo Tribunal. Tampoco subsisten las restricciones si el recurrente alega, y el Tribunal reconoce, que en el recurso se plantea una "cuestión federal relevante". Ningún texto define este concepto; ni siquiera es posible inferirlo de la jurisprudencia del Tribunal, pues los jueces deliberan en sesión secreta y no se publican los motivos, sino únicamente el resultado de la deliberación. Ambas características son contrarias a la tradición del derecho brasileño y han atraído vigorosas críticas doctrinarias; pera no es probable que se modifique la regulación, que refleja una tendencia muy difundida en las cortes supremas de justicia del mundo contemporaneo: basta con recordar el ejemplo del *writ of certiorari,* que la *Supreme Court* norte americana concede o deniega a su total discreción. Cabe sin embargo lamentar la flagrante debilitación de una de las más valiosas garantías de los ciudadanos.

Julho de 1982.

COMENTÁRIOS DOS ATUALIZADORES

LA REVISIÓN DE LAS DECISIONES JUDICIALES EN EL PROCESSO

Paulo Cezar Pinheiro Carneiro / Paulo Cezar Pinheiro Carneiro Filho

Ao iniciar sua obra, Barbosa Moreira aponta duas espécies de recurso para impugnar a sentença, o voluntário e a remessa necessária, esta última prevista no artigo 496 do Código de Processo Civil de 2015. Outros meios de impugnar a decisão, como lembrado por Barbosa Moreira, seriam o mandado de segurança, em casos especialíssimos (artigo 5º, LXIX, da Constituição Federal de 1988 e na Lei do Mandado de Segurança nº 12.016/2009) e a ação rescisória (artigo 966), destinada a desconstituir decisão de mérito transitada em julgado.

Quanto à admissibilidade do recurso de apelação, o Código de Processo de 2015 estabeleceu, diversamente do Código de 1973, que o exame de juízo de admissibilidade será realizado pelo órgão do tribunal ao qual tiver sido distribuído. O parágrafo 4º do artigo 1.007 do Código de Processo Civil de 2015 previu, caso o recorrente não comprove no ato da interposição do recurso, o recolhimento do preparo, que o advogado será intimado a realizar o recolhimento em dobro sob pena de deserção.

O Código de Processo Civil de 2015 manteve a possibilidade de recurso do terceiro prejudicado como sublinhado pelo Mestre (artigo 966), como também manteve a possibilidade do manejo do recurso adesivo (artigo 997).

A regra geral relativa ao prazo para interpor recursos passou a ser, pelo Código de Processo de 2015, de 15 (quinze) dias úteis, salvo para o recurso de embargos de declaração, fixado em 5 (cinco) dias úteis (§ 5º, artigo 1.003; § 2º, artigo 1.021 e artigo 1.023, *caput*).

Ao examinar o efeito devolutivo da apelação do litisconsorte, agora previsto no artigo 1.005 do Código de Processo Civil de 2015, o Mestre critica o tratamento do litisconsórcio dado pelo Código de Processo Civil de 1973, quando havia confusão entre os conceitos do litisconsórcio unitário e necessário. O Código de Processo Civil de 2015 (artigo 116) desfaz a confusão, ao estabelecer que: "O litisconsórcio será unitário quando, pela natureza da relação jurídica, o juiz tiver de decidir o mérito de modo uniforme para todos os litisconsortes".

Barbosa Moreira aponta que o Código de Processo Civil de 1973, apresentava um capítulo próprio com disposições gerais sobre recursos, com critérios homogêneos, facilitando a tarefa dos intérpretes. O Código de Processo de 2015 manteve sistemática no Livro III, Título I, Capítulo I, com vinte artigos tratando do tema, intitulado "Da ordem dos processos e dos processos de competência originária dos tribunais" (artigos 926 a 946).

O Código de Processo Civil de 2015 trouxe importante inovação no tocante aos embargos de declaração, já reconhecida pela jurisprudência, ao prever a hipótese de cabimento da medida quando configurado o erro material no julgado (artigo 1.022, III), assim como admitiu, expressamente, a possibilidade de acolhimento de embargos com efeitos modificativos (§ 4°, artigo 1.024).

Outra novidade do Código de 2015 sobre o cabimento dos embargos de declaração foi considerar omissa a decisão que deixar de se manifestar sobre tese firmada em julgamento de casos repetitivos ou em incidente de assunção de competência aplicável ao caso sob julgamento (artigo 1.022, parágrafo único, I e II), ou que não seja fundamentada adequadamente (artigo 489, § 1°).

Outra modificação importante da legislação, sobre o mesmo tema, foi a inserção no Código de 2015 do artigo 1.025, no sentido de que se consideram incluídos no acórdão a matéria que o embargante suscitou para fins de prequestionamento mesmo que o tribunal tenha inadmitido ou rejeitado os embargos.

Barbosa Moreira, ao examinar o recurso de apelação, lembra que a regra geral é a concessão não só do efeito devolutivo, como também suspensivo ao recurso (artigo 520 do Código de 1973), mantida pelo Código de 2015 (artigo 1.012).

Cabe também mencionar que a Lei n° 11.276/2006 inseriu o parágrafo 4° no artigo 515 do Código de 1973, prevendo, no caso de nulidade sanável, a possibilidade de o tribunal determinar a realização ou renovação do ato processual, com o prosseguimento do julgamento da apelação. No Código de 2015, a matéria encontra-se exaustivamente regulada, inclusive o procedimento a ser observado pelo tribunal, nos quatro parágrafos do artigo 938.

O artigo 933 do Código de Processo Civil de 2015, sem correspondente no Código de Processo Civil de 1973, prevê que se o relator constatar a ocorrência de fato superveniente à decisão recorrida ou a existência de questão apreciável de ofício, ainda não examinada, que devam ser consideradas no julgamento do recurso, intimará as partes para que se manifestem no prazo de 5 (cinco) dias.

Trazendo contemporaneidade ao artigo escrito há quase quarenta anos, Barbosa Moreira lembra que a marcha do processo poderia ser retardada com a possibilidade de impugnação das decisões interlocutórias por meio do agravo de instrumento. Por outro lado, o Mestre advertia que o agravo retido, apesar de em certas hipóteses anular toda atividade processual, é o mecanismo que evita "que se entorpezca el movimiento del proceso en primer grado". O legislador do Código de Processo Civil de 2015, atento à preocupação de Barbosa Moreira, restringiu as hipóteses de cabimento do agravo de instrumento (artigo 1.015, incisos I a XIII e parágrafo único), assim, a regra é que as partes deverão suscitar no recurso de apelação ou em contrarrazões as questões que forem objeto de decisões interlocutórias (artigo 1.009, §§ 1º e 2º).

O Superior Tribunal de Justiça, no julgamento do Recurso Especial nº 1.704.520-MT, ao examinar o artigo 1.015 do Código de Processo Civil de 2015, firmou entendimento de que o rol mencionado pela norma não é taxativo, admitindo, excepcionalmente, por analogia, outras hipóteses não contempladas pelo legislador.

Com seu humor elegante, Barbosa Moreira lembra do recurso de embargos infringentes então previsto no artigo 530 do Código de Processo Civil de 1973, como um recurso que "no tiene paralelo em el derecho comparado".

O Código de Processo Civil de 2015, extinguiu o recurso de embargos infringentes. Por outro lado, o legislador determinou (artigo 942), quando houver divergência no julgamento da apelação, o prosseguimento da sessão, com a presença de outros julgadores, que serão convocados nos termos do regimento interno, em número suficiente para garantir a possibilidade de inversão do resultado do julgamento, assegurado às partes o direito a nova sustentação oral.

O Código de Processo de 2015 normatizou, detalhadamente, o procedimento e o julgamento dos recursos extraordinário e especial repetitivos, nos artigos 1.036 a 1.041.

Na verdade, significativas foram as alterações no recurso extraordinário destacando o requisito de admissibilidade da "repercussão geral", estabelecida ainda na vigência do Código de Processo Civil de

1973, pela Lei nº 11.418, de 2006, hoje regulada pelo artigo 1.035 do Código de Processo Civil de 2015.

O Código de Processo Civil de 2015, forte no sistema de precedentes, prevê o incidente de assunção de competência em seu artigo 947. É admissível o incidente quando o julgamento de recurso, de remessa necessária ou de processo de competência originária envolver relevante questão de direito, com grande repercussão social, sem repetição em múltiplos processos.

Ainda atendendo à segurança jurídica e priorizando o princípio da duração razoável do processo, o Código de Processo Civil de 2015 inovou, criando importante instituto para a formação de precedentes vinculantes, denominado Incidente de Resolução de Demandas Repetitivas (IRDR), regulado nos artigos 976 a 987.

Na parte final do seu texto, Barbosa Moreira passa a apontar a sobrecarga de trabalho do Supremo Tribunal Federal, o que ele chamou de "la crisis del Supremo Tribunal". Há quarenta anos, o Mestre, a fim de debelar a crise, sugere estabelecer restrições a admissibilidade do recurso extraordinário, que, apesar de estipuladas pelo legislador, como a necessidade de repercussão geral, anteriormente examinada, não foram capazes de atingir esse objetivo.

AGRAVO RETIDO POSTERIOR À APELAÇÃO[1]

1. De acordo com o art. 522, *caput,* do Código de Processo Civil, salvo os despachos, que são irrecorríveis (art. 504), e a decisão final ou sentença, impugnável por meio de apelação (art. 513), os outros pronunciamentos do juiz de primeiro grau comportam agravo de instrumento. A essa regra admitem-se exceções, fundadas em disposição expressa (art. 519, § 2º) ou em razões incontornáveis de ordem sistemática[2]. Nos casos restantes, como é óbvio, prevalece a regra.

Sabe-se, por outro lado, que o agravo se desdobra em duas modalidades, sujeitas a regimes diversos: uma corresponde ao agravo de instrumento propriamente dito, com subida em separado ao órgão *ad quem,* outra ao agravo retido nos autos, que apenas subirá junto com a apelação porventura interposta contra a sentença. O art. 522, § 1º, que prevê essa segunda modalidade, não estabelece restrições à sua utilização: em face do texto, fica assegurada ao agravante, em qualquer das hipóteses de cabimento do agravo, a possibilidade de requerer que o recurso permaneça retido. Trata-se de opção aberta ao agravante e, segundo opinião que vem prevalecendo[3], vinculativa para o juiz, a quem não é lícito desatender ao requerimento de retenção e determinar que se forme o instrumento.

2. Soa trivial a observação de que, embora impedido de modificar a sentença – a não ser nos estreitos limites do art. 463, nº I e II –, conserva o órgão de primeiro grau, depois de proferi-la, diferentes atribuições, notadamente relacionadas com o processamento da apelação que se venha a interpor. Além da competência, que lhe outorga a lei, para receber ou não o recurso, cabe-lhe, se for o caso, declarar os efeitos em que a recebe, dar vista ao apelado para responder (art. 518, 1ª parte, *fine),* ordenar a remessa dos autos ao contador, para o cálculo do preparo (art. 518, 2ª parte), eventualmente decretar a deserção e rele-

---

1 Publicado na *Revista Brasileira de Direito Processual,* v. 36 (dedicado a JACY DE ASSIS), e em *Ajuris,* v. 26.

2 *Vide* a indicação de duas hipóteses do gênero em BARBOSA MOREIRA, *Comentários ao Código de Processo Civil,* v. V, 4ª ed., Rio de Janeiro, 1981, p. 555-6 e 582.

3 Referências doutrinárias e jurisprudenciais em BARBOSA MOREIRA, ob. e v. cit., p. 555, nota 719.

vá-la (art. 519, § 1º) ou não, determinar a subida dos autos ao tribunal (art. 519, *caput, fine).*

Semelhantes atos, em sua maioria, não ultrapassam o nível dos meros despachos, como tais irrecorríveis. Alguns, entretanto, possuem conteúdo decisório, como a declaração dos efeitos do recurso recebido e os atinentes à deserção. Ademais, ao longo dessa etapa do itinerário processual, podem surgir questões que reclamem decisão: *v.g.*, sobre a juntada de documentos pelas partes, com a apelação ou com a resposta; sobre a abertura de vista ao apelante, para falar sobre documentos oferecidos pelo apelado; sobre a restituição de prazo a qualquer dos litigantes que alegue justa causa (art. 183); e assim por diante.

As decisões que o juiz profira, a fim de resolver questões do gênero, são sem dúvida passíveis de agravo, com ressalva da que releve da deserção o apelante: essa, consoante o disposto no art. 519, § 2º, é irrecorrível, mas submete-se, independentemente de recurso, à revisão do órgão competente para julgar a apelação. A lei nega aí o agravo ao mesmo tempo que pré-exclui o efeito normal da omissão em agravar, que seria a preclusão; tal regime é, à evidência, excepcional e não comporta extensão a outras hipóteses. Todas as restantes decisões de que nos estamos ocupando, por conseguinte, ou são impugnadas por agravo ou ficam preclusas. E isso vale assim para as decisões desfavoráveis ao apelante e posteriores à interposição da apelação, como para as decisões desfavoráveis ao apelado, proferidas após o oferecimento das contrarrazões.

3. Vários julgados, contudo, vêm adotando o entendimento de que, em casos tais, não pode o agravante optar pela retenção do recurso nos autos: a única modalidade cabível será a caracterizada pela formação do instrumento[4]. Para chegar a essa conclusão, raciocina-se a partir da norma do art. 522, § 1º, 2ª parte, *verbis:* "reputar-se-á renunciado o agravo se a parte não pedir expressamente, nas razões ou nas contrarrazões da apelação, sua apreciação pelo tribunal". E claro que, se a decisão impugnada *sobrevém* ao momento em que a parte arrazoa, absurdo se tor-

4 *V.g.:* Tribunal de Justiça de São Paulo, 19-2-1981, Apelação Cível nº 15.819, *in ADV – Informativo Semanal* nº 10, ano 1 (1981), p. 159, nº 1.139; 2º Tribunal de Alçada Civil de São Paulo, 16-7-1974, Ap. nº 19.629, *in Julgados dos Tribunais de Alçada Civil de São Paulo*, v. 33, p. 368; 15-9-1976, Apelação nº 45.784, *in Revista dos Tribunais*, v. 494, p. 146; 9-11-1981, Ap. nº 118.866, *in ADV – Informativo Semanal* nº 6, ano 2 (1982), p. 95, nº 3.232.

na cogitar de requerimento expresso naquele sentido, em ato *anterior*. Inferir-se-ia, então, que, por inconcebível a existência do requerimento, fica excluída a utilização do agravo retido nos autos.

Não nos parece correta a doutrina esposada por essas decisões. Erguem elas à possibilidade da retenção, antes de mais nada, uma restrição que não encontra apoio no texto legal: consoante já se observou, o art. 522, § 1º, faculta genericamente a opção pela modalidade retida do agravo, sem abrir exceção alguma. Além disso, a solução alternativa, que se aponta – a da formação obrigatória do instrumento, visto que não há como excluir a recorribilidade, *tout court* –, apresenta intuitivos e sérios inconvenientes práticos.

Com efeito: o processo está prestes a encerrar o ciclo final de sua tramitação na instância inferior; acham-se os autos na iminência de subir ao tribunal, para julgamento da apelação. Se se tiver, porém, a essa altura, de proceder na forma dos arts. 524 a 527, vai-se abrir no andamento do feito um hiato a todas as luzes indesejável, com a permanência dos autos no juízo *a quo* pelo tempo necessário para que se cumpram as diversas providências relativas à formação do instrumento e ao juízo de retratação, cujo teor, no caso de reforma da decisão, tem de ser trasladado para os autos principais (art. 527, § 5º). Toda essa atividade será, aliás, rigorosamente inútil: não se podendo julgar a apelação antes do agravo (art. 559), o órgão *ad quem* já teria sempre ao seu dispor, nos autos principais, os elementos de que precisasse para formar convicção inclusive sobre a questão incidente, a ser reapreciada com anterioridade. A formação do instrumento, portanto, não surtirá outro efeito prático senão a procrastinação, talvez em medida considerável, o que não deixará de constituir, em última análise, estímulo à chicana.

4. Vale a pena lembrar que esse inconveniente já tem sido denunciado com referência às decisões interlocutórias proferidas no curso da audiência de instrução e julgamento (por exemplo: dispensa de prova, apreciação de contradita a uma testemunha etc.). Em casos tais encontra excelente aplicação o regime previsto no art. 522, § 1º, o único capaz de evitar, aí, o tumulto processual e o retardamento anômalo da marcha do feito. Com insistência se vem cogitando de tornar obrigatória, nas hipóteses em foco, a retenção nos autos do agravo eventualmente interposto: assim dispõe, *v.g.*, o anteprojeto de lei modificadora do Código de Processo Civil, publicado, por determinação do Ministro da Justiça, no *Diário Oficial da União*, Seção I, de 21-10-1981, p. 19.923 e s. Nele se prevê o acréscimo de um parágrafo (3º) ao art. 522, com esta redação: "Será, porém, sempre retido o agravo das decisões interlocutórias proferidas no curso da audiência de instrução e julgamento". Existe até quem, com grande autoridade, sugira, ainda *de lege lata,* que se reconheça ao juiz, em semelhantes circunstâncias, o poder de indeferir, por falta de interesse, a formação do instrumento, impondo ao agravante o caminho da retenção[5].

Ora, iguais razões são obviamente invocáveis – diríamos mesmo *a fortiori* – a propósito das decisões *posteriores* à audiência (e à sentença). Quanto mais próxima estiver a subida dos autos ao tribunal, tanto mais graves hão de ser as consequências da perturbação acarretada pela formação do instrumento do agravo, e tanto menos provável a ocorrência de motivos idôneos para justificar-lhe a necessidade. Negar a viabilidade da retenção, aí, é atitude que contravém de frente a uma aspiração generalizada e justa. A tendência que vai predominando é exatamente a oposta: prestigiar mais o agravo retido, cerceando o emprego da *outra* modalidade, para evitar as delongas a que costuma dar ensejo.

5. Objetar-se-á que nenhuma dessas considerações elimina o fato de exigir o Código, no art. 522, § 1º, *fine,* a insistência da parte, na apelação ou na resposta, para que o agravo chegue a ser apreciado pelo órgão *ad quem.* Cumpre no entanto, ter em vista a *ratio legis:* onde ela não prevaleça, pode e deve o intérprete reputar impertinente a exigência, e pois inaplicável a norma.

O preceito contido no art. 522, § 1º, *fine,* atende à possibilidade de que cesse, para o agravante, o interesse em impugnar a decisão interlocutória contra a qual se interpôs o agravo retido. Por exemplo: requerera ele certa prova, e o juiz a indeferira; daí o recurso. Vem a sentença, e diante dela a parte se convence de que a realização da prova lhe seria desnecessária, ou inútil. A lei indica-lhe um meio simples de desistir[6] do agravo: basta que se abstenha de reiterá-lo nas razões ou nas contrarrazões de

5 MONIZ DE ARAGÃO, Considerações práticas sobre o agravo, *in Revista Forense,* v. 246, p. 65-6.

6 Tecnicamente é de desistência que se trata, a despeito do "renunciado" que se lê no art. 522, § 1º: *vide* ainda BARBOSA MOREIRA, ob. e v. cit., p. 559, com outras indicações bibliográficas na nota 722.

apelação. Por motivos que não interessam agora, preferiu o Código tal disciplina à alternativa, consistente em exigir a desistência *expressa*.

Ora, nos casos de que estamos tratando, não há cogitar do fenômeno acima descrito, porque o apelante ou o apelado impugna ato *posterior*, respectivamente, à interposição da apelação ou ao oferecimento da resposta. De seu interesse em agravar, por conseguinte, jamais se suporá que possa ter cessado num ou noutro daqueles momentos: não *cessa* o que *ainda não existe!* A hipótese é inteiramente estranha à área coberta pela *ratio* do art. 522, § 1º, *fine*.

6. A melhor solução, de todos os pontos de vista, é a que admite, aqui também, a possibilidade de reter-se nos autos o agravo. A ela se chega invertendo os termos da questão. Em vez de raciocinar a partir da necessidade *absoluta* da insistência do agravante, na apelação ou na resposta, para concluir que, onde ela não se conceba, descabe a retenção, deve-se considerar que tal necessidade apenas subsiste onde seja concebível, e tirar daí a ilação de que, nos outros casos, desde que agravável o pronunciamento judicial, pode o agravo ficar retido sem que o prejudique a falta da reiteração... impossível[7].

As hipóteses examinadas no presente trabalho não serão, aliás, as únicas em que se impõe afastar a exigência do art. 522, § 1º, *fine*. Pelo menos outra já foi apontada em sede doutrinária[8]: a do agravo interposto, com retenção, pela parte afinal vencedora, se os autos sobem ao tribunal para revisão obrigatória, *ex vi* do art. 475 do Código, ou de norma análoga em lei extravagante, sem que ninguém haja apelado da sentença

7 Não se exclui, evidentemente, a possibilidade de que *outra* razão impeça o órgão *ad quem* de conhecer do agravo retido: assim, por exemplo, se a apelação *do agravante* ficou deserta, e os autos subiram apenas em virtude da interposta pela parte adversa, *transitou em julgado* o capítulo da sentença desfavorável ao agravante, e portanto nenhum sentido teria reexaminar a solução, também a ele contrária, de questão incidente. Correto, por isso, o acórdão do Tribunal de Justiça de São Paulo, 27-3-1980, Apelação Cível nº 279.285, *in Revista dos Tribunais*, v. 539, p. 59 – apesar da impressão, que dá a ementa, de acolhimento da doutrina criticada neste artigo. Cf. o acórdão do Tribunal de Justiça do Rio de Janeiro, 28-6-1979, Apelação Cível nº 7.433, in *Ementário de Jurisprudência*, ano 2, 1981, p. 27, nº 1.515, onde se lê que "prejudicado fica o agravo retido, se a apelação do mesmo recorrente não é conhecida por intempestiva".

8 ATHOS GUSMÃO CARNEIRO, Questões polêmicas do novo Código de Processo Civil, *in Revista dos Tribunais*, v. 496, p. 18 e s.

– e, portanto, sem que se tenha aberto oportunidade para resposta. Aí tampouco a omissão do agravante em reiterar a impugnação subtrai o agravo ao conhecimento do órgão *ad quem:* sustentar o contrário implicaria entender que a circunstância de o adversário *não* apelar gera, paradoxalmente, uma *desvantagem* para o litigante vitorioso!

A vida judiciária, sempre tão pródiga em surpresas, pode vir a revelar outros casos análogos. Neste artigo quisemos cingir-nos a um que tem ocorrido com certa frequência e ao qual nem sempre se vem dando o tratamento ao nosso ver adequado. A introdução do agravo retido no texto do Código de Processo Civil foi uma das mais importantes contribuições do Congresso Nacional ao aperfeiçoamento do projeto[9]. Seria pena que O alcance dessa contribuição se visse reduzido na prática, por força de equívoco hermenêutica que exclui a viabilidade da retenção justamente em situações das mais propícias a uma utilização condizente com o fim de economia processual a que ela se ordena.

Abril de 1982.

COMENTÁRIOS DOS ATUALIZADORES

AGRAVO RETIDO POSTERIOR À APELAÇÃO

Paulo Cezar Pinheiro Carneiro / Paulo Cezar Pinheiro Carneiro Filho

Para o Professor José Carlos Barbosa Moreira: "A introdução do agravo retido no texto do Código de Processo Civil (de 1973) foi uma das mais importantes contribuições do Congresso Nacional ao aperfeiçoamento do projeto".

O Código de Processo Civil baniu o agravo retido, mas, sensível às preocupações do Mestre, introduziu uma nova sistemática no recurso de agravo de instrumento.

9 Os §§ 1º e 2º do art. 522 têm origem na emenda nº 89 da Comissão Especial do Senado Federal, apresentada pelo Relator-geral, Senador ACCIOLY FILHO, e notoriamente inspirada por MONIZ DE ARAGÃO.

O recurso de agravo de instrumento somente será cabível nas hipóteses expressamente mencionadas no artigo 1.015, incisos I a XIII, e no parágrafo único. As demais questões, que forem decididas na fase de conhecimento por meio de decisões interlocutórias, poderão ser impugnadas no recurso de apelação ou nas contrarrazões (§ 1º do artigo 1.007).

O Superior Tribunal de Justiça tem admitido, em situações excepcionalíssimas, a interposição de agravo de instrumento em outras hipóteses não contempladas no rol do artigo 1.015 (Recurso Especial nº 1.704-MT).

Atualmente, o pedido de efeito suspensivo será formulado por petição dirigida diretamente ao tribunal nos casos em que o recurso de apelação não contenha tal efeito (§ 3º do artigo 1.012), e não mais por agravo de instrumento, como previsto pelo Código de Processo Civil de 1973 no artigo 558.

JULGAMENTO COLEGIADO E PLURALIDADE DE CAUSAS DE PEDIR

1. Tem aceitação geral na doutrina brasileira o esquema segundo o qual as ações se identificam ou se individualizam por três elementos: partes, pedido e causa de pedir[1]. Essa construção está hoje consagrada no direito positivo: basta lançar os olhos ao art. 301, § 2º, do Código de Processo Civil, sem prejuízo das críticas a que possa dar margem a fórmula escolhida pelo legislador. De semelhante concepção deveria naturalmente derivar, sem grande esforço de raciocínio, a consciência nítida de que, quando alguém pleiteia em juízo certa providência jurisdicional, baseando-se em dois ou mais fatos ou conjuntos de fatos, cada qual suficiente por si para justificar o acolhimento do pedido, está propondo, em cumulação, tantas ações quantas são as *causae petendi* invocadas. O fenômeno aparece com frequência na vida forense, e os exemplos são corriqueiros: despejo que se pede com base em infração contratual e em necessidade do prédio para uso próprio do locador; contrato que se quer anular porque supostamente afetado de mais de um vício do consentimento[2]; testamento que se impugna por defeito formal e por incapacidade do testador; sentença que se pretende rescindir por ofensa à coisa julgada e por falsidade de prova – e assim por diante. Em todos os casos do gênero, há processo cumulativo; por mais que se costume aludir, neles, *à* ação de despejo, *à* ação de anulação, *à* ação rescisória, no singular, o certo é que o órgão judicial se defronta com duas (ou mais) ações, distintas embora conexas. Isso fica, aliás, em evidência, quando se atenta na circunstância de que, em princípio, o autor poderia exercitar em *separado,* até *sucessivamente,* cada uma das ações, sem que o resultado porventura desfavorável obtido numa delas o impedisse, por si só, de intentar a outra: de obstáculo decorrente da coisa julgada não caberia, em absoluto, cogitar (art. 301, §§ 1º e 3º, *a contrario sensu).* Não deixa de ser curioso que mesmo olhos afeitos à observação diuturna do que se passa no foro deem a impressão de embaçar-se quando se lhes coloca

---

1 Desnecessário multiplicar citações: *vide,* por todos, JOSÉ FREDERICO MARQUES, *Manual de Direito Processual Civil,* v. I, 8ª ed., São Paulo, 1981, p. 172 e s.

2 Como se sabe, cada possível vício do consentimento constitui uma distinta *causa petendi:* cf. LIEBMAN, *Manuale di diritto processuale civile,* v. I, 4ª ed., Milão, 1980, p. 174,

à frente essa cristalina realidade. Ninguém duvidaria de que, se Tício *primeiro* intenta, sem êxito, despejar Caio, alegando que este infringira o contrato de locação, e formula *depois* o mesmo pedido, afirmando necessitar do prédio para seu próprio uso, são *duas,* e perfeitamente *diferenciadas,* as ações propostas. Mas, se Tício opta por fazer valer simultaneamente, num único processo, ambos os fundamentos, a visão do observador não raro se turva, e ele supõe contemplar, em vez de duas ações cumuladas, uma só ação de despejo.

2. Pequena gravidade teria o erro de perspectiva, se dele não fluíssem consequências práticas de monta. Mas a verdade é bem outra. Para nos cingirmos, aqui, a um aspecto do problema, cuidaremos de mostrar como repercute a questão nos julgamentos colegiados, onde a falta de percepção clara da estrutura complexa do objeto da cognição leva com frequência à aplicação de técnica defeituosa na colheita dos votos dos diversos membros do colégio judicante e gera, com isso, o risco de falsear-se por completo o resultado da deliberação coletiva.

Suponhamos, *v.g.,* que se esteja apreciando, em grau de apelação, hipótese em que o autor pede a anulação de ato jurídico, por três fundamentos diferentes *(a, b* e c)[3]. Dos três votantes, o primeiro reconhece apenas o fundamento *a,* mas rejeita os fundamentos *b* e *c,* enquanto o segundo só reconhece o fundamento *b,* rejeitando *a* e c, e o terceiro unicamente reconhece o fundamento c, rejeitando *a* e *b.* É certo que todos os juízes se pronunciaram no sentido de anular-se o ato; cada qual o fez, entretanto, com referência a uma ação distinta. Se somarmos o voto do primeiro quanto à ação *a,* o do segundo quanto à ação *b* e o do terceiro quanto à ação c, chegaremos à conclusão de que o pedido foi julgado procedente por unanimidade; será, porém, uma conclusão absolutamente falsa, porque se terão somado quantidades heterogêneas.

O resultado, como bem se compreende, não deve ser diverso do que se obteria se as três ações tivessem curso em processos separados. Consiste o procedimento correto, portanto, em apurar separadamente

---

3 O exemplo é de CHIOVENDA, *Principii di diritto processuale civile,* Nápoles, 1965 (reimpressão), p. 805, e *Instituições de Direito Processual Civil,* trad. de J. Guimarães Menegale, 2ª ed., São Paulo, 1965, v. III, p. 33. Formulava-o, aliás, o mestre em termos específicos, referindo-se à anulação de testamento; e não tomava posição em face do problema, limitando-se a expor os dois possíveis métodos de apuração dos votos e a conseqüente diversidade de resultados.

os votos sobre cada uma delas[4]. Assim, na ação *a*, o pedido de anulação foi rejeitado por maioria, contra o voto do primeiro juiz; deu-se o mesmo na ação *b*, contra o voto do segundo juiz; e ainda o mesmo ocorreu na ação c, contra o voto do terceiro juiz. Quer dizer: em nenhuma das três se julgou procedente o pedido de anulação, e o ato impugnado permanece de pé. Para que se anule o ato, é indispensável que haja maioria (ou unanimidade) de votos favoráveis ao autor pelo menos em relação a uma das causas de pedir – vale dizer: pelo menos em relação a uma das ações.

3. Torna-se oportuno um esclarecimento. Não se podem tomar em conjunto os votos dos membros do colegiado sobre duas ou mais ações cumuladas; isso não significa, todavia, que se haja de cindir a votação em tantas etapas quantas sejam as questões (de fato ou de direito) que cumpre resolver para reconhecer ou negar a realidade de cada uma das causas de pedir[5].

Vejamos um exemplo esclarecedor. No caso do art. 52, nº III, da Lei nº 6.649, de 16-5-1979, a *causa petendi* da ação de despejo, proposta, digamos, pelo promitente-comprador do imóvel alugado, desdobra-se em vários elementos: ser irrevogável a promessa de compra e venda; estar registrada; ter sido o autor imitido na posse do imóvel; ser seu ascendente ou descendente o beneficiário da retomada; não dispor esse beneficiário, nem o respectivo cônjuge, de prédio residencial próprio. Sobre qualquer desses elementos é concebível que se suscitem diversas questões, a cujo respeito naturalmente podem diferir as opiniões dos juízes. Imaginemos que, no julgamento, um deles rejeite o pedido porque, a seu ver, no silêncio do contrato, deve reputar-se revogável a promessa de compra e venda, ao passo que, para os outros, a irrevogabilidade constitui a regra, e a revogabilidade é que teria de ser expressamente pactuada; o segundo também rejeite o pedido porque não lhe pareceu comprovada a imissão do autor na posse do imóvel, enquanto os outros se satisfizeram, no particular, com as provas constantes dos autos; e o terceiro igualmente o rejeite porque, ao contrário dos outros dois, interpreta a expressão "prédio residencial próprio", no texto legal,

---

4 Com inteiro acerto, entre nós, MONIZ DE ARAGÃO, *Embargos infringentes*, 2ª ed., São Paulo, 1974, p. 140; cf., na recente doutrina francesa, NAUROIS, La procédure de vote du tribunal collégial, *in Mélanges dédiés à* JEAN VICENT, Paris, 1981, p. 247 e s.

5 Ao contrário do que parece a NAUROIS, *La procédure*, cit., p. 251-2.

como capaz de abranger prédio pertencente, em condomínio, ao ascendente ou descendente do autor (ou ao respectivo cônjuge) e a terceiro.

Seria errôneo aplicar a semelhante hipótese o raciocínio exposto nos itens anteriores, porque nela *é sempre da mesma ação que se trata.* Embora diferentes os motivos em que se apoiam os votantes, não varia o objeto dos pronunciamentos. Se, portanto, o autor simultaneamente invoca o supramencionado fundamento e o de infração contratual cometida pelo locatário, para pleitear o despejo, haverá duas (não mais) ações cumuladas; os votos devem ser colhidos separadamente com referência a cada uma delas, mas em termos globais no âmbito de uma e no da outra. Para que se decrete o despejo, será necessário e suficiente que, pelo menos no tocante a uma das causas de pedir (isto é, a uma das ações), se registre em prol do locador a maioria dos votos.

4. Os princípios expostos acham-se consagrados no regimento interno do Tribunal de Justiça do Estado do Rio de Janeiro. Por sugestão do autor deste trabalho, nele se incluiu dispositivo com o seguinte teor: "Art. 83. Computar-se-ão separadamente os votos com relação a cada uma das questões preliminares ou prejudiciais e, no mérito, quanto a cada parte do pedido *e a cada causa de pedir,* se mais de uma houver. Parágrafo único. Divergindo os julgadores no tocante às razões de decidir, sem que ocorra qualquer das hipóteses previstas no *caput,* mas convergindo na conclusão, os votos serão computados conjuntamente, assegurado aos diversos votantes o direito de declarar em separado as razões do seu voto".

Ainda, contudo, na ausência de regra expressa, deve adotar-se, na apuração dos votos, o método descrito[6]. Ele é, com efeito, o único que respeita a sistemática do ordenamento e, afinal, a própria natureza das coisas.

5. Vale acrescentar uma observação acerca da relevância que assume o ponto em se tratando de delimitar o âmbito de cabimento e o efeito devolutivo de recurso – como os embargos infringentes (Código de Processo Civil, art. 530) – que pressuponha deliberação tomada por maioria de votos. Ninguém ignora que, no caso de divergência parcial, os embargos

6 Assim se dá na República Federal da Alemanha, consoante informa KERN. *Gerichlsverfassungsrecht,* 4ª ed., Munique-Berlim, 1965, p. 139; a hipótese, peculiar ao processo penal, que o autor menciona aí como exceção, não se enquadraria nos limites fixados para o problema em nosso texto.

têm de cingir-se à matéria em que ela se manifestou (art. 530, 2ª parte). Havendo cumulação de ações, uma julgada por unanimidade, outra não, apenas no tocante a esta poderá a decisão ser embargada.

Isso vem reforçar a absoluta necessidade de que se colham separadamente os votos, quanto a cada uma das causas de pedir – o que é o mesmo que dizer: quanto a cada uma das ações. Se, por exemplo, se pedira a rescisão de sentença por ofensa à coisa julgada e por falsidade de prova, e no julgamento da rescisória todos os juízes rejeitaram o primeiro fundamento, a eventual existência de voto vencido no que tange ao segundo faz embargável o acórdão relativamente a este, não porém àquele; e ao órgão julgador dos embargos já não será lícito examinar a alegação de ofensa à *res iudicata*. É imprescindível, pois, que se saiba se a discordância ficou ou não restrita a uma das causas de pedir – o que não se conseguirá senão pela estrita observância do método aqui preconizado.

Em compensação, nenhuma influência terá a circunstância de que, em relação à mesma *causa petendi*, os juízes hajam chegado a solução idêntica – acolhendo ou rejeitando o pedido – por motivos desiguais. A mera discrepância acerca de questão de fato ou de direito, cujo deslinde constitua premissa do julgamento de uma das ações cumuladas, não configura pressuposto bastante do cabimento dos embargos. Nesse sentido é que se diz que o desacordo se apura pela conclusão do pronunciamento de cada votante, não pelas razões que invoque para fundamentá-lo. O problema de maneira alguma se confunde com o da votação quanto a diferentes causas de pedir[7].

Março de 1984.

---

7 Sobre esses tópicos, mais extensamente, BARBOSA MOREIRA, *Comentários ao Código de Processo Civil*, v. V, 4ª ed., Rio de Janeiro, p. 594 e s. (com outras referências, doutrinárias e jurisprudenciais, em notas).

COMENTÁRIOS DOS ATUALIZADORES

JULGAMENTO COLEGIADO E PLURALIDADE DE CAUSAS DE PEDIR

Paulo Cezar Pinheiro Carneiro / Paulo Cezar Pinheiro Carneiro Filho

O Código de Processo Civil de 2015 (§ 2º do artigo 337) manteve a redação do Código de 1973 (§ 2º do artigo 301) para identificar os três elementos da ação: partes, pedido e causa de pedir.

Basicamente, o artigo elaborado pelo Professor José Carlos em 1984 trata da cumulação de ações com mais de uma causa de pedir, suficiente, cada qual, para justificar o acolhimento do pedido.

Tal fenômeno ocorre com frequência, fato que levou o então Desembargador do Estado do Rio de Janeiro, José Carlos Barbosa Moreira, a incluir no regimento interno do Tribunal um dispositivo (artigo 82), que vige até hoje, no sentido de que serão computados "separadamente os votos com relação a cada uma das preliminares ou prejudiciais e, no mérito, quanto a cada parte do pedido ou da causa de pedir, se mais de uma houver". Se não ocorrer nenhuma dessas hipóteses antes mencionadas e houver divergência entre os julgadores quanto às razões de decidir, mas convergindo quanto à conclusão (o resultado) os votos serão computados conjuntamente, sem prejuízo do direito de cada julgador fazer declaração de voto em separado.

Para reforçar a importância de que se colham separadamente os votos nos casos de cumulação de pedidos ou de causas de pedir, o Mestre formula o exemplo do recurso de embargos infringentes, previsto no artigo 530 do Código de Processo de 1973, esclarecendo que no caso de divergência parcial, os embargos "têm que cingir-se à matéria em que ela se manifestou" (artigo 530, segunda parte, do Código de Processo Civil de 1973). Assim, no caso de cumulação de ações, apenas poderá ser objeto do recurso de embargos aquela que foi julgada por maioria de votos.

O Código de Processo Civil de 2015 não tratou especificamente do tema, pelo que permanece, por óbvio – sistema da teoria geral do processo –, como guia, a proposta do Mestre, encampada pelo regimento interno do Tribunal de Justiça do Estado do Rio de Janeiro.

O mesmo ocorre nos casos em que houver o prosseguimento do julgamento, mecanismo que substituiu o recurso de embargos infringentes (artigo 942, *caput*), que ocorrerá quando o resultado do julgamento da apelação não for unânime, aplicável, também, na ação rescisória e no agravo de instrumento, nas situações mencionadas no § 3º, incisos I e II, respectivamente, do artigo 942 do Código de 2015. Assim, a matéria devolvida para o julgamento da sessão estendida, com a presença de outros julgadores, se encerra nos exatos limites da divergência.

Atualmente tramita no Senado Federal o projeto de Lei nº 4.311, que se encontra para parecer na Comissão de Constituição e Justiça, e objetiva uniformizar, dentre outras, regras sobre a contagem de votos divergentes do ponto de vista quantitativo e qualitativo nas decisões colegiadas, com a alteração do artigo 941 do Código de Processo Civil de 2015. A proposta legislativa adere, basicamente, a redação, também proposta pelo Mestre, constante do regimento interno do Tribunal de Justiça do Estado do Rio de Janeiro (artigos 83 e 84, respectivamente).

AÇÃO RESCISÓRIA: O OBJETO DO PEDIDO DE RESCISÃO[1]

1. Não é rara, na prática judiciária, certa insegurança na redação da petição inicial de ação rescisória, ao indicar-se o objeto do pedido de rescisão. Percebe-se às vezes que o autor, a julgar pelo modo como formula o pedido, se está insurgindo contra o pronunciamento judicial *x*, quando na verdade pretendia (ou só podia pretender) impugnar o pronunciamento y. Ora, a formulação do *petitum*, importante em qualquer processo, reveste-se na ação rescisória de extrema delicadeza; e, se a imprecisão que com frequência nela se observa na verdade reflete, conforme parece, a dificuldade do autor em identificar corretamente o objeto do almejado *iudicium rescindens*, ele se sujeita a consequências muito desagradáveis por essa incapacidade de ver claro na matéria. Da escolha que faça, com efeito, depende não só o desate de relevantes questões processuais, como a do valor da causa e a da competência, mas também a contagem do prazo decadencial fixado no art. 495 do Código de Processo Civil e, em determinadas hipóteses, a própria admissibilidade da ação.

Se quisermos assentar desde logo o princípio fundamental no tema, caberá enunciá-lo nestes termos: *objeto do pedido de rescisão pode ser apenas a decisão judicial de mérito (ou a parte dela) transitada em julgado e (supostamente) eivada de algum dos vícios previstos no art.* 485 *do estatuto processual.* Convém dar ênfase à conjunção aditiva *"e"*: as duas características – o trânsito em julgado e o motivo de rescindibilidade – têm de conjugar-se na *mesma* decisão (ou na *mesma parte* da decisão), para que se torne lícito cogitar, com esperança de êxito, de fazê-la rescindir. Nenhuma perspectiva favorável se abre ao autor, se, presentes embora trânsito em julgado e vício típico, a decisão que transitou em julgado não é a afetada pelo vício, ou a decisão afetada pelo vício não é a que transitou em julgado. A falta de coincidência barra inexoravelmente o acesso à meta pretendida.

Vejamos a que resultados leva a aplicação do princípio em alguns casos interessantes.

2. O primeiro, de relativa singeleza, é o que decorre da estrutura objetivamente complexa da decisão proferida no primeiro processo. Houvera,

1 Publicado na *Revista Brasileira de Direito Processual*, v. 43.

por exemplo, cumulação de ações, e todas foram julgadas *de meritis* na mesma sentença de primeiro grau, que passou integralmente em julgado. Se o defeito entrevisto a abrange por inteiro *(v.g.,* o órgão judicante era absolutamente incompetente para qualquer das ações. cumuladas), a pessoa legitimada pode, à evidência, indicar a sentença *toda,* nos seus vários capítulos, como objeto da rescisão, sem que fique excluída, em princípio, a possibilidade de limitar-se o pedido a algum (ou alguns) deles, pois ao autor, e a ninguém mais, compete resolver se pedirá em juízo tudo aquilo a que supõe ter direito, ou apenas parte[2].

Pode acontecer, porém, que o suposto vício atinja exclusivamente um (ou alguns) dos capítulos da sentença; por exemplo: só quanto a uma das ações cumuladas se vislumbra, no pronunciamento do juiz, violação de disposição legal. É claro que o pedido de rescisão terá de cingir-se a essa parte. Nem fica excluída a hipótese de que se contenha o defeito em capítulo acessório, como o referente a juros da mora, a correção monetária, a custas processuais ou a honorários advocatícios; nos respectivos limites há de comportar-se o pedido de rescisão[3], com o intuitivo corolário, por exemplo, na atribuição de valor à causa.

Sem dúvida é concebível que o eventual acolhimento do pedido, no *iudicium rescindens,* acarrete, por via de consequência, a nulificação de outra(s) parte(s) da sentença. Exemplificativamente: se o autor impugna o capítulo em que o juiz rejeitou a arguição de prescrição, por entender que, ao rejeitá-la, ele infringiu norma legal, e o órgão julgador da rescisória dá por fundada a impugnação, ao rescindir-se o capítulo atinente à preliminar, naturalmente cai por terra todo o restante. Tal fenômeno de maneira alguma infirma o princípio enunciado: também aí continua a ser verdade que o objeto do pedido de rescisão se delimita em função da extensão do suposto vício. O *plus* de eficácia é mero corolário lógico.

3. Até agora, tivemos em vista a hipótese de haver transitado em julgado a sentença de primeiro grau. Isso pode ter acontecido por diferentes

2 Com inteiro acerto, já reconheceu O Supremo Tribunal Federal, em termos expressos, a admissibilidade de pedido de rescisão parcial em acórdão de 21-10-1982, A.R. nº 1.136, in *ADV – Informativo Semanal* nº 3/83, p. 47, nº 8.022.

3 Cf. o acórdão do Tribunal de Justiça do Rio Grande do Sul, de 24-4-1975. A.R. nº 23.366, in ATHOS GUSMÃO CARNEIRO, O *novo Código de Processo Civil nos Tribunais do Rio Grande do Sul e Santa Catarina,* t. II, Porto Alegre, 1976, p. 449, nº 537.

motivos. O mais óbvio é a não interposição de recurso no devido prazo. A sentença passa igualmente em julgado, contudo, se outro fato porventura torna inadmissível ou extingue a apelação: assim, normalmente, nos casos de renúncia ao direito de recorrer (art. 502), de aquiescência ou aceitação (art 503), de desistência do recurso (art. 501), de deserção (art. 519, *caput,* 1ª parte). É preciso atentar em que, quando o órgão *ad quem,* por qualquer fundamento; não conhece da apelação, transitou em julgado, exceto se sujeita *ex vi legis* ao duplo grau de jurisdição, a sentença de primeiro grau[4]. Esta, e não a decisão de não conhecimento do recurso (que não é sequer decisão *de mérito:* veja-se o art. 485!), é que pode constituir objeto do pedido de rescisão.

Cuidado especial merece o caso de haver transitado em julgado apenas *uma parte* da sentença de primeiro grau. É o que se dá, *v.g.,* se a apelação se limitou a impugnar o(s) outro(s) capítulo(s), ou se foi parcial o alcance da renúncia, da aceitação ou da desistência; ou, enfim, sempre que o órgão *ad quem* unicamente em parte deixe de conhecer do recurso. Terá o interessado de verificar se o suposto vício reside na parte que transitou em julgado no primeiro grau; sendo afirmativa a resposta, contra ela se dirigirá o pedido de rescisão. Aplica-se o que ficou dito, *mutatis mutandis,* às decisões de grau superior. Assim, por exemplo, se o acórdão proferido no julgamento da apelação somente em parte foi impugnado por embargos infringentes (ou porque a parte restante houvesse resultado de votação unânime, ou porque o embargante, *sponte sua,* tivesse restringido o objeto dos embargos a uma fração da parte não unânime), e por hipótese tampouco houve recurso extraordinário quanto ao que escapou à impugnação por meio dos embargos, desde logo transitou em julgado tudo que não se impugnou. Caso o suposto vício se localize nessa parte, não impugnada, do acórdão que julgou a apelação, contra ela é que se há de dirigir a ação rescisória. O mesmo acontece quando o órgão *ad quem* não conhece dos embargos. Sendo parcial o conhecimento, o acórdão embargado passou em julgado na extensão daquilo de que não se conhece; e, lá onde reside o vício, lá estará também o objeto próprio do pedido de rescisão.

---

4 *Vide,* ao propósito. PONTES DE MIRANDA, *Comentários ao Código de Processo Civil* (de 1973), t. III, Rio de Janeiro, 1975, p. 297; *Tratado da ação rescisória,* 5ª ed., Rio de Janeiro, 1916, p. 374-5; BARBOSA MOREIRA, *Comentários ao Código de Processo Civil,* v. V, 4ª ed., Rio de Janeiro, 1981, p. 139-40, 234, 301, 444-6; *O novo processo civil brasileiro,* 5ª ed., Rio de Janeiro, 1982, p. 177.

4. Vejamos agora como se põe o problema quando se recorreu da sentença (ou do acórdão) no primeiro processo; e o órgão *ad quem,* conhecendo do recurso, lhe negou provimento, para "confirmar" a decisão recorrida, ou lhe deu provimento, para reformá-la. Aqui, a noção capital a ter em mente é a de que, num caso e noutro, a decisão do órgão *ad quem,* qualquer que seja o seu teor, *substituiu* a do órgão *a quo* (art. 512)[5], de modo que esta não transitou (nem transitará jamais) em julgado, ainda quando dita "confirmada". A decisão de grau inferior, por conseguinte, *nunca* poderá constituir, em semelhante hipótese, objeto do pedido de rescisão. Pedido assim será juridicamente impossível: absurdo cogitar de rescindir o que já não existe como ato decisório em vigor.

Admitamos que se pudesse descobrir, na decisão de grau inferior, vício enquadrável na lista do art. 485. Uma de duas: ou *(a)* o vício subsiste na decisão do órgão *ad quem* (por exemplo: ao "confirmar" a sentença, o tribunal cometeu a mesma violação de lei que nela se continha), ou *(b)* não subsiste. Em *(b),* terá o defeito perdido toda e qualquer relevância, e não é possível invocá-lo para pleitear nem a rescisão da sentença (que foi substituída!), nem a do acórdão, que, *ex hypothesi,* dele está isento – sendo supérfluo ressalvar a possibilidade de que no julgamento recursal se descubra *outro,* também capaz de justificar a rescisão. Em *(a),* o que se torna rescindível é exclusivamente *o acórdão:* ao contrário do que às vezes se supõe, não é necessário, *nem cabível,* pedir em conjunto a rescisão do acórdão e da sentença "confirmada". Ninguém deve recear que a rescisão apenas do acórdão faça "reviver" a sentença por ele substituída.

Caso apenas uma parte da decisão inferior haja sido "confirmada" ou reformada pelo órgão superior, no julgamento do recurso, a essa parte, e somente a ela, aplica-se o que se disse nos parágrafos precedentes. Quanto ao resto – inclusive a algum capítulo em relação ao qual porventura *não* se tenha conhecido do recurso –, não ocorreu substituição, e portanto a possibilidade de rescisão apenas surgirá no tocante à decisão do órgão *a quo,* com fundamento em defeito que *nela* supostamente resida.

Convém observar que, nas hipóteses de sujeição obrigatória da causa ao duplo grau de jurisdição (art. 475 e disposições análogas de leis extravagantes), *nada* do que se submete *ex vi legis* ao reexame pelo

5 Sobre a limitação do âmbito de incidência do art. 512 às hipóteses de *conhecimento do* recurso, mas sem exclusão daquelas em que se diz "confirmar" a decisão recorrida, *vide* também BARBOSA MOREIRA, ob. e v. cit., p. 446 e s., com outras referências bibliográficas.

órgão superior transita em julgado sem que ele se realize[6]. Aqui pouco importa que se haja ou não interposto recurso, ou que do recurso acaso interposto se tenha desistido, ou que dele não haja conhecido o órgão *ad quem.* Transitará em julgado, quando se tornar irrecorrível, a decisão de grau superior, que "confirme" ou reforme a de primeiro grau, e com referência a ela é que se terá de equacionar e resolver o problema da eventual rescisão. Pode suceder que só *em parte* fique sujeita a sentença ao reexame necessário: *v.g.,* se a União, o Estado ou o Município sofreu *parcial* derrota. A essa parte, evidentemente, então se aplicará quanto ficou dito acima.

5. Não é desprezível a eventualidade de que o órgão *ad quem,* julgando o recurso, empregue fórmula tecnicamente inadequada, dizendo que dele não conheceu, quando na verdade lhe negou provimento, ou vice-versa. O equívoco é perigoso, justamente – entre outras razões – pelas dúvidas que se mostra capaz de gerar na matéria aqui versada.

Resolve-se o problema por meio de operação interpretativa. Como quaisquer atos jurídicos, as decisões judiciais são suscetíveis de interpretação, mediante a qual se estabelece o verdadeiro sentido do pronunciamento, obscurecido pela formulação imprópria. Assim, se se verifica que o tribunal, não obstante falar de "não conhecimento", examinou o mérito do recurso, negando razão ao recorrente, tem-se de tratar o caso

---

6 O art. 475 não diz *expressis verbis* que a sentença, nas hipóteses ali arroladas, não transita em julgado. Cinge-se a estabelecer que ela não produz efeitos antes de "confirmada" pelo tribunal; mais exatamente: o que pode produzir efeitos é o acórdão do tribunal, que a "confirme" *ou a reforme.* Eficácia e autoridade da coisa julgada são fenômenos conceptualmente distintos; aí, porém, como em regra no direito brasileiro, coincidem no tempo, feita abstração de eventual recurso extraordinário, que obstaria ao trânsito em julgado sem tolher a eficácia do acórdão recorrido. Escrevia AMARAL SANTOS, *Comentários ao Código de Processo Civil,* v. IV, 3ª ed., Rio de Janeiro, 1.982, p. 468: "Nesses casos, a sentença dependerá, necessariamente, para transitar em julgado e produzir coisa julgada, de ser reexa*minada* a *causa* e *novamente julgada por tribunal* de *segundo grau competente.* Será esse segundo julgamento que produzirá coisa julgada, assim que transitar em julgado". O último período esclarece melhor o pensamento do comentador, exteriorizado com alguma imprecisão no primeiro, que literalmente poderia sugerir a ideia falsa de que a sentença, *ela mesma,* transita em julgado após a revisão. Note-se, de passagem, que a situação escapou ao legislador, quando buscou definir, no art. 467, coisa julgada material: à fórmula "não mais sujeita a recurso ordinário ou extraordinário" teria de acrescentar-se: "nem a reexame obrigatório".

como de desprovimento: a decisão substituiu a recorrida, coincidindo embora com ela no teor, e só cabe pensar em ação rescisória contra o acórdão do órgão *ad quem,* com fundamento em suposto vício *nele* contido. Se fica patente, ao contrário, que o tribunal, dizendo negar provimento ao recurso, dele, na realidade, não conheceu, nenhuma substituição terá ocorrido, e apenas a decisão do órgão *a quo* será eventualmente rescindível, por causa – ocioso acrescentar – de defeito próprio.

A essa luz é que se pode entender bem o texto da proposição nº 249 da *Súmula da Jurisprudência Predominante* do Excelso Pretória, *verbis:* "É competente o Supremo Tribunal Federal para a ação rescisória, quando, embora não tendo conhecido do recurso extraordinário, ou havendo negado provimento ao agravo, tiver apreciado a questão federal controvertida". O enunciado, à primeira vista, é surpreendente, ao menos desde a entrada em vigor do Código de Processo Civil de 1973, cujo art. 485, *caput,* limitou a rescindibilidade às sentenças *(lato sensu)* de mérito. Com efeito: deveria afigurar-se manifesto que, se a Corte Suprema realmente *não conhece* de um recurso extraordinário, seu acórdão não pode ser *de mérito,* e por conseguinte jamais se tornará passível de rescisão, não tendo sentido qualquer indagação acerca da competência para uma ação rescisória... incabível! A explicação consiste em que, ao apreciar a "questão federal controvertida", está o Supremo Tribunal Federal, queira ou não queira – pondere-se com o mais reverente pedido de vênia –, julgando *de meritis* o recurso extraordinário, do qual, portanto, *conhece,* ainda que use a fórmula oposta[7].

Exatamente aí é que encontra base, em casos tais, a competência do Supremo Tribunal Federal para a ação rescisória. A questão da competência, observe-se, é logicamente subordinada à da identificação do objeto do *iudicium rescindens.* Isso é que a torna problemática: em si e por si, ela é facílima de resolver. Basta lançar os olhos ao art. 119, nº I, letra *m, fine,* da Constituição Federal, para ter a certeza de que a Corte Suprema é competente para processar e julgar as ações rescisórias de seus próprios acórdãos. O verdadeiro problema, dissimulado, concerne a saber *quando pode ser rescindível* a decisão proferida pelo Supremo Tribunal Federal no julgamento do recurso extraordinário, e quando, ao contrário, apenas o pode ser o acórdão extraordinariamente recorrido.

7 A praxe tem sido objeto de reiterada crítica em sede doutrinária: *vide* ainda, inclusive para ulteriores indicações, BARBOSA MOREIRA, ob. e v. cit., p. 646-7, 702-3.

Se se empregasse terminologia correta, seria bem simples a resposta a semelhante indagação: rescindível pode ser o acórdão do Supremo Tribunal Federal, quando se conhece do recurso; rescindível só pode ser o acórdão extraordinariamente recorrido, quando não se conhece do recurso. Posta a questão nesses termos, nenhuma dificuldade surgiria no tocante à competência. E é assim mesmo que se há de pôr a questão, depois de retificada, sendo o caso, a fórmula do acórdão, pela operação interpretativa a que se aludiu linhas atrás.

6. Resta ver como deve agir o órgão perante o qual se ajuíza ação rescisória, quando se lhe depara, na petição inicial, imperfeição do gênero de que se cuida. Se a redação é imprecisa, se não está claramente individualizada a decisão rescindenda, encontra óbvia aplicação a regra do art. 284 do Código de Processo Civil: antes de decidir sobre o requerimento de citação do réu, deve o relator do feito abrir ao autor o prazo de dez dias, para que esclareça, no ponto, a inicial. Cabe também a providência do art. 284, mais largamente interpretado, quando a inicial ora aponte uma, ora outra das decisões proferidas no processo anterior, como objeto do pedido de rescisão: toca ao relator determinar-lhe que se defina. Haverá casos de simples *lapsus calami,* que nem tal medida reclamem: o autor, por equívoco, escreveu "acórdão" onde – segundo revela o contexto – queria aludir à sentença, ou vice-versa. O problema acha aí remédio fácil na interpretação: também as petições iniciais podem (e frequentemente... precisam) ser interpretadas.

Outra será a atitude do órgão judicial, se a indicação errônea da decisão rescindenda for feita em termos seguros, categóricos, inequívocos. Em semelhante hipótese, é à luz do que se escreveu na inicial – e exclusivamente a essa luz – que o órgão tem de resolver a questão da admissibilidade da rescisória, bem como todas as outras questões porventura relacionadas com o objeto do pedido de rescisão: a da competência, a do valor da causa, a da decadência etc. Se não há qualquer dúvida de que o autor pleiteia a rescisão do julgado *x,* o erro em que acaso incida é insuscetível de correção pelo órgão judicial: trata-se, com efeito, de elemento do pedido, e de nenhum modo seria lícito ao relator, ou ao colegiado, modificá-lo.

A hipótese não se identifica em absoluto, vale sublinhar, com a que se configura quando a inicial individualiza de maneira correta a decisão rescindenda e apenas se equivoca na designação do órgão a que se dirige. Por exemplo: quer o autor fazer rescindir acórdão do tribunal *x;*

em vez, porém, de endereçar a petição ao próprio tribunal *x*, que seria o competente, endereça-a ao tribunal y, que – suponhamos – não conhecera de recurso interposto contra o acórdão rescindendo. A solução é simplicíssima: y declara-se incompetente e remete os autos a *x*, para que processe e julgue a rescisória (Código de Processo Civil, art. 113, § 2º, *fine)*[8]. Descaberá a providência, entretanto, se o autor houver pedido, erradamente, a rescisão do acórdão de y: aí o caso não será de incompetência, mas de inadmissibilidade da ação, a ser declarada por y, competente para as rescisórias de seus próprios julgados.

Abril de 1984.

COMENTÁRIOS DOS ATUALIZADORES

AÇÃO RESCISÓRIA: O OBJETO DO PEDIDO DE RESCISÃO

Paulo Cezar Pinheiro Carneiro / Paulo Cezar Pinheiro Carneiro Filho

O Professor José Carlos, logo no início do artigo escrito no ano de 1984, examina tema sensível na jurisprudência e na doutrina até os dias de hoje, sobre o início do prazo decadencial para a propositura da ação rescisória quando capítulos da sentença transitam em julgado em momentos distintos.

O Superior Tribunal de Justiça editou a Súmula nº 401 com a seguinte posição: "O prazo decadencial da ação rescisória só se inicia quando não for cabível qualquer recurso do último pronunciamento

8 O Supremo Tribunal Federal, em 6-9-1979, A.R. nº 914. *Revista Trimestral de Jurisprudência,* v. 97, p. 496, deu esse tratamento a espécie do *outro* gênero. Impugnava o autor, na rescisória intentada perante a Corte Suprema, decisão sobre matéria que não chegara ao conhecimento desta, porque julgada em parte da sentença que nem sequer fora objeto da apelação. O acórdão mandou remeter os autos ao Tribunal Federal de Recursos para que julgasse a rescisória; ora, o Tribunal Federal de Recursos seria competente, sim, se o autor houvesse pleiteado (como devera ter feito) a rescisão *da sentença,* na parte em que residia o suposto vício, mas nenhuma competência tinha para apreciar o pedido (que o autor fizera) de rescisão *de julgado do Supremo Tribunal Federal.*

judicial". Assim, o trânsito em julgado de capítulo da sentença em momento anterior, durante o curso da relação jurídica processual, não tem qualquer valia para o STJ. O que importa para o cômputo do prazo decadencial, para o exercício do direito da ação rescisória, é a data do trânsito em julgado do capítulo correspondente a última decisão proferida no processo.

Por outro lado, o Supremo Tribunal Federal tem adotado posição diametralmente oposta, no sentido de que o prazo decadencial para impugnar capítulos da sentença tem início a partir do trânsito em julgado de cada um deles, separadamente. A propósito, os seguintes julgados: (STF, ACO nº 1.990, Rel. Min. Celso de Mello, julgada em 17/06/2015, DJe 11/09/2015; STF, Rcl nº 13217, Rel. Min. Rosa Weber, julgada em 30/06/2015, DJe 13/08/2015; STF, AI nº 654.291 AgR-AgR-AgR-ED-EDEDv-AgR, Rel. Min. Marco Aurélio, julgado em 18/12/2015, DJe 22/02/2016; STF, PLENO, AR nº 2.369, Rel. Min. Luiz Fux, julgada em 15/04/2020, DJe 30/04/2020).

O Código de Processo Civil de 2015 estabelece em 2 (dois) anos o termo final para a extinção do direito (material) ao exercício da ação rescisória, contados do trânsito em julgado da última decisão proferida no processo (artigo 975, *caput*).

No caso de julgamento parcial de mérito, o prazo inicial para a propor a ação rescisória corre a partir do trânsito em julgado do capítulo objeto de julgamento, e o termo final, 2 (dois) anos após o julgamento do último capítulo.

Barbosa Moreira lança uma alerta para os aplicadores do direito, no tocante ao cabimento da ação rescisória, nos casos em que o Supremo Tribunal Federal "aparentemente" não tenha conhecido do recurso extraordinário, apesar de ter examinado seu mérito. Dentro desse contexto, pode-se entender o significado da Súmula nº 249 da Jurisprudência Predominante do STF, *verbis*: "É competente o Supremo Tribunal Federal para a ação rescisória, quando, embora não tenha conhecido do recurso extraordinário, ou havendo negado provimento ao agravo, tiver apreciado a questão federal controvertida". Assim, mesmo em caso de não conhecimento do recurso extraordinário e desde que a matéria constitucional controvertida tenha sido examinada, a competência para julgar a eventual ação rescisória será do STF, local onde ela deverá ser promovida. Diga-se o mesmo para a competência do STJ no caso de ofensa a lei federal.

Por outro lado, como contrapartida, para minimizar as consequências da Súmula nº 249, o STF editou a Súmula nº 515, esclarecendo que: "A competência para a ação rescisória não é do Supremo Tribunal Federal, quando a questão federal, apreciada no recurso extraordinário ou no agravo de instrumento, seja diversa da que foi suscitada no pedido rescisório".

O Supremo Tribunal Federal tem outras duas importantes Súmulas, posteriores à publicação da Súmula nº 249: (i) Súmula nº 343: "Não cabe ação rescisória por ofensa a literal dispositivo de lei, quando a decisão rescindenda se tiver baseado em texto legal de interpretação controvertida nos tribunais"; (ii) Súmula nº 514: "Admite-se ação rescisória contra sentença transitada em julgado, ainda que contra ela não se tenha esgotado todos os recursos".

O Código de Processo Civil de 2015 trouxe importantes inovações no tocante à ação rescisória, agora, regulada no Título IV, Capítulo VIII, nos artigos 966 a 975.

O artigo 966 determina que a decisão de mérito – tenha a natureza de sentença ou de decisão interlocutória – transitada em julgado é impugnável por ação rescisória.

No mesmo sentido, o parágrafo 2º do artigo 966 deixa expresso que não só as decisões de mérito, como também outras duas que não apreciem o mérito são atacadas pela ação rescisória. No caso, a decisão transitada em julgado que impeça a propositura de nova demanda e a decisão que nega admissibilidade ao recurso correspondente.

Outra modificação importante do Código de Processo Civil de 2015 foi a revogação do inciso VIII do artigo 485 do Código de Processo de 1973, que permitia a propositura de ação rescisória quando houvesse fundamento para invalidar confissão, desistência, ou transação em que se baseou a sentença.

Como defendia Barbosa Moreira, nestas hipóteses, o remédio cabível seria a ação anulatória. O Código de Processo de 2015 adotou a mesma posição no parágrafo 4º do artigo 966, *verbis*: "Os atos de disposição de direitos, praticados pelas partes ou por outros participantes do processo e homologados pelo juízo, bem como os atos homologatórios praticados no curso da execução, estão sujeitos à anulação, nos termos da lei".

Outra modificação importante foi a alteração da expressão *violação de disposição de lei* para norma jurídica, no inciso V do artigo 966 do Código de Processo Civil de 2015. Com a modificação, o legislador encerrou a discussão sobre o cabimento de ação rescisória por violação a princípio jurídico.

Barbosa Moreira, ao examinar os efeitos do reconhecimento da incompetência absoluta do juiz, faz menção ao parágrafo 2° do artigo 113 do Código de Processo de 1973, que declarava a nulidade de todos os atos decisórios proferidos pelo juiz incompetente. O Código de Processo de 2015 apresenta outra importante modificação sobre o tema no parágrafo 4° do artigo 64, no sentido de preservar os efeitos da decisão proferida pelo juiz incompetente, até que outra seja proferida, se for o caso, pelo juízo competente.

ASPECTOS DO "USUFRUTO DE IMÓVEL OU DE EMPRESA" NO PROCESSO DE EXECUÇÃO[1]

1. A persecução da finalidade do processo executivo, que é a satisfação do credor independentemente da colaboração do devedor, e até contra a sua vontade, implica de modo necessário, na execução por quantia certa, a agressão ao patrimônio do devedor, que constitui, como é sabido, a "garantia" dos credores. Abandonada a ideia primitiva de que o devedor respondia com sua *pessoa*, é à custa dos seus *bens* que, em princípio, se há de pagar o credor; e, quando entre esses bens não se encontra desde logo, em espécie, numerário suficiente, a solução consiste em lançar mão deles para transformá-los coativamente em dinheiro. Todo o processo de execução por quantia certa, em seus múltiplos desdobramentos, nada mais é, no fundo, que uma técnica de conversão, judicialmente manejada. Feita abstração da possibilidade de interessar ao credor a aquisição dos próprios bens sobre os quais incide a constrição executiva, de tal sorte que os queira receber *em vez* da importância a que fazia jus, essa técnica envolve a alienação dos bens a terceiro(s), para do respectivo produto retirar-se o *quantum* devido, a ser entregue, com os acessórios, ao credor.

Semelhante procedimento pode revelar-se extremamente gravoso para O devedor, cujo patrimônio se vê desfalcado de modo permanente: é para ele definitiva, com efeito – sempre em linha de princípio –, a perda dos bens, que lhe são *expropriados* (cf. o art. 646 do Código de Processo Civil). Ora, se por um lado é função do processo executivo proporcionar ao credor, em toda a medida da possibilidade prática, a utilidade de que gozaria se o seu direito fosse espontaneamente satisfeito, não é menos certo, por outro lado, que se impõe buscar esse alvo com o mínimo possível de detrimento para O devedor. Sujeito que fica a sofrer em seu patrimônio o desfalque indispensável à satisfação do credor, não deve ele, porém, ficar sujeito a sofrer *mais* do que isso.

Sucede que, em se tratando de bens que produzem rendimentos, é perfeitamente concebível o atendimento do credor sem que o devedor

---

1 Trabalho escrito para o volume de *Estudos Jurídicos em homenagem a* AMILCAR DE CASTRO. Publicado também na *Revista de Processo*, v. 26, e na *Revista de Jurisprudência do Tribunal de Justiça do Estado do Rio de Janeiro*, v. 48.

precise ser despojado da propriedade. Basta que se atribuam ao credor, em caráter temporário, tais rendimentos. Privado deles por certo prazo, o devedor conservará entretanto, com essa restrição, o domínio dos bens, cuja plenitude se restabelecerá no termo final. Assim, sem prejuízo para o credor – a quem, sob determinadas circunstâncias, pode também afigurar-se vantajosa a solução –, amolda-se a execução ao princípio do menor sacrifício, que tem inspirado mais de um dispositivo expresso de lei *(v.g.,* no Código, em vigor, os arts. 582, 594, 602, § 2º, e sobretudo 620).

2. Não é nova, na tradição jurídica luso-brasileira, a consagração legislativa do alvitre a que se acaba de aludir. Deixando de lado antecedentes mais remotos, em que provavelmente se refletiam preocupações de natureza diversa[2], é de rigor mencionar, ao propósito, a Lei de 20-6-1774, que disciplinou "os leilões, arrematações de bens do Depósito Geral, fixando as regras para as preferências". De acordo com o seu § 24, se os bens apreendidos valessem o dobro do crédito exequendo, ou mais, devia o juízo da execução ordenar que se lhes avaliassem os rendimentos anuais e adjudicá-los ao credor pelos anos que bastassem para o pagamento da dívida. Nota-se aí o propósito de evitar que o devedor fosse sacrificado além da medida razoável: eis porque se fazia pressuposto da medida a grande diferença de valor entre a dívida e os bens[3].

Recolheu a norma o Regulamento nº 737, de 25-11-1850, cujo art. 564 estabelecia: "Se os bens são indivisos e o seu valor excede o dobro da dívida, não se arremata ou adjudica a propriedade deles, mas adjudicar-se-ão ao credor sem abatimento algum os seus rendimentos por tantos anos quantos bastem para o pagamento da dívida". Excetuavam-se os casos de: ter o executado outras dívidas acumuladas, superiores à metade do valor dos bens penhorados; haver nomeado à penhora esses bens, apesar de ter outros de menor valor; e não produzirem os bens penhorados rendimento algum. Na *Consolidação* de RIBAS, de 1876, os arts. 1.329 e 1.331 consagraram disciplina semelhante; mas o art. 1.330 permitia ao credor "fazer arrematar, ou adjudicar, em vez da proprieda-

2 Assim, por exemplo, os textos das Ordenações Manuelinas e das Filipinas sobre bens de Morgados e Capelas. a cujo respeito *vide* CELSO NEVES, *Da arrematação de real a real,* São Paulo, 1958, p. 76 e s.

3 CELSO NEVES, *Comentários ao Código de Processo Civil,* v. VII, 2ª ed., Rio de Janeiro, 1977, p. 176-7.

de, os rendimentos de um, ou mais imóveis simultaneamente", mesmo *fora* da hipótese de desproporção, a que aludia o art. 1.329[4].

Veio a predominar, no direito posterior, essa propensão a romper o vínculo de dependência entre o cabimento da medida e a verificação de determinado excesso de valor dos bens penhorados sobre o montante da dívida. Já não continha qualquer referência a tal pressuposto o art. 1.054 do Código do antigo Distrito Federal, nem o art. 982 do Código nacional de 1939, que provavelmente o tomou por modelo. Não quer isso dizer, convém ressalvar, que se haja deixado de levar em conta o interesse do devedor, cuja concordância, num e noutro diploma, constituía pré-requisito indeclinável da adjudicação de rendimentos.

3. Nos arts. 716 e s., regula o vigente Código um instituto a que atribui a denominação de "usufruto de imóvel ou de empresa", e que corresponde, de modo evidente, à *ratio* dessas figuras anteriores. O texto atual põe, aliás, em realce o aspecto relacionado com o princípio do menor sacrifício, ao dispor no art. 716: "O juiz da execução pode conceder ao credor o usufruto de imóvel ou de empresa, *quando o reputar menos gravoso ao devedor* e eficiente para o recebimento da dívida".

Não provém, contudo, de antigas leis portuguesas ou brasileiras a disciplina, muito mais extensa e minuciosa, que o Código de 1973 deu à matéria, em sensível contraste com as escassas e magras disposições que se deparavam naqueles velhos diplomas. Se decerto pensou o legislador pátrio, por ocasião da reforma do processo civil, nos antecedentes que lhe oferecia à consideração a história do nosso direito, não menos certamente cuidou de procurar alhures sugestões para uma construção normativa mais completa e articulada. E tudo faz crer que as tenha encontrado no Projeto de autoria de CARNELUTTI, submetido em 1926 à Subcomissão Real para a reforma (que então se frustrou) do Código italiano, e numa lei processual sensivelmente influenciada por esse Projeto, mal conhecida entre nós, mas prestigiosa em círculos especializados por seu apuro técnico: o *Codice di procedura civile dello Stato de lia Città del Vaticano,* baixado por *Motu proprio* do Papa Pio XII em 1º-6-1946 e vigente desde 1º de novembro do mesmo ano. Não obstante

4 Na edição da Tipografia Nacional, Rio de Janeiro, 1878, p. 335, da *Consolidação,* a nota de rodapé nº 1.842 invoca, em abono da generalização da providência, o § 25 da Lei de 20-6-1774 e o pronunciamento de MORAIS, L. 6, Cap. 13, nº 54.

o silêncio, a tal respeito, da *Exposição de Motivos* – que todavia alude, em várias passagens, a outros textos estrangeiros, inspiradores, neste ou naquele tópico, dos trabalhos de reforma –, as manifestas e importantes semelhanças, na matéria vertente, excluem ao nosso ver a eventualidade de mera coincidência.

Nem há nisso o que estranhar. Como assinalou, com todo o acerto, a *Exposição de Motivos* do Projeto de 1972, "um Código de Processo é uma instituição eminentemente técnica. E a técnica não é apanágio de um povo, senão conquista de valor universal" (Cap. III, nº I, item 5). Daí se terem consultado, durante a elaboração, "os monumentos legislativos mais notáveis do nosso tempo" (ibid.)[5], entre os quais sem dúvida figuram, embora não mencionados na *Exposição de Motivos,* o Projeto CARNELUTTI – se é lícito chamar "monumento legislativo" a texto que não logrou converter-se em lei – e o *Codice di procedura civile* do Vaticano.

4. O primeiro aspecto que desperta a atenção, no confronto, é o terminológico. A denominação de "usufruto", aplicada à figura de que se cuida, não pertence à tradição luso-brasileira. Nem consta que qualquer estudioso do assunto, ao traçar o perfil dogmático do instituto, se haja lembrado de propor a assimilação. No afã de esclarecer a natureza jurídica dessa modalidade de pagamento ao credor, falavam os escritores antigos ora de "consignação judicial", ora de "assinação judicial", ora ainda de "locação judicial"[6]. O Código de 1939 sugeriu uma equiparação à anticrese, estabelecendo, no art. 982, § 2º, que o adjudicatário dos rendimentos seria "considerado anticresista para todos os efeitos provenientes da posse dos bens" e ficaria "sujeito, nessa qualidade, às regras do direito civil". De "usufruto", entre nós, só se veio a falar, neste contexto, quando se iniciaram, com o Anteprojeto BUZAID (que versava a matéria nos arts. 763 a 776), os trabalhos de reforma do processo civil brasileiro. Não é outro, porém, o *nomen iuris* sob que aparece a figura, quer no Projeto CARNELUTTI, quer no Código do Vaticano. Naquele, o art. 511, enumerando os diversos modos de execução pecuniária, previa, na letra *b, "la costituzione dell'usufrutto forzato su beni immobili o su aziende commer-*

5 Os passos aspeados reproduzem afirmações que já se liam na *Exposição de Motivos* do Anteprojeto BUZAID, Parte II, nº I, item 13.

6 *Vide* a crítica dessas posições em CELSO NEVES, *Da arrematação de real a real,* p. 171 e s.

ciali"; e o Capítulo III do Título IV do Livro II, que fixava a disciplina do instituto, ostentava como rubrica: *"Dell'usufrutto forzato di beni immobili o di una azienda commerciale".* No Código do Vaticano, ao art. 511 do Projeto CARNELUTTI corresponde, com análoga estrutura, o art. 519, cuja 2ª alínea reproduz *ipsis verbis* o modelo; e a rubrica do Capítulo III do Título VI do Livro II mostra uma única e ligeira alteração – o uso do plural em vez do singular, na parte derradeira: *"Dell'usufrutto forzato di beni immobili o di aziende commerciali".* O legislador pátrio de 1973 suprimiu o adjetivo "forçado" e refere-se apenas ao "usufruto de imóvel ou de empresa", assim nos arts. 647, nº III, e 708, nº III (com o acréscimo da palavra "bem" antes de "imóvel"), como na rubrica da Subseção dedicada à matéria.

5. Não é secundária a questão terminológica. Se a lei emprega, para designar certo instituto, denominação tradicionalmente aplicada a outro, sugere que pretendeu inserir a figura assim batizada no quadro normativo próprio da homônima. A ideia que espontaneamente acode ao intérprete é a de que aquela deve em princípio, ressalvadas as disposições especiais, deixar-se governar pelas mesmas regras que esta. Ao menos em caráter supletivo – é a suposição natural – incidem as normas atinentes ao padrão indicado pela nomenclatura. Aí está a relevância prática do ponto.

Contudo, para que não se tome a nuvem por Juno, é necessário proceder a um confronto em nível substancial. A escolha do nome pode ter sido mais ou menos feliz. Ora, a sujeição a igual regime pressupõe algo mais do que a mera (e talvez enganosa) similitude terminológica. As regras supletivamente aplicáveis hão de ser descobertas em função da afinidade estrutural dos institutos: antes importa a homogeneidade das essências que a identidade das denominações.

Nessa ordem de ideias, parece menos exata a consideração da figura de que estamos tratando como espécie do gênero *usufruto,* a situar-se ao lado do previsto no Código Civil, quer na modalidade voluntária, quer na legal. Feita abstração de outros aspectos, basta ver que ao "usufruto de imóvel ou de empresa", no processo de execução, não é essencial a atribuição do *uso* ao credor, a quem interessa exclusivamente a percepção dos frutos. Mais: o usufruto civil de modo algum pressupõe a existência de dívida do proprietário para com o usufrutuário, nem, por conseguinte, se prende à ideia de *pagamento* feito a este; ora, tais notas são absolutamente inseparáveis do "usufruto" disciplinado no Código de Processo Civil, que sem elas se descaracterizaria por completo, deixaria de ser o que é.

Ao nosso ver, o instituto em foco mais se aproxima da anticrese, com a qual tem em comum o pressupor a existência de dívida e o atribuir à percepção dos frutos a função precípua de meio para a respectiva solução. Não se quer dizer com isso que coincidam em tudo os perfis de ambas as figuras: é óbvio que existem diferenças[7]. O que em todo caso parece inegável é que, a buscar-se no direito civil um padrão de analogia, com maior facilidade poderemos encontrá-lo na anticrese do que no usufruto. Sem embargo, pois, das críticas que sofreu o art. 982, § 2º, do anterior estatuto processual, muito mais defensável se nos afigurava a sua posição que a tomada pelo diploma em vigor, na esteira do Projeto CARNELUTTI e do *Codice di procedura civile* do Vaticano[8].

Uma conclusão prática desde logo se deve extrair: diante de dúvidas geradas por omissões ou obscuridades do texto, mal se justifica o recurso puro e simples à disciplina do usufruto civil. Dada a essencial diversidade, as regras a este atinentes não são necessariamente invocáveis a propósito do "usufruto" do Código de Processo Civil. Soa arbitrário, por exemplo, argumentar com o art. 714 do Código Civil para sustentar que, embora a lei processual se refira apenas a "imóvel" e a "empresa", a providência contemplada no seu art. 716 pode igualmente recair sobre móveis, em geral[9].

6. Já que se falou no art. 716, vale a pena registrar que esse dispositivo tomou provavelmente por modelo o art. 564, § I, do Código do Vaticano[10],

---

7 Apontava-as, com referência à adjudicação de rendimentos, sob o Código de 1939, CELSO NEVES, *Da arrematação de real a real*, p. 174-5, para concluir pela autonomia da figura em relação ao direito material.

8 Era essa também a opinião de AMÍLCAR DE CASTRO, a julgar pelo que se lê nos *Comentários ao Código de Processo Civil* (de 1973), v. VIII, São Paulo, 1974, p. 359: "Tem-se, *assim*, uma espécie de anticrese *judicial*" (grifado pelo autor).

9 Nesse sentido, PONTES DE MIRANDA, *Comentários ao Código de Processo Civil* (de 1973), t. X, Rio de Janeiro, 1976, p. 446, ao que parece com o apoio de AMARAL SANTOS, *Primeiras linhas de Direito Processual Civil*, 3º v., 3ª ed., São Paulo, 1979, p. 335.

10 Eis o teor da norma: "Art. 564, § 1. *Il giudice dell'esecuzione, su istanza del creditore procedente e previa l'autorizzazione dei Governatore da ottenersi a norma degli*

inexistindo no Projeto CARNELUTTI texto que lhe corresponda. A lei brasileira, aí, não faz menção expressa à necessidade de requerimento do credor, no que se afasta da fonte. Mas a omissão é suprida pelos arts. 721, quanto a imóvel, e 726, no que concerne a empresa: à vista dessas disposições, também entre nós fica excluída a hipótese de decretação *ex officio* do usufruto. É pressuposto indispensável a declaração de vontade do credor.

No que tange ao devedor, nem o Projeto CARNELUTTI lhe exigia a concordância, nem a exige, ao menos em termos expressos, o Código do Vaticano, para a constituição do usufruto. Nosso vigente estatuto processual tampouco se refere a ela, quando trata do usufruto de empresa: o art. 726 limita-se a dizer que o juiz o concederá, nas hipóteses legais, desde que o credor "o requeira antes da realização do leilão". Tem a doutrina entendido, por isso, que em tal caso é desnecessária a anuência do devedor[11]. Não se excluem, todavia, os pressupostos do art. 716, *fine*, comuns ao usufruto de imóvel e ao de empresa: para deferir o requerimento do credor, há de verificar o juiz se concorrem a menor onerosidade e a eficiência para a solução da dívida.

Quanto ao usufruto de imóvel, reza o art. 722 que, "se o devedor concordar com o pedido, o juiz nomeará perito para: I - avaliar os frutos e rendimentos do imóvel; II - calcular o tempo necessário para a liquidação da dívida". *A contrario sensu*, se o devedor negar seu consentimento, não se procederá desse modo: vale dizer: não se efetuará a perícia, nem, portanto, se decretará o usufruto. Conclui-se - e é o entendimento preponderante[12] - que aí é imprescindível a concordância do devedor. Mas

artt. 2 e 7 della legge sull'ordinamento economico, commerciale e professionale del 7 giugno 1929 nº V e delle *altre disposizioni legislative e regolamentari, puó accordare l'usufrutto forzato di una cosa immobile,* o *di un'azienda commerciale, quando ritenga tale mezzo di esecuzione il meno dannoso per il debitore,* o *quello che più sicuramente può garantire l'esazione del credito".*

11 JOSÉ FREDERICO MARQUES, *Manual de Direito Processual Civil,* v. IV, 2ª ed., São Paulo, 1979, p. 223; AMARAL SANTOS, *Primeiras linhas,* 3º v., p. 339; CELSO NEVES, *Comentários ao Código de Processo Civil,* v. VII, p. 191; HUMBERTO THEODORO JÚNIOR, *Comentários ao Código de Processo Civil,* v. IV, Rio de Janeiro, 1979, p. 524, 532; JOSÉ DE MOURA ROCHA, *Sistemática do novo processo de execução,* São Paulo. 1978, p. 455; BARBOSA MOREIRA, O *novo processo civil brasileiro,* v. 11, 2ª ed., 1978, p. 107.

12 PONTES DE MIRANDA, *Comentários ao Código de Processo Civil* (de t 973), t. X, p. 456; CELSO NEVES, *Comentários ao Código de Processo Civil,* v. VII, p. 184; HUM-

cabe observar que, não obstante a redação imperativa do art. 722, prevalece, como em qualquer hipótese, a necessidade de que estejam satisfeitas as exigências do art. 716, *fine.* Não fica o juiz, por conseguinte, adstrito à decretação do usufruto, ainda que o devedor anua: poderá indeferi-la se lhe parecer que falta qualquer daqueles pressupostos. Na prática, naturalmente, o caso será excepcional: se concordam credor e devedor, os próprios titulares dos interesses a que busca atender a cláusula final do art. 716, afigura-se pouco provável que o órgão judicial possa ter razões de peso para negar a menor onerosidade e a eficiência da medida.

7. Do fato de precisar-se da anuência do devedor há quem infira o caráter *negocial* da constituição de usufruto sobre imóvel, assim como, no regime anterior, da adjudicação de rendimentos, que também dependia da concordância do executado (Código de 1939, art. 982, *caput).* Tratar-se-ia de verdadeiro negócio jurídico processual, consubstanciado no acordo de vontades das duas partes[13]. Não há negar que credor e devedor, em princípio, são livres de ajustar entre si a solução da dívida mediante a atribuição ao primeiro, até o montante do crédito, das rendas produzidas por imóvel pertencente ao segundo. Será esse, por certo, ato negocial, capaz de levar ao encerramento da execução, observadas as formalidades legais. Não se estará, porém, diante do "usufruto de imóvel" previsto nos arts. 716 e s. do Código de Processo Civil, senão de outra figura jurídica, sujeita à disciplina em que convierem as partes, não à estabelecida naqueles dispositivos.

O melhor esclarecimento do ponto requer a diferenciação entre dois fenômenos que às vezes se veem confundidos. É fora de dúvida que no processo se podem celebrar acordos, resultantes de declarações de vontade que as partes dirigem uma à outra. Aí se têm, na verdade, negócios jurídicos bilaterais, cujos efeitos promanam do consenso, se bem que possam ficar subordinados, para se produzirem, à homologação do

BERTO THEODORO JR., *Comentários ao Código de Processo Civil,* v. IV, p. 530; AMARAL SANTOS, *Primeiras linhas,* 3º v., p. 337; JOSÉ DE MOURA ROCHA, *Sistemática do novo processo de execução,* p. 448; BARBOSA MOREIRA, *O novo processo civil brasileiro,* v. II, p. 107. Diversamente, JOSÉ FREDERICO MARQUES, *Manual,* v. IV, p. 203, 219-20, e, segundo parece, AMÍLCAR DE CASTRO, *Comentários ao Código de Processo Civil* (de 1973), v. VIII, p. 359.

13 CELSO NEVES, *Comentários ao Código de Processo Civil,* v. VII, p. 177-8, 184-5.

juiz, pura chancela formal, que nada acrescenta ao conteúdo do ato. Para não sairmos do campo da execução, mencionem-se como exemplos as convenções de que tratam os arts. 677, § 2º, e 792.

De outras vezes, apenas se dá que a lei subordina o atendimento, pelo órgão judicial, de pedido *(lato sensu)* feito por um dos litigantes à audiência do adversário, excluindo a possibilidade do deferimento no caso de oposição deste, e podendo torná-lo ou não obrigatório, para o juiz, na hipótese de concordância. Aqui não se forma qualquer ato bilateral: não há declarações de vontade emitidas pelas partes *uma em face da outra,* mas atos praticados por uma e por outra *em face do órgão judicial.* A eficácia que se haja de manifestar será toda do ato do juiz, que porventura venha a deferir o pedido[14].

No cuidado de distinguir os dois fenômenos ninguém deve enxergar exagero de conceptualismo: é fácil mostrar a importância das repercussões práticas, *v.g.,* em matéria de revogabilidade. Com efeito: visto que os atos bilaterais não são unilateralmente revogáveis senão por expressa disposição convencional ou legal (exemplo: o mandato – Código Civil, art. 1.316, nº I, 1ª parte), quando se cuida de verdadeiro acordo ou convenção processual, o simples consenso, por si só, vincula ambas as partes, que daí em diante já não podem recuar da posição assumida. Ao contrário, se o que ocorre é mera sucessão de atos unilaterais, endereçados ao juiz, a cada uma das partes pode ficar salva, em princípio, a possibilidade de retratar-se, enquanto não sobrevenha o ato judicial, que dá ingresso a uma "situação processual irreversível"[15].

Esse, ao nosso ver, é o fenômeno que se verifica no usufruto de imóvel, regulado pelo Código de Processo Civil. Não há nele um acordo entre credor e devedor, a ser simplesmente chancelado pelo juízo da execução. A exigência do consentimento do devedor deixa intacta a sua natureza de ato jurisdicional executivo. Nenhum efeito vinculativo nasce do puro fato de o credor requerer a decretação do usufruto e o devedor com isso

---

14 A distinção exposta é feita com absoluta nitidez pela doutrina alemã: *vide* por todos SCHIEDERMAIR, *Vereinbarungen im Zivilprozess,* Bonn, 1935, p. 27-8. Cf., na literatura italiana, por exemplo, DE STEFANO, *Studi sugli accordi processuali,* Milão, 1959, p. 126 e s.

15 O conceito de "situação irreversível *(unverrückbare Situation)"* foi utilizado por SIEGERT, em sua clássica monografia *Die Prozesshandlugen – ihr Widerruf und ihre Nachholung,* Berlim, 1929, na elaboração dogmática do problema da revogação dos atos processuais – assunto que entre nós aguarda o interesse dos estudiosos.

se pôr de acordo. Qualquer dos dois poderá ainda, antes da decretação judicial, voltar atrás: *v.g.*, em razão do resultado a que chegue a perícia (art. 722, nº II), por parecer inconvenientemente longo o tempo previsto para a solução da dívida.

8. O efeito precípuo da decretação do usufruto vinha indicado no art. 563 do Projeto CARNELUTTI com as seguintes palavras: *"Per virtù dell'usufrutto forzato viene tolto al debitore il godimento di una cosa immobile o di uma azienda commerciale fino ache coi proventi di questo sia pagato ciò che e dovuto al creditore per capitale, interessi e spese"*. No Código do Vaticano, o art. 564, § 2, reproduz quase literalmente a norma. Não pode haver dúvida, à vista da cláusula final, que o usufruto se constitui *pro solvendo:* a constituição não exonera o devedor, que só ficará liberado quando a importância dos frutos percebidos pelo credor igualar o montante do crédito principal mais os acessórios, extinguindo-se então o gravame. Confira-se o teor do art. 570, 1ª alínea, do Projeto CARNELUTTI: *"Quando i creditori hanno riscosso quanto è loro dovuto, l'ufficio ordina la cessazione dell'usufrutto"*, repetido, com irrelevantes alterações de redação, no art. 570, § 1, do diploma vaticano.

É certo que, em ambos os sistemas, a preocupação com os possíveis inconvenientes de uma duração muito prolongada do usufruto fez que se conferisse ao devedor o direito de requerer-lhe a extinção, três anos depois de constituído (art. 570, 2ª alínea, do Projeto CARNELUTTI; art. 570, § 2, do Código do Vaticano). Mas cuidou-se de dispor *expressis verbis* que, em tal caso, ficaria salva ao credor a possibilidade de proceder, de outro modo, à execução pelo saldo (Projeto CARNELUTTI, art. 570, 2ª alínea, *fine; Có*digo do Vaticano, art. 570, § 2, *fine).*

Em nosso vigente estatuto processual, o art. 717, que corresponde ao art. 563 do Projeto CARNELUTTI e ao art. 564, § 2, da lei vaticana, reza que, "decretado o usufruto, perde o devedor o gozo do imóvel ou da empresa, até que o credor seja pago do principal, juros, custas e honorários advocatícios". A cláusula derradeira acompanha com absoluta fidelidade os textos precursores. Por outro lado, não recolheu o legislador pátrio a sugestão de fixar-se um prazo, findo o qual seria lícito ao devedor requerer a cessação do gravame, conquanto ainda não satisfeito integralmente o crédito. Acrescente-se a isso que, na hipótese de arrematação do bem gravado, pode o arrematante, sim, pleitear a extinção do usufruto; mas, para obtê-la, precisa pagar ao credor "o saldo a que tem direito" (art.

725, parágrafo único). E, com relação ao usufruto de empresa, o art. 728, nº III, determina em termos expressos que as quantias periodicamente entregues ao credor serão "imputadas no pagamento da dívida" – a qual, portanto, se entende subsistir até o momento em que o respectivo valor seja igualado pela soma daquelas importâncias.

O conjunto dessas indicações, todas convergentes, permite afirmar, em nosso entendimento, que a constituição do usufruto, também no direito brasileiro, se faz *pro solvendo;* e que o gravame não se extingue obrigatoriamente pelo decurso do tempo previsto no laudo pericial como "necessário para a liquidação da dívida" (art. 722, nº II), mas subsiste, em princípio, "até que o credor seja pago do principal, juros, custas e honorários advocatícios", conforme a dicção inequívoca do art. 717, *fine.* Tais conclusões, porém, estão longe de mostrar-se pacíficas na doutrina, que se debate, ao propósito, em incertezas e contradições, aliás desde tempo muito anterior ao advento do Código de 1973. Convém, pois, abrir novo item para mais cuidadoso exame do assunto.

9. Tem valor muito relativo, em questões como esta, o apelo à tradição: os textos antigos são pouco claros, e controvertidas as teorias que sobre eles se construíram. Em todo caso, se quisermos remontar à Lei de 20-6-1774, poderemos colher um dado significativo na parte final do § 24, onde se estatuía que, feita a adjudicação dos rendimentos, ficava imputável na dívida do credor o que deixasse de cobrar "por sua culpa, omissão ou negligência". Essa cláusula não teria sentido se a adjudicação se fizesse *pro soluto* – caso em que a dívida se extinguiria desde logo), tornando-se descabida qualquer cogitação sobre o que se devia e o que não se devia levar em conta daí em diante.

Raciocínio análogo encontrava base no art. 982, § 3º, do Código de 1939, consoante o qual seriam contadas ao adjudicatário "as despesas necessárias, inclusive as dos ônus reais" que pagasse, ficando ele responsável, todavia, pelos rendimentos que, por negligência, deixasse de cobrar. E, na verdade, a maior parte da doutrina, sob aquele regime, atribuiu caráter *pro solvendo* à adjudicação de rendimentos[16].

16 Assim: LIEBMAN. *Processo de execução,* 2ª ed., São Paulo, 1963. p. 119; AMÍLCAR DE CASTRO, *Comentários ao Código de Processo Civil* (de 1939), v. X, t. 2, 2ª ed., Rio – São Paulo, 1963. p. 366-7 (com ressalva de convenção das partes em contrário); LOPES DA COSTA. *Direito Processual Civil brasileiro.* 2ª ed., Rio. 1959, v. IV, p. 217-8: JOSÉ FREDERICO MARQUES, *Instituições de Direito Processual Civil,* v. V. 1ª ed.,

Ora, se é certo que o legislador de 1973 inovou amplamente a disciplina da matéria, não menos certo é que os subsídios empregados na reelaboração do instituto provêm quase todos do projeto CARNELUTTI e do *Codice di procedura civile* do Vaticano, em ambos os quais também é induvidosa, conforme se expôs, a natureza *pro solvendo* do usufruto de imóvel ou de empresa. Destarte, só se justificaria, hoje, a adoção de entendimento diverso à luz de dados que revelassem, no texto em vigor, opção inequívoca pela tese da constituição *pro soluto* do gravame. Não basta, à evidência, o fato de dizer o art. 708 que "o pagamento ao credor" se fará, entre outras maneiras, "pelo usufruto de bem imóvel ou de empresa" (inciso III): nem a expressão "em pagamento do crédito", do art. 721, relativo ao usufruto de imóvel. Semelhantes indicações são por demais tênues para sobrepor-se às que ministram, no sentido contrário, os arts. 717 *(verbis: "até que o credor seja pago* do principal, juros, custas e honorários advocatícios"), 722, nº II *(verbis:* "o tempo necessário *para a liquidação da dívida"),* 725, parágrafo único *(verbis:* "pagando ao credor *o saldo a que tem direito"),* 728, nº III *(verbis:* "a fim de serem *imputadas no pagamento da dívida")* – coincidentes todas em mostrar que a relação de crédito e débito, entre exequente e executado, *subsiste* à decretação do usufruto. Não há qualquer incompatibilidade entre essa subsistência e o direito real em que se investe o usufrutuário[17]: também o anticresista é titular de direito real sem que deixe, por isso, de ser credor.

Tampouco impressiona muito a ausência, no Código atual, de disposição correspondente à do art. 982, § 3º, do estatuto de 1939[18]. Neste havia, sem dúvida, sinal claro do caráter *pro solvendo* da adjudicação de rendimentos. Mas ainda agora é perfeitamente possível fundar a mesma convicção nos outros textos acima recordados, ao nosso ver suficientes. Nem fica excluída a hipótese de chegar-se, hoje, à conclusão da subsis-

Rio, 1960, p. 286; AMARAL SANTOS, *Primeiras linhas,* 3º v., 1ª ed., São Paulo, 1963, p. 315. Inconvincente a argumentação em contrário de PONTES DE MIRANDA, *Comentários ao Código de Processo Civil* (de 1939), v. VI, Rio de Janeiro, 1949, p. 325-6.

17 Como parecia inculcar PONTES DE MIRANDA, *Comentários ao Código de Processo Civil* (de 1973), t. X, p. 457, onde, da consideração do credor corno "dono'" das prestações futuras, se passava à ilação de que ele "está *pago"* desde a constituição do usufruto (grifado no original).

18 Em que pese a AMÍLCAR DE CASTRO, que dava a impressão de basear-se nela para esposar, sob o vigente regime, opinião diferente da que sustentara sob '0 anterior: *vide* o item 497 dos *Comentários ao Código de Processo Civil* (de 1973), v. VIII, p. 363.

tência da regra, apesar do silêncio da lei processual, quando nada no tocante à responsabilidade do credor pelos frutos que, por negligência, deixar de perceber: basta que se recorra à aplicação analógica do art. 807, *fine*, do Código Civil – procedimento cuja legitimidade não será posta em dúvida por quem identifique na anticrese, conforme nos parece acertado (*supra*, nº 5), o equipolente civilístico do "usufruto de imóvel ou de empresa".

Vale ressaltar, de qualquer modo, que tão expressiva quanto a do antigo art. 982, § 3º, e do mesmo ponto de vista, se afigura a norma do atual art. 728, nº III, onde também se alude a quantias que devem ser, de acordo com a dicção da lei, "imputadas no pagamento da dívida". Diante dela, *ao menos para o usufruto de empresa* é difícil negar que a constituição se opere *pro solvendo* – e isso mesmo reconhecem autorizados defensores da tese oposta (com ressalva de convenção entre as partes) para o usufruto de imóvel[19]. Mas, com a devida vênia, não parece razoável, sem que a tanto se veja forçado o intérprete por imposição categórica da lei, admitir tão relevante diferença de efeitos, em ponto capital, de uma para outra hipótese: abstraindo-se de alguns pormenores da disciplina, a essência do instituto é a mesma, quer se cuide de imóvel, quer de empresa, e invariável é a função que ele desempenha na economia da execução. Note-se, de passagem, que o usufruto de empresa também figura no art. 708, nº III, como modalidade de "pagamento ao credor" – o que concorre para demonstrar a fragilidade do argumento que desse texto se pretendesse extrair a favor da natureza *pro soluto* da decretação[20].

10. Tratando-se de imóvel, determina o Código pátrio, em dispositivo a que já se fez menção, que o juiz, antes de decretar o usufruto, mande realizar perícia, a fim de "avaliar os frutos e rendimentos" do bem e "calcular o tempo necessário para a liquidação da dívida" (art. 722, nº I e II). Depois de ouvidas as partes sobre o laudo é que o órgão judicial profere a sentença, "ordenando a expedição de carta de constituição de usufruto". Um setor da doutrina vem entendendo que na sentença se deve fixar

---

19 JOSÉ FREDERICO MARQUES, *Manual*, v. IV, p. 221; CELSO NEVES, *Comentários ao Código de Processo Civil*, v. VII, p. 193.

20 Além da nossa opinião, já exposta em O *novo processo civil brasileiro*, v. II, 2ª ed., Rio de Janeiro, 1978, p. 100, mencione-se, igualmente pelo caráter *pro solvendo* da constituição do usufruto, a de HUMBERTO THEODORO JR., *Comentários ao Código de Processo Civil*, v. IV, p. 530.

o prazo de duração do usufruto, esgotado o qual se haverá como extinta a dívida, cessando o gravame, tenha ou não bastado a percepção dos frutos, até esse momento, para a satisfação integral do credor[21].

A questão relaciona-se com a versada nos itens antecedentes, e não surpreenderá o leitor que também neste passo nos inclinemos para outra posição[22]. Alguns argumentos, já lembrados, dispensam repetição por extenso. Assim o referente às fontes de inspiração do nosso legislador, certo como é que, tanto no Projeto CARNELUTTI, quanto no Código Vaticano, não só perdura o usufruto, em princípio, pelo tempo necessário ao recebimento de todo o crédito, mas ainda, no caso de extinção após três anos, a requerimento do devedor, fica salva ao credor a possibilidade de promover por outra forma a execução pelo saldo. Assim também o que se tira da disciplina do instituto quando o gravame incide sobre empresa - hipótese para a qual nem sequer prevê a lei, expressamente, a realização de perícia - e da manifesta incoerência de uma construção que reconheça tão notável disparidade de efeitos a expediente ordenado, em ambos os casos, ao mesmo fim precípuo.

Convém, no entanto, sublinhar que, nos precisos termos do art. 716, *fine,* constitui pressuposto inafastável da decretação ser o usufruto - nada importando que haja de recair sobre imóvel ou sobre empresa - "eficiente para o recebimento da dívida". Quer o Código que a providência seja *eficiente;* noutras palavras, quer que o credor, na medida do possível, se satisfaça, receba tudo que lhe é devido. A isso tende necessariamente, aliás, todo e qualquer processo de execução, e seria estranho que só aqui se desprezasse tal postulado básico.

Será razoável ao menos convir em que, não se extinguindo embora *a dívida,* ao fim do prazo calculado se extinga o *gravame?* Fosse esse o pensamento da lei, e teria ela cuidado de ressalvar ao credor, *expressis verbis,* o direito de recorrer a outros meios executivos para reembolsar-se do saldo: a cautela foi, com razão, julgada necessária pelo Projeto CARNELUTTI e pelo diploma vaticano, quanto às hipóteses previstas no art. 570 de um e de outro, respectivamente 2ª alínea e § 2 *(supra,* nº 8); e não é crível que o legislador pátrio, conhecendo os antecedentes,

21 Nesse sentido: AMÍLCAR DE CASTRO, *Comentários ao Código de Processo Civil* (de 1973), v. VIII, p. 363; JOSÉ FREDERICO MARQUES, *Manual,* v. IV, p. 221.

22 Na companhia, ainda aqui, de HUMBERTO THEODORO JR., *Comentários ao Código de Processo Civil,* v. IV, p. 530.

negligenciasse o ponto. A inexistência de disposição semelhante, no texto brasileiro, pode apenas significar que ao Código de 1973 se afigurou ocioso lançar ao credor essa tábua de salvação, porque ele conta com o próprio usufruto para, sendo possível, satisfazer-se *por inteiro.*

O art. 717, por sua vez, é categórico em estabelecer que, "decretado o usufruto, perde o devedor o gozo do imóvel ou da empresa, *até que o credor seja pago do principal, juros, custas e honorários advocatícios".* Se a lei pretendesse restringir o alcance de tão nítida prescrição, decerto não teria deixado de consignar em termos expressos a ressalva, acrescentando "a não ser que antes se esgote o prazo calculado", ou cláusula semelhante.

Não é lícito pôr em dúvida que o usufruto se deve extinguir se, ainda durante aquele prazo, os frutos percebidos alcançam o valor do crédito, mais os acessórios[23]. A óbvia razão está em que, destinando-se o gravame a assegurar a satisfação do credor, e não se justificando senão na medida em que sirva a tal fim, é inconcebível que sobreviva à dívida: *sublata causa, tollitur effectus.* Mas a mesma razão sugere que se adote solução coerente na hipótese inversa. Quando muito, poderá cogitar-se da limitação prevista no art. 760, 2ª parte, do Código Civil, desde que se adote a premissa da substancial afinidade entre o "usufruto de imóvel ou de empresa" e a anticrese *(supra,* nº 5), atribuída à disciplina desta, consequentemente, a função de "reservatório" de normas aplicáveis por analogia ao instituto versado no presente estudo. Aliás, no sistema processual de 1939, à vista do disposto no art. 982, § 2º, *fine,* era inquestionável a aplicabilidade do art. 760, 2ª parte, da lei civil à adjudicação de rendimentos. Fora daí, contudo, enquanto subsistir a dívida, subsistirá o usufruto.

11. De maneira alguma colheria a objeção de que, a ser assim, se torna inútil a realização da perícia com a finalidade de "calcular o tempo necessário para a solução da dívida" (art. 722, nº II). O cálculo serve, antes de mais nada, ao credor e ao devedor, ministrando-lhes uma ideia, se bem que aproximada e sujeita a mil vicissitudes, do tempo que *provavelmente* durará o gravame, e por conseguinte um elemento de ponderação, que o primeiro levará em conta para resolver se persiste ou não no pedido, e o segundo para decidir se mantém ou retira a sua concordância: já se assinalou, com efeito, que a um e a outro é lícita a retratação, até ser

23 Corretamente HUMBERTO THEODORO JR., ob. e lug. cit. na nota anterior.

decretado o usufruto *(supra,* nº 7). Serve também o cálculo para que o juízo da execução, com base na previsão do laudo, verifique, segundo lhe compete, se há motivos para reputar o expediente "menos gravoso ao devedor e eficiente para o recebimento da dívida" (art. 716, *fine).*

Não encerraremos estas considerações, que já vão longas, sem pedir a atenção do leitor para o grave inconveniente prático da doutrina contrária: ela atira sobre os ombros do credor uma álea que, muitas vezes, o desencorajará de optar pela via do usufruto. Efetivamente, ninguém pode garantir *a priori* que o imóvel, com cujo aluguel se conta, não venha a ficar desalugado por tempo considerável, ou não se desvalorize por força de circunstâncias imprevistas, ou não deixe de produzir, por qualquer outro motivo, os rendimentos esperados. Considerar extinto *o gravame,* pelo só vencimento do prazo calculado, já torna pouco atraente, porque inseguro, o caminho dos arts. 716 e s.; supor extinta, aí, *a própria dívida,* então, provavelmente equivale a reduzir a letra-morta uma parte do Código em que o legislador, a julgar pelo desenvolvimento dado à matéria, parece ter depositado não poucas esperanças.

Outubro de 1980.

COMENTÁRIOS DOS ATUALIZADORES

ASPECTOS DO USUFRUTO DE IMÓVEL OU DE EMPRESA NO PROCESSO DE EXECUÇÃO

Paulo Cezar Pinheiro Carneiro / Paulo Cezar Pinheiro Carneiro Filho

O Professor José Carlos escreveu esse artigo em 1980. Na ocasião, a matéria era regulada pelo artigo 716 do Código de Processo Civil de 1973, que admitia a concessão ao credor do usufruto de imóvel ou de empresa pelo juiz da execução.

O Mestre tecia críticas à utilização da expressão *usufruto,* instituto regulado pelo Código Civil, com características diversas daquela estabelecida no então Código de Processo Civil de 1973.

A Lei nº 11.382/2006 atendeu, em parte, aos reclamos, excluindo da redação do artigo 716, o usufruto de empresa, mantendo o usufruto de imóvel, com o acréscimo de sua incidência em bens móveis.

O então usufruto de empresa em geral foi banido pela Lei nº 11.382/2006, que modificou o Código de Processo Civil de 1973, especificamente no que interessa, com nova redação do artigo 655 e o acréscimo do artigo 655-A, § 3º, e estabeleceu a possibilidade da penhora de percentual do faturamento de empresa devedora.

O Código de Processo Civil de 2015 fixou o seguinte regramento no tocante à matéria em exame: (i) manteve a possibilidade da penhora sobre percentual de faturamento de empresa devedora (artigo 835, inciso X); (ii) autorizou a penhora de percentual de faturamento de empresa cujo titular seja o executado, desde que ele não possua outros bens penhoráveis ou se, tendo-os, eles forem de difícil alienação ou insuficientes para saldar o crédito executado (artigo 866); (iii) substituiu a expressão *usufruto de bem móvel ou imóvel* pela possibilidade de "penhora de frutos e rendimentos de coisa móvel ou imóvel" (artigo 867).

O juiz, ao autorizar a penhora de percentual de faturamento de empresa, deverá fixar um valor razoável, de sorte que a empresa possa continuar a exercer a sua atividade empresarial, ao tempo em que nomeará administrador depositário que entregará em juízo as quantias recebidas, a fim de serem imputadas no pagamento da dívida (§§ 1º e 2º do artigo 866).

A penhora de frutos e rendimentos de coisa móvel ou imóvel será realizada quando for mais eficiente para o recebimento do crédito pelo exequente e menos gravosa para o executado (artigo 867). Para tanto, será nomeado um administrador depositário, que poderá ser o próprio exequente, a quem caberá a plena administração do bem, podendo celebrar locação e receber o valor dos aluguéis que serão imputados ao pagamento da dívida (artigo 869, *caput* e §§ 4º e 5º).

Quando se tratar de bem imóvel, o exequente deverá providenciar a averbação no registro de imóveis para que tenha validade em face de terceiros, bastando a apresentação da certidão de inteiro teor do ato, independentemente de mandado judicial; se for bem móvel, será suficiente a publicação da decisão concessiva da penhora (artigo 868, §§ 1º e 2º).

LEGITIMIDADE PARA A AÇÃO DE NUNCIAÇÃO DE OBRA NOVA EM TEMA DE LIMITAÇÕES ADMINISTRATIVAS DO DIREITO DE CONSTRUIR[1]

1. Das três hipóteses de cabimento da ação de nunciação de obra nova, arroladas no art. 934 do Código de Processo Civil, distingue-se a terceira por dizer respeito a matéria disciplinada pelo direito público. Destina-se a ação, nesse caso, a tutelar as limitações administrativas do direito de construir – ou, na dicção legal, a "impedir que o particular construa em contravenção da lei, do regulamento ou de postura".

É bem conhecida a origem imediata de tal dispositivo. O Código de 1939 incluía a hipótese entre as da ação cominatória, cabível, aí, para pleitear-se "a suspensão ou demolição de obra que contravenha a lei, regulamento ou postura" (art. 302, nº XI, letra *a)*. Apostado em eliminar a figura da cominatória, ao menos como ação de procedimento especial[2], o legislador de 1973 andou arranjando alhures lugar para certas espécies que ali se acomodavam. Entre elas está a de que ora tratamos, e da qual, aliás, já se apontara em doutrina a afinidade com a nunciação de obra nova[3].

Uma vez aceita a premissa, nada há que objetar, em princípio, à solução adotada. A estrutura do procedimento, na nunciação de obra nova, ajusta-se bem às necessidades práticas da tutela, na hipótese em foco. A esse ângulo, foi adequada a transposição.

---

1 Publicado na *Revista Brasileira de Direito Processual,* v. 31, e em *Ajuris,* v. 42.

2 O alcance da modificação, porém, ao nosso ver excede a mera dimensão procedimental: com efeito, o art. 287 do Código em vigor só prevê a cominação de pena pecuniária "para o caso de descumprimento da *sentença*", ao passo que a nota específica da ação cominatória do direito anterior consistia, segundo o entendimento mais correto, em bastar o descumprimento *do preceito* para a imediata incidência da pena. *Vide,* ao propósito, as considerações por nós desenvolvidas em *Tutela sancionatória e tutela preventiva,* agora no volume *Temas de Direito Processual – Segunda série,* São Paulo, 1980, p. 28-9.

3 MACHADO GUIMARÃES, *Comentários ao Código de Processo Civil,* v. IV. Rio de Janeiro, 1942, p. 214; AMARAL SANTOS, *Ações cominatórias no direito brasileiro,* 3ª ed., São Paulo, 1962, 2º t., p. 701.

Todavia, ao redigir o art. 934, nº III, do vigente estatuto processual, o legislador afastou-se do modelo em mais de um ponto. Enquanto o art. 302, nº XI, do diploma anterior concedia a cominatória "à União, ao Estado ou ao Município", refere-se o dispositivo correspondente, no atual, apenas *ao Município.* Ademais, nenhuma indicação se deparava no texto antigo quanto ao possível realizador da obra contrária "a lei, regulamento ou postura", ao passo que o novo alude, em termos específicos, ao "particular" que esteja construindo com infração de alguma dessas normas. Põe-se, assim, a questão: será o regime da tutela, no direito atual, mais estreito que sob o Código revogado, no que tange à legitimação ativa e passiva? Devemos entender realmente, curvando-nos à sugestão literal do texto, que a ação só pode ser legitimamente intentada *pelo Município, em face de particular?*

2. Permita-nos o leitor, no exame do problema, inverter a ordem da formulação e começar pelo segundo ponto. Parece-nos fora de dúvida que os "particulares" – como tais entendidas as pessoas físicas e as pessoas jurídicas de direito privado – não são os únicos que se sujeitam, no exercício do direito de construir, às prescrições contidas em "lei, regulamento ou postura". Basta pensar em regra que imponha recuo a determinado logradouro, ou lhe fixe gabarito: seria inconcebível que, pelo só fato de pertencer o terreno a pessoa jurídica de direito público, pudesse o edifício ser construído sem observância do recuo, ou ultrapassar o gabarito. É irrelevante conjecturar se as entidades públicas ficam *sempre* sujeitas, em quaisquer circunstâncias, às disposições que limitam administrativamente o direito de construir: desde que *podem* ficar sujeitas a elas, tanto basta para fazer surgir em suas integrais proporções, inclusive pelo prisma prático, o problema da legitimação passiva; saber, depois, se efetivamente, no caso concreto, incide ou não incide a limitação, e portanto se é legítima ou ilegítima a obra que porventura a despreze, já será questão *de mérito,* que não nos interessa neste contexto.

Na medida em que lhes seja exigível, ao menos em princípio, a observância das normas jurídicas disciplinadoras do direito de construir, as pessoas jurídicas de direito público, sejam quais forem, equiparam-se aos particulares[4]. Não deve, portanto, sofrer variação o tratamento

4 Corretamente, ADROALDO FURTADO FABRÍCIO, *Comentários ao Código de Processo Civil,* v. VIII, t. III, Rio de Janeiro, 1980, p. 599-600.

processual da matéria. Presentes as circunstâncias que a tornam cabível, pode-se propor a ação de nunciação de obra nova com fundamento no inciso III do art. 934, interpretado em termos hábeis, quer em face do "particular", quer de ente público, a ele equiparável do ponto de vista em que agora nos situamos. Um e outro são passivamente legitimados *ad causam.*

3. Menos singela é a questão da legitimidade ativa, que vem suscitando perplexidades e divergências. Ante a mudança de redação, a que acima nos referimos, tem variado a atitude da doutrina. Há quem pura e simplesmente acolha a restrição do texto, aludindo ao Município como ao único legitimado, sem dar sinais de haver percebido a existência de um problema hermenêutico[5]. Há quem, adotando a posição restritiva, inculcada pela letra do dispositivo, procure de algum modo esclarecê-la[6]. E há, enfim, quem a repila, desprezando a literalidade em favor de entendimento mais abrangente[7].

Esta última reação tem por si um argumento de peso. No ordenamento constitucional, não é o Município competente *em termos exclusivos* para editar regras jurídicas limitadoras do direito de construir. Sem dúvida, a maior parte delas se insere na legislação municipal; mas as outras entidades político-administrativas têm competência concorrente. Pense-se, por exemplo, nas limitações relacionadas com a proteção das obras e locais de valor histórico ou artístico, os monumentos e as paisagens naturais notáveis, a qual incumbe genericamente ao "Poder Público", em qualquer dos três níveis (Constituição da República, art. 180, parágrafo único): a União, os Estados e os Municípios têm, todos, competência para proceder ao tombamento de prédios, ato de que decorrem sensíveis restrições ao direito de construir, não só com referência aos próprios bens tombados, mas também aos imóveis situados na vizinhança deles (atente-se, *v.g.*, no art. 18 do Decreto-lei nº 25, de 30-

---

5 Assim, ao que parece, CLOVIS DO COUTO E SILVA, *Comentários ao Código de Processo Civil,* v. XI, t. I, São Paulo, 1977, p. 165-6.

6 ERNANE FIDELIS DOS SANTOS, *Comentários ao Código de Processo Civil,* v. VI, Rio de Janeiro, 1978, p. 181; mais extensamente, ADROALDO FURTADO FABRÍCIO, ob. v. e t. cit., p. 598-9.

7 PONTES DE MIRANDA, *Comentários ao Código de Processo Civil* (de 1973), t. XIII, p. 330-1; JOSÉ RIBEIRO LEITÃO, *Direito Processual Civil,* Rio de Janeiro, 1980, p. 161; HELY LOPES MEIRELLES, *Direito de construir,* 3ª ed., São Paulo, 1979, p. 295.

11-1937, que disciplina o tombamento pela União). De acordo com o art. 2º da Lei federal nº 5.130, de 19-10-1966, nas faixas de terra contíguas às Estações Radiogoniométricas de Alta Frequência do Ministério da Marinha, a "edificação de prédios e de estruturas metálicas" depende de autorização do Conselho de Segurança Nacional. Na Lei federal nº 6.513, de 20-12-1977, que dispõe sobre "a criação de Áreas Especiais e de Locais de Interesse Turístico", prevê-se a discriminação de "atividades, *obras* e serviços permissíveis, vedados ou sujeitos a parecer prévio" (art. 17, nº V), bem como a edição, pelo Conselho Nacional de Turismo, de "normas gerais de uso e ocupação do local", destinadas, entre outras coisas, a "harmonizar as edificações e construções" com os aspectos e características do local (art. 19, nº IV). São apenas alguns exemplos, a que outros poderiam sem dificuldade acrescentar-se. Ora, caso haja necessidade de ir a juízo para impedir que alguém infrinja a regra limitadora, a solução que intuitivamente acode ao espírito é a de propor a ação a pessoa jurídica de direito público que editou a norma: perante ela, com efeito, é que se configurou para o dono da obra o dever de sujeitar-se à limitação. Se esta é de origem federal, legitimar-se-ia a União; se de fonte estadual, o Estado; se consagrada em regra municipal, o Município. Assim era, sem sombra de dúvida, no regime do Código de 1939, cujo art. 302, nº XI, conforme assinalado, fazia menção expressa às três entidades[8]. Resta saber como se resolve, *hoje,* a questão, à vista do texto do art. 934, nº III.

4. Para guardar estrita fidelidade à dicção legal, torna-se necessário admitir: ou *(a)* que a nunciação de obra nova unicamente seja cabível quando se trate de violação de regra jurídica municipal, não quando se trate de inobservância de regra federal ou estadual; ou então *(b)* que, ainda quando federal ou estadual a norma que se alega descumprida, a legitimação ativa toque, sempre e exclusivamente, ao Município. A solução *(a)* merece desde logo ser rejeitada[9]. É verdade que, excluído por hipótese

8 Veja-se em SÉRGIO DA SILVA COUTO, *Ações cominatórias nos tribunais,* Rio de Janeiro, 1972, p. 226-7, nº 302, indicação de Acórdão do Tribunal de Justiça de São Paulo, de 18-8-1970, que julgou no mérito – dando, pois, como satisfeito o requisito da legitimidade *ad causam* – ação cominatória proposta pelo Departamento de Estradas de Rodagem daquele Estado, com base em dispositivo que proibia construções a menos de certa distância do eixo das rodovias.

9 Dá a impressão de adotá-la ADROALDO FURTADO FABRÍCIO, ob., v. e t. cit., p. 599,

o cabimento da nunciação de obra nova, se poderia cogitar de outros caminhos. Mesmo a abstrair-se da possibilidade de a União ou o Estado, no exercício do poder de autotutela, coibir a infração através de medidas puramente administrativas[10], seria porventura utilizável a medida cautelar prevista no art. 888, nº VIII, conjugada, em caráter antecedente ou incidente, com ação condenatória, de procedimento ordinário ou sumaríssimo, conforme o valor da causa[11]: de fato, aludindo à interdição ou demolição de prédio "para resguardar a saúde, a segurança *ou outro interesse público*", o citado dispositivo abre suficiente espaço, com a fórmula genérica, ao menos para os mais importantes dentre os casos aqui concebíveis. Se se quisesse, porém, argumentar com semelhante eventualidade, apenas se estaria *contornando* a questão da *legitimatio* ativa para a nunciação de obra nova: de modo nenhum se estaria *respondendo* a ela. Também o Município, como é óbvio, dispõe desses outros meios, e nem por isso deixou o Código de legitimá-lo à ação, nos termos expressos do art. 936, nº III. Se a mera existência de alternativa não exclui para ele o exercício da nunciação de obra nova, é claro que tampouco deve excluí-lo para as demais pessoas jurídicas de direito público.

Restaria a solução *(b),* que legitima o Município ainda na hipótese de haver sido editada pela União ou pelo Estado a regra limitadora de cuja violação se cogita[12]. Ela esbarra, porém, numa grave objeção. Se a limitação do direito de construir emerge de norma federal, o vínculo jurídico se estabelece entre o dono da obra e a União; se emerge de

---

quando escreve que "aqueles outros entes de Direito Público, se tiverem de agir na repressão de obras infringentes de tais normas" (isto é, de normas federais ou estaduais), "terão de usar outros remédios jurídicos que não esse". *Vide,* no entanto, a nota 11, *infra.*

---

10 Cf. por todos, a tal respeito, HELY LOPES MEIRELLES, ob. cit., p. 183-4, 320-1.

11 Não assiste razão a OVÍDIO A. BAPTISTA DA SILVA, *As ações cautelares e o novo Código de Processo Civil,* 3ª ed., Rio de Janeiro, 1980, p. 243, quando afirma, em termos categóricos, que "as providências de interdição e demolição não são preparatórias de outras ações", e que "o Poder Público não dispõe de outra pretensão que pudesse ser considerada principal". No que tange à interdição, por exemplo, é fácil imaginar que a Administração queira fazer condenar o proprietário a executar obras destinadas a recuperar o prédio em mau estado (pretensão principal) e, em caráter provisório, para evitar que as condições se agravem, lhe promova a interdição.

12 Nesse sentido, a despeito do que diz linhas adiante *(vide, supra,* a nota 9). ADROALDO FURTADO FABRÍCIO, ob., v. e t. cit., p. 598; ERNANE FIDÉLIS DOS SANTOS, ob. e v. cit., p. 181.

norma estadual, entre o dono da obra e o Estado. Num caso e noutro, o Município é estranho à relação de direito material (administrativo) que constitui a *res in iudicium deducta.* Exercitando a ação de nunciação de obra nova, estaria então o Município a deduzir em juízo relação jurídica *alheia.* Mas, nos precisos termos do art. 6º do Código de Processo Civil, "ninguém poderá pleitear, em nome próprio, direito alheio, salvo quando autorizado por lei". E não se objete que, na hipótese, a lei autorizativa é o próprio art. 934, nº III: cinge-se este a dispor que o Município pode intentar a ação, do que não se extrai necessariamente que ele a possa intentar *mesmo* quando não seja titular da relação jurídica material. Nem se diga que a alusão a "lei", no texto, postula tal entendimento: na linguagem jurídica atual, também se denominam "leis" os diplomas normativos elaborados pelas Câmaras Municipais. A conclusão é a de que deve prevalecer o princípio geral: o cumprimento de dever para com a União, ou para com o Estado, há de ser reclamado em juízo pela União, ou pelo Estado, respectivamente, e não pelo Município[13].

Ademais, conquanto pouco provável, não é inconcebível que *ao próprio Município* se impute a infração de norma *federal* ou *estadual,* limitadora do direito de construir: já se assinalou que qualquer pessoa jurídica de direito público pode legitimar-se *passivamente* à nunciação de obra nova *(supra,* nº 2). A solução *(b),* aqui, conduz ao absurdo: caberia ao Município propor a ação... em face de si mesmo!

Inutilmente nos demoraríamos em apontar outras dificuldades, que empalidecem, confrontadas com essas. Não é demais acentuar, contudo, que seria bem pouco prático pôr a União ou o Estado na contingência de solicitar os préstimos do Município, todas as vezes que uma ou outro houvesse de usar as vias judiciais para compelir alguém à observância de norma sua, concernente ao direito de construir. E

---

13 Sob o regime anterior, ensinava corretamente AMARAL SANTOS, ob. e t. cit., p. 698, caber a ação cominatória "àquela das administrações públicas que, no âmbito de sua competência constitucional, possa impor ao particular a restrição, de que cogita, ao uso da propriedade". E acrescentava: "Uma administração, devidamente representada, conquanto parte legítima *ad processum,* sê-lo-á ilegítima *ad causam* para pedir o cumprimento de uma medida de polícia que se extravasa de sua competência constitucional, originária ou delegada". Em sistema como o do Código de 1973, que proíbe *expressis verbis,* com ressalva de autorização legal. o exercício da ação por quem não seja titular da relação jurídica litigiosa, não se pode reputar menos exata a observação do que era no sistema do Código de 1939, que não tinha disposição expressa correspondente à do atual art. 6º.

isso, não custa acrescentar, deixando de lado uma circunstância relevante: no regime constitucional sob que (ao menos *de iure)* vivemos, nada obriga o Município a atender à solicitação e a movimentar seu serviço jurídico para realizar tarefa que, no rigor dos princípios, de maneira alguma lhe incumbe.

5. Conclui-se de quanto ficou dito que o alvitre mais plausível é o de reconhecer legitimidade ativa para a nunciação de obra nova não só ao Município, mas também à União e ao Estado. Cada uma dessas entidades poderá legitimar-se conforme a fonte de que houver emanado a regra jurídica limitadora do direito de construir, cuja inobservância se alegue *in casu.* Não deve o intérprete deixar-se inibir, na matéria, pela feição restritiva do texto. É razoável considerá-la mais aparente que real: à pena do legislador, no momento de redigir o dispositivo, terá estado presente, como tantas vezes sói acontecer, *id quod plerumque accidit,* sem que se torne obrigatório assentar o trabalho hermenêutico na base, não raro pouco sólida, do *"inclusio unius, exclusio alterius".*

Vale notar, ao propósito, que não se tem ancorado à letra da lei a interpretação do inciso II do mesmo art. 934, onde só se menciona em termos expressos "o condômino", como ativamente legitimado à ação "para impedir que o coproprietário execute alguma obra com prejuízo ou alteração da coisa comum". Os próprios comentadores que, ante a redação do inciso III, se tomam de escrúpulos em conferir legitimidade a qualquer outro ente público, além do Município, para a nunciação de obra nova, revelam menor (ou nenhuma) hesitação - no que, aliás, só a louvores fazem jus - em atribuí-la, no caso do inciso II, também *ao condomínio*[14], ou *ao síndico* do edifício[15], que afinal nada mais é do que representante do condomínio (art. 12, nº IX). Mal se explica, ao nosso ver, essa diferença de atitudes em face de problemas análogos.

Last but not least: com reconhecer-se igualmente *legitimatio ad causam* ativa à União e ao Estado, adota-se entendimento capaz de assegurar maior coerência ao sistema do Código. Com efeito: o art. 275, nº II, letra *g,* refere-se a causas que têm por objeto "o cumprimento de leis e posturas municipais quanto à distância entre prédios, plantio de árvores, construção e conservação de tapumes e paredes divisórias".

---

14 ADROALDO FURTADO FABRÍCIO, ob., v. e t. cit., p. 597-8.

15 ERNANE FIDELIS DOS SANTOS, ob. e v. cit., p. 180.

Pois bem: a legitimação ativa para semelhantes ações tanto pode caber a particular quanto a pessoa jurídica de direito público; mas, na segunda hipótese, nenhuma distinção se faz em função do nível político-administrativo da entidade. Consoante o caso, poderá legitimar-se o Município, o Estado ou a União; tudo vai depender da origem da norma que se supõe violada - municipal, estadual ou federal, respectivamente[16].

Ora, seria ilógico admitir que a União e o Estado possam legitimar-se para ação tendente a coibir a inobservância de norma relativa, *v.g.*, à distância entre prédios, e não admitir que possam legitimar-se para ação tendente a impedir *outra* ofensa ao ordenamento jurídico das construções. Trata-se, no fundo, de um mesmo e único problema. Se, para algumas de suas manifestações - aquelas a que concerne o art. 275, nº II, letra *g*, do Código de Processo Civil -, a disciplina da legitimidade ativa repele discriminações entre as pessoas jurídicas de direito público, positivamente não faz sentido que se haja de esposar critério oposto na exegese do art. 934, nº III. Nem parece exagerado, à vista do que se lê na parte final do art. 9º, nº I, da Carta da República, perguntar se o entendimento restritivo porventura não lançará sobre o texto do Código tal ou qual suspeita de inconstitucionalidade, felizmente neutralizável por via de uma interpretação menos impregnada de literalismo.

Setembro de 1980.

16 Alude a doutrina, pura e simplesmente, à legitimação do "Poder Público", sem qualquer discriminação: assim, *v.g.*, CALMON DE PASSOS, *Comentários ao Código de Processo Civil*, v. III, 3ª ed., Rio de Janeiro, 1979, p. 112; AMARAL SANTOS, *Primeiras linhas de Direito Processual Civil*, 2º V., 3ª ed., São Paulo, 1979, p. 96; ADROALDO FURTADO FABRÍCIO, *Doutrina e prática do procedimento sumaríssimo*, Porto Alegre, 1977, p. 94. Quanto à possibilidade de estarem contidas em leis federais ou estaduais regras jurídicas atinentes às matérias de que trata o art. 275, nº II, letra *g*, ou quando nada a algumas delas, decididamente não comporta dúvida: basta pensar na competência da União para legislar sobre normas gerais de defesa e proteção da saúde (Constituição da República, art. 8º, nº XVII, letra *c)* e sobre florestas (art. 8º, nº XVII, letra *h)*, e na dos Estados para legislar supletivamente no primeiro desses campos (art. 8º, parágrafo único); ou ainda nas leis. de qualquer origem, que estabelecem o regime aplicável aos bens tombados, e nas quais bem podem figurar, por exemplo, disposições atinentes à "distância entre prédios".

COMENTÁRIOS DOS ATUALIZADORES

LEGITIMIDADE PARA A AÇÃO DE NUNCIAÇÃO DE OBRA NOVA EM TEMA DE LIMITAÇÕES ADMINISTRATIVAS DO DIREITO DE CONSTRUIR

Paulo Cezar Pinheiro Carneiro / Paulo Cezar Pinheiro Carneiro Filho

Neste trabalho, o Professor José Carlos fez um detido exame sobre a ação de nunciação de obra nova destinada a tutelar as limitações administrativas do direito de construir, regulada pelo artigo 934, II, do Código de Processo Civil, que outorgava legitimidade exclusiva ao Município "para impedir que o particular construa em contravenção da lei, do regulamento ou de postura".

Para o Mestre, a legitimidade ativa deveria ser estendida não só aos Estados e à União, dependendo da origem da norma supostamente violada, como também, ao particular, ao proprietário ou ao possuidor, que demonstre necessidade e utilidade prática na propositura da ação. Ademais, à luz de uma interpretação sistemática da norma, inclusive como apontado por Barbosa Moreira, o Município poderia figurar no polo passivo da relação jurídica, caso ele viesse a construir em infração de norma federal ou estadual.

O Ministro Sálvio de Figueiredo, como relator, no julgamento do recurso especial nº 126.281-PB, fixou o precedente no Superior Tribunal de Justiça, no sentido de que o particular também tem legitimidade para promover ação de nunciação de obra nova em face do seu vizinho, para impedir que ele construa com inobservância de normas edilícias municipais.

Já o Tribunal Regional Federal da 4ª Região, como antevisto pelo Mestre, quando do julgamento da apelação cível nº 90.04.11373-8, fixou o entendimento "para estender à União e aos Estados o direito de propositura da ação de nunciação de obra nova para a defesa de seus próprios direitos".

O Código de Processo Civil de 2015, objetivando a simplificação dos diversos procedimentos, estabeleceu um procedimento único, comum a todas as causas, salvo um pequeno número de procedimentos especiais, dentre os quais não figura a ação de nunciação de obra nova, que passou a sujeitar-se a regra geral (artigo 318).

Por outro lado, importante sublinhar que o Código de Processo Civil de 2015 não baniu a ação de nunciação de obra nova, apenas e tão somente o procedimento especial a que ela se submetia foi revogado. A ação visa proteger os direitos de vizinhança e de construção previstos nos artigos 1.301, 1.302, 1.311 e 1.312 do Código Civil de 2002, cabendo aos legitimados promovê-la, observado o procedimento comum previsto no Código de Processo Civil de 2015.

RESPONSABILIDADE DO REQUERENTE DE MEDIDA CAUTELAR "EX" ART. 808, Nº II, DO CÓDIGO DE PROCESSO CIVIL[1]*

1. Nos termos do art. 811, nº III, do Código de Processo Civil, o requerente de providência cautelar responde perante o requerido pelo prejuízo que a este causar a respectiva execução, "se ocorrer a cessação da eficácia da medida, em qualquer dos casos previstos no art. 808", a saber: *(a)* "se a parte não intentar a ação" (principal) "no prazo estabelecido no art. 806", isto é, nos trinta dias subsequentes à efetivação da providência (art. 808, nº I); *(b)* se a própria medida "não for executada dentro de trinta (30) dias" (art. 808, nº II); *(c)* "se o juiz declarar extinto o processo principal, com ou sem julgamento do mérito" (art. 808, nº III). As hipóteses *(a)* e *(c)* nenhum problema suscitam do ponto de vista da viabilidade de sua configuração. Já a hipótese *(b)* pode gerar – e vem de fato gerando – certa perplexidade.

É que a responsabilidade do requerente tem como pressuposto *a efetivação* da providência cautelar: trata-se, com efeito, de ressarcir ao requerido o dano causado por essa efetivação, conforme deixa claro o art. 811, *caput, fine.* No entendimento de prestigioso comentador do Código, "tal responsabilidade não pode existir na hipótese do nº II do art. 808, que pressupõe, exatamente, a *não execução* da cautela"[2]. Pelo mesmo diapasão afina-se outro valioso comentário: "O inciso II do art. 808, também, não pode autorizar a pretensão de ressarcimento do dano, que, *in casu,* tem por fundamento a execução da providência cautelar (...). Isto porque o presente caso de cessação de eficácia decorre justamente da *falta de execução* da medida preventiva dentro em 30 dias. Falta, as-

---

1 Trabalho destinado ao volume de estudos em homenagem a ALFREDO BUZAID. Publicado também em *Ajuris,* v. 27.

2 GALENO LACERDA, *Comentários ao Código de Processo Civil,* v. VIII, t. I, Rio de Janeiro. 1980, p. 437. Logo adiante, insiste o autor: "O ressarcimento exige prejuízo real oriundo de *execução* da medida, situação excluída pelo referido nº II" (os grifos são do original). Cf. ainda p. 408: "Se não executada a providência dentro de trinta dias (nº II), não cabe condenação do autor pelos prejuízos referidos no art. 811, já que a medida não se concretizou".

sim, o que indenizar"[3]. Idêntica opinião vem expressa na mais completa exposição sistemática do ordenamento processual pátrio: "A cessação de eficácia da medida cautelar, em razão do fato apontado no art. 808, nº II, não acarreta a obrigação de indenizar, malgrado o que preceitua o art. 811, nº III, porque não executada a medida cautelar"[4].

Haveria, destarte, no particular, equívoco do legislador. Na medida em que remete ao art. 808, nº II, a regra do art. 811, nº III, não teria possibilidade de aplicação prática. Será procedente a crítica nesses termos dirigida ao Código?

2. Em matéria de responsabilidade do requerente de medida cautelar, o legislador parece haver-se inspirado, ao menos em parte, num antigo projeto, formulado em apêndice a substanciosa obra doutrinária[5], No interessante trabalho, porém, não se continha norma correspondente à que hoje resulta da conjugação do art. 811, nº III, com o art. 808, nº II. As hipóteses de responsabilidade do requerente estavam previstas nos quatro itens do art. 19. Ora, se quisermos confrontá-las com as do art. 811 do diploma em vigor, verificaremos que, dentre as contempladas no inciso III desse dispositivo (isto é: nos três incisos do art. 808), coincidência exata apenas ocorre quanto à da omissão do requerente em propor a ação principal no prazo de trinta dias, a contar da execução da medida cautelar (Projeto, art. 19, 4º; Código, art. 808, nº I). O caso do atual art. 808, nº III (extinção do processo principal), é, de um lado, mais amplo e, de outro, mais restrito que o do art. 19, 3º, do projeto, que se referia também à extinção do próprio processo cautelar, mas – tal como em relação ao principal – só por abandono do autor, com a consequência de ser o réu "absolvido da instância". A hipótese do art. 808, nº II, que justamente nos interessa aqui, não figurava entre as de responsabilidade do requerente, embora o projeto já estatuísse, no art. 18, 1º, que a medida cautelar ficaria sem efeito se não fosse executada dentro de trinta dias.

---

3 HUMBERTO THEODORO JÚNIOR, *Comentários ao Código de Processo Civil,* v. V, Rio de Janeiro, 1978, p. 163 (grifado no original).

4 JOSÉ FREDERICO MARQUES, *Manual de Direito Processual Civil,* v. IV, 4ª ed., São Paulo, 1981, p. 397.

5 LOPES DA COSTA, *Medidas preventivas,* 2ª ed., Belo Horizonte, 1958, p. 181 e s. *Vide* em particular os arts. 19 e 20 (p. 185-6).

Alguém talvez enxergue nisso confirmação da tese acima exposta. O projetista haveria percebido o que escapou mais tarde ao legislador, isto é: que não se afigura viável responsabilizar o requerente no caso de que nos estamos ocupando.

Semelhante impressão, no entanto, vê-se contrastada quando se lê, no mesmo livro, o capítulo específico sobre o assunto. Aí se criticava o estatuto de 1939 exatamente por não ter cuidado daquela hipótese e, depois de invocar-se o direito alemão, acrescentava-se: "Não é justo, de fato, nem lógico, que, obtida a decisão, um de cujos fundamentos foi a urgência, fique o autor toda a vida com a sentença suspensa sobre a cabeça do réu, dando, assim, a melhor das provas de que a providência era desnecessária". Concluía-se com as seguintes palavras: "A lei devia também marcar prazo à execução, *sob as mesmas penas que impõe à demora na propositura de ação principal*"[6].

Visto que uma dessas "penas" – no Código anterior (art. 677, *fine*), no vigente (art. 811, nº III, combinado com o art. 808, nº I) e no projeto (art. 19, 4º) – consistia e consiste na obrigação do requerente de ressarcir o prejuízo do requerido, pode-se conjecturar que terá sido fruto de mero "cochilo" do projetista a omissão da hipótese no art. 19. Esqueceu-se ele – parece –, ao redigir o projeto, de suprir a falha que censurara ao Código então em vigor; nada mais.

3. Ao disciplinar o arresto, dispõe a *ZPO* da República Federal da Alemanha[7], no § 926, que se levantará a medida se, após a concessão em caráter antecedente, o arrestante não propuser a ação principal dentro do prazo fixado pelo juiz a requerimento da outra parte. A regra equivale em substância à do nosso art. 808, nº I. Com ela se relaciona expressamente a do § 945, a responsabilizar o arrestante, no caso de levantamento do arresto com base no § 926, pelo dano que a execução da providência cause ao adversário *("der ihm aus der Vollziehung der angeordneten Massregel... entsteht")*.

6 LOPES DA COSTA, ob. cit., p. 58 (sem grifo no original). Significativo o plural: "as mesmas penas". Vê-se que o autor não aludia só à perda da eficácia da providência; mas, além dessa, que outra poderia ele ter em mente, senão a responsabilidade pelos danos?

7 Em vigor igualmente na República Democrática Alemã até 31-12-1975; no dia seguinte começou a viger naquele país a nova *ZPO (Gesetz über das gerichtliche Verfahren in Zivil –, Familien – und Arbeitsrechtssachen)* de 19-6-1975.

Por outro lado, estabelece o § 929, 2ª alínea, para a execução do arresto decretado, o prazo de um mês, findo o qual a efetivação da medida se torna incabível. Logo se vê que a disposição encontra correspondente em nosso art. 808, nº II. Pois bem: muito embora não aluda o § 945 a essa outra hipótese, na doutrina alemã tem-se sustentado que a ela se aplica, por analogia, a norma relativa à responsabilidade do arrestante[8]. A questão, vale ressalvar, é controvertida[9]. Mas pouco importa que nem todos aceitem a aplicação analógica do § 945; não vem sequer ao caso indagar qual a solução correta. O ponto relevante está no reconhecimento de que nada tem de *absurda* a pergunta: deve o requerente ser aí responsabilizado? Esse reconhecimento é pacífico. Na verdade, ninguém deixa de admitir *a possibilidade de que suceda* o fato visto como fonte da obrigação de ressarcir; existe, sim, quem rejeite a ideia de fazer incidir sobre esse fato a regra do § 945.

Ora, aqui precisamente se toca o nervo do problema. Com efeito, a responsabilidade do requerente, na hipótese em foco, tem sido entre nós repelida não porque carecedora de fundamento jurídico, mas porque (supostamente) insuscetível de concretização prática. A situação de fato – argumenta-se, em síntese – é incompatível com qualquer pretensão do requerido ao ressarcimento de danos. Não parece, todavia, que tal argumentação resista à análise.

4. É fora de dúvida que não há cogitar de responsabilidade com base no art. 811 sem execução da medida acautelatória. Se sem ela se pode configurar responsabilidade por *outro* fundamento já constitui questão distinta, que não examinaremos neste ensejo. Daí não nos podermos contentar com a observação, em si exata, de que a simples concessão da providência, "a despeito de não se ter cumprido o mandado, pode ter causado prejuízo"[10].

Ninguém negará, em princípio, semelhante eventualidade. O puro e simples deferimento de uma liminar, sob determinadas circunstâncias,

---

8 STEIN-JONAS, *Die ZPO für das Deutsche Reich,* v. II. 12ª-13ª ed., Tübingen, 1926, p. 955 ; ROSENBERG, *Tratado de Derecho Procesal Civil,* trad. esp., Buenos Aires. 1955, t. III, p. 277: WIECZOREK, *Zivilprozessordnung und Nebengesetze,* Berlim, 1958, v. IV, 2º t., p. 1.161.

9 *Vide,* em sentido contrário, SCHÖNKE-BAUR, *Zwangsvollstreckungs –, Konkurs – und Vergleichsrecht,* 10ª ed., Heidelberg – Karlsruhe, 1978, p. 248.

10 PONTES DE MIRANDA. *Comentários ao Código de Processo Civil* (de 1973), t. XII, Rio de Janeiro, 1976, p. 103.

é capaz de "provocar abalo de crédito e perda de negócio lucrativo"[11]. Isso não basta, contudo, para explicar os dizeres do art. 811, nº III, na referência genérica aos "casos previstos no art. 808". Com facilidade se percebe que a hipótese imaginada e outras análogas permaneceriam estranhas ao âmbito do art. 811, cuja incidência pressupõe *sempre* a *efetivação* da medida cautelar. Seria necessário encontrar base diversa para responsabilizar o requerente pelos danos acaso decorrentes da só concessão da providência, mesmo não efetivada. O problema, entretanto, é alheio – repita-se – às nossas cogitações do momento; nada tem que ver com aquela particular razão pela qual, no ponto sob exame, se vem reputando impraticável a conjugação do art. 811, nº III, com o art. 808, nº II. Por outro motivo é que se nos afigura equivocada tal suposição.

5. Origina-se o equívoco, ao nosso ver, de não se atentar na eventual diferença entre o que é *de iure* e o que é *de facto;* entre o modo como se *devem* passar as coisas, no caso de não se executar nos trinta dias a providência acautelatória, e o modo como se *podem* elas realmente passar. *De iure,* é evidente que, cessada a eficácia da medida *(rectius:* da decisão que a decretou), pré-excluída fica a respectiva execução. Se se expedira mandado para o cumprimento, impende recolhê-lo; não há necessidade de expedir-se outro, a fim de que "tudo retorne ao *status quo ante*"[12], porque subsiste íntegro, *ex hypothesi,* o estado anterior: conquanto deferida, a providência ainda não foi executada.

De ser assim que as coisas se devem passar *de iure* não se infere, todavia, que assim sempre se passem *de facto.* Facilmente se concebe que, apesar de vencido o prazo de trinta dias, a medida acautelatória – legalmente tornada ineficaz e, portanto, insuscetível de efetivação – *na realidade se venha a executar.* Se daí resulta dano para o requerido, harmoniza-se com os princípios e ajusta-se ao texto legal a responsabilização do requerente que tenha dado causa ao prejuízo, ainda que sem culpa.

6. O art. 808, nº II, tira eficácia à medida cautelar não efetivada no prazo que fixa; mas não tem poder suficiente, é claro, para impedir, no mundo concreto, a ocorrência de toda e qualquer infração ao preceito. Pode

---

11 Conforme reconhece *expressis verbis* GALENO LACERDA, ob., v. e t. cit., p. 438.

12 Como diz JOSÉ FREDERICO MARQUES, ob, e v. cit., p. 390. Naturalmente com referência aos casos do art. 808 em que *se haja efetivado* a cautela.

muito bem acontecer que o requerente, *contra legem,* faça executar providência decretada há mais de trinta dias. A essa luz, mostra-se falsa a premissa de que se costuma partir, qual seja a de que o dispositivo em foco pressupõe a não execução da cautela. Ele pressupõe, sim, a não execução *tempestiva,* isto é, a não execução dentro de trinta dias. Com ele se casa, pois, sem qualquer dificuldade, a norma do art. 811, nº III, desde que o intérprete leve em conta o inteiro teor do art. 808, nº II, em vez de estacar *nel mezzo del cammin.*

A quem leia: "O requerente do procedimento cautelar responde ao requerido pelo prejuízo que lhe causar a execução da medida se esta não for executada" terá realmente de parecer absurda a conjugação. Mas a falha, aqui, não é do Código: é do leitor. A estranheza perderá qualquer razão de ser se a leitura for completa: "O requerente do procedimento cautelar responde ao requerido pelo prejuízo que lhe causar a execução da medida se esta não for executada *dentro de trinta dias"* - vale dizer: se o for *depois.*

A maneira, afinal de contas bastante simples, de compatibilizar as duas regras, já a apontara, brevemente, obra publicada logo após a entrada em vigor do Código de 1973, onde se aludia à responsabilidade do requerente quando "promove a execução de sentença cautelar *cuia eficácia cessou* (arts. 811, III, e 808, II)"[13]. Se o ponto não houvesse passado despercebido, como tudo faz crer, à doutrina posterior, ter-se-ia talvez poupado ao Código uma censura que ele, positivamente, nada fez por merecer.

Abril de 1982.

---

13 JOSÉ MARIA ROSA TESHEINER, *Medidas cautelares,* São Paulo, 1974, p. 42. Na mesma perspectiva, a menção de STEIN-JONAS, ob. e lug. cit., ao caso em que a execução do arresto é ou se torna inválida por inobservância do prazo do § 929, 2ª alínea: e a sintética mas certeira referência de ROSENBERG, ob. e lug. cit., à hipótese de arresto *"realizado con retardo".*

COMENTÁRIOS DOS ATUALIZADORES

RESPONSABILIDADE DO REQUERENTE DE MEDIDA CAUTELAR "EX" ARTIGO 808, II, DO CÓDIGO DE PROCESSO CIVIL

Paulo Cezar Pinheiro Carneiro / Paulo Cezar Pinheiro Carneiro Filho

Barbosa Moreira traz a exame o artigo 808, II, do Código de Processo Civil de 1973 (reproduzido no artigo 309, II, do Código de Processo Civil de 2015), *verbis*: "Cessa a eficácia da medida cautelar, se não for executada dentro de 30 dias", e, contra opinião doutrinária firme em contrário de Galeno Lacerda, Humberto Theodoro Junior, Jose Frederico Marques e Lopes da Costa, sustenta a utilidade prática da norma.

A hipótese, para a doutrina, seria inconcebível factualmente, pois, se a tutela de urgência não foi efetivada em 30 (trinta) dias, não há que se falar em dano, como também a possibilidade de cessação da sua eficácia.

O Mestre demonstra que: "Facilmente se concebe que, apesar de vencido o prazo de 30 (trinta) dias, a medida acautelatória – legalmente tornada ineficaz e, portanto, insuscetível de efetivação – na realidade se venha a executar". Daí resulta o dano para o requerido e, em consequência, a sua coerência ao texto legal. Ou seja, a norma do artigo 811, inciso III, do Código de Processo Civil de 1973, reproduzida no artigo 302, III, do Código de Processo Civil de 2015 – que prevê a responsabilidade pelo prejuízo que a efetivação da tutela causar ao requerido se ocorrer a cessação da eficácia da medida em qualquer hipótese legal – casa com a previsão do artigo, anteriormente examinado (artigo 808, II, do Código de Processo Civil de 1973 reproduzido no artigo 309, II, do Código de Processo Civil de 2015), no sentido de que o requerente deverá indenizar o requerido pela realização da efetivação da medida após o decurso do prazo de 30 (trinta) dias.

Como examinado acima, o Código de Processo Civil de 2015 não inovou em sede de responsabilidade do requerente pelos prejuízos que a liminar obtida viesse a causar ao requerido. O artigo 309 veio a substituir o artigo 808 do Código de Processo Civil de 1973 sem qualquer inovação prática, salvo a inclusão feita no inciso III. No caso, cessa a eficácia da tutela concedida em caráter antecedente não só se o juiz declarar extinto o processo principal com ou sem julgamento do mérito, como também se o juiz julgar improcedente o pedido principal formulado pelo autor.

Importante consignar que Barbosa Moreira, ressalvou a possibilidade, sob determinadas circunstâncias, do requerido ter prejuízos, mesmo sem a execução da medida acautelatória. Todavia, destacou que tal problema não seria objeto de cogitação no artigo que escreveu.

A PROTEÇÃO JURÍDICA DOS INTERESSES COLETIVOS[1]

De velho poema inglês tirou notável pensador religioso do nosso século o título de uma de suas mais conhecidas obras: *"No man is an island"* - homem algum é uma ilha[2]. O verso poderia servir de epígrafe a qualquer reflexão sobre as condições e as necessidades da vida contemporânea. Passageiros do mesmo barco, os habitantes deste irrequieto planeta vão progressivamente tomando consciência clara da alternativa essencial com que se defrontam: salvar-se juntos ou juntos naufragar. A história individual terá sempre, naturalmente, o seu lugar nos registros cósmicos; acima dela, porém, e em grande parte a condicioná-la, vai-se inscrevendo, em cores mais berrantes, a história coletiva. Os olhos da humanidade começam a voltar-se antes para o que diz respeito a todos, ou a muitos, do que para o que concerne a poucos, ou a um só.

Essa mudança de enfoque não poderia deixar de refletir-se no quadro das relações sociais reguladas pelo direito. As concepções tradicionais miravam em regra situações de confronto entre indivíduos isolados, ou dispostos em grupos bem definidos. Do legislador esperava-se que disciplinasse, e do juiz que declarasse, direitos e obrigações atribuídos em termos bem precisos a titulares fáceis de identificar. Era a uma pessoa, ou a um número conhecido e fechado de pessoas, que se reservava o lugar de honra, assim nas vicissitudes jurídicas puramente particulares, como nos episódios que envolviam o Estado, ele próprio convertido, pelo requinte da técnica, em pessoa singular.

A herança individualista marca ainda hoje os instrumentos com que costumamos operar. Mas bem se vê - e dia a dia com maior clareza - que ela não cobre toda a realidade. À sua margem agitam-se e reivindicam atenção crescente interesses de outro corte, a que se vai aplicando

---

1 Texto da aula inaugural do ano letivo de 1980 da Universidade do Estado do Rio de Janeiro, com o acréscimo das notas. Publicado na *Revista Brasileira de Direito Processual*, v. 24, e na *Revista de Direito Administrativo*, v. 139.

2 Adotou-se a tradução portuguesa de D. TIMÓTEO AMOROSO ANASTÁCIO, O. S. B., para o nome do livro de THOMAS MERTON, nessa tradução publicado pela Livraria Agir Editora, Rio de Janeiro, 1957. O autor do poema é JOHN DONNE (1573-1631).

a denominação, possivelmente imprecisa, de "coletivos"[3]. Com ela se designam interesses que não pertencem a uma pessoa, e nem mesmo a um grupo definido de pessoas, ao contrário do que se dá em figuras clássicas como a do condomínio ou a da pluralidade de credores numa única obrigação. Em vez disso, o que se depara é uma série indeterminada - e, ao menos do ponto de vista prático, indeterminável - de interessados, sem que se possa discernir, sequer idealmente, onde acaba a "quota" de um e onde começa a de outro. A comunhão é indivisível; entre os destinos dos interessados, por força das mais variadas circunstâncias, instaura-se uma união tão firme, que a satisfação de um só implica de modo necessário a satisfação de todos; e, reciprocamente, a lesão de um só constitui, *ipso facto,* lesão da inteira coletividade[4].

Impossível enumerar de maneira exaustiva os interesses do gênero a que estamos aludindo, entre outras razões porque o avanço da civilização e o aguçamento progressivo da sensibilidade social vão constantemente revelando, ou iluminando com maior intensidade, problemas e valores antes desconhecidos ou negligenciados. As peculiaridades da vida contemporânea projetam contudo sobre certas espécies, de preferência, o facho das atenções, fazendo-as ganhar espaço, não raro sob revestimento de cores dramáticas, em manchetes de jornais e em noticiários de televisão. É o que hoje acontece, em toda

3 A terminologia é vacilante. Fala-se também de "interesses difusos", expressão que preferimos no título de nosso estudo sobre a ação popular do direito brasileiro, publicado em *Temas de direito processual,* São Paulo, 1977, p. 110 e s. e nos *Studi* in *onore di* ENRICO TULLIO LIEBMAN, Milão, 1979, v. IV, p. 2.673 e s. Mas há quem proponha distinguir, reservando a denominação de "coletivos" para a espécie de interesses caracterizada pela imputabilidade a *"comunità di riferimento abbastanza definite",* enquanto os "difusos", designação genérica, poderiam ser *"privi di portatori istituzionali"* (DENTI, *L'avvocato e la difesa di interessi collettivi, in Foro Ital.,* v. CI, fasc. 4, 1978, p. 4 da separata). A PROTO PISANI parece mais exata a designação de "superindividuais" para os interesses de que se trata: *vide* a sua intervenção no Congresso de Pavia acerca do tema, publicada *in Diritto e Giurisprudenza,* v. 89, n: 6, 1974, p. 801 e s., sob o título *Appunti preliminari per uno studio sulla tutela giurisdizionale degli interessi collettivi (o più esattamente: superindividuali) innanzi ai giudice civile ordinario.*

4 Aceita-se no texto a colocação do problema dentro dos lindes postos pelas características a que alude PRATO PISANI, trab. cit., p. 802. Tal limitação afigura-se justificada pela preocupação de assegurar a *homogeneidade essencial* das figuras a cujo respeito se discorre. Outras, mais ou menos próximas, suscitarão com certeza problemas específicos, a reclamar tratamento diferenciado.

parte, com os interesses relacionados com a defesa do meio ambiente: proteção da flora e da fauna, preservação do equilíbrio ecológico, tutela da paisagem, combate à poluição nas suas diversificadas formas, racionalização do desenvolvimento urbanístico, e assim por diante. Não menos relevantes são os interesses ligados a valores culturais e espirituais, como a segurança do acesso às fontes de informação, a difusão desembaraçada de conhecimentos técnicos e científicos, a criação e manutenção de condições favoráveis à investigação filosófica e ao livre exercício dos cultos religiosos, a proteção dos monumentos históricos e artísticos. Mencionem-se ainda algumas das multiformes necessidades que se vêm fazendo sentir no âmbito da chamada "proteção do consumidor": honestidade da propaganda comercial, proscrição de alimentos e medicamentos nocivos à saúde, adoção de medidas de segurança para os produtos perigosos, regularidade e eficiência na prestação de serviços ao público.

Semelhantes interesses, e outros que sem dificuldade se acrescentariam à nossa rápida exemplificação, não podem, à evidência, deixar de merecer os cuidados da ordem jurídica. Alguns vêm obtendo reconhecimento expresso, às vezes em nível constitucional: veja-se, por exemplo, a recente carta política espanhola, em que mais de um dispositivo faria jus aqui a referência, como o art. 45, segundo o qual "todos têm o direito de desfrutar de um meio ambiente adequado ao desenvolvimento da pessoa, assim como o dever de conservá-lo", e "os poderes públicos velarão pela utilização racional de todos os recursos naturais, com o fim de proteger e melhorar a qualidade da vida e de defender e restaurar o meio ambiente, apoiando-se na indispensável solidariedade coletiva". Mesmo onde inexiste previsão legal expressa, os espíritos menos acomodados esforçam-se em descobrir nas entrelinhas das Constituições ou nos princípios gerais do ordenamento um ponto de apoio para construções às vezes arrojadas, que permitam incorporar os interesses coletivos ao rol dos bens juridicamente protegidos. Decerto reina ainda notável incerteza na classificação dogmática de tais figuras: saber se em cada uma delas se pode identificar verdadeiro direito subjetivo, com toda a coorte de atributos tradicionalmente ligados a essa categoria, é indagação para a qual parece prematuro cogitar de resposta pacífica. Como tantas vezes ocorre, a elaboração doutrinária e a própria chancela legislativa, em vários países, têm andado aí a reboque da jurisprudência, cujas antenas sensíveis, estimuladas pela necessidade de dar solução prática a problemas concretos, são as primeiras a detectar caminhos e desvelar horizontes[5].

E eis que se toca o nervo da questão. Pois não basta reconhecer em teoria a relevância jurídica desses valores: como quaisquer outros, eles só se tornam verdadeiramente operativos na medida em que existam meios próprios e eficazes de vindicá-los em juízo. Quando se lê no art. 180 da Constituição brasileira que "o amparo à cultura é dever do Estado", e no respectivo parágrafo único que "ficam sob a proteção especial do Poder Público os documentos, as obras e os locais de valor histórico ou artístico, os monumentos e as paisagens naturais notáveis, bem

---

5 Na doutrina, porém, já é apreciável o acervo das contribuições ao estudo do assunto - em boa parte alimentado pelos relatórios e intervenções em congressos e simpósios que a este se vão consagrando. *Vide,* na Itália, os volumes *Le azioni a tutela di interessi collettivi,* Pádua, 1976, e *La tutela giuridica degli interessi diffusi, con particolare riguardo alla protezione dell'ambiente e dei consumatori,* Milão, 1976, nos quais se compendiaram, respectivamente, os trabalhos dos Congressos de Pavia (1974) e de Salerno (1975). Também merecem atenção os belos trabalhos que ao tema vem consagrando CAPPELLETTI, entre os quais os relatórios ao congresso de direito comparado de Teerã (1974), publicado no volume *Public lnterest Parties and lhe Active Role of the Judge in Civil Litigation,* Milão-Dobbs Ferry, 1975 (espec. p. 100 e s.), e ao simpósio de Florença sobre *Libertà fondamentali e formazioni sociali* (1975), dado a lume in *Riv. di Dir. Proc.,* v. XXX (1975), p. 361 e s., sob o título Formazioni sociali e interessi di gruppo davanti alla giustizia civile. *Vide* ainda, de DENTI, Aspetti processuali della tutela dell'ambiente, nos *Atti dei Convegno* do *Centro Nazionale di Prevenzione e Difesa Sociale,* subordinado ao tema geral *La responsabilità dell'impresa per i danni all'ambiente e ai consumatori,* Milão, 1978, p. 52 e s. Infelizmente não se pôde consultar, na preparação deste trabalho, a recente obra de VIGORITl, *Interessi collettivi e processo,* Milão, 1979, de que dá notícia a recensão de TARUFFO, *in Riv. di Dir. Proc.,* v. XXXIV (1979), p. 281-3. Na Alemanha publicaram-se, sob o título *Klage Priva ter im öffentlichen Interesse,* Frankfurt am Main, 1975, o relatório norte-americano de HOMBURGER, *Private Suits in the Public Interest in lhe United States of America,* e o relatório geral de KÖTZ ao simpósio de direito comparado de Hamburgo (1973), com um resumo dos debates. De grande interesse - *não* restrito à problemática específica da proteção do meio ambiente - é a obra de REHBINDER-BURGBACHER-KNIEPER, *Bürgerklage im Umweltrecht,* Berlim, 1972. No Brasil é ainda escassa a produção sobre o assunto: além do nosso estudo cit. na nota 2, *vide* ADA PELLEGRINI GRINOVER, A tutela jurisdicional dos interesses difusos, *in Revista Brasileira de Direito Processual,* v. 16, p. 13 e s.; em âmbito mais restrito de preocupações, OTHON SIDOU, *Proteção ao consumidor,* Rio de Janeiro, 1977; FÁBIO KONDER COMPARATO, A proteção ao consumidor: importante capítulo do direito econômico, *in Ensaios e pareceres de direito empresarial,* Rio de Janeiro, 1978, p. 473 e s. (em anexo, anteprojeto de lei que estabelece normas de proteção ao consumidor).

como as jazidas arqueológicas", acode ao espírito indagar a que se reduzirá, *in concreto,* O significado de tão belas palavras, se, faltando porventura o Estado, de modo inequívoco e frontal, ao seu dever de amparar a cultura, ou o Poder Público ao de proteger a paisagem e os bens de valor artístico ou histórico, não for possível reclamar do Juiz que assegure ou restabeleça o império da norma[6]. Proteção jurídica dos interesses coletivos, se quer dizer alguma coisa, quer necessariamente dizer proteção *judicial* de tais interesses.

Conforme têm assinalado os estudiosos do assunto, a criação de um sistema eficaz de tutela por meio da Justiça suscita aqui problemas de índole peculiar, que precisam ser enfrentados de mente aberta e sem o temor de romper com ideias arraigadas em longa tradição. A primeira questão de relevo concerne à iniciativa – ou, como se diz na linguagem técnica do direito processual, à legitimação para agir: a quem se deve reconhecer qualidade para instaurar o processo? Essa pergunta encontra resposta intuitiva nos casos em que se trata de postular a satisfação de um direito subjetivo individual. Se, por exemplo, Fulano se acha lesado pelo colega que não lhe pagou o empréstimo, ou pelo vizinho cuja construção lhe invadiu o terreno, o simples bom senso está a indicar, sem sombra de dúvida, que a Fulano mesmo é que incumbe pleitear em juízo a providência reparadora. Mas quem será o lesado, quando se deixa ruir um exemplar precioso da nossa arquitetura barroca, ou quando se autoriza a instalação de indústria poluente junto a uma praia onde o povo costuma banhar-se, ou quando se sonegam ao público informações sobre circunstâncias que aconselham a adoção, por todos, de cautelas especiais para a defesa da saúde? Um critério tradicionalista, aferrado aos princípios clássicos, exigiria relação direta entre o fato e a pessoa, repercussão imediata daquele na esfera particular desta. Semelhante exigência tem na verdade sido feita, com maior ou menor rigor, numa série de hipóteses interessantes que a pesquisa de direito comparado propõe à nossa reflexão[7]. Mas os resultados são manifestamente insatis-

---

6 Típica da atitude em geral negativista da doutrina tradicional é a insistência em considerar meramente " programáticas" – e portanto desprovidas de sanção, o que vale dizer de eficácia *prática* – regras como a do art. 180, *caput.* A isso não se forrou PONTES DE MIRANDA, *Comentários à Constituição de* 1967 *(com a Emenda nº* 1, *de* 1969), 2ª ed., São Paulo, 1972, p. 367.

7 *Vide* as sugestivas análises de HOMBURGER e de REHBINDER-BURGBACHER-KNIEPER, nas obras cit. na nota 4, respectivamente p. 45 e s. e 57 e s.

fatórios. Então apenas se deveria admitir em juízo quem tivesse o hábito de frequentar a igreja antiga arruinada ou a praia ameaçada de poluição, ou quem houvesse adoecido em consequência da falta de informações?

Bem se vê que os padrões têm de ser mais flexíveis. Pode-se chegar até, e às vezes realmente se chega, a ampliar indefinidamente a legitimação a todo e qualquer membro da comunidade. É o caso da ação popular, já há bastante tempo incorporada, no Brasil, ao rol das garantias constitucionais[8], e colocada ao dispor de "qualquer cidadão" para promover a anulação de atos lesivos ao patrimônio público – conceito a que, em boa hora, deu notável elasticidade a lei reguladora da matéria, fazendo-o abranger, em termos genéricos, "os bens e direitos de valor econômico, artístico, estético, histórico ou turístico"[9]. Pode o indivíduo agir sozinho, não para beneficiar-se particularmente, mas em proveito da coletividade, da qual se faz paladino.

A franquia é útil, mas ainda insuficiente. Em numerosos casos, a luta do cidadão isolado contra os responsáveis pelo ato lesivo e os beneficiários dele corre o risco de assemelhar-se à que travaria contra o gigante um Davi desarmado de funda. Tudo concorre para desencorajá-lo: o vulto das despesas, a complexidade das questões, a carência de conhecimentos técnicos, a força política e econômica dos adversários[10]. Raro é aquele que se arrisca à empresa, fiado em seus próprios e exclusivos recursos. Poderiam experimentar-se outras soluções, com as cautelas necessárias para prevenir abusos. Não parece razoável, por exemplo, excluir em termos absolutos a possibilidade de terem a iniciativa também pessoas jurídicas[11], cujo fim institucional consista precisamente na

8 Constituição de 1934, art. 113, nº 38; de 1946, art. 141, § 38; de 1967, art. 150, § 31 (Emenda nº 1, de 1969, art. 153, § 31). Faz exceção – o que não causa surpresa – a carta ditatorial de 1937.

9 Lei nº 4.717, de 29-6-1965, art. 1º, § 1º. *Vide* ao propósito SEABRA FAGUNDES. *O controle dos atos administrativos pelo Poder Judiciário*, 5ª ed., Rio de Janeiro, 1979, p. 368-9, nota 7; JOSÉ AFONSO DA SILVA, *Ação popular constitucional*, São Paulo, 1968, p. 150; HELY LOPES MEIRELLES, *Mandado de segurança e ação popular*, 4ª ed., São Paulo, 1976, p. 66-7.

10 Cf. REHBINDER-BURGBACHER-KNIEPER, ob. cit., p. 46. Como pitorescamente observa CAPPELLETTI, *Public Interest Parties*, p. 128, *"the years 2000 are not a time for solitary Don Quixotes, but for armies of more organized, if less romantic, cavaliers".*

11 Semelhante conveniência não passou despercebida a FÁBIO KONDER COMPARATO, que, no anteprojeto referido na nota 4, previu uma "ação popular", em matéria de proteção ao consumidor, facultada inclusive às pessoas jurídicas. Eis, com efei-

defesa do interesse em foco, ou que, mesmo sem tal requisito, ofereçam boa garantia de "representar" de maneira adequada, com sinceridade e eficiência, o conjunto dos interessados. Segundo alguns, não se deveria afastar *a priori* sequer a eventualidade de facultar a demanda a grupos não dotados de personalidade jurídica e até constituídos especificamente com o puro objetivo de movimentar o pleito[12]: é expediente que, ao menos em determinadas hipóteses, pode apresentar vantagens sobre o procedimento alternativo de proporem a ação, em litisconsórcio, dezenas ou talvez centenas de indivíduos.

Outro problema de superlativa importância entende com o tipo de tutela a ser proporcionado pelo órgão judicial. Como ninguém deixará de compreender, na imensa maioria dos casos, uma vez consumada a lesão, torna-se impossível restaurar em sua integridade o bem que constitui objeto do interesse coletivo; e, mais do que isso, não há prestação pecuniária que logre compensar adequadamente o dano[13]. Como recuperar a obra de arte destruída? Que trará de volta os pássaros afugentados pelo desmatamento, os peixes mortos pelos detritos lançados à água? Que antídoto existirá contra o veneno que uma propaganda comercial mistificadora injeta a cada momento nos olhos e nos ouvidos de multidões hipnotizadas? Nem o mais poderoso tribunal deste mundo tem forças para operar semelhantes prodígios. Mas pouco valeria, também, a mera condenação do responsável a ressarcir o prejuízo causado. Qual será o valor, em dinheiro, do rio que secou, do monumento histórico demolido, da espécie animal que desapareceu com o seu *habitat?*

O mecanismo protetor, aí, ou funciona em caráter preventivo, ou decididamente não funciona de modo que valha a pena. Cumpre evitar a consumação do mal, que, consumado, é em regra irremediável. Ora, não se pode infelizmente dizer que a farmacopeia legal, pelo menos em

to, o teor do art. 10, *caput:* "Qualquer pessoa, natural ou jurídica, é parte legítima para pleitear em juízo a proibição, em todo o território nacional, da venda de determinado produto ou mercadoria, a alteração de sua composição, estrutura, fórmula ou acondicionamento, visando à proteção da saúde ou da integridade física do consumidor" (ob. cit., p. 509).

12 *"Ad-hoc-Gruppen"* chamam-lhes REHBINDER-BURGBACHER-KNIEPER, ob. cit., p. 151.

13 *"È appena il caso di ricordare"* – escreve com razão PROTO PISANI, trab. cit., p. 813 – *"come normalmente sia da escludere che la tutela degli interessi collettivi possa essere adequatamente realizzata solo attraverso la forma dei risarcimento del danno".*

nosso país, seja muito rica em remédios preventivos[14]. É ponto que clama pela atenção dos estudiosos, e em cujo tratamento se há de proceder com extremos de delicadeza e sensibilidade: de um lado, com efeito, não é razoável que se tenha de assistir inerme ao sacrifício, por falta de meios idôneos para fazer agir ou omitir-se aquele de cuja ação ou omissão, respectivamente, dependa a preservação do interesse coletivo em perigo; de outro lado, importa não dar azo a que aventuras judiciais nascidas da irreflexão ou ordenadas à chantagem perturbem, sem benefício algum para a coletividade, o funcionamento da máquina administrativa ou a atividade econômica privada.

Aludiu-se à necessidade, que pode surgir, de constranger alguém à prática de determinado ato; na verdade, muitas vezes, a ofensa ao interesse coletivo resulta de haver permanecido inerte quem tinha o dever de atuar. As leis, contudo, são em geral bastante tímidas no aviamento de receitas para situações desse gênero, principalmente quando se trata da Administração Pública. Veja-se o caso da nossa ação popular. Se algum órgão administrativo se dispõe, por exemplo, a derrubar sem justificação prédio de valor histórico e artístico, pode o cidadão, por aquele meio, tentar impedir a lesão. Mas há outros modos pelos quais a Administração causa dano ao patrimônio histórico e artístico, e alguns deles se resolvem na pura e simples omissão: ela se abstém de desviar o tráfego pesado, de realizar obras de reparação, de retirar o material que se acumula no imóvel, e assim por diante. Um dia, a construção vem abaixo, tal como viria sob os golpes das picaretas. Ora, diante da inércia administrativa, a ação popular é impotente. Mas lesar *deixando de fazer* será porventura menos grave que lesar *fazendo?* Inevitavelmente somos levados a imaginar se não se mostraria oportuno estender à primeira hipótese, ao menos em certa medida, o uso do instrumento de tutela.

Nem se esgotam, com isso, as virtualidades da proteção judicial de interesses coletivos. Há que indagar se ela é invocável unicamente contra atos praticados pelos poderes públicos, como nos casos de que trata a ação popular, ou se também atua diretamente em face de particulares – de outros membros da comunidade, cujo comportamento lese

14 Para uma apreciação genérica do problema, *vide* BARBOSA MOREIRA, Tutela sancionatória e tutela preventiva, *in Revista Brasileira de Direito Processual*, v. 18, p. 123 e s.

ou ponha em risco algum daqueles interesses[15]. Vem à lembrança, de imediato, o caloroso debate que se travou e ainda se trava, na doutrina e na jurisprudência, sobre a possibilidade ou não de um particular exigir de outro, em juízo, a observância das normas de direito administrativo que regulamentam as construções. Tenho eu qualidade para reclamar perante a Justiça contra quem, edificando no terreno contíguo, ergueu construção proibida no bairro, ou ultrapassou a altura máxima permitida? Não sendo muito claros os textos legais, as respostas têm variado[16]. Recentemente, nos trabalhos preparatórios do projeto de novo Código Civil, fez-se tentativa interessante de consagrar em termos expressos a tese afirmativa, ampliando-a aliás a outros problemas correlatos. Segundo dispositivo sugerido por um membro da Comissão, o eminente Professor desta Universidade, EBERT CHAMOUN, o proprietário ou o possuidor de um imóvel teria o direito de exigir do vizinho o respeito das normas de direito público relativas à vizinhança, à natureza da utilização e à localização dos imóveis, bem como daquelas que proíbem a poluição do ar e da água e a destruição da flora, da fauna, da paisagem e das belezas naturais[17]. É lamentável que a regra não figure no texto afinal remetido ao Congresso; resta-nos a esperança de que se ressuscite a ideia quando se retomarem os trabalhos legislativos, por ora suspensos.

A ampliação das possibilidades de iniciativa não deixa de fazer-se acompanhar de certos perigos. À luz de algumas experiências, no Brasil e alhures, não parece fundado o receio de uma enxurrada de ações, que entupisse de vez os canais já semiobstruídos da máquina judiciária[18]. Seja como for, porém, é imprescindível estabelecer restrições e cominações que desestimulem as demandas temerárias, brotadas da mera emulação ou do propósito de arrancar concessões e benesses pessoais. Importante problema técnico é o de fixar os limites dentro dos quais se

---

15 Cf. a discussão do ponto, no direito alemão, mas com valiosos subsídios de direito comparado, em REHBINDER-BURGBACHER-KNIEPER, ob. cit., p. 163 e s.

16 Consulte-se, na mais moderna literatura, HELY LOPES MEIRELLES, *Direito de construir*, 3ª ed., São Paulo, 1979, p. 79 e s., inclusive para indicações de jurisprudência.

17 *Vide* o texto, em tradução francesa, na "nota complementar" ao relatório do delegado brasileiro, Luís ANTÔNIO DE ANDRADE, ao congresso da União Internacional dos Magistrados, de 1971, no v. *Colloque sur le juriste et les problemes de environnement*, Rio de Janeiro-Brasília, 1971, p. 125.

18 Cf., quanto à Alemanha Federal, REHBINDER-BURGBACHER-KNIEPER, ob. cit., p. 104, 141.

hão de produzir os efeitos do julgamento: a matéria pode interessar, e em regra interessa, de modo igual, a grande número de pessoas, muitas das quais permanecerão estranhas ao processo; mas, como o resultado tem de ser necessariamente uniforme para todos os interessados, não satisfaz aqui a clássica regra segundo a qual só as partes ficam vinculadas pela sentença. O ponto é grave, porque não se pode excluir a hipótese de que se apresse a ir a juízo, antes de qualquer outro, alguém que ponha a causa a perder, por inépcia, por desídia ou mesmo por má-fé, em conluio com o réu. Seriam lamentáveis as consequências, se essa primeira derrota – resultante, digamos, da omissão em provar fatos essenciais – barrasse em definitivo o caminho da Justiça a todos os interessados. A lei da ação popular evitou-as de maneira inteligente, dispondo que o resultado do pleito é vinculativo para todos, quando o juiz acolhe o pedido de anulação do ato ou o rejeita por entender que ele foi legitimamente praticado, ao passo que, quando o pedido é rejeitado unicamente por deficiência de prova, "qualquer cidadão poderá intentar outra ação com idêntico fundamento, valendo-se de nova prova"[19]. Como se vê, as questões mais árduas já são familiares ao legislador, ao qual não tem faltado criatividade para dar-lhes solução hábil.

Sem dúvida, em todo esse complexo de fenômenos, muita coisa existe capaz de chocar as mentalidades rotineiras. De certo ponto de vista, pode parecer escandalosa a ideia mesma de que uma pessoa ou organização, sem lamentar necessariamente repercussão imediata em sua própria esfera jurídica, sem alegar a ocorrência de dano individualmente mensurável, vá queixar-se em juízo de comportamento alheio, ativo ou omissivo, público ou privado, prejudicial à coletividade. A filosofia do egoísmo, que impregnou a atmosfera cultural dos últimos tempos, não concebe que alguém se possa deixar mover por outra força que o interesse pessoal. Nem faltou quem ousasse enxergar aí a regra de ouro: a melhor maneira de colaborar na promoção do bem comum consistiria, para cada indivíduo, em cuidar exclusivamente de seus próprios interesses. O compreensível entusiasmo com que se acolheu há dois séculos e se cultua até hoje, em determinados círculos, essa lição de ADAM SMITH explica o malogro da sociedade moderna em preservar de modo satisfatório bens e valores que, por não pertencerem individualmente a quem

---

19 Sobre o ponto, mais extensamente, BARBOSA MOREIRA, A ação popular do direito brasileiro como instrumento de tutela jurisdicional dos chamados "interesses difusos", *in Temas*, cit., p. 122-3.

quer que seja, nem sempre se veem bem representados e ponderados ao longo do processo decisório político-administrativo, em geral mais sensível à influência de outros fatores[20].

A vindicação de interesses coletivos em juízo pode constituir um meio de dar adequada expressão a necessidades e aspirações que talvez não conseguissem fazer-se ouvir alhures[21]. Se, em poucos anos, assumiu o problema tão invulgar relevo nas preocupações dos estudiosos, aí se há de ver seguro índice da força dessas aspirações e da premência dessas necessidades. Não tem o direito de permanecer indiferente ao fato quem se advirta da conveniência de assegurar a insatisfações que se avolumam perigosamente uma válvula pela qual se possam descarregar de maneira civilizada. A alternativa nada de bom prenuncia para a estabilidade das instituições.

Fevereiro de 1980.

COMENTÁRIOS DOS ATUALIZADORES

OS COMENTÁRIOS FORAM PRODUZIDOS EM CONJUNTO COM OS TEMAS:

- A PROTEÇÃO JURÍDICA DOS INTERESSES DIFUSOS
- A LEGITIMAÇÃO PARA A DEFESA DOS INTERESSES DIFUSOS NO DIREITO BRASILEIRO
- TUTELA JURISDICIONAL DOS INTERESSES COLETIVOS OU DIFUSOS

20 Acerca daquela a que se pode chamar, em sentido amplo, a "função política" da ação popular no domínio dos interesses coletivos, *vide* ainda as agudas considerações de REHBINDER-BURGBACHER-KNIEPER, ob. cit., p. 129 e s., espec. 134 e s.

21 Cf. DENTI, trab. cit. na nota 2, p. 7 da separata: *"La via giudiziale, infatti, si è dimostrata, in molti casi, l'unico possibile mezzo per dar voce agli interessi di quelle 'maggioranze diffuse' che, prive di rappresentanza istituzionale, si trovano la strada sbarrata dalle scelte dei potere politico ed economico".*

A LEGITIMAÇÃO PARA A DEFESA DOS "INTERESSES DIFUSOS" NO DIREITO BRASILEIRO[1]

1. Delimitação do tema. Caracterização dos "interesses difusos" a que se refere o trabalho. **2.** O problema da legitimação ativa para a vindicação judicial dos "interesses difusos": as soluções possíveis. **3.** Solução a: legitimação concorrente e "disjuntiva" dos interessados. A ação popular. **4.** Solução a (continuação): outras hipóteses. **5.** Solução b: legitimação de pessoas jurídicas ou de entes não personificados no plano do direito material. **6.** Solução c: legitimação de órgãos estatais (em particular, do Ministério Público).

1. A expressão "interesses difusos" não adquiriu até agora sentido preciso na linguagem jurídica, e vem sendo utilizada para designar figuras heterogêneas, quer do ponto de vista estrutural, quer do ângulo funcional[2]. No presente escrito, consideraremos exclusivamente a categoria de fenômenos caracterizada por duas notas essenciais, a primeira relativa aos *sujeitos* e a segunda ao *objeto*[3]. Assim, os interesses de que vamos tratar:

---

1 Comunicação ao *XI Congreso Nacional de Derecho Procesal* argentino (La Plata, outubro de 1981). Publicada na *Revista Forense,* v. 276; e, em versão espanhola de AUGUSTO M. MORELLO, nos anais do Congresso, t. II, e na revista *Jus,* nº 34.

2 A própria terminologia é vacilante: fala-se também de "interesses coletivos", embora alguns prefiram distinguir uma de outra categoria *(v.g.,* VIGORITI, *Interessi collettivi e processo,* Milão, 1979, p. 61; DENTI, L'avvocato e la difesa di interessi collettivi, *in Foro Italiano,* v. CI, fasc. 4, 1978, p. 4 da separata); mas ainda não se firmou um critério unívoco de distinção. A PROTO PISANI parece mais exata a designação de "superindividuais" para os interesses de que se trata: *vide* a sua intervenção no Congresso de Pavia acerca do tema, publicada no volume *Le azioni a tutela di interessi collettivi,* Pádua, 1976, p. 263 e s., sob o título *Appunti preliminari per uno studio sulla tutela giurisdizionale degli interessi collettivi (o più esattamente: superindividuali) innanzi ai giudice civile ordinario.*

3 Aceita-se no texto a colocação do problema dentro dos lindes sugeridos por PROTO PISANI, trab. cit., p. 264. Assim também fizemos na aula inaugural do ano letivo de 1980 da Universidade do Estado do Rio de Janeiro, publicada in *Revista Brasileira de Direito Processual,* v. 24, e *Revista de Direito Administrativo,* v. 139, sob o título *A proteção jurídica dos interesses coletivos.* Tal limitação afigura-se justificada pelo empenho de assegurar a *substancial homogeneidade* das figuras a cujo respeito se discorre. Outras, mais ou menos próximas, suscitarão com certeza problemas específicos, a reclamar tratamento diferenciado.

a) Não pertencem a uma pessoa isolada, nem a um grupo nitidamente: delimitado de pessoas (ao contrário do que se dá em situações clássicas como a do condomínio ou a da pluralidade de credores numa única obrigação), mas a uma série *indeterminada* – e, ao menos para efeitos práticos, *de difícil ou impossível determinação* –, cujos membros não se ligam necessariamente por vínculo jurídico definido. Pode tratar-se, por exemplo, dos habitantes de determinada região, dos consumidores de certo produto, das pessoas que vivem sob tais ou quais condições socioeconômicas, ou que se sujeitem às consequências deste ou daquele empreendimento público ou privado, e assim por diante.

b) Referem-se a um bem *(latissimo sensu) indivisível,* no sentido de insuscetível de divisão (mesmo *ideal)* em "quotas" atribuíveis individualmente a cada qual dos interessados. Estes se põem numa espécie de comunhão tipificada pelo fato de que a satisfação de um só implica por força a satisfação de todos, assim como a lesão de um só constitui, *ipso facto,* lesão da inteira coletividade.

Sem a pretensão de comprimir em simples esquema a imensa variedade das hipóteses, mencionaremos, a título exemplificativo, algumas que vão assumindo particular importância na vida contemporânea da maior parte das sociedades desenvolvidas ou em processo de desenvolvimento:

a) interesses relacionados com a defesa do meio ambiente – proteção da flora e da fauna, preservação do equilíbrio ecológico, tutela da paisagem, combate à poluição nas suas diversificadas formas, racionalização do desenvolvimento urbanístico etc.;

b) interesses ligados a valores culturais e espirituais, como a segurança do acesso às fontes de informação, a difusão desembaraçada de conhecimentos técnicos e científicos, a criação e a manutenção de condições favoráveis à investigação filosófica e ao livre exercício dos cultos religiosos, a proteção dos monumentos históricos e artísticos;

c) interesses orientados para a "proteção do consumidor" – na honestidade da propaganda comercial, na proscrição de alimentos e medicamentos nocivos à saúde, na adoção de medidas de segurança para os produtos perigosos, na regularidade e eficiência da prestação de serviços ao público.

2. Na medida em que se admita a possibilidade de postular por via judicial a preservação de semelhantes interesses, ocorre logo indagar a quem se deve reconhecer qualidade para instaurar o processo ordenado a tal fim. O anseio, hoje tão generalizado, pela proteção efetiva dos "interesses difusos" suscita renovada meditação sobre problema clássico da ciência processual: o da legitimação para agir[4].

Afastada aqui *in limine,* por motivos óbvios, a solução consistente em atribuir tal legitimação, em conjunto, à totalidade dos cotitulares, isto é, em reputá-los litisconsortes ativos *necessários,* de várias outras se pode, em princípio, cogitar[5]:

a) legitimação *concorrente* (e "disjuntiva") dos cotitulares, que ficam habilitados a agir em juízo, na defesa do interesse comum, quer isoladamente, quer mediante a formação de um litisconsórcio *voluntário;*

b) legitimação de pessoas jurídicas (sociedades, associações) cujo fim institucional consista precisamente na defesa do interesse em foco, ou que, mesmo sem tal requisito, ofereçam boa garantia de "representar" de maneira adequada, com sinceridade e eficiência, o conjunto dos interessados[6]; eventualmente, também de entidades *não* dotadas de personalidade jurídica no plano do direito material, ou até de grupos formados com o puro e específico objetivo de movimentar o pleito[7];

c) legitimação de órgãos do próprio aparelho estatal, de que constitui protótipo o Ministério Público.

É claro que essas soluções não se excluem *a priori* reciprocamente e admitem, pelo menos em tese, combinações de diversos tipos e graus.

---

4 Longe de excluírem a existência do problema da "justa parte", que está na base do conceito de legitimação – conforme pareceu a DENTI, na *relazione introduttiva* do Congresso de Pavia, *Le azioni a tutela di interessi collettivi,* no volume assim intitulado, p. 16, e *in Rivista di Diritto Processuale,* v. 29, 1974, p. 544-5 –, as peculiaridades da matéria têm o efeito de torná-lo mais agudo que alhures.

5 Cf. PROTO PISANI, trab. cit., p. 274 e s. Não se afasta do adotado, em substância, o esquema de VIGORITI, ob. cit., p. 105 e s.

6 Sobre o problema da "representatividade adequada", *vide* por exemplo CAPPELLETTI. Formazioni sociali e interessi di gruppo davanti alla giustizia civile, *in Riv. di Dir. Proc.,* v. 30, 1975, p. 399 e s.; *Appunti sulla tutela giurisdizionale di interessi collettivi o diffusi,* no volume *Le azioni a tutela di interessi collettivi,* cit., p. 201 e s. A fórmula é de origem norte-americana: a propósito das *class actions,* a *rule* 23 *(a)* das *Federal Rules of Civil Procedure* põe a exigência de que *"the representative parties will fairly and adequately protect of interests of lhe class".* Boa informação a tal respeito em VIGORITI, ob. cit., p. 271 e s.

7 *"Ad-hoc-Gruppen"* chamam-lhes REHBINDER-BURGBACHER-KNIEPER, *Bürgerklage im Umweltrecht,* Berlim, 1972, p. 151.

Como todas apresentam, ao lado de possíveis vantagens, manifestos inconvenientes, quando as examinamos cada qual de per si, é justamente por meio de tais combinações que se poderão, com toda a probabilidade, atingir resultados mais positivos. As soluções "quimicamente puras", aqui como alhures, parecem insatisfatórias.

Excederíamos os limites do razoável se nos aventurássemos a discutir em profundidade os prós e os contras dos expedientes técnicos acima esquematizados. Nosso propósito, bem mais modesto, resume-se em alinhar, de modo sucinto, alguns dados referentes à experiência do direito brasileiro na matéria. Esperamos que as informações adiante coligidas possam interessar aos estudiosos de outros países e alimentar-lhes com sugestões úteis as reflexões que hajam de fazer sobre os temas correspondentes, no âmbito dos próprios ordenamentos sob os quais vivem e sobre os quais são chamados a atuar.

3. A solução *a* (legitimação concorrente e "disjuntiva" dos cotitulares) encontra no Brasil exemplo digno de relevo na disciplina da "ação popular", que diz com o nosso assunto na medida em que esse remédio processual pode servir de instrumento de tutela dos "interesses difusos"[8], graças à extensão dada pelo legislador, em boa hora, ao conceito de "patrimônio de entidades públicas". Essa expressão compõe o texto do dispositivo que, na Constituição da República, inclui a ação popular entre os "direitos e garantias individuais" – rubrica de evidente impropriedade, mas tradicional entre nós: "Qualquer cidadão será parte legítima para propor ação popular que vise a anular atos lesivos ao patrimônio de entidades públicas" (art. 153, § 31). A Lei nº 4.717, de 29-6-1965, que regulou a matéria, traduziu a cláusula com notável largueza, cuidando de esclarecer, no art. 1º, § 1º, que se consideram "patrimônio público", para o fim de tornar cabível a ação popular, "os bens e direitos de valor econômico, artístico, estético, histórico ou turístico" – e é essa amplitude que a faz particularmente interessante do ponto de vista em que nos situamos agora.

8 Ao propósito, BARBOSA MOREIRA, A ação popular do direito brasileiro como instrumento de tutela jurisdicional dos chamados "interesses difusos", *in Studi in Onore di* ENRICO TULLIO LIEBMAN. Milão, 1979, v. IV, p. 2673 e s., ou *in Temas de Direito Processual*, São Paulo, 1977, p. 110 e s.

A ação popular do direito brasileiro não é do tipo "supletivo", mas do tipo "corretivo"[9]: o autor não exercita, em face de outro membro da coletividade, direito *do Poder Público,* por ele não exercitado, mas pleiteia a correção de irregularidade praticada pela própria Administração (ou por entidade que se lhe equipare) e a reparação do dano a esta porventura causado. Legitimado a agir, segundo o texto constitucional, é "qualquer cidadão", como tal entendido o brasileiro que esteja no gozo de seus direitos políticos: estabelece, com efeito, o art. 1º, § 3º, da Lei nº 4.717 que "a prova da cidadania, para ingresso em juízo, será feita com o título eleitoral, ou com documento que a ele corresponda". Pessoa jurídica não se legitima à propositura da ação popular[10] - ponto que tem suscitado críticas *de lege ferenda,* e ao qual voltaremos no item 5, *infra.* Tampouco se legitima a ela o Ministério Público, se bem que, curiosamente, lhe seja possível, em certas circunstâncias, assumir, no curso do feito, a posição de *parte ativa* - seja promovendo o prosseguimento, quando o autor popular desiste da ação ou dá causa à extinção do processo sem julgamento do mérito (Lei nº 4.717, art. 9º), seja interpondo recurso contra a decisão acaso proferida contra o autor popular (art. 19, § 2º, *fine).* Como bem se compreende, é sempre possível - embora não obrigatório - o litisconsórcio ativo entre dois ou mais cidadãos (art. 6º, § 5º).

Um dos riscos que se costumam apontar na solução da *legitimatio* concorrente e "disjuntiva" é o da colusão entre algum dos colegitimados e a autoridade responsável pelo ato irregular: não é inconcebível que se descubra cidadão disposto a tomar a iniciativa da instauração do processo sem a intenção sincera de conseguir resultado favorável, mas, ao contrário, unicamente para provocar, mediante demanda mal instruída e condução negligente do pleito, pronunciamento judicial que declare legítimo - valendo por autêntico *bill of indemnity* - o ato na realidade eivado de vício. No processo da ação popular, tal perigo já se vê sensivelmente atenuado pela intervenção obrigatória do Ministério Público, na função de *custos legis* (Lei nº 4.717. art. 6º, § 4º), em cujo exercício lhe toca não só "apressar a produção da prova" - conforme reza o dispositivo citado -, mas, em termos mais genéricos, "juntar documentos

9 *Vide* a distinção em CHIOVENDA, *Principii di diritto processuale,* Nápoles, 1965, reimpressão, p. 600-1.

10 Tese pacífica na doutrina e na jurisprudência, inclusive na do Supremo Tribunal Federal, que a consagrou na proposição nº 365 da *Súmula da Jurisprudência Predominante.*

e certidões, produzir prova em audiência e requerer medidas ou diligências necessárias ao descobrimento da verdade" (Código de Processo Civil, art. 83, II, aplicável à ação popular, de acordo com o princípio geral da incidência subsidiária das normas codificadas quanto aos processos disciplinados por leis especiais, e com o preceito expresso do art. 22 da Lei nº 4.717). Acrescentem-se a isso a ampla iniciativa conferida ao juiz na atividade de instrução (Lei nº 4.717, arts. 1º, § 7º, e 7º, I, *b)* e, ainda, a possibilidade aberta a qualquer *outro* cidadão de recorrer contra as decisões desfavoráveis ao autor (art. 19, § 2º). A admitir-se que semelhantes expedientes deixem de revelar-se totalmente eficazes *in concreto,* nem assim se materializará com facilidade o risco acima indicado: opõe-lhe a lei forte obstáculo no tratamento peculiar dado à coisa julgada (material), que *não* se forma "no caso de haver sido a ação julgada improcedente por deficiência de prova", de modo que, enquanto não se esgotar o prazo de cinco anos previsto no art. 21, "qualquer cidadão poderá intentar outra ação com idêntico fundamento, valendo-se de nova prova" (art. 18), e eventualmente obter êxito nessa tentativa.

Poder-se-ia temer, por outro lado, que o autor popular se valesse da possibilidade de desistir da ação (ou de dar causa, por negligência, à extinção do processo sem julgamento do mérito) como instrumento de pressão em face da Administração Pública, para dela arrancar vantagens ilegítimas, em troca da desistência ou do abandono da causa. Bem se concebe que o ajuizamento mesmo da ação já se houvesse inspirado antes nessa maquinação egoística do que no propósito honesto de defender o interesse coletivo. A Lei nº 4.717 procurou atalhar manobras de tal gênero, determinando, no art. 9º, que, nas hipóteses aventadas, se publiquem editais, para ciência dos colegitimados, assegurando-se a qualquer outro cidadão – sem prejuízo da iniciativa do Ministério Público, a que acima se aludiu – o direito de promover o prosseguimento do feito, dentro do prazo de noventa dias a contar da última publicação.

Há enfim o problema do custeio do processo, que com frequência agita aos olhos do cidadão zeloso, mas de parcos recursos, fantasma não facilmente exorcizável, arrefecendo-lhe o ânimo de ir a juízo em prol do interesse coletivo. Busca a Lei nº 4.717 afastar esse possível motivo de abstenção, eliminando o ônus do pagamento antecipado das custas (art. 10) e estatuindo que, no caso de procedência do pedido, se condenem os réus a reembolsar o autor de todas as despesas, judiciais e extrajudiciais, diretamente relacionadas com O feito – desde, é claro, que comprovadas –, além dos honorários de advogado (art. 12). Essas disposições acham contrapartida na regra do art. 13, consoante a qual, se o juiz, ao apreciar o fundamento de direito em que se baseia o autor, julgar a lide manifestamente temerária, condenará aquele ao pagamento do décuplo das custas; com isso, à evidência, quer-se desestimular as iniciativas sem seriedade, maliciosas, mal-intencionadas, nascidas de mero capricho ou do desejo de intimidar ou pôr em situação incômoda perante a opinião pública autoridades pouco dispostas a satisfazer pretensões ilegítimas. A lei põe à prova a boa-fé e a altitude de propósitos do cidadão, fazendo-o assumir, por sua vez, um risco ponderável, que normalmente só enfrentará quem esteja imbuído da convicção sincera de servir de instrumento à realização de um interesse comum a toda a coletividade. A sanção prevista na regra específica do art. 13 da Lei nº 4.717 não exclui, aliás, a incidência das normas codificadas acerca da responsabilidade por dano processual: o autor popular ficará obrigado, se for o caso, a ressarcir perdas e danos, como litigante de má-fé, nos termos do art. 18 do Código de Processo Civil[11].

4. Fora do âmbito da ação popular, inexiste no direito positivo brasileiro regra específica atinente à vindicação judicial de "interesses difusos", em que se atribua legitimação para agir a qualquer dos cotitulares, isoladamente ou não. O art. 1º, § 2º, da Lei nº 1.533, de 31-12-1951, ainda hoje o texto básico na disciplina do mandado de segurança, dispõe que, "quando o direito ameaçado ou violado couber a várias pessoas, qualquer delas poderá requerer o mandado de segurança". Daí, contudo, não se têm extraído sugestões relevantes no plano que nos interessa agora: doutrina e jurisprudência firmaram-se no sentido de que o mandado de segurança é instrumento de proteção apenas contra ato que afete de maneira *individualizada* a esfera jurídica de alguém[12].

Seja como for, em termos genéricos, não parece difícil demonstrar que a solução da *legitimatio* concorrente e "disjuntiva" se harmoniza com

11 Este parágrafo e os imediatamente anteriores reproduzem, com ligeiras alterações, trecho do nosso trabalho cit. na nota 7, *supra.*

12 Típico da posição tradicional, entre tantos outros, o acórdão do Tribunal de Justiça de São Paulo, de 1º de setembro de 1954, *in Revista dos Tribunais,* v. 231, p. 136. Filia-se à mesma ideia a tese de que o "mandado de segurança não substitui a ação popular" *(Súmula da Jurisprudência Predominante* do Supremo Tribunal Federal, nº 101). Em sentido crítico, na doutrina, CELSO AGRÍCOLA BARBI, *Do mandado de segurança,* 3ª ed., Rio de Janeiro, 1976, p. 86 e s.

a sistemática do direito brasileiro. Não constitui fenômeno pouco familiar a esta, com efeito, reclamar uma pessoa em juízo a satisfação de interesse que seja, ao mesmo tempo, "próprio" e " alheio". Tratando das obrigações indivisíveis, estatui o Código Civil, art. 892, 1ª parte, que, "se a pluralidade for dos credores, poderá cada um destes exigir a dívida inteira". Como a indivisibilidade é, precisamente, uma das características essenciais da estrutura dos "interesses difusos" *(supra,* item nº 1), basta, para resolver o problema, operação hermenêutica simples[13], que desprenda da acepção rigorosamente técnica as palavras" credores" e "dívida".

Naturalmente estamos pressupondo que se cuide de interesse como tal reconhecido e considerado "acionável". A grande dificuldade, no ponto, resulta do modo tradicional de equacionar a questão, quando se quer saber como repercutem na esfera jurídica subjetiva certas regras editadas para preservar, justamente, interesses "difusos", como por exemplo tantas normas de direito administrativo tendentes à disciplina das construções. Costuma-se indagar se elas geram "direitos subjetivos" para os outros membros da comunidade social; ora, o conceito de "direito subjetivo", na sua feição clássica, funciona às vezes como verdadeiro "leito de Procusto" para certas posições jurídicas talhadas segundo moldes menos rígidos. Tenho eu qualidade para reclamar perante a Justiça contra quem, edificando no terreno contíguo, ergueu construção proibida no bairro, ou ultrapassou a altura máxima permitida? A resposta necessariamente variará, fornecendo a deixa para intermináveis controvérsias – e é o que na verdade tem acontecido no Brasil[14] –, se fizermos depender tudo do reconhecimento ou da negação de autêntico "direito subjetivo" meu à observância daquelas regras. Simplifica-se o problema caso se admita, pura e simplesmente, que se trata de um "interesse difuso", tutelável como tal.

Em data recente, nos trabalhos preparatórios do projeto do novo Código Civil, fez-se tentativa interessante de disciplinar a matéria em termos largos. De acordo com dispositivo sugerido por um membro da

---

13 Análoga à sugerida, para ° direito italiano, por COSTANTINO, Brevi note sulla tutela giurisdizionale degli interessi collettivi davanti al giudice civile, no volume *Le azioni a tutela di interessi collettivi,* cit., p. 234-5.

14 Consulte-se, na mais moderna literatura brasileira, HELY LOPES MEIRELLES, *Direito de construir,* 3ª ed., São Paulo, 1979, p. 79 e s., inclusive para indicações de jurisprudência.

Comissão[15], o proprietário ou o possuidor de imóvel poderia exigir do vizinho o respeito das normas de direito público relativas à vizinhança, à natureza da utilização e à localização dos imóveis, bem como daquelas que proíbem a poluição do ar e da água e a destruição da flora, da paisagem e das belezas naturais. É lamentável que a regra não figure no texto remetido ao Congresso Nacional; resta-nos a esperança de que se ressuscite a ideia quando se retomarem os trabalhos legislativos ao propósito.

Mesmo *de lege lata,* porém, uma atitude hermenêutica mais "aberta" e sensível às necessidades práticas é capaz de superar muitos obstáculos. A esse propósito merece referência decisão recente do Juízo de Passo Fundo (Rio Grande do Sul), de 17-11-1980, que reconheceu legitimidade ativa a um habitante da cidade para pleitear a condenação da Companhia Rio-grandense de Saneamento (sociedade de economia mista) a pôr em funcionamento, dentro de certo prazo, as instalações destinadas ao tratamento de esgotos sanitários, cumprindo assim a finalidade que lhe inspirara a criação, e da qual não se vinha desincumbindo, com detrimento para a salubridade local. A sentença, que julgou procedente o pedido, ainda pende de recurso na data em que escrevemos; seja qual for, todavia, o resultado final do processo, são evidentes os sinais de mudança na maneira de encarar fenômenos do gênero.

5. Da solução *b* (legitimação de pessoas jurídicas ou de entes não personificados) há pouco que dizer, *de lege lata,* no direito brasileiro. Fiel ao princípio tradicional da obrigatória coincidência entre os sujeitos da relação jurídico-material convertida e os sujeitos do processo ordenado à respectiva definição[16], ele vê com naturalidade o ingresso em juízo de pessoas jurídicas e até de certos entes não dotados de personalidade,

---

15 O Professor EBERT VIANNA CHAMOUN, titular de Direito Civil da Universidade do Estado do Rio de Janeiro. Pode-se ler o texto da sugestão, em versão francesa, na "nota complementar" ao relatório do delegado brasileiro, LUÍS ANTÔNIO DE ANDRADE, ao Congresso da União Internacional dos Magistrados, de 1971, no volume *Colloque sur le juriste et les problemes de l'environnement,* Rio de Janeiro-Brasília, 1971, p. 125.

16 "Ninguém poderá pleitear, em nome próprio, direito alheio, salvo quando autorizado por lei", reza o art. 6º do Código de Processo Civil, tradução quase literal do art. 81 do *Codice di procedura civile* italiano. Há uma diferença: o texto brasileiro não exige que as exceções sejam *expressas;* podem elas, no melhor entendimento, inferir-se do sistema legal (cf. ARRUDA ALVIM, *Código de Processo Civil comentado,* v. I, São Paulo, 1975, p. 426).

sempre que se trate de direitos ou obrigações de que *eles mesmos* sejam titulares. Mostra, porém, escassa inclinação a abrir-lhes tal possibilidade na defesa dos interesses dos respectivos participantes. Os poucos exemplos que se poderiam apontar referem-se, em todo caso, a interesses que não merecem a qualificação de "difusos", ao menos no sentido indicado no nº 1, *supra,* porque pertencentes a membros de categorias profissionais ou grupos bem determinados[17]. Como já se assinalou, 'a ação popular não é exercitável por pessoa jurídica, e o mandado de segurança só o é para pleitear o resguardo ou a reintegração de direito *da própria pessoa jurídica.*

A situação é manifestamente insatisfatória[18]. Consoante escrevemos alhures, a luta do cidadão isolado contra os responsáveis pelo ato que lese ou ponha em perigo um "interesse difuso", sobretudo quando emane da Administração mesma, corre o risco, em numerosos casos, de assemelhar-se à que travaria contra o gigante um Davi desarmado de funda. Tudo concorre para desencorajá-lo: o vulto das despesas, a complexidade das questões, a carência de conhecimentos técnicos, a força política e econômica dos adversários. Raro é aquele que se arrisca à empresa, fiado em seus próprios e exclusivos recursos. Urge, *de lege ferenda,* experimentar outras soluções, com as cautelas necessárias para prevenir abusos.

6. Resta dizer duas palavras sobre a solução *c* (legitimação de órgãos estatais). Muitos inconvenientes se têm visto nela[19]; parece-nos que o seu

---

17 Assim, *v.g.,* nos termos do art. 1º, parágrafo único, da Lei nº 4.215, de 27-4-1963, a Ordem dos Advogados do Brasil tem legitimação para defender, inclusive em juízo, "os interesses gerais da classe dos advogados e os individuais, relacionados com o exercício da profissão".

18 *Vide,* com referência específica à ação popular, ADA PELLEGRINI GRINOVER, A tutela jurisdicional dos interesses difusos, *in Revista Brasileira de Direito Processual,* v. 16, p. 29; MONIZ DE ARAGÃO, O Estado de Direito e o direito de ação, *ibid.,* p. 78; BARBOSA MOREIRA, A proteção jurídica dos interesses coletivos, no v. 24 da mesma Revista, p. 17. Deste nosso trabalho *foi* mutuada, com leves alterações, a passagem que, no texto, se segue.

19 Ao propósito, extensamente, CAPELLETTI. The Role of the Ministère Public, the Prokuratura, and lhe Attorney General in Civil Litigation, no volume *Public Interest Parties and the Active Role of the Judge in Civil Litigation,* Milão-Nova Iorque, 1975, p. 32 e s.; *Formazioni sociali e interessi di gruppo davanti alla giustizia civile,* cit. na nota 5, p. 374 e s.

principal defeito, no sistema jurídico brasileiro, seria o de tornar praticamente ineficaz o funcionamento da tutela dos "interesses difusos" todas as vezes (e não são poucas) que a ameaça ou a lesão proviesse do próprio Poder Público. Ao Ministério Público, em nosso país, não se asseguram de modo cabal as condições de independência de atuação de que precisaria para eventualmente enfrentar a Administração em juízo. Basta ver que, tanto no plano federal quanto no estadual, os seus chefes (Procurador-Geral da República e Procuradores-Gerais da Justiça dos Estados, respectivamente) são nomeados e podem ser demitidos *ad nutum* pelos chefes do Poder Executivo (Presidente da República, Governadores dos Estados).

Nos termos do art. 81 do Código de Processo Civil, "o Ministério Público exercerá o direito de ação nos casos previstos em lei, cabendo-lhe, no processo, os mesmos poderes e ônus que às partes". Mas são em reduzido número os dispositivos legais que conferem ao Ministério Público legitimação para ajuizar causas. E as hipóteses mais conhecidas e frequentes nenhuma relação guardam com o nosso tema: assim, por exemplo, a da nulidade do casamento por incompetência da autoridade celebrante (Código Civil, art. 208, parágrafo único, nº II) e a da interdição dos alienados mentais (Código Civil, arts. 447, nº III, e 448). Caso que nos interessa mais de perto, aqui, é o contemplado no Decreto-lei nº 41, de 18-11-1966, concernente à dissolução judicial de sociedades civis de fins assistenciais, que recebam auxílio ou subvenção do Poder Público, ou se mantenham, no todo ou em parte, com contribuições periódicas de populares, quando: I – deixem de desempenhar efetivamente as atividades a que se destinam; II – apliquem as importâncias representadas pelos auxílios, subvenções ou contribuições populares em fins diversos dos previstos nos seus atos constitutivos ou nos estatutos sociais; III – fiquem sem efetiva administração, por abandono ou omissão continuada dos seus órgãos diretores (art. 2º). Nessas hipóteses, legitima-se o Ministério Público a promover a dissolução (art. 2º); se se reconhecer, como parece razoável, um "interesse difuso" na atuação correta das mencionadas entidades, e sobretudo no bom emprego de recursos financeiros de origem pública ou popular, poder-se-á enxergar aí um caso de legitimação do Ministério Público na matéria que estamos versando. Excepcional na prática é a hipótese, a que oportunamente se aludiu (*supra*, nº 3), de assumir ele a posição de autor na ação popular.

Bem mais importante é a atuação do Ministério Público no campo do processo penal, onde a ação, em regra pública, lhe compete quase com exclusividade. Nesse setor estão abertas ao órgão as maiores possibilidades de provocar o exercício da jurisdição – apenas em caráter repressivo, é verdade – com referência a bens jurídicos a que indubitavelmente se relacionam "interesses difusos". Assim, *v.g.*, quanto aos crimes dos arts. 165 ("Destruir, inutilizar ou deteriorar coisa tombada pela autoridade competente em virtude de valor artístico, arqueológico ou histórico") e 166 (" Alterar, sem licença da autoridade competente, o aspecto de local especialmente protegido por lei"), 253 ("Fabricar, fornecer, adquirir, possuir ou transportar, sem licença da autoridade, substância ou engenho explosivo, gás tóxico ou asfixiante, ou material destinado à sua fabricação"), 259 ("Difundir doença ou praga que possa causar dano a floresta, plantação ou animais de utilidade econômica"), 268 ("Infringir determinação do poder público, destinada a impedir introdução ou propagação de doença contagiosa"), 271 ("Corromper ou poluir água potável, de uso comum ou particular, tornando-a imprópria para consumo ou nociva à saúde"), 272 ("Corromper, adulterar ou falsificar substância alimentícia ou medicinal destinada a consumo, tornando-a nociva à saúde") e outros do Código Penal; dos arts. 36 ("Deixar de colocar na via pública sinal ou obstáculo, determinado em lei ou pela autoridade e destinado a evitar perigo a transeuntes"), 38 ("Provocar, abusivamente, emissão de fumaça, vapor ou gás, que possa ofender ou molestar alguém") e outros da Lei das Contravenções Penais – para não mencionar figuras delituosas contempladas numa série de outros diplomas legais, como o Código Florestal (Lei nº 4.717, de 15-9-1965), o Código de Caça (Lei. nº 5.197, de 3-1-1967) etc.

Setembro de 1981.

COMENTÁRIOS DOS ATUALIZADORES

OS COMENTÁRIOS FORAM PRODUZIDOS
EM CONJUNTO COM OS TEMAS:

- A PROTEÇÃO JURÍDICA DOS INTERESSES DIFUSOS
- A LEGITIMAÇÃO PARA A DEFESA DOS INTERESSES DIFUSOS NO DIREITO BRASILEIRO
- TUTELA JURISDICIONAL DOS INTERESSES COLETIVOS OU DIFUSOS

TUTELA JURISDICIONAL DOS INTERESSES COLETIVOS OU DIFUSOS[1]

INTRODUÇÃO

Finalidade do relatório. Delimitação do tema versado. Interesses essencialmente coletivos e interesses acidentalmente coletivos. Importância da distinção.

1. Não é incumbência do relator nacional desenvolver considerações doutrinárias de ordem genérica acerca do tema do relatório, mas ministrar dados sobre a situação do direito de seu país no particular. Certas premissas básicas devem, todavia, ser explicitadas, sobretudo em se tratando de matéria – como a dos chamados "interesses coletivos" ou "difusos" – cuja elaboração científica ainda se ressente de notáveis incertezas, que se refletem, para começar, na própria terminologia[2]. É necessário ao menos que se delimite com alguma nitidez a área do trabalho.

Com esse propósito, cabe assinalar sumariamente que, se tomássemos na acepção mais ampla a designação "coletivos", de tal sorte que a fizéssemos abranger, de modo geral, as hipóteses de pluralidade de interessados, a problemática a ser enfrentada teria de desdobrar-se numa série de tópicos entre si bastante diversos a outros ângulos. Recordaremos desde logo duas situações típicas, bastante familiares aos juristas de qualquer especialidade:

---

1 Relatório nacional brasileiro para o VII Congresso Internacional de Direito Processual (Würzburg, 1983).

2 As denominações "difusos" e "coletivos" são em regra usadas promiscuamente. Mas há quem proponha distinguir, reservando a segunda para a espécie de interesses caracterizada pela imputabilidade a *"comunità di riferimento abbastanza definite"*, enquanto os interesses "difusos", designação genérica, poderiam ser *"privi di portatori istituzionali"* (DENTI, L'avvocato e la difesa di interessi collettivi, in *Foro Italiano,* v. CI, fasc. 4, 1978, p. 4 da separata); ou tirando o critério de diferenciação da existência (nos interesses "coletivos") ou inexistência (nos interesses "difusos") de uma *organização* dos interessados, isto é, de *"un coordinamento delle volontà e delle iniziative dirette al perseguimento dello scopo"* (VIGORITI, *Interessi collettivi e processo,* Milão, 1979. p. 60-1). A PROTO PISANI parece mais exata a qualificação de "superindividuais": *vide* a sua intervenção no Congresso de Pavia sobre o tema, publicada no volume *Le azioni a tutela di interessi collettivi.* Pádua, 1976, p. 263 e s., sob o título *Appunti preliminari per uno studio sulla tutela giurisdizionale degli interessi collettivi* (o *più esattamente: superindividuali) innanzi ai giudice civile.*

a) a da existência de vários titulares no lado ativo ou no passivo de uma única relação jurídica (condôminos de determinada coisa, credores de um devedor comum, devedores de um credor comum etc.);

b) a da existência de titulares de relações jurídicas distintas mas análogas, derivadas de uma relação-base de que todos participam (acionistas de uma sociedade anônima, considerados nas suas relações com a própria sociedade).

No âmbito de tais situações obviamente se manifestam interesses aos quais, porque comuns a uma pluralidade de pessoas, não seria impróprio, em sentido lato, chamar "coletivos". É evidente, por exemplo, o interesse de todos os condôminos em que a solidez e a segurança do imóvel em condomínio não sejam atingidas por obra em terreno vizinho; ou o de todos os acionistas em que a companhia seja ressarcida do prejuízo acaso resultante de ato ilegal do administrador.

Não é, porém, a semelhantes fenômenos que se costuma aludir, hoje em dia, quando se fala de "interesses coletivos" e se medita sobre os problemas relacionados com a respectiva proteção judicial. As questões suscitáveis nesse plano a respeito de situações dos tipos *a* e *b*, acima descritos, podem considerar-se "clássicas" e não oferecem à técnica processual dificuldades de feição "nova". Delas não nos ocuparemos no presente relatório.

2. São assaz diferentes, em confronto com os dos fenômenos há pouco mencionados, os traços característicos das situações que habitualmente se vêm pondo em relevo, nestes últimos anos, quando se traz à discussão a temática dos "interesses coletivos". Têm-se em vista, com efeito, de maneira precípua, interesses comuns a uma coletividade de pessoas *não* necessariamente ligadas por vínculo jurídico bem definido. Tal vínculo pode até inexistir, ou ser extremamente genérico, reduzindo-se eventualmente à pura e simples pertinência à mesma comunidade política; e os interesses de cuja proteção se cogita não surgem *em função dele,* mas antes se prendem a dados *de fato,* muitas vezes acidentais e mutáveis: existirão, por exemplo, para todos os habitantes de determinada região, para todos os consumidores de certo produto, para todos os que vivam sob tais ou quais condições socioeconômicas, ou se sujeitem às consequências deste ou daquele empreendimento público ou privado, e assim por diante. Por outro lado, o conjunto dos interessados apresenta contornos fluidos, móveis, esbatidos, a tornar impossível, ou quando menos sumamente difícil, a individualização exata de todos os componentes.

Em semelhante gênero de interesses – que seria vão pretender enumerar de maneira exaustiva – merecem realce algumas espécies, por sua importância na vida contemporânea da maior parte das sociedades desenvolvidas ou em processo de desenvolvimento:

a) interesses relacionados com a defesa do meio ambiente – proteção da flora e da fauna, preservação do equilíbrio ecológico, tutela da paisagem, combate à poluição nas suas diversificadas formas, racionalização do desenvolvimento urbanístico etc.;

b) interesses ligados *a* valores culturais e espirituais, como a segurança do acesso às fontes de informação, a difusão desembaraçada de conhecimentos técnicos e científicos, a criação e manutenção de condições favoráveis à investigação filosófica e ao livre exercício dos cultos religiosos, a proteção dos bens de valor histórico ou artístico;

c) interesses orientados para a "proteção do consumidor" – na honestidade da propaganda comercial, na proscrição de alimentos e medicamentos nocivos à saúde, na adoção de medidas de segurança para os produtos perigosos, na regularidade e eficiência da prestação de serviços ao público.

Para esses e outros fenômenos análogos volta-se atualmente, de preferência, a atenção dos estudiosos. De um lado, não se pode deixar de reconhecer a necessidade de instrumentos efetivos de tutela em semelhantes matérias. De outro, os esquemas tradicionais e os meios ordinariamente previstos para a solução de conflitos de interesses parecem aí, com frequência, inadequados ou insuficientes. Não são poucas as questões que, postas em relação a tais questões, passam a revestir feição *peculiar,* e por isso mesmo a exigir tratamento *específico,* diverso daquele a cujo emprego se acostumaram os juristas, no campo do processo e alhures. Semelhantes peculiaridades precisam ser identificadas e esclarecidas, como condição indispensável ao correto equacionamento dos problemas em foco.

3. Ao nosso ver, dentro do âmbito acima delimitado, cabe estabelecer uma distinção importante.

a) Em muitos casos, o interesse em jogo, comum a uma pluralidade indeterminada (e praticamente indeterminável) de pessoas, não comporta decomposição num feixe de interesses individuais que se justapusessem como entidades singulares, embora análogas. Há, por assim dizer, uma *comunhão indivisível* de que participam todos os possíveis interessados, sem que se possa discernir, sequer idealmente, onde acaba a "quota" de um e onde começa a de outro. Por isso mesmo, instaura-se entre os destinos dos interessados tão firme união, que a satisfação de um só implica de modo necessário a satisfação de todos; e, reciprocamente, a lesão de um só constitui, *ipso facto,* lesão da inteira coletividade.

Por exemplo: teme-se que a realização de obra pública venha a causar danos graves à flora e à fauna da região, ou acarrete a destruição de monumento histórico ou artístico. A possibilidade de tutela do "interesse coletivo" na preservação dos bens em perigo, caso exista, necessariamente se fará sentir de modo uniforme com relação à totalidade dos interessados. Com efeito, não se concebe que o resultado seja favorável a alguns e desfavorável a outros. Ou se preserva o bem, e todos os interessados são vitoriosos; ou não se preserva, e todos saem vencidos. Designaremos essa categoria[3] pela expressão "interesses essencialmente coletivos".

b) Noutras hipóteses, é possível, em linha de princípio, distinguir interesses referíveis individualmente aos vários membros da coletividade atingida, e não fica excluída *a priori* a eventualidade de funcionarem os meios de tutela em proveito de uma parte deles, ou até de um único interessado, nem a de desembocar o processo na vitória de um ou de alguns e, simultaneamente, na derrota de outro ou de outros. O fenômeno adquire, entretanto, dimensão *social* em razão do grande número de interessados e das graves repercussões na comunidade; numa palavra: do "impacto de massa". Motivos de ordem prática, ademais, tornam inviável, inconveniente ou, quando menos, escassamente compensadora, pouco significativa nos resultados, a utilização em separado dos instrumentos comuns de proteção jurídica, no tocante a cada uma das "parcelas", consideradas como tais.

Seria o caso, *v.g.,* do interesse na repressão de fraude financeira que houvesse prejudicado extenso rol de pessoas. Se o dano individualmen-

3 À qual, aceitando as limitações sugeridas por PROTO PISANI, trab. cit., p. 264, nos referimos precipuamente em *anteriores* escritos: A proteção jurídica dos interesses coletivos, in *Revista Brasileira de Direito Processual,* v. 24, p. 13 e s., e *in Revista de Direito Administrativo,* v. 139, p. 1 e s.; A legitimação para a defesa dos "interesses difusos" no direito brasileiro, *in XI Congreso Nacional de Derecho Procesal (Ponencias),* La Plata, 1981, p. 731 e s., e *in Revista Forense,* v. 276, p. 1 e s.

te causado a cada qual pode ser, em si, de pequena monta, a gravidade do problema salta aos olhos quando se pensa nos efeitos malignos de toda sorte que ele é capaz de gerar na dinâmica social. Para distinguir do anteriormente descrito este gênero de fenômeno, falaremos, a seu respeito, de "interesses acidentalmente coletivos"[4].

4. A distinção acima esboçada não tem simples alcance conceptual, mas apresenta grande relevância prática, notadamente no que concerne a determinadas características de processos acaso instaurados com a finalidade de satisfazer os interesses de que se cuida. Tratando-se de interesses *essencialmente* coletivos, em relação aos quais só é concebível um resultado *uniforme* para todos os interessados, fica o processo necessariamente sujeito a uma disciplina caracterizada pela *unitariedade,* com todas as consequências de rigor - por exemplo, quanto ao regime do litisconsórcio, na hipótese de ser proposta a ação por dois ou mais interessados. Já nos casos de interesses *acidentalmente* coletivos, uma vez que em princípio se tem de admitir a possibilidade de resultados desiguais para os diversos participantes, a disciplina unitária não deriva em absoluto de uma necessidade intrínseca. Pode acontecer que o ordenamento jurídico, por motivos de conveniência, estenda a essa categoria, em maior ou menor medida, a aplicação das técnicas da unitariedade; esse, porém, é um dado contingente, que não elimina a diferença, radicada na própria natureza das coisas.

Desde já cabe assinalar que, no estado atual do direito brasileiro, as situações são bem diversas conforme se tenha em vista uma ou outra categoria. A diversidade manifesta-se fundamentalmente na disciplina da *legitimatio ad causam.* Inexiste no Brasil, até agora, fenômeno capaz de suportar confronto com aquele que se reflete, por exemplo, em certos desenvolvimentos típicos das *class actions* norte-americanas. Se se cuida de interesses *acidentalmente* coletivos (3, *a)* - e, como tais, em si mesmos divisíveis, tecnicamente imputáveis em separado a cada um dos membros do conjunto -, prevalecerá o princípio básico de que a

---

4 Serviriam de exemplo muitos casos levados a juízo, nos Estados Unidos, por *meio* de *class actions;* entre eles, o famoso caso *Eisen x Carlisle & Jacquelin*, examinado, *V.g.*, por HOMBURGER, *Private suits in the public interest in the United States of America, in* HOMBURGER-KÖTZ, *Klagen Privater im öffentlichen Interesse,* Frankfurt am Main, 1975, p. 10-2 *(vide* em VIGORITI, ob. cit., p. 291 e s., o texto, vertido para o italiano, da decisão da *Supreme Court,* que se inicia por minucioso relatório).

qualquer pessoa apenas é dado atuar em juízo, na qualidade de parte, para a defesa de direito que afirme como *seu,* e na estrita medida dessa pertinência pessoal. Nos termos do art. 6º do Código de Processo Civil, "ninguém poderá pleitear, em nome próprio, direito alheio, salvo quando autorizado por lei"[5]; e o legislador não se tem mostrado propenso a prodigalizar tais autorizações. Pouco importa, assim, quão larga haja sido a escala, *v.g.,* da fraude financeira: a reparação judicial da totalidade dos prejuízos resultantes pressupõe a iniciativa de todos os eventuais lesados, excluída a possibilidade de um único (ou uma parte) destes obter a condenação do responsável ao ressarcimento global dos danos. Não fica afastada a hipótese de agirem juntos dois ou mais legitimados; mas o litisconsórcio sujeitar-se-á ao regime comum e não imprimirá outras peculiaridades ao processo. Só quem tenha sido parte neste será atingido pelos efeitos do julgamento. Já no âmbito dos interesses *essencialmente* coletivos (3, *b),* embora não se espelhe no ordenamento jurídico brasileiro uma visão panorâmica do fenômeno, na qual se pudesse inspirar tratamento orgânico e sistemático dos vários problemas, o quadro é sem dúvida menos incolor e apresenta, de certos ângulos, traços dignos de atenção. Nas partes subsequentes do presente relatório manteremos os olhos voltados para esse quadro, deixando de lado o setor dos interesses acidentalmente coletivos, a cujo respeito nada de relevante há que acrescentar. E na perspectiva assim caracterizada que se devem considerar os dados e as observações registrados a seguir.

5 O dispositivo transcrito corresponde à tradução quase literal do art. 81 do *Codice di procedura civile* italiano. Há uma diferença: o texto brasileiro não exige que as exceções sejam expressas; podem elas, no melhor entendimento, inferir-se do sistema legal (cf. ARRUDA ALVIM. *Código de Processo Civil comentado,* v. I. São Paulo, 1975, p. 426).

PRIMEIRA PARTE

Legitimação para agir

Soluções possíveis. Legitimação concorrente e "disjuntiva" dos interessados. A actio *popular, outras hipóteses. Legitimação de pessoas jurídicas ou de entes não personificados no plano do direito material. Legitimação de órgãos estatais (em particular, do Ministério Público).*

1. A emergência da problemática acima referida não pode deixar de tornar necessária uma renovada meditação sobre tema clássico da ciência processual: o da legitimação para agir. Longe de eliminarem ou diminuírem a relevância da questão, como às vezes se tem suposto[6], as peculiaridades da matéria a tornam, pelo contrário, mais agudas que alhures. É que se revela aqui impraticável a solução "normal", consistente em fazer coincidir a *legitimatio ad causam* com a titularidade da relação jurídica litigiosa: há uma pluralidade de titulares, em regra numerosos e indeterminados, ou mesmo indetermináveis, ao menos para fins práticos. Cumpre portanto afastar in *limine,* por motivos óbvios, a eventualidade de atribuir-se a legitimação, *em conjunto,* à totalidade dos cotitulares, isto é, de situar o caso na área do litisconsórcio ativo *necessário.* De várias outras soluções pode-se, em princípio, cogitar[7]:

a) legitimação *concorrente* (e "disjuntiva") dos cotitulares, que ficam habilitados a agir em juízo, na defesa do interesse comum, quer isoladamente, quer mediante a formação de um litisconsórcio *voluntário;*

b) legitimação de pessoas jurídicas (sociedades, associações) cujo fim institucional consista precisamente na defesa do interesse em foco, e que, ao lado desse requisito, ou talvez mesmo sem ele, ofereçam boa garantia de "representar" de maneira adequada, com sinceridade e eficiência, o conjunto dos interessados[8]; eventualmente, também de entidades

---

6 Assim DENTI, *Relazione introduttiva* do Congresso de Pavia, no volume *Le azioni a tutela di interessi collettivi,* cit., p. 16. *Vide,* porém, do mesmo autor, *em* sentido bem diverso, Aspetti processuali della tutela dell'ambiente, no volume *La responsabilità dell'impresa per i danni all'ambiente e* al *consumatori,* Milão, 1978, p. 58, onde se aponta a questão da legitimação para agir, na matéria, como *"la questione centrale"* entre aquelas *"che toccano più da* vicino *la tecnica del processo".*

7 Cf. PROTO PISANI, trab. cit., p. 274 e s. Não se afasta do adotado. Em substância, o esquema de VIGORITI, ob. cit., p. 105 e s.

8 Sobre o problema da "representatividade adequada", *vide* por exemplo CAPPELLETTI, Formazioni sociali e interessi di gruppo davanti alia giustizia civile, *in Rivista*

não dotadas de personalidade jurídica no plano do direito material, ou até de grupos formados com o puro e específico objetivo de movimentar o pleito[9];

c) legitimação de órgãos do próprio aparelho estatal, de que constitui protótipo o Ministério Público. É claro que essas soluções não se excluem *a priori* reciprocamente e admitem, pelo menos em tese, combinações de diversos tipos e graus. Como todas apresentam, ao lado de possíveis vantagens, manifestos inconvenientes, quando as examinamos cada qual de per si, é justamente por meio de tais combinações que se poderão, com toda a probabilidade, atingir resultados mais positivos. As soluções "quimicamente puras", aqui como alhures, parecem insatisfatórias.

Excederíamos os limites próprios deste trabalho se nos aventurássemos a discutir em profundidade os prós e os contras dos expedientes técnicos acima esquematizados. Nosso propósito, bem mais modesto, resume-se em alinhar, de modo sucinto, alguns dados referentes à experiência do direito brasileiro na matéria. É o que passamos a fazer.

2. A solução *a* (legitimação concorrente e "disjuntiva" dos cotitulares) encontra no Brasil exemplo digno de relevo na disciplina da "ação popular", que diz com o nosso assunto na medida em que esse remédio processual pode servir de instrumento de tutela dos "interesses difusos"[10], graças à extensão dada pelo legislador, em boa hora, ao conceito de "patrimônio de entidades públicas"_ Tal expressão compõe o texto do

di Diritto Processuale. v. 30, 1975, p. 399 e s.; Appunti sulla tutela giurisdizionale di interessi collettivi o diffusi, no volume *Le azioni a tutela di interessi collettivi,* cit., p. 201 e s. A fórmula é de origem norte-americana: a propósito das *class actions,* a *rule* 23 *(a)* das *Federal Rufes of Civil Procedure* põe a exigência de que *"the representative parties* will *fuirly and adequately protect the interests of the class".* Boa informação a tal respeito em VIGORITI, ob. cit., p. 271 e s. Supérfluo talvez observar que, no presente contexto, palavras como "representar" e suas cognatas não são empregadas no sentido técnico-jurídico que lhe atribui a tradição do nosso direito.

9 *"Ad-hoc-Gruppen"* chamam-lhes REHBINDER-BURGBACHER-KNIEPER, *Bürgcrklage im Umwelltreht,* Berlim, 1972, p. 151.

10 Ao propósito. BARBOSA MOREIRA, A ação popular do direito brasileiro como instrumento de tutela jurisdicional dos chamados "interesses difusos", *in Studi* in *onore di* ENRICO TULLIO LIEBMAN, Milão, 1979, v. IV, p. 2673 e s., ou *in Temas de Direito Processual,* São Paulo, 1977, p. 110 e s.

dispositivo que, na Constituição da República, inclui a ação popular entre os "direitos e garantias individuais" - rubrica de evidente impropriedade, mas tradicional entre nós: "Qualquer cidadão será parte legítima para propor ação popular que vise a anular atos lesivos ao patrimônio de entidades públicas" (art. 153, § 31). A Lei nº 4.717, de 29-6-1965, que regulou a matéria, traduziu a cláusula com notável largueza, cuidando de esclarecer, no art. 1º, § 1º, que se consideram "patrimônio público", para o fim de tornar cabível a ação popular, "os bens e direitos de valor econômico, artístico, estético, histórico ou turístico" - e é essa amplitude que a faz particularmente interessante do ponto de vista em que nos situamos agora.

A ação popular do direito brasileiro não é do tipo "supletivo", mas do tipo "corretivo"[11]: o autor não exercita, em face de outro membro da coletividade, direito do *Poder Público,* por ele não exercitado, mas pleiteia a correção de irregularidade praticada pela própria Administração (ou por entidade que se lhe equipare) e a reparação do dano a esta porventura causado. Legitimado a agir, segundo o texto constitucional, é «qualquer cidadão», como tal entendido o brasileiro que esteja no gozo de seus direitos políticos: estabelece, com efeito, o art. 1º, § 3º, da Lei nº 4.717 que "a prova da cidadania, para ingresso em juízo, será feita com o título eleitoral, ou com documento que a ele corresponda". Pessoa jurídica não se *legitima à propositura* da ação popular[12] - ponto que tem suscitado críticas *de lege ferenda,* e ao qual voltaremos no momento oportuno. Tampouco se legitima a ela o Ministério Público, se bem que, curiosamente, lhe seja possível, em certas circunstâncias, assumir, no curso do feito, a posição de *parte ativa* - seja promovendo o prosseguimento, quando o autor popular desiste da ação ou dá causa à extinção do processo sem julgamento do mérito (Lei nº 4.717, art. 9º), seja interpondo recurso contra a decisão acaso proferida contra o autor popular (art. 19, § 2º, *fine).* Como bem se compreende, é sempre possível - embora não obrigatório - o litisconsórcio ativo entre dois ou mais cidadãos (art. 6º, § 5º).

11 *Vide* a distinção em CHIOVENDA, *Principii di diritto processuale,* Nápoles, 1965, reimpressão, p. 600-1.

12 Tese pacífica na doutrina e na jurisprudência, inclusive na do Supremo Tribunal Federal, que a consagrou na proposição nº 365 da *Súmula da Jurisprudência Predominante.*

3. Fora do âmbito da ação popular, inexiste no direito positivo brasileiro regra específica atinente à vindicação judicial de "interesses difusos", em que se atribua legitimação para agir a qualquer dos cotitulares, isoladamente ou não. O art. 1º, § 2º, da Lei nº 1.533, de 31-12-1951, ainda hoje o texto básico na disciplina do mandado de segurança, dispõe que, "quando o direito ameaçado ou violado couber a várias pessoas, qualquer delas poderá requerer o mandado de segurança". Daí, contudo, não se têm extraído sugestões relevantes no plano que nos interessa agora: doutrina e jurisprudência firmaram-se no sentido de que o mandado de segurança é instrumento de proteção apenas contra ato que afete de maneira *individualizada* a esfera jurídica de alguém [13].

Seja como for, em termos genéricos, não parece difícil demonstrar que a solução da *legitimatio* concorrente e "disjuntiva" se harmoniza com a sistemática do direito brasileiro. Não constitui fenômeno pouco familiar a esta, com efeito, reclamar uma pessoa em juízo a satisfação de interesse que seja, ao mesmo tempo, "próprio" e "alheio". Tratando das obrigações indivisíveis, estatui o Código Civil, art. 892, 1ª parte, que, "se a pluralidade for dos credores, poderá cada um destes exigir a dívida inteira". Como a indivisibilidade é, precisamente, uma das características essenciais da estrutura dos "interesses difusos" *(supra,* item nº 1), basta, para resolver o problema, operação

13 Típicos da atitude tradicional, entre tantos outros, os acórdãos do Supremo Tribunal Federal, de 7-1-1954, *in Arquivo Judiciário,* v. 113, p. 254, e do Tribunal de Justiça de São Paulo, de 1º-9-1954, *in Revista dos Tribunais,* v. 231, p. 136. A legitimidade para a impetração da segurança vem sendo negada mesmo aos sindicatos, com relação a atos que se acoimam de lesivos a direitos dos seus associados, interpretando-se restritivamente, para só lhes admitir a incidência no processo *trabalhista,* os arts. 513, letra *a,* e 558, *caput,* 2ª parte, da Consolidação das Leis do Trabalho, que habilitam aquelas associações profissionais a representar, perante as autoridades administrativas e judiciárias, os interesses individuais dos associados, relativos à sua atividade ou profissão: nesse sentido, reafirmando sua posição. o Supremo Tribunal Federal, em acórdão ainda relativamente recente (18-4-1978), in *Diário da Justiça* de 16-6-1978, p. 4.398. Filia-se à mesma ideia básica a tese de que o "mandado de segurança não substitui a ação popular" *(Súmula da Jurisprudência Predominante* do Supremo Tribunal Federal, nº 101). Em sentido crítico, na doutrina, CELSO AGRÍCOLA BARBI, *Do mandado de segurança,* 3ª ed., Rio de Janeiro, 1976, p. 86 e s.

hermenêutica simples[14], que desprenda da acepção rigorosamente técnica as palavras "credores" e "dívida".

Naturalmente estamos pressupondo que se cuide de interesse como tal reconhecido e considerado "acionável". A grande dificuldade, no ponto, resulta do modo tradicional de equacionar a questão, quando se quer saber como repercutem na esfera jurídica subjetiva certas regras editadas para preservar, justamente, interesses "difusos", como por exemplo tantas normas de direito administrativo tendentes à disciplina das construções. Costuma-se indagar se elas geram "direitos subjetivos" para os outros membros da comunidade social; ora, o conceito de "direito subjetivo", na sua feição clássica, funciona às vezes como verdadeiro "leito de Procusto" para certas posições jurídicas talhadas segundo moldes menos rígidos. Tenho eu qualidade para reclamar perante a Justiça contra quem, edificando no terreno contíguo, ergueu construção proibida no bairro, ou ultrapassou a altura máxima permitida? A resposta necessariamente variará, fornecendo a deixa para intermináveis controvérsias – e é o que na verdade tem acontecido no Brasil[15] –, se fizermos depender tudo do reconhecimento ou da negação de autêntico "direito subjetivo" meu à observância daquelas regras. Simplifica-se o problema caso se admita, pura e simplesmente, que se trata de um "interesse difuso", tutelável como tal.

Em época recente, nos trabalhos preparatórios do projeto do novo Código Civil, fez-se tentativa interessante de disciplinar a matéria em termos largos. De acordo com dispositivo sugerido por um membro da Comissão[16], o proprietário ou o possuidor de imóvel poderia exigir do vizinho o respeito das normas de direito público relativas à vizinhança, à natureza da utilização e à localização dos imóveis, bem como daquelas

---

14 Análoga à sugerida, para o direito italiano, por COSTANTINO, Brevi note sulla tutela giurisdizionale degli interessi collettivi davanti al giudice civile, no volume *Le azioni a tutela di interessi collettivi*, cit., p. 234-5, com o apoio de PROTO PISANI, trab. cit., *ibid.*, p. 278-9.

15 *Vide*, na mais moderna literatura brasileira. HELY LOPES MEIRELLES. *Direito de construir*, 3ª ed., São Paulo, 1979, p. 79 e s., com indicações de jurisprudência.

16 O Professor EBERT VIANNA CHAMOUN, titular de Direito Civil da Universidade do Estado do Rio de Janeiro. Pode-se ler o texto da sugestão, em versão francesa, na "nota complementar" ao relatório do delegado brasileiro, LUIS ANTÔNIO DE ANDRADE, ao Congresso da União Internacional dos Magistrados, de 1971, no volume *Colloque sur le juriste et les problemes de L'environnement.* Rio de Janeiro--Brasília. 1971, p. 125.

que proíbem a poluição do ar e da água e a destruição da flora, da paisagem e das belezas naturais. É lamentável que a regra não figure no texto remetido ao Congresso Nacional; resta-nos a esperança de que se ressuscite a ideia quando se retomarem os trabalhos legislativos ao propósito.

Mesmo *de lege lata,* porém, uma atitude hermenêutica mais "aberta" e sensível às necessidades práticas é capaz de superar muitos obstáculos. A esse propósito merece referência a sentença do Juízo de Passo Fundo (Rio Grande do Sul), de 17-11-1980, que reconheceu legitimidade ativa a um habitante da cidade para pleitear a condenação da Companhia Rio-grandense de Saneamento (sociedade de economia mista) a pôr em funcionamento, dentro de certo prazo, as instalações destinadas ao tratamento de esgotos sanitários, cumprindo assim a finalidade que lhe inspirara a criação, e da qual não se vinha desincumbindo. com detrimento para a salubridade local. A sentença, que julgou procedente o pedido, ainda pende de recurso na data em que escrevemos; seja qual for, todavia, o resultado final do processo, são evidentes os sinais de mudança na maneira de encarar fenômeno do gênero.

4. Da solução *b* (legitimação de pessoas jurídicas ou entes não personificados) há pouco que dizer, *de iure condito,* no direito brasileiro. Fiel ao princípio tradicional da obrigatória coincidência entre os sujeitos da relação jurídico-material convertida e os sujeitos do processo ordenado à respectiva definição, ele vê com naturalidade o ingresso em juízo de pessoas jurídicas e até de certos entes não dotados de personalidade, sempre que se trate de direitos ou obrigações de que *eles* mesmos sejam titulares. Mostra, porém, escassa inclinação a abrir-lhes tal possibilidade na defesa dos interesses dos respectivos participantes. Os poucos exemplos que se poderiam apontar referem-se, em todo caso, a interesses que não merecem a qualificação de "difusos", ao menos no sentido indicado no nº 2 da Introdução, *supra,* porque pertencentes a membros de categorias profissionais ou grupos bem determinados[17]. Como já se assinalou, a ação popular não é exercitável por pessoa jurídica, e o mandado de segurança só o é para pleitear o resguardo ou a reintegração de direito *da própria pessoa jurídica.*

---

17 Assim, *v.g.,* nos termos do art. 1º, parágrafo único, da Lei nº 4.215, de 27-4-1963, a Ordem dos Advogados do Brasil tem legitimação para defender, inclusive em juízo, "os interesses gerais da classe dos advogados e os individuais, relacionados com o exercício da profissão". Outro exemplo é o dos sindicatos, a que se aludiu na nota 12, *supra.*

A situação é manifestamente insatisfatória[18]. Consoante escrevemos alhures, a luta do cidadão isolado contra os responsáveis pelo ato que lese ou ponha em perigo um "interesse difuso", sobretudo quando emane da Administração mesma, ou de outras entidades poderosas, corre o risco, em numerosos casos, de assemelhar-se à que travaria contra o gigante um Davi desarmado de funda. Tudo concorre para desencorajá-lo: o vulto das despesas, a complexidade das questões, a carência de conhecimentos técnicos, a força política e econômica dos adversários. Raro é aquele que se arrisca à empresa, fiado em seus próprios e exclusivos recursos.

De lege lata, será talvez possível, em determinados casos, contornar o óbice do art. 6º do Código de Processo Civil, desde que se reconheça que neles o que se põe em jogo é algo distinto da mera soma dos interesses individuais: um interesse *geral* da coletividade, qualitativamente diverso e capaz de merecer tutela como tal. Desse interesse pode uma associação fazer-se titular, *ela mesma,* não como simples representante dos respectivos membros, nem como intérprete, em nome próprio, das pretensões paralelas de cada um deles. A associação se legitimaria, pois, em caráter *ordinário,* de acordo com os princípios comuns, quando se mobilizasse para postular em juízo a proteção daquele interesse geral[19].

Seja como for, parece necessário, ou ao menos conveniente, *de lege ferenda,* que se consagre em termos expressos, dentro de certos limites, semelhante poder de iniciativa[20]. É de desejar, por outro lado, que a lei –

---

18 Cf., com referência específica à ação popular, ADA PELEGRINI GRINOVER, A tutela jurisdicional dos interesses difusos, *in Revista Brasileira de Direito Processual,* v. 16, p. 29; MONIZ DE ARAGÃO, O Estado de Direito e o direito de ação, *ibid.,* p. 78; BARROSA MOREIRA, A proteção jurídica dos interesses coletivos, no v. 24 da mesma Revista, p. 17. Desse nosso trabalho foi mutuada, com leves alterações, a passagem que, no texto, se segue.

19 A tal respeito valeria a pena refletir sobre a aplicabilidade ao ordenamento jurídico brasileiro, *mutatis mutandis,* das interessantes elaborações de MANFRED WOLF, *Die Klagebefugnis der Verbände,* Tübingen, 1971, p. 21 e s., 48 *e passim.*

20 Visa a fazê-lo o Projeto de lei nº 5.521, de 1981, apresentado à Câmara dos Deputados durante a redação deste relatório. Nele se propõe o acréscimo de um parágrafo único ao art. 6º do Código de Processo Civil, com a seguinte redação: "As associações civis constituídas com a finalidade principal de promover o estudo, a defesa e a coordenação dos interesses de seus associados poderão representá-los, individual e coletivamente, em juízo, bem como assisti-los, como intervenientes, nos feitos em que sejam partes e que digam respeito a interesse comum dos associados, segundo o ato constitutivo da associação respectiva". A proposta parece

de preferência em termos flexíveis, reservada ao juiz margem razoável de liberdade no exame de cada espécie – estabeleça critérios de avaliação da idoneidade das associações para que se possam reputar legitimadas. Cumprirá também dar solução a uma série de problemas técnicos e práticos que o referido alvitre suscita – por exemplo: deve exigir-se a deliberação prévia dos participantes quanto à iniciativa a ser tomada num caso concreto? Na hipótese negativa, será indispensável, ao menos, a cientificação antecipada de todos os participantes? Que possibilidade se abrirá aos que porventura discordarem da iniciativa? O resultado do processo será vinculativo para os membros da associação? No caso afirmativo, deverá considerar-se membro dela, e portanto vinculado, quem, pertencendo-lhe aos quadros na data da propositura da ação, já não os integrasse ao tempo do julgamento, ou vice-versa? *Quid iuris* no tocante aos outros eventuais interessados, estranhos à associação? E às demais associações, acaso igualmente legitimadas?

5. Resta dizer algumas palavras sobre a solução *c* (legitimação de órgãos estatais). Diversos inconvenientes se têm visto nela[21]; parece-nos que o seu principal defeito, no sistema jurídico brasileiro, tal qual é, seria o de tornar praticamente ineficaz o funcionamento da tutela dos "interesses difusos" todas as vezes (e não serão poucas) que a ameaça ou a lesão provenha do próprio Poder Público. Ao Ministério Público, em nosso país, não se asseguram de modo cabal as condições de independência de atuação de que precisaria para eventualmente enfrentar a

relacionar-se mais com os interesses de categorias profissionais e outros grupos bem definidos – à semelhança dos casos mencionados na nota 16, *supra* – do que com os interesses coletivos ou difusos, na acepção que de início esclarecemos (Introdução, nº 2), sem que, obviamente, fique excluída a possibilidade de tirar proveito da modificação sugerida no âmbito específico de que nos estamos ocupando. De louvável inspiração, na substância, o projeto – a par de imperfeições técnicas, facilmente corrigíveis – peca por excesso de simplismo, na medida em que deixa em aberto bom número de questões *(vide* a indicação de algumas nas linhas subsequentes do nosso texto), as quais precisam ser disciplinadas para evitar dificuldades práticas.

21 Ao propósito, extensamente, CAPPELLETTI, The Role of the Ministère Public, the Prokuratura, and the Attorney General in Civil Litigation, no volume *Public Interest Parties and the Active Role of the Judge* in *Civil Litigation,* Milão-New York, 1975, p. 32 e s.; *Formazioni sociali e interessi di gruppo davanti alia giustizia civile,* cit. na nota 7, *supra,* p. 374 e s.

Administração em juízo. Basta ver que, tanto no plano federal quanto no estadual, os seus chefes (Procurador-Geral da República e Procuradores-Gerais da Justiça dos Estados, respectivamente) são nomeados e podem ser demitidos *ad nutum* pelos chefes do Poder Executivo (Presidente da República, Governadores dos Estados).

Nos termos do art. 81 do Código de Processo Civil, "o Ministério Público exercerá o direito de ação nos casos previstos em lei, cabendo-lhe, no processo, os mesmos poderes e ônus que às partes". Mas são em reduzido número os dispositivos legais que conferem ao Ministério Público legitimação para ajuizar causas. E as hipóteses mais conhecidas e frequentes nenhuma relação guardam com o nosso tema: assim, por exemplo, a da nulidade do casamento por incompetência da autoridade celebrante (Código Civil, art. 208, parágrafo único, nº II) e a da interdição dos alienados mentais (Código Civil, arts. 447, nº III, e 448).

Caso que nos interessa mais de perto, aqui, é o contemplado no art. 14, § 1º, *fine,* da Lei nº 6.938, de 31-8-1981, que "dispõe sobre a Política Nacional do Meio Ambiente, seus fins e mecanismos de formulação e aplicação". De acordo com esse dispositivo, "o Ministério Público da União e dos Estados terá legitimidade para propor ação de responsabilidade *civil* e criminal, por danos causados ao meio ambiente", como tal entendido "o conjunto de condições, leis, influências e interações de ordem física, química e biológica, que permite, abriga e rege a vida em todas as suas formas" (art. 3º, nº I, da mesma lei). Trata-se de um dos itens mais característicos da problemática dos "interesses difusos", e é de desejar que O texto não se destine a permanecer letra morta; naturalmente não se pode ainda, no momento em que está sendo escrito este trabalho, proceder a qualquer avaliação de resultados.

Merece alusão, também – conquanto não disponhamos de dados sobre a respectiva aplicação, que nada indica venha ocorrendo com frequência –, o Decreto-Lei nº 41, de 18-11-1966, concernente à dissolução judicial de sociedades civis de fins assistenciais, que recebam auxílio ou subvenção do Poder Público, ou se mantenham, no todo ou em parte, com contribuições periódicas de populares, quando: I – deixem de desempenhar efetivamente as atividades a que se destinam; II – apliquem as importâncias representadas pelos auxílios, subvenções ou contribuições populares em fins diversos dos previstos nos seus atos constitutivos ou nos estatutos sociais; III – fiquem sem efetiva administração, por abandono ou omissão continuada dos seus órgãos diretores (art. 2º).

Nessas hipóteses, legitima-se o Ministério Público a promover a dissolução (art. 2º); se se reconhecer, como parece razoável, um "interesse difuso" na atuação correta das mencionadas entidades, e sobretudo no bom emprego de recursos financeiros de origem pública ou popular, poder-se-á enxergar aí outro caso de legitimação do Ministério Público na matéria que estamos versando. Excepcional na prática é a hipótese, a que oportunamente se aludiu *(supra,* nº 2), de assumir ele a posição de autor na ação popular.

Bem mais importante é a atuação do Ministério Público no campo do processo penal, onde a ação, em regra pública, lhe compete quase com exclusividade. Nesse setor estão abertas ao órgão as maiores possibilidades de provocar o exercício da jurisdição – apenas em caráter repressivo, é verdade – com referência a bens jurídicos a que indubitavelmente se relacionam "interesses difusos". Assim, *v.g.,* quanto aos crimes dos arts. 165 ("Destruir, inutilizar ou deteriorar coisa tombada pela autoridade competente em virtude de valor artístico, arqueológico ou histórico"), 166 (" Alterar, sem licença da autoridade competente, o aspecto de local especialmente protegido por lei"), 253 ("Fabricar, fornecer, adquirir, possuir cu transportar, sem licença da autoridade, substância ou engenho explosivo, gás tóxico ou asfixiante, ou material destinado à sua fabricação"), 259 ("Difundir doença ou praga que possa causar dano a floresta, plantação ou animais de utilidade econômica"), 268 ("Infringir determinação do poder público, destinada a impedir introdução ou propagação de doença contagiosa"), 271 ("Corromper ou poluir água potável, de uso comum ou particular, tornando-a imprópria para consumo ou nociva à saúde"), 272 ("Corromper, adulterar ou falsificar substância alimentícia ou medicinal destinada a consumo, tornando-a nociva à saúde"), e outros do Código Penal; dos arts. 36 ("Deixar de colocar na via pública sinal ou obstáculo, determinado em lei pela autoridade e destinado a evitar perigo a transeuntes"), 38 ("Provocar, abusivamente, emissão de fumaça, vapor ou gás, que possa ofender ou molestar alguém") e outros da Lei das Contravenções Penais – para não mencionar figuras delituosas contempladas numa série de outros diplomas legais, como o Código Florestal (Lei nº 4.717, de 15-9-1965), o Código de Caça (Lei nº 5.197, de 3-1-1967) etc.[22].

22 Registre-se que as normas incriminadoras, na maioria, datam de época em que o fenômeno dos interesses coletivos não havia ainda emergido com a força dos dias atuais; daí certas notórias insuficiências. O que se tem procurado fazer, no campo

SEGUNDA PARTE

Estrutura do processo. Papel do juiz

Inexistência de peculiaridades estruturais com caráter de regra geral. Particularidades do processo da ação popular: iniciativa do juiz na aquisição das provas: prevenção de conluios: o problema do custo do processo. O sentido político *(lato sensu)* da decisão.

1. Como já se expôs, no direito brasileiro existe *uma* ação – a ação popular – que pode, ao menos em parte, ser considerada como instrumento *específico* da tutela jurisdicional dos "interesses coletivos", Fora dela, os remédios à disposição dos eventuais legitimados são os comuns: ações de procedimento ordinário, de procedimento sumaríssimo ou de procedimento especial, eventualmente proponíveis com o fim de obter proteção para qualquer dos mencionados interesses.

No que concerne a tais remédios, não há, a rigor, peculiaridades a pôr em relevo do ponto de vista da estrutura do processo, que não se modifica pelo só fato de estar em causa um "interesse coletivo". Na medida em que se reconheça a existência de "interesse *público*", intervirá, na qualidade de *custos legis,* o Ministério Público (Código de Processo Civil, art. 82, nº III), o qual "poderá juntar documentos e certidões, produzir prova em audiência e requerer medidas ou diligências necessárias ao descobrimento da verdade" (art. 83, nº II), Acentua-se aí a iniciativa *oficial* em tema de instrução, conquanto atribuída a órgão distinto do judicial. Não quer isso dizer, porém, que o juiz fique privado de seus normais poderes instrutórios, definidos no art. 130, segundo o qual "caberá ao juiz, de ofício ou a requerimento da parte, determinar as provas necessárias à instrução do processo». Inexiste no Código disposição que consagre diferença de tratamento, a esse respeito, entre um e outro processo, em função da matéria litigiosa – conquanto se deva admitir que, na prática, os juízes mais prontamente se inclinam a utilizar aqueles

penal, em relação a essa matéria, é adaptar uma legislação antiga – e ditada por inspiração em grande parte diversa – ao problema "novo", com resultados nem sempre satisfatórios: AURÉLIO WANDER BASTOS e NILO BATISTA. Liberdade e proteção do meio ambiente, *in Anais da VIII Conferência Nacional da Ordem dos Advogados do Brasil,* Manaus, 1980, p. 208-9. Na literatura penalística, porém, a preocupação com o tema já produziu ao menos uma importante monografia: RENÉ ARIEL DOTTI, *A proteção penal do meio ambiente,* Curitiba, 1979.

poderes nos casos em que reputam presente o "interesse público". Este conceito, de resto, indeterminado como é, presta-se a entendimentos muito diversos, e não se pode afirmar que coincida sempre e necessariamente com o de "interesse coletivo" ou "difuso". Quanto ao mais, tampouco varia a função do juiz na direção formal do processo, nem fica ele desvinculado, no julgamento, das clássicas limitações relacionadas com a proibição de decidir *ultra vel extra petita partium.* A eventualidade de intervirem terceiros sujeita-se às regras comuns que disciplinam as várias modalidades de intervenção. Inexistem disposições que prevejam em termos expressos a participação, espontânea ou provocada, de qualquer entidade a título de *amicus curiae*[23].

2. Aspectos mais interessantes aparecem na disciplina da ação popular. A Lei nº 4.717, de 29-6-1965, adotou procedimento bem próximo do ordinário, e até se pode dizer que antecipou, em certa medida, a principal transformação que ele viria a sofrer com o advento do Código de Processo Civil de 1973, a saber, a eliminação da audiência de instrução e julgamento nos casos de desnecessidade de prova pericial ou oral (Lei nº 4.717, art. 7º, nº V). Cuidou, porém, de dar ênfase ao papel do juiz na aquisição das provas: atribuiu-lhe expressamente, por exemplo, o poder de requisitar dos órgãos competentes certidões ou informações por eles negadas ao cidadão, sob o pretexto de sigilo imposto pelo interesse público (art. 1º, § 7º), e bem assim outros documentos que lhe pareçam necessários ao esclarecimento dos fatos (art. 7º, nº I, *b).* A omissão em atender, no prazo fixado, à requisição judicial pode acarretar responsabilidade penal por crime de desobediência (art. 8º). Um dos riscos que se costumam apontar, nos casos de legitimação concorrente e "disjunti-

23 A possível (e solitária) exceção é representada nela Comissão de Valores Mobiliários, órgão entre cujas atribuições figura a de "fiscalizar permanentemente as atividades e os serviços do mercado de valores mobiliários" (...) "bem com, a veiculação de informações relativas ao mercado, às pessoas que dele participem, e aos valores nele negociados" (Lei nº 6.385, de 7-12-1976, art. 8º, nº II), e ao qual se faculta, mediante intimação obrigatória, "oferecer parecer ou prestar esclarecimentos" ao juiz, nos processos que tenham por objeto matéria da sua competência (Lei cit., art. 31, *caput,* na redação dada pela Lei nº 6.616, de 16-12-1978). Na medida em que se reconheça a existência de um interesse difuso na regularidade do mercado de valores mobiliários, incumbe à Comissão, aí, velar em juízo por tal interesse, embora a propósito de litígio concreto e especifico, em que aquele aparece como simples "pano de fundo".

va", como o da ação popular, é o da colusão entre algum dos colegitimados e a autoridade responsável pelo ato irregular: não é inconcebível que se descubra cidadão disposto a tomar a iniciativa da instauração do processo sem a intenção sincera de conseguir resultado favorável, mas, ao contrário, unicamente para provocar, mediante demanda mal instruída e condução negligente do pleito, pronunciamento judicial que declare legítimo - valendo por autêntico *bill of indemnity* - o ato na realidade eivado de vício. No sistema da Lei nº 4.717, tal perigo já se vê sensivelmente atenuado pela intervenção obrigatória do Ministério Público, na função de *custos legis* (art. 6º, § 4º), em cujo exercício lhe toca não só "apressar a produção da prova" - conforme reza o dispositivo citado -, mas, em termos mais genéricos, "juntar documentos e certidões, produzir prova em audiência e requerer medidas ou diligências necessárias ao descobrimento da verdade" (Código de Processo Civil, art. 83, nº II, já citado, e aplicável à ação popular). Acrescentem-se a isso a ampla iniciativa conferida ao juiz, segundo ficou *dito,* na atividade de instrução e, ainda, a possibilidade aberta a qualquer *outro* cidadão de recorrer contra as decisões desfavoráveis ao autor (art. 19, § 2º). A admitir-se que semelhantes expedientes deixem de revelar-se totalmente eficazes *in concreto,* nem assim se materializará com facilidade o risco acima indicado: opõe-lhe a lei forte obstáculo no tratamento peculiar dado à coisa julgada, que *não* se forma "no caso de haver sido a ação julgada improcedente por deficiência de prova", de modo que, enquanto não se esgotar o prazo de cinco anos previsto no art, 21, "qualquer cidadão poderá intentar outra ação com idêntico fundamento, valendo-se de nova prova" (art. 18), e eventualmente obter êxito nessa tentativa (voltaremos ao ponto no item 3 da 4ª parte). Poder-se-ia temer, por outro lado, que o autor popular se valesse da possibilidade de desistir da ação (ou de dar causa, por negligência, à extinção do processo sem julgamento do mérito) como instrumento de pressão em face da Administração Pública, para dela arrancar vantagens ilegítimas, em troca da desistência ou do abandono da causa, Bem se concebe que o ajuizamento mesmo da ação já se houvesse inspirado antes nessa maquinação egoística do que no propósito honesto de defender o interesse coletivo. A Lei nº 4.717 procurou atalhar manobras de tal gênero, determinando, no art. 9º, que, nas hipóteses aventadas, se publiquem editais, para ciência dos colegitimados, assegurando-se a qualquer outro cidadão - sem prejuízo da iniciativa do Ministério Público, a que acima se aludiu - o direito de promover o prosseguimento do feito, dentro do prazo de noventa dias a contar da última publicação. Há enfim o problema do *custeio* do processo, que com frequências agita aos olhos do cidadão zeloso, mas de parcos recursos, fantasma não facilmente exorcizável, arrefecendo-lhe o ânimo de ir a juízo em prol do interesse coletivo. Busca a Lei nº 4.717 afastar esse possível motivo de abstenção, eliminando o ônus do pagamento antecipado das custas (art. 10) e esta tu indo que, no caso de procedência do pedido, se condenem os réus a reembolsar o autor de todas as despesas, judiciais e extrajudiciais, diretamente relacionadas com o feito – desde, é claro, que comprovadas –, além dos honorários de advogado (art. 12). Essas disposições acham contrapartida na regra do art. 13, consoante a qual, se o juiz, ao apreciar o fundamento de direito em que se baseia o autor, julgar a lide manifestamente temerária, condenará aquele ao pagamento do décuplo das custas; com isso, à evidência, quer-se desestimular as iniciativas sem seriedade, maliciosas, mal-intencionadas, nascidas de mero capricho ou do desejo de intimidar cu pôr em situação incômoda, perante a opinião pública autoridades pouco dispostas a satisfazer pretensões ilegítimas. A lei põe à prova a boa-fé e a altitude de propósitos do cidadão, fazendo-o assumir, por sua vez, um risco ponderável, que normalmente só enfrentará quem esteja imbuído da convicção sincera de servir de instrumento à realização de um interesse comum a toda a coletividade. A sanção prevista na regra específica do art. 13 da Lei nº 4.717 não exclui, aliás, a incidência das normas codificadas acerca da responsabilidade por dano processual: o autor popular ficará obrigado, se for o caso, a ressarcir perdas e danos, como litigante de má-fé, nos termos do art. 18 do Código de Processo Civil[24].

3. Questão importante é a que se põe com referência ao papel do juiz na apreciação do litígio. Cabe indagar se a decisão, pela natureza mesma da matéria discutida, não se impregna aqui necessariamente, mais do que alhures, de sentido político *(lato sensu).* No que concerne em especial à ação popular, cujo objeto consiste, na maioria dos casos, em ato da Administração Pública, não se pode evitar uma interrogação acerca dos limites do controle judicial, que, segundo a tradição do direito brasileiro, em regra se cinge à *legalidade,* abstendo-se de ingressar no exame do *mérito,* isto é, da conveniência do ato, da sua conformidade

24 Este parágrafo e os imediatamente anteriores reproduzem, com ligeiras alterações, trecho do nosso trabalho cit. na nota 9, *supra.*

aos fins a que deve ordenar-se. Um setor da doutrina manifesta, a esse respeito, tendência em parte restritiva, buscando justificação no receio de que o alargamento do âmbito de investigação do Judiciário possa conduzir, em última análise, ao esvaziamento da discrição administrativa. Correr-se-ia o risco de ver inteiramente substituídos pelos do juiz, sem vantagem segura, os critérios do administrador[25]. Os tribunais, de resto, não se têm mostrado particularmente propensos a investir-se de tal responsabilidade. Algo há que dizer, sem dúvida, a favor dessa orientação. Todavia, nem sempre é fácil dissociar a questão da legalidade e a questão do mérito. Se considerarmos, por exemplo, que a regra do art. 180, parágrafo único, da Constituição da República («Ficam sob a proteção especial do Poder Público os documentos, as obras e os locais de valor histórico ou artístico, os monumentos e as paisagens naturais notáveis, bem como as jazidas arqueológicas") gera para a Administração Pública um verdadeiro dever jurídico, e abre aos titulares do interesse coletivo na preservação dos mencionados bens a possibilidade de exigir em juízo o cumprimento de semelhante dever[26], pode-se perfeitamente imaginar que, num caso concreto, se torne preciso discutir perante o juiz – e reconhecer a este o poder de decidir – se determinada obra tem ou não valor histórico ou artístico, e se o comportamento imputado à Administração é ou não é suscetível de prejudicá-lo. Claro que as coisas se simplificam em se tratando de obra oficialmente reconhecida como valiosa, mediante "tombamento" pelo órgão administrativo competente, pois o valor é, por assim dizer, "presumido" *iuris et de iure;* ao nosso ver, porém, a proteção constitucional não se adstringe aos bens "tombados", devendo permitir-se ao interessado, fora desses casos, a demonstração do valor histórico ou artístico que alega. A última palavra caberá, portanto, ao juiz, como sempre acontece quando o legislador se vale de conceitos jurídicos indeterminados. A rigor, o problema não é aqui de discricionariedade, mas

25 HELY LOPES MEIRELLES, *Mandado de segurança e ação popular,* 7ª ed. São Paulo, 1980, p. 79; ADA PELLEGRINI GRINOVER, *A tutela jurisdicional dos interesses difusos,* cit., p. 29. Acentua o primeiro desses autores a necessidade de que o ato impugnado seja *ilegítimo,* além de *lesivo,* para que se lhe decrete a invalidade (ob. cit., p. 76-7), No mesmo sentido a Jurisprudência do Supremo Tribunal Federal: *v.g.,* Recurso Extraordinário nº 92.326, 11-11-1980, in *Revista* Trimestral *de Jurisprudência,* v. 96, p. 1.370.

26 Ao contrário do que sustentará quem prefira enxergar no art. 180, parágrafo único, mera norma "programática": assim PONTES DE MIRANDA, *Comentários à Constituição de* 1967 *(com a Emenda nº 1, de 1969),* 2ª ed., São Paulo, 1972, p. 367.

de pura e indispensável verificação da ocorrência ou não ocorrência da hipótese fática a que a norma liga o efeito jurídico. A questão "de mérito" (tem ou não tem a obra valor histórico ou artístico?) resolve-se, afinal, em questão "de legalidade" (está ou não está a Administração faltando ao seu dever de proteger as obras que o tenham?). Não é de estranhar, assim, que os tribunais sejam às vezes levados a ultrapassar, em sua atividade cognitiva, os aspectos puramente formais do caso, para expressar convicções já situadas noutro plano, conquanto não se possa evitar às vezes a impressão de que semelhantes manifestações atendem quase exclusivamente a uma preocupação "ritualística" de não deixar lacunas muito óbvias na fundamentação do julgamento, inserindo-se no contexto antes como "homenagens" ornamentais ao dever de motivar a decisão do que como autênticas e bem meditadas razões de decidir. Por exemplo: julgando em grau de apelação, em 24-4-1981, a ação popular em que se impugnara a aprovação do projeto de construção da nova estação de passageiros do aeroporto de Brasília, o Tribunal Federal de Recursos, nos termos do voto do relator, unanimemente adotado, entendeu suficiente, a propósito da arguição de lesividade ao patrimônio estético da cidade, por desfiguração do seu conjunto arquitetônico, dizer que "não ficou demonstrada" a lesão, "sobretudo porque a afirmação de que o projeto é vulgar e medíocre é feita por quem teve o seu projeto recusado"[27].

27 Alude-se ao arquiteto OSCAR NIEMEYER, que figurava entre os demandantes. O julgamento suscitaria *inclusive* ao ângulo do exame da legitimidade do ato, perplexidades outras, que não é oportuno expor aqui.

TERCEIRA PARTE

Tipos de providências judiciais cabíveis

Ação popular: exemplos: objeto principal: condenações cabíveis e incabíveis. Técnicas de tutela preventiva utilizáveis em matéria de interesses coletivos.

1. Uma vez que a ação popular constitui, no direito brasileiro, o instrumento processual por excelência da proteção de "interesses difusos", mais uma vez concentraremos nela, de preferência, a nossa atenção. Que resultados se podem perseguir por meio da ação popular? Talvez valha a pena, antes de responder em termos genéricos a essa indagação, destacar da casuística judicial alguns exemplos dignos de nota pelo ângulo que importa aqui.

A maioria dos casos registrados nos repertórios de jurisprudência concerne a atos *economicamente* lesivos, isto é, produtores de dano *pecuniário* ao patrimônio público; elevação irregular da remuneração fixada para o exercício de cargos ou de mandatos legislativos, concessão de benefícios ilegais a funcionários, contratos administrativos celebrados em condições ilegitimamente onerosas para a Administração, e assim por diante. Não deixam, contudo, de encontrar-se hipóteses diversas, mais interessantes na perspectiva deste relatório. Já se mencionou um exemplo *(supra,* item 3 da 2ª Parte): a ação popular contra o ato que aprovara o projeto de construção do aeroporto de Brasília, pelo fundamento de que ele não se harmonizava com a concepção estética que presidira à edificação da capital do país. Também por essa via impugnou-se a legitimidade de atos administrativos relacionados com o aterro parcial da Lagoa Rodrigo de Freitas, no Rio de Janeiro, para erguer-se prédio destinado ao comércio, alegando-se que a consumação do plano desfiguraria local de particular beleza paisagística; procurou-se impedir, em São Paulo, a demolição de edifício de suposto valor histórico e artístico, em cujo lugar se projetara erguer uma das estações do Metropolitano, e bem assim a construção do aeroporto internacional, em nome da preservação de matas naturais; combateu-se a instalação de quiosques, tapumes e toldos, ordenados a atividades comerciais, sobre o gramado da principal praça pública da estância hidromineral de Águas de Lindóia, área reservada ao repouso e à recreação dos habitantes e dos turistas; impugnou-se ato que permitiu a determinada associação carnavalesca a utilização de praça pública no

Rio de Janeiro, para fins privados e incompatíveis com o uso normal do logradouro pela população.

Particular interesse teve a ação popular julgada procedente, em 1970, pelo Tribunal de Justiça de Minas Gerais, e destinada a anular resolução de certa Câmara Municipal, que autorizara, sem limites, a extração de madeira em floresta protetora de nascentes d'água indispensáveis ao abastecimento da população da cidade[28]. A decisão foi importante por mais de um aspecto: em primeiro lugar, reconheceu a admissibilidade da ação popular até contra ato emanado de órgão *legislativo;* além disso, consagrou interpretação bastante ampla do texto legal, demonstrando que a sua aplicação inteligente é capaz de proporcionar tutela eficaz a interesses que a rigor não se enquadrariam com absoluta exatidão na *letra* do art. 1º, § 1º, da Lei nº 4.717. Com efeito, in *casu,* o que sobrelevava a tudo mais era o interesse na regular manutenção do fornecimento de água a um núcleo urbano, como "bem" indispensável à satisfação de suas necessidades vitais; não tanto, pois, o valor puramente econômico, ou mesmo estético, da manutenção do revestimento florestal, mas principalmente a garantia de determinado *nível qualitativo* na vida da população.

Digna de registro especial é a serventia da ação popular em matéria edilícia, como instrumento de proteção do "interesse difuso" na preservação da racionalidade do desenvolvimento urbano. Licenças de construção, aprovação de projetos de loteamento, licenças de demolição ou reforma de prédios ou monumentos de valor artístico ou histórico, todos esses são atos que, irregularmente praticados pela autoridade administrativa, atentam contra bens cuja salvaguarda interessa à coletividade e submetem-se ao controle judicial pela forma prevista na Lei nº 4.717[29].

2. Conforme ressalta do acima exposto, o objeto principal da ação popular consiste sempre num *ato* que se pretende ver *declarado nulo* ou *anulado.* A tal propósito convém lembrar que o direito brasileiro, onde não há "Justiça administrativa", faculta aos juízes em geral pronunciar-se sobre a validade dos atos praticados por órgãos do Poder Executivo (e mesmo do Poder Legislativo), de modo que não suscita qualquer proble-

28 Apelação Cível nº 32.764, in *Revista de Direito Administrativo,* v. 110, p. 257.

29 Este parágrafo e os imediatamente anteriores também reproduzem, com pequenas modificações, trecho do nosso trabalho cit. na nota 9, *supra.*

ma técnico a circunstância de emanar da Administração Pública o ato cuja legitimidade se contesta.

Nos termos do art. 11 da Lei nº 4.717, "a sentença que, julgando procedente a ação popular, decretar a invalidade do ato impugnado, condenará ao pagamento de perdas e danos os responsáveis pela sua prática e os beneficiários dele, ressalvada a ação regressiva contra os funcionários causadores do dano, quando incorrerem em culpa". Endereça-se o preceito diretamente ao juiz, a quem incumbirá, se for o caso, proferir a condenação *ainda que* o autor popular não a tenha pedido: aqui se abre exceção à regra proibitiva do julgamento *extra petitum.* E claro que a condenação ao pagamento de perdas e danos, imposta aos realizadores e aos beneficiários do ato ilegítimo, reverterá em favor *da entidade lesada,* e não do autor popular. Assim se explica a norma do art. 17, que habilita a própria pessoa jurídica, em qualquer hipótese, a promover a execução da sentença, em seu proveito, contra os responsáveis.

Através da ação popular, por conseguinte, é possível obter, cm caso de êxito, sentença declaratória ou constitutiva na parte principal – conforme, respectivamente, se *declare nulo* ou se *anule* o ato objeto de impugnação – e condenatória quanto às perdas e danos, para não mencionar de novo as despesas e os honorários do advogado do autor, a que se aludiu em o nº 2 da 2ª Parte. Frise-se que apenas têm lugar, nesse processo, condenações *a pagar.* Em todo caso, a declaração de nulidade ou a anulação do ato pode valer praticamente por autêntico veto à realização de determinada obra ou atividade, que o tenha por pressuposto. Não se presta a ação popular, todavia, a provocar uma condenação *a lazer;* por exemplo, seria nela inadmissível o pedido de que o juiz *ordene* à Administração tomar esta ou aquela providência em favor da salubridade do ambiente, da integridade da paisagem, e assim por diante. Tal circunstância terá decerto contribuído para que se descartasse a ação popular e se optasse pela via processual comum no caso, já referido, da Companhia Rio-grandense de Saneamento *(supra,* nº 3 da 1ª Parte) – é certo que enfrentando, em compensação, a dificuldade relacionada com a questão da *legitimatio ad causam.*

3. Com razão tem-se acentuado que em grande número de hipóteses é irreparável a lesão consumada ao interesse coletivo: nada seria capaz de reconstituir a obra de arte destruída, nem de restaurar a rocha de perfil caprichoso, que aformoseava o panorama. Ademais, não há prestação pecuniária que logre compensar adequadamente o dano, insuscetível de medida por padrões econômicos. Em poucas matérias se revela de modo tão eloquente como nesta, por isso, a insuficiência da tutela repressiva, exercitada mediante a imposição de sanções e, quando necessário, pela execução forçada da condenação. O que mais importa é *evitar* a ocorrência da lesão; daí o caráter *preventivo* que deve assumir, de preferência, a tutela jurisdicional.

O mecanismo da ação popular presta-se a semelhante utilização. Não se põe em dúvida a possibilidade de propor-se a ação mesmo antes de iniciada a execução do ato que se quer impugnar[30]. Em se tratando da defesa do "patrimônio público" (no sentido lato já explicado), o juiz pode determinar *in limine litis* a suspensão dos efeitos do ato (art. 5º, § 4º, acrescentado à Lei nº 4.717 pela Lei nº 6.513, de 20-12-1977). É claro que a medida só se justifica se desde logo se verificarem a relevância e a verossimilhança das alegações do autor *(fumus bani iuris)* e o perigo de dano de difícil ou impossível reparação, na pendência do processo *(periculum in mora).* A suspensão tem aspectos potencialmente negativos, na medida em que, decretada sem reflexão, perturbará desnecessariamente – e talvez com detrimento para outros interesses também coletivos – a atividade da Administração ou a economia de empresas privadas. Conviria, pois, que houvesse expediente simples e rápido para ensejar o controle da decisão do juiz por órgão judicial superior, e se estabelecesse limitação temporal para a vigência da suspensão, à semelhança, em ambos os casos, do que ocorre com a liminar no mandado de segurança[31]. Mas a possibilidade da medida, em si, é indiscutivelmente um bem, e sua consagração em termos expressos veio satisfazer uma necessidade que todos sentiam.

A ordem de suspensão vincula assim as autoridades administrativas como os particulares. A eventual inobservância sujeita os infratores a responder penalmente por crime de desobediência.

4. Fora do campo da ação popular, e posto de lado o mandado de segurança – o qual, consoante se assinalou, não costuma ser reconhecido como instrumento próprio senão para a defesa de direitos *individuais*

30 Cf. HELY LOPES MEIRELLES, *Mandado de segurança e ação popular,* cit., p. 80-1.

31 HELY LOPES MEIRELLES, *Mandado de segurança e ação popular,* cit., p. 93, sustenta a aplicabilidade dessas disposições à ação popular, por analogia.

–, pouco há que dizer sobre as possibilidades de tutela preventiva dos interesses coletivos. Dos procedimentos especiais de jurisdição contenciosa regulados no Código de Processo Civil, apenas dois se podem considerar como remédios preventivos: o interdito proibitório, destinado a evitar ofensa à posse (art. 932), e a ação de nunciação de obra nova (arts. 934 e s.). Aquele é de utilização dificilmente concebível em matéria de interesses coletivos; esta pode representar aqui algum papel, na medida em que se destine a "impedir que o particular construa em contravenção da lei, do regulamento ou de postura" (art. 934, nº III), e desde que se reconheça a existência de um interesse difuso na observância, pelos membros da comunidade, das regras jurídicas que disciplinam as construções, No processo da nunciação de obra nova enseja-se, *in limine litis,* o embargo (arts. 937 e 938), que pode até, em caso de urgência, ser feito extrajudicialmente, antes da propositura da ação, pela própria Administração Pública, mediante notificação verbal ao proprietário ou ao construtor, perante duas testemunhas, para que não prossiga na obra (art. 935).

Restam as hipóteses de ação intentada segundo outro procedimento especial, ou de acordo com o procedimento comum (ordinário ou sumaríssimo), para proteger interesse difuso. Na falta de previsão legal sobre medida liminar, tem-se de recorrer aí, para prevenir a consumação do dano, ao "poder geral de cautela" conferido ao juiz pelos arts. 798 e 799 do Código de Processo Civil. A decretação da providência cautelar naturalmente se subordinará à verificação dos pressupostos normais do *fumus boni iuris* e do *periculum in mora.*

QUARTA PARTE

Efeitos do julgamento e coisa julgada

Extensão a terceiros. Os interesses em jogo. Solução legal do problema na ação popular. Os outros casos de processos referentes a interesses coletivos.

1. A proteção jurisdicional dos interesses coletivos é um dos campos em que se veem inevitavelmente postas em xeque as ideias tradicionais acerca dos efeitos do julgamento c da autoridade da coisa julgada, nos seus aspectos subjetivos[32]. Se tivermos em mente o caráter *indivisível* do objeto do litígio, nos casos de que trata este relatório *(supra,* Introdução, nº 3, *a)*, e ao mesmo tempo a impossibilidade de exigir a presença de todos os legitimados no processo, desde logo chegaremos à conclusão de que os efeitos do julgamento necessariamente hão de estender-se a pessoas – em regra, a um grande número de pessoas – que não ocuparam a posição de partes. Todas serão igualmente beneficiadas, ou todas igualmente prejudicadas, conforme a sentença conceda ou recuse a tutela pleiteada para o interesse que lhes é comum.

Resta saber se o resultado do processo, de que acaso tenha participado apenas um (ou alguns) dos legitimados, deve tornar-se vinculativo até para os juízes de outros eventuais processos, em que venha a ser parte outro (ou outros) membros da coletividade. Quer dizer: se a autoridade da coisa julgada, contrariamente ao que sucede de ordinário, deixará de sujeitar-se à clássica limitação subjetiva, expressa no art. 472, *principio,* do Código de Processo Civil brasileiro, *verbis:* "A sentença faz coisa julgada às partes entre as quais é dada, não beneficiando, nem prejudicando terceiros".

2. A questão assume escassa importância prática na hipótese de decisão favorável ao legitimado (ou ao grupo de legitimados) que intentou a primeira ação. Obtida a tutela, com efeito, ficaram *ipso jacto* satisfeitos os demais interessados, e não é de esperar que qualquer deles tome a iniciativa de provocar segundo pronunciamento judicial sobre a matéria. Aqui só se concebe que ocorra algum problema caso a parte vencida no anterior, demandando *outro* interessado, negue em face *deste* que o

32 Não parecem convincentes, ao propósito, as considerações críticas de MONTELEONE, *I limiti soggettivi del giudicato civile,* Pádua, 1978, p. 171 e s.

interesse goze de proteção: poderá o novo adversário invocar com êxito, a seu favor, a coisa julgada resultante de processo em que não fora parte? Não parece provável, contudo, que situações desse tipo ocorram na prática com muita frequência.

Reveste-se a questão de maior gravidade, quando o resultado do primeiro processo é desfavorável ao legitimado (ou ao grupo de legitimados) que o instaurou, com o fim de obter proteção para o interesse coletivo. De um lado, há que considerar a posição dos restantes interessados, que permaneceram estranhos ao pleito e, por isso, não tiveram oportunidade de apresentar razões nem provas. Podem eles ter motivos para entender que o teor do julgamento proferido se explica não pela debilidade intrínseca da causa, mas pela inabilidade na respectiva condução, por parte de quem, ajuizando-a, não soube explorar os melhores argumentos, ou produzir as provas mais convincentes. Nem fica sequer excluída a eventualidade de conluio entre as partes do processo: o legitimado que se antecipou aos outros, mancomunado com o adversário, provocou ele mesmo a própria derrota, deixando intencionalmente de utilizar as armas de que dispunha. Em tais condições, seria óbvia injustiça privar os outros legitimados de obter novo pronunciamento judicial sobre o litígio. Não se afigura recomendável, assim, a extensão pura e simples da coisa julgada aos cotitulares do interesse coletivo.

Por outro lado, seria igualmente desaconselhável permitir que, a despeito da vitória no primeiro processo, a outra parte se visse indefinidamente sujeita a novas investidas judiciais, com o mesmo fundamento e o mesmo fim. Sem esforço algum se percebem os inconvenientes que poderiam resultar, não apenas para a Administração, ou para uma empresa privada, mas para a própria comunidade – inclusive em termos de sobrecarga de trabalho para os juízes –, de uma reiteração incessante de pleitos substancialmente iguais, suscetíveis, embora por hipótese inconsistentes, de multiplicar-se tantas vezes quantos fossem os membros da coletividade interessada, em regra numerosa. Tampouco satisfaz, por conseguinte, a mera aplicação, sem qualquer temperamento, do princípio geral da relatividade da coisa julgada.

3. Esse delicado problema de política legislativa tem desafiado a imaginação de quantos se ocupam do tema em foco. No direito brasileiro, ainda uma vez se impõe referência especial à ação popular: a Lei nº 4.717, com efeito, adotou ao propósito posição interessante, capaz de superar a maior parte das dificuldades e inconvenientes que se apontam nas soluções extremas, acima descritas.

Conforme decorre do disposto no art. 18 da lei citada, cumpre distinguir três hipóteses:

a) julga-se *procedente* a ação popular; neste caso, a sentença adquire *erga omnes* a autoridade da coisa julgada;

b) julga-se *improcedente* a ação popular, com base na verificação, feita pelo juiz, de ser *legítimo* o ato impugnado, não tendo razão o autor, pois, em afirmar a existência de lesão; também aqui, o resultado do processo torna-se vinculativo *erga omnes,* de modo que nenhum dos outros eventuais legitimados poderá eficazmente pleitear novo julgamento;

c) julga-se *improcedente* a ação popular unicamente "por deficiência de prova", isto é, porque não ficou demonstrada a lesão, conquanto tampouco o ficasse a respectiva inexistência; nesta hipótese, "qualquer cidadão poderá intentar outra ação com idêntico fundamento, valendo--se de nova prova".

Não se trata, convém sublinhar, de pura e simples diferenciação *secundum eventum litis* da extensão da coisa julgada, para reconhecê-la nos casos de resultado favorável e negá-la nos de resultado desfavorável ao autor. De semelhante solução tem-se cogitado alhures[33]; mas, de um lado, não parece conveniente nem razoável, do ponto de vista prático, abrir ensejo a novos julgamentos, depois de formado o convencimento do juiz sobre a *legitimidade* do ato que se impugnou; aí não subsistem as razões invocáveis acerca das hipóteses em que apenas a *deficiência de prova* haja servido de fundamento à rejeição do pedido. De outro lado, a extensão "unilateral" da coisa julgada, *sic et simpliciter,* faz surgir, de modo inevitável, a incômoda possibilidade de uma *colisão de julgados* em relação à mesma pessoa, quando, derrotada no primeiro processo, venha não obstante a beneficiar-se do resultado eventualmente diverso de pleito posterior, movido por outro legitimado[34]. Essa consideração

---

33 Assim, por exemplo, na Itália, COSTANTINO, *Brevi note sulla tutela giurisdizionale degli interessi collettivi davanti ai giudice civile,* cie, p. 233 e s. PROTO PISANI, *Appunti preliminari per uno studio sulfa tutela giurisdizionale degli interessi collettivi* (o *più esattamente: superindividuali) innanzi ai giudice civile ordinario,* cit., p. 285-6 *(de iure condito).*

34 *"Die einseitige Rechtskraftwirkung hat demnach zur Folge, dass eine Kollision inhaltlich verschiedener rechtskräftiger Urteile zustande kommt. Ein sehr unschö-*

põe de manifesto, aliás, o acerto com que se houve o legislador brasileiro, na parte final do art. 18 da Lei nº 4.717, que, ao falar de "qualquer cidadão", *não* exclui o próprio autor (vencido) da ação antecedente[35], para o qual *tampouco* se formou a coisa julgada, nem existe, portanto, impedimento à repetição da demanda.

Completa-se o sistema por meio da fixação de um prazo preclusivo de 5 (cinco) anos (art. 21), a fim de obstar à reiteração indefinida de ações populares com igual objeto. Assim estruturado, ao nosso ver ele assegura proteção na medida justa aos vários interesses em jogo[36]. Poder-se-ia indagar se isso é verdade inclusive para aqueles que porventura *se contraponham* ao alegado interesse coletivo. A resposta é afirmativa: devem obrigatoriamente figurar como réus, no processo da ação popular, não só "as autoridades, funcionários ou administradores que houverem autorizado, aprovado, ratificado ou praticado o ato impugnado, ou que, por omissas, tiverem dado oportunidade à lesão", mas também "os beneficiários diretos" do ato (art. 6º, *caput).* Parecem estar incluídos aí todos os possíveis titulares de um interesse jurídico na derrota do autor popular. Como partes do processo, é perfeitamente normal que se sujeitem à coisa julgada.

4. Fora do âmbito da ação popular, inexiste no ordenamento brasileiro regra expressa que consagre disciplina especial para a extensão subjetiva da coisa julgada em matéria de interesses coletivos. A ideia da aplicação analógica do art. 18 da Lei nº 4.717 a outros casos decerto suscitaria escrúpulos, dada a feição excepcional daquela norma.

---

nes, aber bei einem Nacheinander von Prozessen nicht zu vermeidendes Ergebnis!" (SCHWAB, *Die Voraussetzungen der notwendigen Streitgenossenschaft, in Festschrift für Friedrich Lent,* München-Berlin, 1957, p. 279.

---

35 Em sentido contrário, JOSÉ AFONSO DA SILVA, *Ação popular constitucional,* São Paulo, 1968, p. 275, para quem a regra do art. 18, 2ª parte, só incide "em relação aos demais cidadãos". Se assim se houvesse querido dispor, ter-se-ia dito "qualquer *outro* cidadão", em vez de "qualquer cidadão", como se lê no texto. A *ratio legis* e a interpretação sistemática e teleológica, de resto, confirmam o nosso entendimento.

36 No XI Congresso Nacional Argentino de Direito Processual, reunido em La Plata, em outubro de 1981, a comissão especializada aprovou recomendação no sentido de adotar-se naquele país sistemática igual, em substância, à da Lei nº 4.717, em matéria de extensão da coisa julgada: *vide* a conclusão nº 5 da letra c, nos *Anais* do Congresso, t. II, p. 1431.

Não parece difícil, entretanto, sustentar por outro meio a extensão (pura e simples), aos outros legitimados, da coisa julgada acaso resultante do processo instaurado por um (ou por alguns) deles, desde que se aceite a sugestão formulada no item 3 da 1ª Parte, com base no regime das obrigações indivisíveis. Com efeito: consoante ali se recordou, quando qualquer dos credores exige em juízo a prestação toda, está pugnando em parte por direito próprio e em parte por direito alheio; quanto a esta última parte, sua legitimação é extraordinária, e ele atua na qualidade de "substituto processual" dos cocredores. Ora, na tradição do nosso direito processual é pacífico o entendimento de que a coisa julgada, em hipóteses tais, vincula o substituto *e o substituído*[37].

---

37 Veja-se, por todos, JOSÉ FREDERICO MARQUES, *Manual de Direito Processual Civil,* v. I, 6ª ed., São Paulo, 1978, p. 255.

CONSIDERAÇÕES FINAIS

1. Só em data relativamente recente atingiu o Brasil o movimento de ideias concernente à proteção jurisdicional dos interesses coletivos ou *di*fusos. B claro que determinado número de problemas já se tinha imposto à atenção dos estudiosos e, vez por outra, à dos juízes. Tratava-se, no entanto, de episódios isolados, que não costumavam ser objeto de consideração orgânica e unitária.

Afigura-se paradoxal, de certo modo, que o direito brasileiro disponha há tantos anos de um instrumento processual como o forjado em 1965 pela Lei nº 4.717 - sem falar na previsão constitucional da ação popular, que remonta a 1934! Mas, a despeito da curiosidade que ela suscitou em parte da doutrina, foi preciso esperar muito tempo para vê-la examinada numa perspectiva sistemática, como valioso instrumento de tutela dos aludidos interesses. Dir-se-ia que o legislador se antecipou às preocupações científicas.

Por outro lado, a experiência destes dezesseis anos não traça quadro capaz de justificar no observador um entusiasmo irrestrito. Relativamente ao tempo decorrido, não se pode considerar muito elevado o número de ações populares intentadas; e certamente é pequeno o das que obtiveram resultado favorável. Enquanto noutros países se lamenta a inexistência do instrumento, o Brasil dá a curiosa impressão de, possuindo-o, negligenciar-lhe o uso. Há que reconhecer, ademais, que o exercício da ação popular nem sempre se tem inspirado em altos e sinceros propósitos de servir desinteressadamente ao bem comum: algumas investidas parecem antes representar simples manobras de política partidária, quando não tentativas vulgares de extorsão de vantagens.

As categorias profissionais ligadas ao direito não deram, até agora, sinais muito expressivos de sentir-se convocadas à tomada de iniciativas verdadeiramente "novas" em matéria de proteção dos interesses difusos. Inexistem no país, ao que nos consta, escritórios de advocacia ou sociedades de advogados que se dediquem, de modo exclusivo ou mesmo preponderante, à defesa de tais interesses. Não assume grande relevo, na prática, a atuação dos órgãos oficiais cujas atribuições se relacionam com a matéria. Tímida, em geral, é a atitude de juízes e tribunais.

As principais causas desse estado de coisas não devem ser procuradas, ao nosso ver, nas deficiências do ordenamento legal. Ele apresenta, sem dúvida, lacunas sensíveis, algumas das quais se buscou pôr em realce ao longo deste relatório. A própria Lei nº 4.717, ao lado de pontos muito positivos, noutros revela imperfeições que reclamam correção. Entretanto, só uma análise demorada – e impraticável aqui – das condições sociais, políticas, econômicas e culturais sob que tem vivido o Brasil, nos últimos tempos, seria capaz de levar à identificação dos múltiplos fatores que concorrem para tornar insatisfatória a *situação* atual.

2. O que ficou dito acima não justifica uma conclusão negativa. É preciso ter em mente que estamos diante de problemas dos quais, mesmo em sociedades mais avançadas, só de alguns anos para cá se vai tomando plena consciência, sob a pressão de necessidades que, duas ou três décadas atrás, decerto não se revestiam de cores tão dramáticas, e por isso mesmo não ocupavam lugar tão central nas preocupações da comunidade. País em fase ainda incipiente de desenvolvimento econômico e social, é compreensível que o Brasil realize mais lentamente o seu processo de adaptação e responda com menor intensidade, por enquanto, aos novos desafios.

Cumpre esperar que o mundo jurídico brasileiro assimile as sugestões de mudança no ritmo marcado por suas circunstâncias próprias. Que ele não é impermeável a inovações, mostra-o aqui, antes de tudo, o fato mesmo de haver adotado, em 1965, com a Lei nº 4.717, soluções que se distanciam da tradição – ou da rotina –, em pontos tão delicados como o da extensão subjetiva da coisa julgada. Com os defeitos que possa ter, o instrumento da ação popular faz honra à criatividade do nosso legislador e dispensa o direito brasileiro, no particular, de receber lições estrangeiras. Um paciente e contínuo trabalho de esclarecimento, junto a uma atitude mais "aberta" no trato de certos casos, contribuirá para tornar mais consciente – e *ipso facto* mais profícuo – o uso desse instrumento: doutrina e jurisprudência têm aí responsabilidades a que não se podem furtar.

As restantes falhas do ordenamento reclamam em mais extensa medida correção legislativa. Duas questões, sobretudo, estão a exigir atenção no presente contexto: a da legitimação para agir, que precisa ser estendida além dos limites vigentes, máxime no que tange às associações, e a dos meios preventivos de tutela, cujo reforço é *conditio sine qua non* da construção de um sistema protetor verdadeiramente eficaz. A primeira já foi objeto de iniciativa, a que se aludiu no item 4 da 1ª Parte (nota 19): conquanto insatisfatória, nos termos em que formulada, ela nem por isso é menos significativa como indício de uma evolução. Outros vão aparecendo: particularmente significativa, entre eles, a sentença do Juízo de Passo Fundo, referida no item 3 da 1ª Parte. Acrescente-se a progressiva frequência com que se começam a discutir, até na imprensa não especializada, temas como o da tutela do meio ambiente, o da proteção ao consumidor e outros que se inscrevem na pauta específica dos interesses difusos. Pode-se ter a certeza de que a importância dessa problemática só fará crescer com o passar do tempo: é um dado que doravante terão de levar em conta os juristas brasileiros, sejam quais forem os setores em que exercem sua atividade.

Janeiro de 1982.

COMENTÁRIOS DOS ATUALIZADORES

A PROTEÇÃO JURÍDICA DOS INTERESSES DIFUSOS

A LEGITIMAÇÃO PARA A DEFESA DOS INTERESSES DIFUSOS NO DIREITO BRASILEIRO

TUTELA JURISDICIONAL DOS INTERESSES COLETIVOS OU DIFUSOS

Paulo Cezar Pinheiro Carneiro / Paulo Cezar Pinheiro Carneiro Filho

O professor José Carlos Barbosa Moreira foi o precursor dos estudos que envolvem os direitos coletivos em geral, os quais contribuíram fortemente para a elaboração da Lei da Ação Civil Pública (Lei nº 7.347, de 24 de julho de 1985) e da Lei de Proteção do Consumidor (Lei nº 8.078, de 11 de setembro de 1990). Tais diplomas legais, como será demonstrado, adotaram, em grande parte, os conceitos e as sugestões apresentadas pelo Mestre.

Importante destacar que já nos idos de 1977, no artigo intitulado "A ação popular do direito brasileiro como instrumento de tutela jurisdicional dos chamados interesses difusos" (publicado na primeira série de seus *Temas*, págs. 110/123), o Professor José Carlos já manifestava preocupação com a "tipologia dos interesses supraindividuais", assim como com problemas atinentes à legitimidade e à coisa julgada.

Outros trabalhos sobre o tema foram produzidos com destaque especial para a trilogia, ora em análise, escrita no período de fevereiro de 1980 a janeiro de 1982, na qual Barbosa Moreira faz detido estudo do que se convencionou intitular interesses coletivos ou difusos ou interesses supraindividuais.

O último artigo da trilogia – "Tutela jurisdicional dos interesses coletivos ou difusos", consubstanciado em um relatório nacional brasileiro apresentado no VII Congresso Internacional do Direito Processual na cidade de Wurzburg, na Alemanha, acaba englobando, com mais profundidade, os dois primeiros artigos. E, por isso, nossa metodologia de trabalho focará, basicamente, no exame deste último texto.

Vários temas importantes foram abordados pelo Mestre, que serão examinados separadamente a seguir, com destaque para: a) identificação dos diversos direitos que poderiam afetar um grande número de pessoas; b) legitimidade para a defesa de tais interesses em juízo; c) possibilidade da tutela preventiva de tais direitos; d) participação de terceiros; e) alcance da decisão, da coisa julgada; f) indenização por danos.

a) Identificação dos diversos interesses.

O Professor identificou três espécies de interesse. No primeiro, o interesse em jogo é "comum a uma pluralidade indeterminada (e praticamente indeterminável) de pessoas, não comporta decomposição num feixe de interesses individuais (...). Há, por assim dizer, uma comunhão indivisível (...) que a satisfação de um só implica de modo necessário na satisfação de todos (...). Designaremos essa categoria pela expressão interesses essencialmente coletivos" (págs.195/196). O Código de Defesa do Consumidor adotou para este tipo de interesse, com as mesmas características apontadas pelo Mestre, o nome de interesses ou direitos difusos no artigo 81, parágrafo único, inciso I: "(...) interesses ou direitos difusos, assim entendidos, para efeitos deste Código, os transindividuais, de natureza indivisível, de que sejam titulares pessoas indeterminadas e ligadas por circunstâncias de fato".

No segundo, os interesses em jogo, destaca o Mestre, "não merecem a qualificação de difusos (...) porque pertencentes a membros de categorias profissionais ou grupos bem determinados" (págs.190/191), dentre os quais cita a OAB, como legitimada para a defesa dos interesses gerais da classe dos advogados. Aqui, também, o Código de Defesa do Consumidor adotou conceito similar, identificando tais interesses, no artigo 81, parágrafo único, inciso II: "interesses ou direitos coletivos, assim entendidos, para efeitos deste Código, os transindividuais de natureza indivisível, de que seja titular grupo, categoria ou classe de pessoas ligadas entre si ou com a parte contrária por uma relação jurídica base".

No terceiro grupo de interesses, denominado pelo Mestre "direitos acidentalmente coletivos", os interesses são "referíveis individualmente aos vários membros da coletividade envolvida (...) o fenômeno adquire, entretanto, dimensão social em razão do grande número de interessados e das graves repercussões na comunidade, numa palavra: do impacto de massa". Cita, como exemplo, uma fraude financeira que houvesse prejudicado grande número de pessoas, com dano individual de pequena monta. O Código de Defesa do Consumidor conceitua tais interesses no artigo 81, parágrafo único, inciso III: "interesses ou direitos individuais homogêneos, assim entendidos os decorrentes de origem comum. Todos eles podem ser defendidos em juízo coletivamente" (artigo 81, *caput*).

b) Legitimação para a defesa de tais interesses em juízo

O Professor defendeu nos seus trabalhos: (i) a outorga de legitimidade para agir de pessoas jurídicas, como sociedades ou associações "cujo fim institucional consista precisamente na defesa do interesse em jogo (...) e ofereçam boa garantia de representar de maneira adequada, com sinceridade e eficiência, o conjunto de interessados" (págs.198/199); (ii) a legitimação de órgãos do próprio aparelho estatal, de que constitui protótipo o Ministério Público" (pág.199).

A Lei da Ação Civil Pública, alterada pela Lei nº 11.448/2007 (artigo 5º, incisos I a V), assim como o Código de Defesa do Consumidor (artigo 82, incisos I a IV), conferiram legitimidade para propor a ação principal e a cautelar: (i) a diversos órgãos públicos, dentre eles, o Ministério Público, a Defensoria Pública, assim como a própria União, Estados, o Distrito Federal e os Municípios; (ii) as associações legalmente constituídas há pelo menos um ano, que inclua entre as suas finalidades institucionais a proteção de tais direitos.

A Lei da Ação Civil Pública, com a modificação introduzida pelo Código de Defesa do Consumidor, reservou ao juiz certa margem de liberdade no exame da idoneidade da associação, permitindo a ele, segundo o parágrafo 4º do artigo 5º, dispensar o requisito de pré-constituição, quando haja manifesto interesse social evidenciado pela dimensão ou característica do dano, ou pela relevância do bem jurídico a ser protegido.

No tocante à legitimidade para a propositura da ação coletiva, Barbosa Moreira defendia a legitimação do Ministério Público, reconhecendo, contudo, inúmeras limitações como a ausência de condições que assegurem de modo cabal a independência de atuação do órgão.

A Constituição de 1988 assegurou plena independência funcional aos membros do *parquet* reconhecendo (artigo 127 e § 2º) que o Ministério Público é instituição permanente, essencial à função jurisdicional, incumbindo-lhe a defesa da ordem jurídica, do regime democrático e dos interesses sociais e individuais indisponíveis, e possui autonomia funcional e administrativa. O artigo 129 da Constituição Federal, em seu inciso III, reconhece que são funções institucionais do Ministério Público promover o inquérito civil e a ação civil pública para a proteção do patrimônio público e social, do meio ambiente e de outros interesses coletivos.

É assente na jurisprudência o reconhecimento da legitimidade do Ministério Público para a defesa dos interesses individuais homogêneos. Inclusive, a Súmula nº 643 do Supremo Tribunal Federal preceitua: "O Ministério Público tem legitimidade para promover ação civil pública cujo fundamento seja ilegalidade de reajustes de mensalidades escolares".

c) Possibilidade de tutela preventiva de tais direitos.

O Professor José Carlos Barbosa Moreira falava sobre a importância da tutela preventiva – "o que mais importa é evitar a ocorrência da lesão; daí o caráter preventivo que deve assumir, de preferência, a tutela jurisdicional" (pág. 214; ver também pág. 178) – na defesa dos direitos coletivos em geral para evitar, em grande número de casos, a irreparabilidade da lesão consumada.

Tanto a Lei da Ação Civil Pública, alterada pela Lei nº 10.257/2001 (artigos 4º e 12), como o Código de Defesa do Consumidor (parágrafo 3º, artigo 84) e o Código de Processo Civil de 2015 (artigo 294) autorizam o ajuizamento de ação cautelar ou de pedido de tutela liminar no bojo da ação civil pública, para evitar danos aos direitos protegidos por tais diplomas legais, desde que existam elementos que evidenciem a probabilidade do direito e o perigo de dano ou o risco ao resultado útil do processo.

Outra importante preocupação do legislador foi assegurar, nas ações que tenham por objeto o cumprimento da obrigação de fazer ou não fazer, a tutela específica da obrigação ou o resultado prático equivalente ao adimplemento (artigo 11 da Lei de Ação Civil Pública e artigo 84, *caput*, do Código de Defesa do Consumidor), só admitindo a conversão da obrigação em perdas e danos se por elas optar o autor ou se impossível a tutela pleiteada (parágrafo 2°, artigo 84 do Código de Defesa do Consumidor).

O Código de Processo Civil de 2015, na mesma linha, assegurou a efetividade da tutela específica nas ações que tenham por objeto prestação de fazer ou de não fazer (artigos 497, *caput, e 499)*, e permitiu que o juiz determinasse, dentre outras medidas práticas, "a imposição de multa, a busca e apreensão, a remoção de pessoas e coisas, o desfazimento de obras e o impedimento de atividade nociva, podendo, caso necessário, requisitar o auxílio de força policial" (parágrafo 1°, artigo 536).

d) Participação de terceiros

Outra preocupação de Barbosa Moreira era com a participação de terceiros interessados no processo.

Nesse ponto, o artigo 84 do Código de Defesa do Consumidor tratou especificamente das ações coletivas para a defesa de direitos individuais homogêneos, determinando a publicação de editais no órgão oficial, a fim de que eventuais interessados possam intervir no processo como litisconsortes, sem prejuízo de ampla divulgação pelos órgãos de defesa dos consumidores.

Posteriormente, ainda em sede de intervenção de terceiros, o legislador criou a figura do *amicus curie*, amigo da corte, com a Lei n° 9.868/99, apesar de já estar prevista, de forma esparsa, nas Leis n° 4.726/65, n° 6.385/76, n° 9.279/96 e n° 12.529/2011, entre outras. Tal tema só veio a ser objeto de regulação específica e geral no Código de Processo Civil de 2015, artigo 138, *verbis*: "O juiz ou o relator, considerando a relevância da matéria, a especificidade do tema objeto da demanda ou a repercussão social da controvérsia, poderá, por decisão irrecorrível, de ofício ou a requerimento das partes ou de quem pretenda manifestar-se, solicitar ou admitir a participação de pessoa natural ou jurídica, órgão ou entidade especializada, com representatividade adequada, no prazo de 15 dias de sua intimação".

Importante, também, destacar o papel do Ministério Público, que deverá, necessariamente, participar em todas as ações civis públicas, caso não seja o autor, como fiscal da lei (artigo 5º, parágrafo 1º, da Lei da Ação Civil Pública e artigo 92 do Código de Defesa do Consumidor). Em caso de desistência ou abandono da ação civil pública por associação legitimada, autora, o Ministério Público ou outro legitimado poderá assumi-la (parágrafo 3º, artigo 5º da Lei da Ação Civil Pública).

e) Alcance da decisão, da coisa julgada

Barbosa Moreira se preocupou com os efeitos do julgamento e da autoridade da coisa julgada no seu aspecto subjetivo. Segundo o Mestre, com exceção da ação popular, não existiria no ordenamento brasileiro regra expressa que consagre disciplina especial para a extensão da coisa julgada em matéria de interesses coletivos.

Assim como expresso no artigo 21 da Lei da Ação Popular, que prevê a coisa julgada *secundum eventum litis*, a Lei da Ação Civil Pública e o Código de Defesa do Consumidor trataram do tema de forma similar.

O artigo 16 da Lei da Ação Civil Pública prevê que a sentença civil fará coisa julgada *erga omnes*, nos limites da competência territorial do órgão prolator, exceto se o pedido for julgado improcedente por insuficiência de provas, hipótese em que qualquer legitimado poderá intentar outra ação com idêntico fundamento, valendo-se de nova prova a qualquer tempo, ou seja, sem a incidência do prazo preclusivo de 5 (cinco) dias previsto no artigo 21 da Lei da Ação Popular.

O Código de Defesa do Consumidor, no seu artigo 103, inciso I, em caso de direitos difusos, prevê que, nas ações coletivas, a sentença fará coisa julgada *erga omnes*, exceto se o pedido for julgado improcedente por insuficiência de provas, hipótese em que qualquer legitimado poderá intentar nova ação, com idêntico fundamento, valendo-se de prova nova. No caso de direitos coletivos, conforme previsto no inciso II do referido artigo, a sentença fará coisa julgada *ultra partes*, mas limitadamente ao grupo, classe ou categoria, salvo se o pedido for julgado improcedente por insuficiência de provas, o que permitirá a propositura de nova ação com idêntico fundamento se existir prova nova.

Todavia, as ações civis públicas que tenham por objeto direitos difusos ou coletivos (artigo 81 e incisos I e II, do parágrafo único do Código de Defesa do Consumidor), "não induzem litispendência para as ações individuais, mas os efeitos da coisa julgada *erga omnes* ou *ultra partes* a que aludem os incisos I e II do artigo 103, não beneficiarão os autores das ações individuais, se não for requerida sua suspensão no prazo de 30 (trinta) dias a contar da ciência nos autos do ajuizamento da ação coletiva" (artigo 104 do Código de Defesa do Consumidor).

Com relação aos direitos individuais homogêneos, a coisa julgada *erga omnes* só ocorrerá em caso de procedência do pedido, para beneficiar todas as vítimas e seus sucessores (inciso III, artigo 103 do Código de Defesa do Consumidor). Em caso de improcedência do pedido, os interessados que não tiverem intervindo no processo como litisconsortes poderão propor ação de indenização a título individual (parágrafo 2º, artigo 103 do Código de Defesa do Consumidor).

As vítimas e seus sucessores beneficiados pela coisa julgada em caso de procedência da ação civil pública que tenha por objeto direitos individuais homogêneos (artigos 95 e 97 do Código de Defesa do Consumidor) ou que tenham sofrido danos, individualmente considerados, decorrentes de ações civis públicas, julgadas procedentes com trânsito em julgado, que tenham por objeto direitos difusos ou coletivos, poderão proceder à liquidação e à execução do respectivo julgado (parágrafo 3º, parte final, artigo 103 do Código de Defesa do Consumidor).

f) Custos e indenização por danos globalmente considerados

Nas ações civis públicas não haverá "adiantamento de custas, emolumentos, honorários periciais e quaisquer outras despesas, nem a condenação da associação autora" (artigo 18, primeira parte, da Lei da Ação Civil Pública, com a redação determinada pelo Código de Defesa do Consumidor). Em caso de litigância de má-fé, responderão, solidariamente, a associação autora e os diretores responsáveis pela propositura da ação, por perdas e danos, sem prejuízo da condenação em honorários advocatícios e ao décuplo das custas (artigos 17 e 18, segunda parte, da Lei da Ação Civil Pública, com redação determinada pelo Código de Defesa do Consumidor).

Nas ações civis públicas propostas para a defesa de direitos difusos ou coletivos em que houver a condenação em dinheiro, pelos danos globalmente considerados, a indenização será revertida a um fundo destinado à recuperação dos bens lesados, geridos por um Conselho Federal, Estadual ou Municipal, dependendo do caso concreto (artigos 13 da Lei da Ação Civil Pública e 57 do Código de Defesa do Consumidor). Aplica-se a mesma sistemática no caso de multa, inclusive as impostas nas ações que tenham por objeto o cumprimento de obrigação de fazer ou não fazer (artigo 11, parágrafo 2º, e artigo 12 da Lei da Ação Civil Pública; parágrafo único do artigo 56, e artigos 57 e 84, parágrafos 1º, 2º e 4º, todos do Código de Defesa do Consumidor). Decorridos 60 (sessenta) dias do trânsito em julgado da sentença condenatória, sem que a associação autora promova a execução da multa ou a indenização dos danos globalmente considerados, caberá ao Ministério Público promovê-la, sem prejuízo da iniciativa dos demais interessados (artigo 15 da Lei da Ação Civil Pública, com redação determinada pelo Código de Defesa do Consumidor).

Especificamente em sede de direitos individuais homogêneos, também será possível a execução pelo dano globalmente considerado por qualquer dos legitimados para a ação civil pública, desde que, decorrido o prazo de um ano sem que haja habilitação de interessados em número suficiente compatível com a gravidade do dano (artigo 100, *caput*, do Código de Defesa do Consumidor). O produto da indenização devida reverterá para um dos fundos criados pela Lei da Ação Civil Pública (parágrafo único do artigo 100 do Código de Defesa do Consumidor).

APÊNDICE

SAUDAÇÃO A JOSÉ FREDERICO MARQUES[38]

Atribuiu-se a um carioca a incumbência de saudar em terra paulista, no mais importante centro da ciência processual brasileira, ilustre filho do Estado, responsável, como os que mais o sejam, pela posição privilegiada que São Paulo ocupa nesse terreno. Tão agradável a incumbência quanto imprudente a escolha. Um carioca, ainda quando desembargador e cinquentão, é sempre um perigo. Nunca se sabe o que terá a ousadia de deixar filtrar daqueles germes de irreverência que, em episódios antigos e recentes, têm franzido as sobrancelhas dos bem-pensantes. Uma coisa, e só uma, é certa: do carioca não se deve esperar grande respeito às fórmulas clássicas do protocolo. Da única vez que, por imposição de amizade, tive de prefaciar livro de colega, aproveitei a oportunidade para expor as razões por que considero os prefácios desnecessários e inconvenientes. Escrevi menos um prefácio que um antiprefácio.

Mas ninguém deve recear que a minha carioquice procure converter esta homenagem numa anti-homenagem. Avesso a deslumbrar-se com a pura consagração dos círculos oficiais, que unge com tanta frequência mediocridades notórias, incapaz de refrear a veia irônica diante da facilidade com que se incensam ídolos de pés de barro, descobre-se o carioca, emocionado, quando se lhe depara um valor autêntico. E, então, não há quem lhe leve a palma no entusiasmo, quem aplauda mais forte, quem aclame com maior estrépito, quem se abra e se descubra com essa entrega total, com essa absoluta ausência de reserva no testemunho de sua admiração.

É um testemunho assim, Professor JOSÉ FREDERICO MARQUES, que desejo prestar neste momento. Mesmo ao prestá-lo, contudo, vou pedir licença para afastar-me um pouco dos esquemas habituais. Não tentarei, por exemplo, resumir a sua biografia. Com a devida vênia dos que pensam diversamente, sempre me pareceu fora de propósito a praxe, tantas vezes seguida em episódios deste gênero, de narrar ao próprio homenageado, de viva voz, aquilo que ele sem dúvida sabe muito melhor que o homenageante: a história de sua vida. Permita-me, portanto, não

---

38 Discurso proferido em 6-12-1982, na sede do Conselho Seccional de São Paulo da Ordem dos Advogados do Brasil, por ocasião do lançamento do volume de *Estudos de Direito Processual em homenagem a* JOSÉ FREDERICO MARQUES, destinado a comemorar o 70º aniversário do homenageado.

lhe recordar onde nasceu, em que colégios estudou, em que ano se formou, que cargos exerceu, que títulos conquistou. Prefiro falar de algo que um estranho, inexperto embora, está sempre em melhores condições de avaliar, porque ninguém, nem mesmo um magistrado de sua estirpe, é bom juiz em causa própria. Prefiro falar – ainda que brevemente – da importância de sua obra de processualista e da significação que ela teve para a minha geração de estudiosos.

São bem conhecidas as circunstâncias históricas. Desde a década de 30 fermentava a nossa doutrina processual em verdadeira ânsia de renovação. As velhas concepções procedimentalistas cediam o passo a uma visão mais científica do fenômeno do processo. No gênero "comentários" o advento do Código de 1939 ensejaria à nossa literatura, com PONTES DE MIRANDA, com AMÍLCAR DE CASTRO, com meu inesquecível mestre MACHADO GUIMARÃES, atingir níveis a que nunca antes aspirara. A presença catalisadora de LIEBMAN viria traçar, para muitos, rumo seguro a essa efervescência. Inteligências jovens, vencidas pelo fascínio do direito processual, porfiavam em contribuir para a sua floração. Era natural que o movimento, amadurecido em poucos anos, buscasse desaguadouro numa ordenação sistemática.

As sistematizações, na ciência jurídica e em qualquer outra, refletem os momentos de repouso que sucedem às reformas profundas. Nenhuma evolução prescinde desses pontos de equilíbrio, desses balanços periódicos, em que se apura o saldo do percurso e ao mesmo tempo se firmam os alicerces de toda tentativa superveniente de construção. Não se renuncia, é claro, a futuras explorações: seria o suicídio do pensamento. Mas, já que os dados colhidos em tantas viagens tornaram imprestáveis os mapas preexistentes, faz-se necessário compor um que registre as novas aquisições e espelhe em imagem clara e coerente a visão do momento. A tarefa é bem mais difícil do que pode parecer: tendo diante de si retalhos de várias cores e formas, cortados pela sua própria e por mãos alheias, tem o sistematizador de cosê-los com tal arte que o conjunto resolva em global harmonia as inevitáveis dissonâncias parciais. Muito engenho requer a empresa, desde a seleção dos materiais com que se vai lidar até o arremate final; e grande é o mérito de quem consegue levá-la a bom termo, preparando o risco, reunindo fragmentos, ajustando peças, aparando arestas, preenchendo lacunas, armando, tecendo, polindo, envernizando, para que o produto, como do verso queria BILAC, "saia da oficina sem um defeito".

Na segunda metade dos anos 50 ansiava a ciência processual brasileira por trabalho dessa envergadura. Com pouquíssimas exceções – seria injusto esquecer a obra de LOPES DA COSTA, no campo civil, e a de HÉLIO TORNAGHI, na área penal – estavam as exposições sistemáticas irremediavelmente obsoletas. Urgia apresentar em boa arrumação os frutos, já maduros, da nova messe. Um dos mais operosos lavradores dispôs-se a tomar sobre si o encargo; e foi assim que apareceram as *Instituições de Direito Processual Civil* e os *Elementos de Direito Processual Penal.* O nosso homenageado desta noite, depois de testar vitoriosamente as forças em monografias consagradas, fincava marcos indeléveis na história de ambos os ramos principais do direito processual brasileiro.

Supérfluo ressaltar o que significaram esses livros para a geração que assomava, tímida, à porta do cenáculo. Certa vez fui mal compreendido, ao empregar o adjetivo "didático" em contexto relativo às *Instituições.* O sentido da frase não era o que se afigurou ao crítico; mas, ainda que fosse, jamais me penitenciaria de havê-la escrito. Se didático é o que serve para ensinar, não sei de elogio maior que possa desejar quem haja produzido obra semelhante. As *Instituições,* como os *Elementos,* ensinaram direito processual a número incalculável de advogados, juízes, estudantes universitários; e acrescentarei, sem o mais ligeiro traço de ironia, que também o ensinaram a número nada desprezível de professores de ambas as disciplinas. De mim, espero não me haver conservado inteiramente opaco à luz preciosa de tantos ensinamentos. Parecerei talvez imodesto se disser que minha dívida é enorme, porque será dizer que aprendi muito – o que não faltará quem ponha em dúvida, certamente com boas razões... Assumo o risco, porém, e aqui de público me confesso devedor, com toda a gratidão de que sou capaz.

Sabemos todos que o mestre não dormiu sobre os louros: continuou a prodigalizar lições que iluminam o caminho de quantos nos dedicamos ao estudo do processo. Não é meu propósito, contudo, inventariar exaustivamente uma obra de tão vastas dimensões. Nem seria mesmo exaustivo, em todo caso, o inventário que nesta hora se levantasse, porque o autor, mercê de Deus, permanece na liça, e do seu vigor intelectual, que a marca dos setenta anos antes realça que desmerece, muito ainda se pode e se deve esperar.

Por isso prefiro encerrar estas singelas palavras juntando à manifestação de um sentimento a de outro que todos os presentes, e muitos ausentes, cultivam com igual carinho. Procurei expressar-lhe, caro

Professor, a nossa admiração; deixo para o fim a expressão do nosso afeto por uma personalidade que poderia ter servido de modelo inspirador a SÉRGIO BUARQUE DE HOLANDA, quando definiu o brasileiro como o "homem cordial". Os escritos reunidos neste volume pela prestimosidade da Saraiva, que com isso acrescenta novo item ao rol, já tão extenso, de suas beneméritas iniciativas, são testemunhos modestos, mas sinceros, de ambos os sentimentos. Assim lhe rogamos que os receba, junto com a prezadíssima D. MARIA DO CARMO, a quem igualmente se dirige, e não em menor parte, a nossa comovida homenagem.

ÍNDICE DOS AUTORES CITADOS

ÍNDICE ALFABÉTICO-REMISSIVO